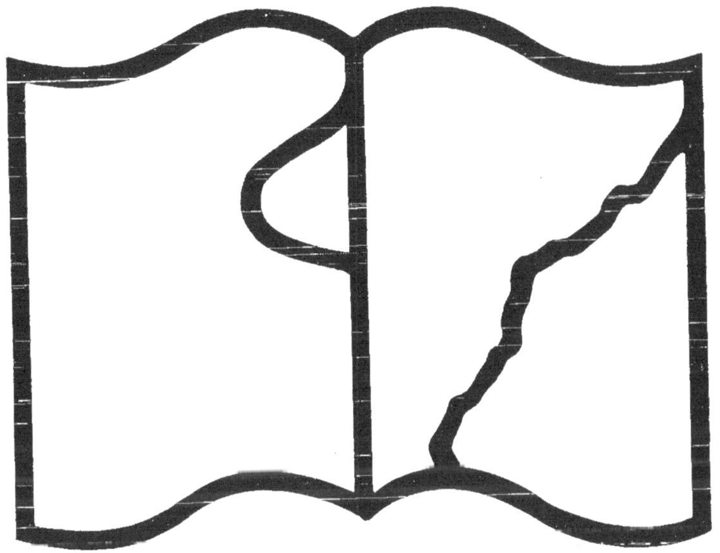

AF474589

Prix fort 5 f 50

COLLECTION PICARD

BIBLIOTHÈQUE D'ÉDUCATION NATIONALE

JOURNAL D'UN PETIT PARISIEN PENDANT LE SIÈGE

(1870-1871)

PAR

Edm. PASCAL

Illustré de 12 compositions de J. Jonchères et de 60 gravures

PARIS
ALCIDE PICARD ET KAAN, ÉDITEURS
11, RUE SOUFFLOT, 11

JOURNAL D'UN PETIT PARISIEN

PENDANT LE SIÈGE

(1870-1871)

COLLECTION PICARD

BIBLIOTHÈQUE D'ÉDUCATION NATIONALE

JOURNAL D'UN PETIT PARISIEN PENDANT LE SIÈGE

(1870-1871)

PAR

Edm. PASCAL

Illustré de 12 compositions de J. Jonchères et de 60 gravures

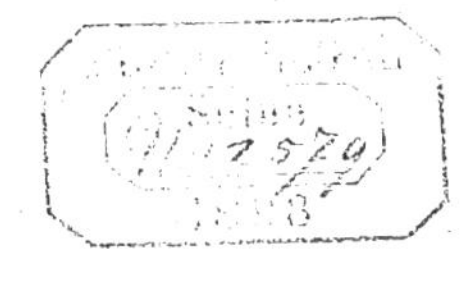

PARIS
ALCIDE PICARD ET KAAN, ÉDITEURS
11, RUE SOUFFLOT, 11

AU JEUNE LECTEUR

Le temps passe... il fuit, selon l'expression du poète, depuis longtemps la terre a bu le sang des victimes de l' « année terrible », et l'herbe croît sur leurs ossements semés çà et là, au hasard des combats.

Et peu à peu, lentement, l'oubli étend ses voiles sur ces désastres qui devraient être inoubliables, oubli d'autant plus funeste que le destin nous a donné pour voisin un peuple qui se souvient et dont la haine ne sera jamais satisfaite, d'autant plus coupable que nos frontières sont ouvertes et que l'Allemand n'est qu'à huit jours de marche de notre capitale.

Aussi est-ce notre devoir, à nous qui avons été les témoins ou les acteurs de cette guerre néfaste, de vous crier, au nom de l'intérêt suprême de la Patrie : Garde à vous ! N'oubliez jamais ! C'est notre devoir de ne jamais nous lasser et, avec une infatigable ténacité, de toujours appeler et de forcer votre attention sur les différentes phases du drame sanglant ; il importe à votre éducation, car vous êtes par la force des choses une génération vouée à la lutte et qui doit être élevée pour la lutte, que vous en connaissiez les moindres détails ; ainsi se graveront mieux dans vos cœurs les suprêmes enseignements de l'adversité, ainsi le souvenir des hontes et des outrages subis, du sang répandu, des larmes versées, des ruines accumulées, vous incitera à tremper vos âmes, à fortifier vos corps afin de nous épargner une nouvelle et plus terrible leçon.

E. P.

JOURNAL D'UN PETIT PARISIEN

PENDANT LE SIÈGE

SAMEDI, 3 SEPTEMBRE 1870.

C'est la faute à Corneille! — Les séductions d'un étalage de papeterie. — Où le lecteur fait la connaissance d'un bossu, auteur de ce récit, et celle de sa famille. — Mon bon camarade Charlot. — Au carrefour de la Croix-Rouge. — Triste spectacle! — L'imprévoyance est une des causes de nos malheurs. — Arrivée tardive de mon père. — Il nous annonce le désastre de Sedan.

. . . .

Je suis maître de moi, comme de l'univers :
Je le suis, je veux l'être. O siècles ! O mémoire,
Conservez à jamais ma dernière victoire.

. . . .

Je ferai savoir à ceux qui n'ont pas appris par cœur les plus beaux passages des œuvres de Corneille et je rappellerai à ceux qui ne s'en souviennent plus que ces vers se trouvent dans l'acte cinquième, scène troisième, de la tragédie de *Cinna ;* M. Bardoux, notre instituteur, nous avait donné douze vers de ce paragraphe à apprendre et, les coudes sur la table, me bouchant les oreilles, je m'efforçais de me les faire entrer dans la tête, répétant avec acharnement : Je suis maître de moi comme de l'univers, lorsque ma mère, qui cousait auprès de la fenêtre, s'écria : tu ferais bien mieux de laisser là ta leçon, petit Louis, et d'aller au-devant de ton père, tu oublies donc que c'est aujourd'hui samedi et qu'il est bientôt six heures. »

Je restai bien plusieurs secondes complètement abasourdi : Mais oui, m'écriai-je en me levant précipitamment, c'est aujourd'hui samedi et vraiment, je n'y pensais pas... c'est la faute à Corneille !

Tout en rangeant rapidement mes livres et mes cahiers, car j'avais déjà fait la plus grande partie de mes devoirs et même commencé à apprendre mes leçons, (c'était une bonne habitude que j'avais prise de me mettre au travail dès mon retour de l'école, afin de profiter, sans préoccupations, de mes jours de congé), je me demandais comment j'avais bien pu oublier que c'était aujourd'hui samedi puisque tous les samedis j'allais au-devant de mon père qui, vers six heures, revenait de son imprimerie et que j'attendais au carrefour de la Croix-Rouge, devant le magasin de papeterie de M. Chélu.

Oh certes ! c'était une grande joie pour moi d'aller ainsi au-devant de mon père, mais je dois convenir que le magasin de papeterie de M. Chélu entrait pour quelque chose dans cette grande joie ; tout en attendant mon père, car j'étais toujours en avance, je considérais l'étalage avec autant d'admiration que de convoitise ; les crayons, les porte-plumes, les gommes à effacer, les beaux cahiers à couverture multicolore, les buvards, les flacons d'encre de couleur, les boîtes de poudre d'or étaient rangés avec une symétrie et un goût qui attiraient l'attention, c'était un tentateur ce M. Chélu, il n'y avait pas aux alentours un seul commerçant sachant comme lui exposer aux regards des passants les objets de son commerce, non, pas même l'épicier M. Leblais, malgré ses constructions savantes où les matériaux employés étaient des livres de chocolat, des boîtes de sardines ou des pots de confiture.

— Voilà, m'écriai-je, en fermant ma gibecière, je suis prêt, et, en me dépêchant, je n'arriverai pas en retard.

— Surtout ne cours pas, me dit ma mère.

Je lui coupai la parole en l'embrassant et, coiffant ma casquette, je m'élançai dans l'escalier.

Un peu inquiète sans doute de ma précipitation, elle se pencha sur la rampe, me disant, en élevant la voix à mesure que je descendais : prends bien garde aux voitures, marche du côté droit de la rue du Cherche-Midi, ne dépasse pas le magasin de papeterie de M. Chélu. — Oui, oui, maman, criai-je, sois tranquille.

Ces recommandations de prudence que les mères ont coutume de faire à leurs enfants lorsqu'ils s'éloignent un peu de la maison, surtout à Paris où la circulation continuelle et rapide des voitures est un danger pour eux, aussi bien d'ailleurs que pour les grandes personnes, avaient d'autant plus de raisons de m'être adressées que j'étais infirme, j'étais et hélas ! je suis encore bossu (la médecine et la chirurgie qui ont fait tant de progrès n'ont pas encore trouvé le moyen de redresser les bossus), mes petites jambes grêles et difformes ne me permettaient pas de courir bien fort et ma tête, enfoncée entre mes deux épaules, ne pouvait se mouvoir facilement à droite ou à gauche ; pour un bossu, avait dit un jour en riant notre voisine Mme Benoît, c'est un joli bossu, je n'en ai jamais vu d'aussi réussi dans son genre.

Mais ce dont convenait également Mme Benoît, c'est que cette infirmité ne m'avait pas aigri le caractère et elle ne manquait pas de dire à qui voulait l'entendre que j'étais un bon petit bossu ; je m'efforçais d'ailleurs, en toutes circonstances, de mériter cette appréciation flatteuse qui me consolait de ma difformité, et comme on aime toujours ceux qui sont bons, affectueux, prévenants et polis, j'avouerai, sans fausse modestie, que j'étais aimé de tout le monde ; mes parents, mon grand frère André m'entouraient de soins et me comblaient de délicates attentions, nos amis, nos voisins éprouvaient pour moi une tendre compassion, j'étais aimé et recherché par tous mes camarades de l'institution Bardoux ; cette affection et ces sympathies me rendaient heureux, bien que bossu, car je mets au-dessus des avantages physiques toutes les jouissances que l'on éprouve par le cœur et que bien souvent ceux qui sont beaux et bien faits ne connaissent pas.

J'étais donc très heureux et, avant que le siège ne vînt nous apporter le deuil et les larmes, nous vivions tous très heureux parce que nous étions une famille unie et que le devoir et l'affection étaient le mobile de toutes nos actions ; mon père était un homme laborieux, calme, réfléchi, qui exerçait les fonctions très absorbantes, et qui exigent encore bien plus d'érudition que de science typographique, de correcteur d'imprimerie ; ma mère avait pour mon père une grande affection et savait calmer par un mot ou un sourire ses accès de mauvaise humeur (car les hommes qui sont chaque jour aux prises avec les difficultés de la vie ne peuvent toujours être de bonne humeur), respectueuse de son autorité, elle ne faisait rien à son insu, et ne manquait jamais de le consulter, de sorte qu'il n'y avait, dans notre intérieur, aucun dissentiment ; mon grand frère André, âgé de vingt-trois ans, était mécanicien ; nous vivions donc largement et tout en mangeant à notre faim, nous pouvions bon an mal an, grâce à l'ordre et à l'économie que ma mère apportait dans la gestion des choses du ménage, mettre quelque argent de côté ; enfin ma petite sœur Juliette âgée de treize mois était bien portante et douée d'un heureux caractère ; il n'y avait que moi, hélas ! qui étais pour mes parents une cause de soucis et de préoccupations constantes ; que de fois me suis-je écrié en considérant dans une glace ma pauvre petite personne, chétive et difforme, et ma petite figure vieillote sur laquelle se lisaient la tristesse et la souffrance : Ah ! si j'étais comme Charlot, comme mes parents seraient heureux ! Mais ils auraient été trop heureux, il faut toujours qu'il y ait dans toutes les familles, je ne sais trop pourquoi, quelque cause de chagrin ; quand ce n'est pas cela, c'est autre chose !

Charlot était le fils de notre voisine Mme Benoît, qui demeurait au rez-de-chaussée dans notre maison, c'était mon ami, nous étions deux inséparables et vraiment je ne puis tarder davantage à vous le faire connaître, car si l'on m'eût demandé : qui aimes-tu le mieux, après ton père et ta mère, après ton grand frère André, après ta petite sœur Juliette, je me serais écrié : Charlot ! c'est Charlot. Je l'aimais presque autant que la fille de notre vieille voisine, Mlle Angèle Rousseau, qui avait toujours été si bonne pour moi et qui autrefois veillait à mon chevet quand j'étais malade.

J'avais fait la connaissance de Charlot trois ans auparavant ; à cette époque il ne demeurait pas encore dans notre maison ; c'était un lundi, le jour de la rentrée des classes, ma mère venait de me présenter à notre instituteur, M. Bardoux. J'étais un nouveau, car jusqu'alors la maladie m'avait empêché d'aller à l'école et à douze ans je savais à peine lire et écrire ; bien timidement je pris place au milieu des chuchottements et des rires à une table écartée, mes nouveaux camarades souriaient malicieusement et me considéraient en dessous du coin de l'œil ; j'appréhendais l'heure de la récréation.

Une fois dans la cour, et quand M. Bardoux eut donné le signal de rompre les rangs, je fus aussitôt entouré.

— Comment t'appelles-tu, me demandait-on.

Et je répondais bien sérieusement : Louis Marcel.

Comme ils s'empressaient tous autour de moi, je fus un peu poussé et bousculé, mais sans méchanceté, puis, pour plaisanter ils se mirent à toucher ma bosse disant que cela portait bonheur.

J'étais arrivé à surmonter ma frayeur et je me prêtais de bonne grâce à leur plaisanterie de sorte que j'avais mis les rieurs de mon côté, lorsqu'un grand garçon à l'air sournois, que je sus depuis se nommer Gustiau et être le plus mauvais élève de l'école, écarta brutalement ses camarades, me saisit et me frappant alternativement sur ma bosse par devant et par derrière me renvoya comme une balle pendant que les autres, ébahis, le regardaient faire.

— Une, deux, disait-il, bosse à droite, bosse à gauche...

— Laissez-moi, lui dis-je, vous me faites mal.

Mais il n'en continuait pas moins son jeu cruel, je me sentais défaillir, les larmes me venaient aux yeux, je souffrais cruellement de ne pouvoir me défendre.

Tout à coup, un grand garçon se précipita sur Gustiau, m'arracha de ses mains, et lui dit : Toi, tu vas le laisser tranquille..., c'est parce que tu es plus fort que lui...

— De quoi, dit Gustiau... de quoi...

Et comme il faisait mine de me saisir de nouveau, mon défenseur le prit à bras le corps, il y eut une lutte courte mais acharnée, d'une vigoureuse poussée accompagnée d'un croc-en-jambe, Gustiau alla s'étendre tout de son long, le nez dans la poussière.

Alors, je levai les yeux vers mon sauveur, et je vis un garçon d'une douzaine d'années, aussi grand et aussi fort que j'étais petit et chétif, il avait une bonne grosse figure éclairée par de grands yeux bleus et un air si naïvement bon que je me pris tout de suite à l'aimer, c'était Charlot.

Il déclara que celui qui toucherait au petit bossu aurait affaire à lui, et de ce jour on me laissa tranquille. Charles Benoît était à la fois aimé et redouté, aimé à cause de sa nature franche et loyale et redouté pour sa force ; il était bien un peu batailleur de son naturel mais il était si bon garçon ! M. Bardoux disait de lui : c'est un brave cœur, mais s'il était un peu moins étourdi...

Et de fait, Charlot ne se donnait jamais la peine de réfléchir, il allait toujours de l'avant sans bien se rendre compte, agissait en toutes choses comme un étourneau et ne faisait que des bêtises, cela se conçoit ; j'entrepris alors de mettre un peu de plomb dans la tête folle de mon nouvel ami, il faut bien rendre cette justice aux bossus, c'est qu'ils sont sérieux et observateurs et d'une intelligence précoce. Je devins l'âme de ce grand corps, son mentor, son conseiller, je réussis à prendre sur lui une grande influence, nous travaillions souvent ensemble et je puis dire que grâce à ma patience et à ma ténacité il devint par la suite un peu plus sérieux et un des meilleurs élèves de l'école.

Protégé par Charlot, je n'eus plus à souffrir des mauvaises plaisanteries de mes camarades et, comme je ne pouvais partager leurs jeux, mes jambes trop frêles ne pouvaient me porter pour la course et je me baissais difficilement pour jouer aux billes, le moindre effort étant pour moi une souffrance, je me retirais dans un coin de la cour, sous le hangar, et là je passais le temps de la récréation à tailler des petits morceaux de bois, à faire d'ingénieuses petites machines avec des bouchons, ou à sculpter des marrons d'Inde que je ramassais à l'automne au Luxembourg, les jours de congé, et cela tout en réfléchissant, pendant que mon ami Charlot emplissait la cour de ses cris, courait comme un fou et s'en donnait à cœur joie.

Pendant l'été, je l'obligeais à quitter sa veste en récréation, je la gardais et la lui faisais revêtir pour rentrer en classe, car il était toujours en nage ; c'était sans doute pour avoir négligé cette précaution malgré ma vigilance que mon pauvre Charlot était malade en ce moment et cela trois jours seulement après la rentrée des classes.

Tout en longeant les maisons du côté de la rue du Cherche-Midi, selon la recommandation de ma mère, le trottoir étant plus large en cet endroit, je pensais à Charlot et je me reprochais de ne lui avoir pas encore apporté mes livres d'étrennes et de prix, les plus intéressants, ceux qui avaient les plus belles images, afin qu'il pût les lire dans son lit et je pris la résolution de les lui porter le lendemain; comme cela, me disais-je, le temps lui paraîtra moins long ; j'en étais là de mes réflexions lorsque, levant la tête, je me trouvais devant le magasin de papeterie de M. Chélu ; j'allais m'absorber dans la contemplation des merveilles de son étalage, quand un spectacle nouveau pour moi attira mon attention.

Débouchant du carrefour de la Croix-Rouge, escorté par une foule nombreuse, un groupe composé de soldats de la ligne, de chasseurs à pied et de quelques zouaves, marchant confondus et en désordre, venait de mon côté. Je m'avançai sur le bord du trottoir afin de mieux les voir et quand ils passèrent devant moi je fus frappé de la tristesse et du découragement qui se lisaient sur leur visage, ils semblaient harassés de fatigue et avançaient péniblement, les reins pliés sous le poids du sac ; leurs uniformes étaient sales et déchirés en maint endroit, leurs chaussures presque hors d'usage, leurs armes rouillées et en mauvais état. Les zouaves, le fusil placé en travers de leur sac sur lequel s'étageaient les couvertures et la gamelle, marchaient les bras ballants, le regard fixe ; plusieurs personnes, poussées par une curiosité bien légitime, cherchaient à engager la conversation avec eux, mais ils répondaient par monosyllabes, d'un ton ennuyé, et ils pressaient le pas ayant sans doute grande hâte d'arriver à destination, de se débarrasser de leur sac et de se jeter sur un lit.

Des larmes me vinrent aux yeux à la vue de ces vaincus, qui par une impardonnable imprévoyance, étaient ainsi donnés en spectacle à la population parisienne ; je sentais qu'en eux il y avait quelque chose de mon âme, je souffrais de leur souffrance, et un irrésistible désir me prenait de savoir à quels combats ils avaient pris part ; ce fut alors que je compris pourquoi les gens de cœur préfèrent la mort à la honte de la défaite.

A côté de moi, un homme de haute taille, appuyé sur sa canne, regardait, les sourcils froncés, d'un air sombre ; c'était un vieillard, à moustache et barbiche blanches, qui avait toutes les apparences d'un ancien officier, il était décoré de la Légion d'honneur.

Avisant un soldat de la ligne qui passait devant lui, il descendit du trottoir, l'aborda et lui demanda avec toutes les marques d'un profond intérêt :

— D'où venez-vous donc, mon ami.

Le soldat regarda d'un air lassé celui qui l'interrogeait et répondit :

— De Châlons, monsieur.

— Mais vous me paraissez bien fatigués.

— Voilà trois jours que nous sommes en route, on nous envoie de dépôt en dépôt, à Reims, ensuite à Châlons, nous avons attendu pendant des journées entières dans les gares, sans avoir d'ordres, sans savoir quelle direction prendre...

— Vous êtes du 45e de ligne.

— Oui, monsieur, il n'en reste pas beaucoup, nous étions à Reischoffen...

— C'est mon ancien régiment, il me tient toujours au cœur... Et où allez-vous de ce pas ?

— A la caserne Bellechasse, nous ne savons même pas si l'on voudra nous recevoir.

— Je le souhaite, car cela me révolte de vous voir en cet état. Bon courage, mon ami, dit le vieil officier.

Entraîné irrésistiblement par la curiosité, je l'avais suivi, et marchant derrière lui, prêtant l'oreille, je n'avais pas perdu un mot de cette conversation. Pouvais-je être blâmé de mon indiscrétion à un moment où les nouvelles du théâtre de la guerre étaient si avidemment recueillies; est-ce que la terrible partie qui se jouait à la frontière ne nous intéressait pas tous? Paris avait la fièvre; dans les rues une foule impressionnable et énervée, circulait plus nombreuse, plus animée, l'anxiété étreignait tous les cœurs, sans se connaître on s'abordait pour échanger des nouvelles ou émettre des appréciations. Un certain nombre de personnes qui avaient vu ce vieillard causer avec le soldat l'entouraient et le pressaient de questions, mais il les écarta et s'éloigna, haussant les épaules, le visage bouleversé, répétant : C'est déplorable !

Et, en effet, quoi de plus déplorable, de plus digne de larmes amères que cette impéritie, cette imprévoyance inouïe qui livrait la France, la Patrie, pieds et poings liés, à son adversaire haineux et implacable. Cette guerre avait été engagée avec la plus insigne folie, le désarroi était partout et cela, à un moment où il fallait lutter un contre dix, à ce compte-là les Prussiens avaient beau jeu et ils n'avaient pas un bien grand mérite à nous écraser, voilà ce que je me suis dit depuis en lisant l'histoire de cette guerre, c'est là l'opinion de tout le monde et nous devons avoir confiance en l'avenir.

Car l'imprévoyance a été une des principales causes de nos désastres : dès le 18 juillet, la place de Bitche manquait de vivres et d'argent ; le 20, Metz demandait des provisions ; le 29, nouvelle demande et cette disette empêchait le départ des troupes ; à Châlons, le 7 août, on demandait du matériel, la situation était la même à Strasbourg, Sedan, Lille, Épinal, Langres. Metz n'avait pas de munitions, pas d'ambulances, pas de fours pour faire cuire le pain, la pénurie était telle que l'empereur proposait de faire faire le pain à Paris ! Les officiers, y compris l'état-major, n'avaient pas de cartes de la frontière de France, ils n'avaient que des cartes d'Allemagne, les généraux ne trouvaient pas leurs divisions et les cherchaient partout, l'empereur demandait des nouvelles de son armée à un maire ! Et cela à un moment où les Allemands envahissaient la France par centaines de mille et où il fallait lutter un contre dix !

Non, il n'est pas possible que nous soyons encore les témoins de choses semblables, il ne le faut pas ; cette sanglante leçon nous profitera, nous ne devons jamais l'oublier, sous peine de mériter encore, de la part de nos ennemis, le reproche d'inconséquence et de légèreté ; et si les leçons de l'adversité sont toujours présentes à notre esprit nous ne reverrons pas de telles incapacités, de tels désordres, de telles imprévoyances, nous avons déjà fait de grands progrès, maintenant tout est préparé, tout est prévu, et ce sera cette fois à armes égales que se jouera la grande partie.

Mais je reprends mon récit. Je me trouvais alors, sans le savoir, au coin de la rue du Bac et de la rue de Babylone ; c'était la première fois que je désobéissais à ma mère et j'en ressentais un réel chagrin ; je me hâtai donc de revenir sur mes pas et de reprendre mon poste d'observation devant le magasin de papeterie de M. Chélu ; en attendant je me mis à contempler l'étalage qui ne tarda pas à exercer sur moi sa séduction habituelle ; je pense maintenant que M. Chélu devait bien rire en voyant chaque samedi ma figure collée à la vitrine, les yeux brillants de convoitise, car j'avais un faible pour les objets de papeterie ; il est vrai que les jouets n'avaient pour moi aucun attrait puisque je ne pouvais en profiter, de sorte que j'étais bien un peu excusable ; ce jour-là précisément je fis choix dans l'étalage d'un canif à deux lames, et j'attendis, non sans impatience, l'arrivée de mon père car presque toujours je lui faisais remarquer quelque objet de peu de valeur qu'il s'empressait de m'acheter, il ne savait rien me refuser et s'ingéniait à me faire plaisir afin de me consoler de ma difformité.

L'horloge placée au-dessus du magasin de M. Chélu, une belle horloge encadrée de bois sculpté peint en couleur marron et autour de laquelle s'enroulait un large ruban sur lequel on lisait l'enseigne du magasin : *Aux armes d'Angleterre*, se mit à sonner une demie, je levai aussitôt la tête et constatai avec stupéfaction qu'il était déjà six heures et demie. Je connaissais trop bien l'exactitude de mon père pour ne pas supposer que, ne me voyant pas à ma place habituelle, il avait dû continuer son chemin et en ce moment devait être rentré à la maison ; je jetai un coup d'œil consterné sur le beau canif que j'avais choisi et je pris le parti de rentrer à mon tour. Tout en marchant aussi vite qu'il m'était possible, je réfléchissais que j'avais eu tort de désobéir à ma mère, je me figurais son inquiétude lorsque mon père était arrivé sans moi car elle refusait toujours de me laisser sortir seul si ce n'est pour aller à l'école ; je me fis alors les plus durs reproches, mais comme on ne peut toujours penser aux fautes que l'on a commises, je me pris à songer aux pauvres soldats qui tout à l'heure passaient devant moi, d'un air accablé, l'uniforme en lambeaux ; quel désolant spectacle et combien il contrastait avec celui que j'avais eu sous les yeux quelques semaines auparavant, dans la rue de Rivoli ; je m'y trouvais par hasard avec Charlot, de retour d'une promenade aux Tuileries, au moment où le 1er régiment des grenadiers de la garde impériale partait pour la frontière. Ces soldats d'élite marchaient bien alignés, la tête haute, le regard fier et assuré ; de loin avec leurs grands bonnets à poil ils ressemblaient à des géants, en les voyant on avait conscience d'une force, d'une puissance irrésistible et on se sentait transporté d'enthousiasme et de confiance. Lorsque la musique se mit à jouer, lorsque les tambours et les clairons firent vibrer l'air autour de nous, Charlot et moi nous suivîmes, inconscients, comme entraînés par cette masse d'hommes, l'oreille captivée par le rythme des instruments et du pas ; derrière les clairons et les tambours et précédant immédiatement la musique, des enfants de troupes jouaient du fifre et la tête inclinée à droite, marchaient d'un pas bien cadencé en soufflant en mesure dans leurs instruments, nous étions allés ainsi jusqu'à la gare de l'Est et nous n'étions pas les seuls ! Ce fut arrivé là seulement que je ressentis combien j'étais fatigué. Jusqu'alors je ne m'en étais pas aperçu et je revins péniblement à la maison. Comme cette petite escapade avait été faite en compagnie de Charlot je ne fus pas trop grondé malgré la durée de mon absence, quand j'étais avec Charlot ma mère était tranquille.

Toutes ces réflexions, tous ces souvenirs m'avaient conduit à notre porte, je frappai, ce fut ma mère qui vint m'ouvrir, elle s'écria en me voyant seul :

— Eh bien, et ton père?

— Papa n'est pas rentré? demandai-je, tout étonné.

Ma mère ne me répondit même pas, elle regarda notre coucou qui marquait sept heures moins un quart et sa figure prit une expression inquiète, mon père en effet n'arrivait jamais en retard à moins de quelque grave motif; mon frère André qui revint de son atelier quelques minutes après moi fut, lui aussi, bien surpris de ne pas le trouver installé dans son fauteuil, près de la fenêtre, lisant son journal du soir en attendant le dîner.

Des pas pressés se firent bientôt entendre dans l'escalier et ma mère prêtant l'oreille dit d'un ton rassuré : Enfin ! le voilà.

Il entra tout essoufflé, se laissa tomber sur une chaise, tellement bouleversé et ému, lui de coutume si calme, que ma mère lui demanda, très effrayée : Mais qu'as-tu donc? qu'est-il arrivé?

Il fit signe de la main comme pour dire: laissez-moi un peu reprendre haleine, puis il nous regarda attentivement et, encore tout essoufflé, nous demanda :

— Vous ne savez donc pas la nouvelle.

A l'étonnement qui se peignit sur nos visages il comprit que nous ne savions rien et ajouta aussitôt :

— L'armée de Mac-Mahon vient d'être écrasée à Sedan ! L'empereur est prisonnier !

— C'est une fausse nouvelle, s'écria André.

— Non, répondit mon père, celle-là est vraie... malheureusement... c'étaient les bonnes nouvelles... celles qui nous annonçaient des victoires, qui étaient fausses... il n'est plus possible de douter... les affiches annonçant cet épouvantable désastre seront placardées pendant la nuit sur les murs de Paris... J'ai voulu voir les épreuves à l'imprimerie et c'est pour cela que je suis en retard.

— Alors les Prussiens nous ont battu, dit André qui ajouta aussitôt, d'un ton rageur :

— Combien contre un.

— Qu'importe, répondit mon père, nous sommes battus, voilà tout, du reste cela ne pouvait finir autrement... Ce qu'il faut c'est que le pays ne sombre pas avec l'Empire, il faut relever le drapeau et se défendre... les Prussiens ne vont pas tarder à marcher sur Paris.

— C'est l'invasion, dis-je, me souvenant d'avoir lu récemment l'histoire des invasions de 1814 et de 1815.

— Oui, répéta mon père, d'un ton attristé, c'est l'invasion, le plus terrible des fléaux et qui ne laisse derrière lui que du sang, des larmes et des ruines.

Il se leva et se promena avec agitation dans la chambre, les mains derrière le dos, l'air sombre et préoccupé.

Ma mère restait silencieuse, réfléchissant sans doute à ce que nous allions devenir, plus émue par ces graves nouvelles qu'elle ne voulait le laisser paraître.

— Le dîner est prêt, dit-elle, si vous voulez vous mettre à table.

Mon père se dirigeait déjà vers sa place accoutumée lorsqu'il avisa, suspendue au mur, la carte des frontières du Rhin que tous les Parisiens avaient achetée au début de la guerre afin de marquer, avec des petits drapeaux, la marche en avant de nos armées, il la prit et la déchira en disant : Maintenant nous n'en avons plus besoin.

Malgré le temps écoulé, cette scène est encore présente à mon esprit, et j'en vois encore les moindres détails : mon père, debout auprès de la table, déchirait la carte par petits morceaux ; assis devant la fenêtre ouverte, mon frère André restait silencieux et pensif ; ma mère, l'air attristé, servait la soupe dans les assiettes ; Juliette assise dans son petit fauteuil en osier s'amusait gravement avec sa poupée, et dans un coin favori, couché sur son paillasson, mon petit chien Biribi, le museau entre les pattes, nous regardait de côté, en clignant des yeux.

DIMANCHE, 4 SEPTEMBRE

J'apporte des livres à Charlot qui est malade. — Nos bons voisins, M. et Mme Benoît. — C'est une révolution! — On bat le rappel dans notre quartier. — Les gardes-nationaux. — Curiosité excessive des Parisiens. — Et on prétend que les femmes sont curieuses! — Ce qu'on dit de l'empire. — Devant le péristyle du Corps Législatif. — Danger de se trouver dans les foules. — Vive la République! à l'Hôtel-de-Ville! — Une bonne action.

Ce matin, de bonne heure, je frappai à la porte de notre voisine Mme Benoît, et j'entendis aussitôt une voix bien connue qui disait : c'est petit Louis, vite, maman, ouvre-lui.

— Comme te voilà chargé, me dit Mme Benoît, en ouvrant la porte, tu apportes des livres à Charlot, c'est une bonne idée, il se tiendra peut-être un peu plus tranquille dans son lit, et, elle me glissa à l'oreille : dis-lui donc de ne pas se découvrir comme il le fait à chaque instant, autrement il ne se guérira jamais.

— Oui, Madame Benoît, répondis-je, soyez tranquille, je le lui dirai.

De la chambre voisine, Charlot se mit à crier, d'un ton d'impatience : Qu'est-ce que vous avez donc à chuchoter comme cela.

— Rien, répondis-je, tu es bien impatient, et comme je me hâtais d'aller le trouver, voilà mes livres qui glissent et tombent sur le parquet, les uns après les autres ; en les ramassant, je constatai qu'il y en avait plusieurs qui étaient écornés.

J'étais vivement contrarié, je tenais beaucoup à mes livres et j'en avais le plus grand soin, je les aimais et je les respectais, c'étaient mes amis les plus sûrs et les plus fidèles, ceux que j'étais toujours certain de rencontrer sous ma main lorsque je voulais m'instruire ou me divertir.

— Je t'apporte des livres, dis-je à Charlot en les mettant sur son lit, et aussi une nouvelle, une bien mauvaise nouvelle, figure-toi que mon père est rentré hier soir nous annonçant que nos soldats avaient été battus, ils sont tous tués ou prisonniers, l'Empereur aussi est prisonnier, les Prussiens vont marcher sur Paris.

— C'est vrai, s'écria Charlot, c'est vrai ce que tu dis-là ?

— Oui, lui répondis-je, c'est maintenant affiché sur les murs.

— Tenez, voyez-vous ça, s'écria Mme Benoît, toute consternée, en voilà une nouvelle, et Benoît qui ne m'en a rien dit !

Charlot s'agitait dans son lit, il était devenu tout rouge et répétait avec des regards furieux : Ah ! nos soldats sont battus ! nos soldats sont battus !

— Voilà encore que tu te découvres, Charlot, s'écria Mme Benoît.

Voyant Charlot si agité, je me hâtai de changer de conversation. Je sais bien, lui dis-je, pourquoi tu n'es pas encore guéri.

— Pourquoi donc, demanda-t-il.

— Parce que tu te découvres ; quand on est malade on reste dans son lit bien chaudement et bien tranquillement. Promets-moi que tu ne te découvriras plus.

— Oui, je te le promets.

— Et que tu ne liras mes livres qu'après avoir mis ton gilet de laine.

— Oui, oui, je te le promets.

— C'est bien, lui dis-je, nous pourrons alors bientôt recommencer nos promenades.

— Je serai bien content quand je pourrai sortir, dit Charlot, et même si je pouvais seulement me lever et me promener dans la chambre, mais assieds-toi sur mon lit et raconte-moi tout ce que tu sais.

Alors, je le mis au courant de ce qui se passait à l'école, je lui dépeignis le spectacle que j'avais eu sous les yeux, la veille au soir, au carrefour de la Croix-Rouge ; parfois nous restions silencieux, nous pensions à nos soldats vaincus et, sans nous en rendre compte, car nous étions encore bien jeunes, nous ressentions en vertu de ce lien mystérieux qui unit tous les cœurs français une grande tristesse des malheurs qui affligeaient la Patrie.

M. Benoît prenait son chapeau, et, bien docilement, il allait se promener au Luxembourg.

C'est ainsi que je tins compagnie à Charlot presque toute la matinée.

Vers onze heures M. Benoît rentra, car tous les dimanches matin Mme Benoît l'envoyait se promener au jardin du Luxembourg jusqu'à ce que le ménage fût fait ; sa femme le trouvait encombrant et non sans quelque raison car M. Benoît était affecté d'un embonpoint excessif, elle lui disait :

— Benoît, tu me gênes pour faire mon ouvrage, je te trouve toujours sous mon balai, va te promener.

— Oui, Virginie, répondait M. Benoît en prenant son chapeau, et, bien docilement, il allait se promener au Luxembourg; c'était bien l'homme le plus placide et le plus débonnaire que la terre ait jamais porté ; il était comptable dans une maison de bonneterie en gros de la rue de Rivoli. En me voyant il me demanda tout essoufflé.

— Est-ce que ton père est chez lui.

— Oui, répondis-je, et je monte avec vous, car je n'ai pas encore mis mes habits du dimanche. Au revoir, Charlot.

Charlot ne me laissa partir qu'en me faisant promettre de revenir dans la journée.

Les marches de l'escalier gémissaient sous les pas de M. Benoît, il soufflait en gonflant les joues comme c'était son habitude, en entrant chez nous il s'écria :

— Bonjour, M. Marcel, mes civilités, M. Marcel, savez-vous la nouvelle ?

— Mais oui, répondit mon père.

— Quel désastre, hein, M. Marcel, quelle catastrophe, c'est l'abomination de la désolation.

Mon père ne put s'empêcher de sourire en voyant M. Benoît lever les bras au ciel et s'efforcer, sans y parvenir, de donner tous les signes de la plus grande douleur ; de la part de ce gros homme ces manifestations avaient quelque chose de comique, mais pour être gros et gras, comptable chez un bonnetier, et d'un caractère paisible on n'en est pas moins patriote, et M. Benoît était un patriote, cela n'était pas contestable.

— Et voilà où l'on nous a conduit, disait M. Benoît, en soufflant..., on nous a promis des victoires... on nous les a même annoncées... et... pour finir... c'est un désastre.

— Il ne pouvait en être autrement, dit mon père, l'imprévoyance, la présomption, le désordre et l'incapacité ne conduisent jamais à la victoire.

— Et que pensez-vous de la situation, M. Marcel ?

— Ce que j'en pense, M. Benoît, c'est que quand Paris connaîtra cette nouvelle, quand le premier moment de stupeur sera passé, il y aura un cri de colère contre le pilote qui a jeté à la côte, par sa propre faute, l'honneur et la fortune de la France et... nous aurons une révolution.

— Une révolution ! s'écria M. Benoît déjà effrayé, y pensez-vous ?

— Tenez, dit mon père, gravement, écoutez...

La physionomie débonnaire de M. Benoît prit aussitôt une expression inquiète, on entendait au loin les roulements sourds et précipités du tambour.

— On bat le rappel, dit mon père.

Je me précipitai à la fenêtre que j'ouvris ; dans la rue, un tambour de la garde nationale, sa caisse sur la hanche, courait dans la direction de la rue du Cherche-Midi, bientôt je l'entendis battre le rappel, puis, dans les rues voisines, aux carrefours, d'autres tambours se mirent de la partie.

— Eh bien, M. Benoît, dit mon père, que pensez-vous que cela soit si ce n'est le commencement d'une révolution.

— Je descends tout de suite, M. Marcel, je descends pour tranquilliser Virginie, elle ne saura pas ce que cela veut dire... alors... vous comprenez...

Personne ne savait ce que cela voulait dire, c'était la première fois qu'à Paris, depuis les journées de juin 1848, on entendait battre le rappel, des têtes curieuses se montraient aux fenêtres, on comprenait qu'il se passait quelque chose d'extraordinaire, les gardes nationaux descendaient leurs étages quatre à quatre; dans la rue, les uns bouclaient leur ceinturon, boutonnaient leur uniforme, les autres tout en courant arrangeaient la bretelle de leur fusil, ils se hâtaient de se rendre au lieu de rassemblement ; et le tambour roulait toujours, semblant dire : dépêchez-vous, dépêchez-vous !

M. Benoît n'était pas plutôt parti qu'Angèle Rousseau, la fille de Mme Rousseau, notre voisine depuis plus de dix ans et qui était devenue notre meilleure amie, entra chez nous, en disant après nous avoir souhaité le bonjour :

— Excusez-moi M. Marcel, mais maman est très effrayée, il se passe quelque chose d'extraordinaire, que dois-je lui dire pour la rassurer.

— Eh bien, attends-moi un instant, je descends, dit André, je vais voir ce qui se passe.

— Sois prudent, lui dit ma mère et reviens bientôt.

Je vis André se diriger vers un groupe de gardes nationaux qui se tenait auprès du marché, il se mit à causer avec quelques uns d'entre eux et revint un instant après à la maison, disant : le bataillon se rend au Corps Législatif, les esprits sont très montés, les affiches annonçant le désastre de Sedan ont été lacérées, on parle de demander la déchéance de l'Empereur et de proclamer la République.

— Tu as entendu, Angèle, dit mon père, c'est tout simplement une révolution ; si ta mère a quelque crainte, prie-la de prendre son peloton de laine et ses aiguilles à tricoter et de venir s'installer chez nous auprès de Mme Marcel et de Juliette ; quant à nous la curiosité nous appelle et nous ne serions pas de vrais Parisiens si nous laissions passer l'occasion rare de voir une révolution !

S'il est une réputation que le Parisien, renommé pour son urbanité, son esprit, sa politesse envers les étrangers et pour bien d'autres choses encore mérite par dessus tout, c'est celle d'être un badaud, il aime à voir, même quand il n'y a rien à voir, et il faut bien convenir que les gens les plus graves, les plus sérieux, sont affectés de cette singulière manie.

— Nous profiterons tout à l'heure de votre hospitalité, dit Angèle en se retirant, mais quand vous serez partis, puisque la curiosité vous appelle...

— Nous déjeunerons de suite, dit mon père, et André et moi nous irons au Corps-Législatif.

— Et moi, demandai-je, vous ne m'emmenez pas ?

— Comment, petit Louis, s'écria mon père, tu veux donc te faire écraser par la foule.

— Je ne crains rien avec vous, répondis-je, et puis cela me fera tant de plaisir.

Quand j'exprimais un désir qui n'était pas conforme à ses intentions, mon père ne répondait pas, tout d'abord, mais s'il lui arrivait de me regarder je ne sais comment il se faisait que sa résistance fondait comme la neige en avril aux premiers rayons du soleil ; il me regarda et finit par répondre :

— Eh bien tu viendras avec nous.

— Vous feriez bien mieux de rester à la maison, fit observer ma mère, les jours de trouble les gens sages et prudents restent chez eux, la place d'un père de famille n'est pas au milieu de la foule, au risque d'attraper quelque mauvais coup, et surtout c'est une grande imprudence d'y conduire ses enfants.

— Tu parles comme un livre, dit mon père et tu as cent fois raison tout en exagérant quelque peu, mais que veux-tu, c'est plus fort que moi, il faut que je voie...

— Et on prétend que les femmes sont curieuses, s'écria ma mère, mais qu'est-ce que vous voulez voir ?

— Eh ! dit mon père en riant, voir la garde nationale.... voir la foule... voir ce qui va se passer, d'ailleurs je suis prudent, tu le sais, et je le serai d'autant plus que j'emmène petit Louis.

— Je ne serai pas tranquille pendant tout le temps que durera votre absence, fit observer ma mère.

— Aussi, répondit mon père, nous serons bientôt de retour.

Nous n'étions pas plutôt dans la rue que plusieurs personnes qui marchaient dans la même direction que nous se mirent à engager la conversation avec mon père ; les graves nouvelles de la matinée avaient causé une profonde émotion et une grande surexcitation, et la réserve que l'on a coutume de garder entre personnes qui ne se connaissent pas, avait fait place à une familiarité confiante, on éprouvait le besoin d'exprimer ses sentiments, d'émettre des appréciations, d'entendre la manifestation des opinions des autres; parmi toutes ces personnes qui se rendaient comme nous au Corps Législatif où se décidaient en ce moment l'existence de l'Empire et les destinées de la France, se trouvaient des ouvriers, des bourgeois, qui marchaient côte à côte, s'entretenant fraternellement, mûs par la même pensée, la même préoccupation, animés des mêmes sentiments généreux : sauver la Patrie.

Palais du Corps Législatif.

Je ne me souviens pas des conversations échangées, je ne les écoutais que d'une oreille, j'étais continuellement distrait par l'animation inusitée que présentaient les rues que nous suivions, par le passage incessant des compagnies de gardes nationaux; des bruits aussitôt démentis couraient dans la foule, on disait que les cavaliers de la garde municipale qui défendaient les abords du Palais-Bourbon, avaient chargé les gardes nationaux et qu'il y avait des tués et des blessés, la surexcitation, l'indignation étaient à son comble, l'Empire était sévèrement jugé, sa chute était acceptée et demandée par tous comme l'expiation de toutes les folies, de toutes les présomptions, de toutes les fautes qui avaient jeté aux pieds de l'Allemagne la France confiante et sans défense ; parmi tous ceux qui écoutaient ces opinions, émises en termes violents et implacables, il ne s'éleva pas une voix pour défendre l'Empire.

Déjà, à l'angle de la rue de Grenelle et de la rue de Bourgogne, la foule devenait plus compacte et ce fut à grand'peine qu'André, me tenant par la main et me protégeant de son mieux, réussit à se frayer un passage ; en arrivant à la hauteur de la place du Palais Bourbon nous fûmes arrêtés par des gardes nationaux qui en interdisaient l'accès, l'un d'entre eux, voyant que nous avions l'intention de passer, mit son fusil en travers et nous dit avec beaucoup de fermeté : halte-là, citoyen, on ne va pas plus loin.

— C'est bien, dit mon père, en s'arrêtant, respectons la consigne.

Il nous fallut donc revenir sur nos pas, et remonter la rue Saint-Dominique, au milieu de la foule, enfin nous arrivons au boulevard Saint-Germain, là nous étions en plein courant, c'est-à-dire mêlés à cette foule toujours grossissante qui se portait vers le pont de la Concorde, la poussée de la foule était irrésistible, et c'est ainsi que, portés comme une épave par la marée montante, nous nous trouvâmes en face du péristyle du Corps Législatif ; les gardes nationaux qui occupaient le quai d'Orsay et défendaient les abords de la grille du Palais étaient débordés de toutes parts, nous nous trouvions pêle-mêle avec eux, mon père et mon frère avaient fort à faire de me protéger, et je lus sur le visage de mon père une vive contrariété, il se reprochait d'avoir cédé à mon désir et redoutait pour moi un accident ; rien n'est plus brutal que la foule ; depuis cette époque je l'ai soigneusement évitée et je conseille à tous d'en faire autant.

Mon père qui était robuste et de haute taille me plaça sur ses épaules et de là je pus observer ce qui se passait autour de moi. Tout ce monde appartenant à toutes les classes de la société, la blouse de l'ouvrier se trouvait à côté de la redingote du bourgeois, s'agitait, discutait, des conversations s'engageaient, parfois des discussions, et une clameur s'élevait de la foule : déchéance! déchéance ! Çà et là glissaient des figures louches, de ces mines patibulaires qui semblent surgir de terre, les jours de révolution, tout à coup on se mit à crier : écoutez... écoutez... les conversations animées se turent, tous les regards se tournèrent du côté du Corps Législatif et il se fit un grand silence.

Voici les députés de Paris, disait-on, autour de nous, les voyez-vous sur le péristyle, celui qui est en avant, le brun, c'est Gambetta, à côté de lui c'est Jules Favre, chut, écoutez... ils font signe qu'ils vont parler. En effet, Gambetta s'avança et du haut des marches de l'escalier se mit à haranguer la foule, nous ne pouvions entendre ses paroles à cause de la distance, quelques éclats de voix parvenaient seulement jusqu'à nous, il faisait de grands gestes en parlant, quand il eut fini, un cri formidable retentit : Vive la République ! à l'Hôtel-de-Ville ! quelques gardes nationaux avaient mis leurs schakos au bout de leurs fusils et les agitaient en criant : Vive la République !

Je me suis souvent demandé depuis ce que faisaient à ce moment tous les partisans de l'Empire, ces sénateurs, ces députés, ces fonctionnaires, tous ces gens en place qui lui devaient leur situation ou leur fortune, ils n'osèrent sans doute pas résister au torrent qui les entraînait, quelques-uns convenaient des fautes commises et beaucoup s'abstinrent de toute résistance, par patriotisme, ne voulant pas déchaîner la guerre civile devant l'ennemi victorieux, mais ce qu'il faut bien reconnaître c'est que dans toute cette foule pas un cri, pas une protestation ne s'éleva en faveur de l'Empire, avec l'empereur tout avait disparu, le drapeau du château des Tuileries avait été amené comme celui d'un navire qui se rend, c'était comme un effondrement, et Jules Favre avait bien eu raison de dire dans sa proclamation : « Le pouvoir gisait à terre, nous l'avons ramassé » ; c'était la vérité.

Et dans les rues pas un seul sergent de ville ne se trouvait pour contenir la foule et la disperser, on circulait librement et sans contrainte ; sur la terrasse du bord de l'eau, dans le Jardin des Tuileries, des zouaves de la garde étaient en faction, on les voyait aller et venir l'arme au bras assistant indifférents ou impassibles au spectacle qui se déroulait sous leurs yeux.

Le bruit courait dans la foule que l'on allait proclamer la République à l'Hôtel-de-Ville.

— Oui, oui, à l'Hôtel-de-Ville ! criait-on, vive la République ! et bientôt toute cette masse humaine se mit en mouvement, les députés de Paris marchaient en

Un cri formidable retentit : Vive la République ! A l'Hôtel-de-Ville !

tête, nous étions en plein dans le courant et il nous fallut suivre, sous peine d'être écrasés, mon père me remit sur mes jambes.

— Sortons au plus tôt de cette foule, dit mon père à André, ton frère ne va pas tarder à se trouver mal.

— Mais non, papa, m'écriai-je, ne t'inquiètes pas de moi (et je disais cela afin qu'il n'eût pas de regret de m'avoir emmené), mais il me regarda et me vit tout pâle. Je manquais d'air, en effet, à cause de ma petite taille, j'étais pressé et étouffé par ceux qui m'entouraient.

Mon père dut tant bien que mal me remettre sur ses épaules.

— Pendant que la foule continuera à longer les quais, dit-il à mon frère, nous tâcherons de gagner la première rue à droite, c'est la rue de Solférino ; il s'agissait pour nous de fendre le courant qui nous entraînait, ce n'était pas chose facile, mais nous y parvînmes néanmoins en jouant énergiquement des coudes, et ce fut avec un soupir de satisfaction que mon père me déposa sur le trottoir de la rue de Solférino. En cet endroit, la foule était encore considérable et la circulation difficile ; pour être complètement en dehors du courant, il fallait prendre la rue de Lille, c'est ce que mon père s'empressa de faire.

— Est-ce que nous allons encore tomber dans la foule, dit mon père en voyant un rassemblement auprès du Palais de la Cour des Comptes.

— Il se passe là quelque chose d'extraordinaire, dit mon frère, allons voir.

Un sergent de ville, dont l'uniforme était en lambeaux, était entraîné par plusieurs individus de mauvaise mine qui s'acharnaient contre lui et criaient :

— A l'eau ! à l'eau !... On lui avait arraché son épée, un garçon de mon âge, je devrais dire un gamin débraillé et à figure vicieuse, brandissait son bicorne, tout sale et bossué, en signe de triomphe ; quelques personnes protestaient, mais sans intervenir.

Mon père me lâcha la main, et s'adressant aux personnes qui se trouvaient autour de nous et que ce spectacle indignait, il s'écria :

— Est-ce que vous allez laisser maltraiter cet homme, est-ce que ce n'est pas un Français comme nous, et s'élançant au milieu du groupe, il écarta les deux énergumènes qui de chaque côté tenaient le sergent de ville par le bras et l'entraînaient, s'empara de celui-ci et le couvrant de son corps retira son chapeau en criant :

— Citoyens, pas de violences, vive la liberté ! vive la République ! A moi les bons citoyens...

Subitement il se fit dans la foule jusque là timide et hésitante un revirement complet, mon frère s'était élancé aux côtés de mon père, prêt à le soutenir au besoin, quelques citoyens vinrent se ranger auprès de lui en criant : pas de violences ! Et quand ces fauteurs de désordres, ces malfaiteurs qui déshonorent les meilleures causes virent en face d'eux des hommes résolus et énergiques ils lâchèrent prise ; alors, sans s'attarder à discuter et sans se laisser intimider par leurs menaces, mon père entraîna le sergent de ville jusque dans la rue de Bellechasse :

— Je n'ai fait de mal à personne, disait celui-ci, je me rendais tranquillement à mon service, ne sachant pas ce qui se passait lorsque ces individus m'ont attaqué, je n'ai même pas pu me défendre...

— Où demeurez-vous, lui demanda mon père.

— A deux pas d'ici, dans la rue de Verneuil.

— Je vais vous conduire chez vous, dit mon père, et il ne le quitta que quand il l'eut mis en sûreté.

Comme nous revenions rapidement à la maison, mon père et mon frère me tenant chacun par la main, marchant cette fois librement dans les rues qui nous paraissaient désertes, mon père disait : En voilà un qui l'a échappé belle, notre curiosité aura eu du moins pour conséquence une bonne action.

Ce fut ainsi que grâce à l'énergie de quelques bons citoyens qui surent réprimer en l'absence de toute police, de toute force armée, les actes isolés de violence, la révolution du 4 septembre s'accomplit sans qu'une goutte de sang fût versée, le soleil brillait radieux dans un ciel sans nuage et l'espérance renaissait dans les cœurs, il semblait qu'avec la République la victoire reviendrait sous nos drapeaux et que toutes les difficultés seraient aplanies, mais les gens qui réfléchissaient se disaient que la situation était bien critique, presque désespérée, et que le Gouvernement de la Défense nationale qui entreprenait de relever la France blessée et de lui remettre les armes à la main allait assumer une lourde tâche.

Le patriotisme peut faire des miracles, disait mon père, et ce ne sera pas la première fois qu'il aura sauvé la France !

LUNDI, 5 SEPTEMBRE

Une proposition de mon père. — Courte hésitation de mon frère André. — Où est le devoir? — L'avis de notre amie Angèle Rousseau. — André s'engage pour la durée de la guerre. — L'employé de la mairie M. Risler. — Proclamation de la République, le Gouvernement de la Défense nationale. — Comment ma mère accueille la nouvelle de l'engagement de mon frère André.

Nous achevions silencieusement le déjeuner, et ma mère, après avoir versé le café, était descendue chez Mme Benoît, afin de lui remettre pour Charlot un pot de confitures de mirabelles, elles devaient ensuite se rendre toutes deux au Bon-Marché pour divers achats, j'étais sur le point de les suivre. Charlot qui allait beaucoup mieux et avait la permission de rester levé toute la journée, m'avait déjà réclamé et je me faisais une fête de lui raconter les évènements dont j'avais été témoin la veille au soir, lorsque l'air grave et préoccupé de mon père m'intrigua, je restai.

Après avoir allumé sa pipe, en tirant la première bouffée, il demanda brusquement à mon frère André :

— Qu'est-ce que tu comptes faire?

André posa sa tasse et regarda mon père, étonné, ne comprenant pas...

— Les Prussiens marchent sur Paris, dit mon père, nous allons être assiégés, le Gouvernement de la Défense nationale organisera la résistance, peut-être Paris sauvera-t-il la Patrie, tu as bon pied, bon œil, il est vrai que tu as été exempté il y a trois ans par le conseil de révision parce que tu étais trop faible pour faire un soldat, mais maintenant tu es robuste, en bonne santé, qu'est-ce que tu comptes faire ?

Avant de répondre, mon frère eut un moment d'hésitation, je lisais dans son cœur comme dans un livre ouvert, devant ses yeux passait l'image de ma mère, la nôtre, et surtout...

— Je sais pourquoi tu hésites à me répondre, dit mon père, et cependant je suis sûr de ta réponse, c'est à cause de ta mère, à cause d'Angèle...

— Oui, père, dit gravement André, c'est à cause de vous tous, et puis...

Et puis?...

— J'ai le récepteur à terminer pour M. Chapuis.

Mon frère était ouvrier mécanicien, mais un ouvrier spécial comme il en existe un petit nombre à Paris et qui fabriquent ces merveilleux instruments de précision : instruments de physique, d'optique, de mathématiques qui exigent un tour de main spécial et une intelligence très ouverte; M. Chapuis était un inventeur, en théorie il avait trouvé un appareil spécial pour recevoir les dépêches du télégraphe Morse, et c'était mon frère qui, l'aidant de son habileté de praticien, arrivait à donner une forme usuelle et pratique à ses théories d'inventeur.

— Il s'agit bien de M. Chapuis, s'écria mon père.

— C'est que vois-tu, père, tu ne connais pas la ténacité des inventeurs...

— Oh! celui-là, dit mon père en riant, je le connais bien, puisqu'il vient te relancer ici presque tous les jours, Dieu me préserve des inventeurs.

— Et puis ce travail m'intéresse, continua mon frère, nous sommes sur le point d'arriver à un résultat...

— Je comprends bien, mais voyons, d'après toi, où est le devoir?

André répondit sans hésiter :

— Pour tous ceux qui peuvent le faire, le devoir c'est de prendre un fusil.

— Eh bien, alors, fais ton devoir!

— C'est bien ; du reste, j'y avais déjà songé, répondit André, je m'engagerai pour la durée de la guerre.

Par-dessus la table, mon père tendit la main à André, la lui serra avec force en disant: A la bonne heure, mon grand garçon, puis il ajouta : Je me suis renseigné ce matin sur les formalités à accomplir, et si tu veux nous ferons la chose cet après-midi.

Un petit coup discrètement frappé à notre porte me fit lever de ma chaise, j'allai ouvrir, nous avions reconnu la manière de frapper d'Angèle Rousseau.

Il faut bien dire ici que nous connaissions Angèle depuis plus de dix ans. Mon frère André et elle avaient pu mutuellement apprécier leur caractère et une tendre affection, aussi discrète que profonde, les unissait. Angèle avait dix-neuf ans; comme beaucoup de blondes, elle était d'une santé délicate, était grande, élancée et d'une grande distinction d'allures et de langagé, malgré sa grande modestie et son désir de passer inaperçue, elle attirait l'attention, si bien qu'un certain Louchart qui demeurait dans notre maison, garçon quelque peu hâbleur et tartuffe avait entrepris de lui faire la cour, mais Angèle l'avait bientôt jugé et évitait avec soin les importunités et les familiarités blessantes de ce garçon mal élevé dont les allures louches et fuyantes contrastaient singulièrement avec la franchise, la loyauté d'André qui entourait Angèle d'égards et de respectueuses et délicates attentions.

— C'est moi, dit la jeune fille en entrant, ta mère est-elle là, petit Louis, et comme elle était parvenue dans la salle à manger, voyant mon père et André encore à table, elle ajouta, un peu confuse : bonjour M. Marcel, bonjour André... mais je vous dérange... vous n'avez pas encore terminé votre déjeuner...

— Du tout, Angèle, tu ne nous déranges jamais, dit mon père, tu le sais bien, ma femme est descendue chez Mme Benoît, elles doivent aller ensemble au Bon Marché: nous profitions de son absence pour agiter une grave question, tu arrives à propos pour nous donner ton avis.

— Vous donner mon avis, répéta Angèle dont les grands yeux bleus exprimaient l'étonnement.

— Mais oui, c'est une question qui intéresse André, elle nous intéresse tous et toi aussi par conséquent...

— Dites, demanda Angèle, subitement devenue grave.

— Tu sais, exposa mon père, que la France est envahie, les Prussiens marchent sur Paris, il n'est pas question de traiter avec eux, mais bien de leur résister énergiquement, qu'est-ce que doit faire un garçon solide, au cœur vaillant, comme André?

— Ah! je comprends, s'écria Angèle, qui devint un peu pâle, il voudrait s'engager.

— Mais oui, dit mon père, qu'en penses-tu?

— C'est bien grave ce que vous me demandez là, M. Marcel, à une enfant comme moi, eh bien, je pense qu'il doit faire son devoir, nous l'aimerons tous encore bien davantage lorsqu'il sera soldat.

— Tu as raison, Angèle, un garçon solide et courageux, rester auprès des femmes, alors que la patrie en danger exige le concours de toutes les bonnes volontés, cela me semble quelque chose comme une lâcheté.

— Et Mme Marcel a consenti ? demanda Angèle.

— Je ne le lui ai pas encore demandé, dit mon père, mais je la connais assez pour savoir qu'elle ne s'y opposera pas ; du reste, André va s'engager aujourd'hui même, le temps presse, il faut qu'il sache manier un fusil lorsqu'il devra s'en servir, et si ma femme n'est pas rentrée avant notre départ, nous lui en reparlerons au retour, quand ce sera fait, je prends tout sur moi, le devoir avant tout.

Mon père était un homme de caractère, quand il avait décidé qu'une chose serait faite après avoir longuement et mûrement réfléchi, il l'exécutait aussitôt et allait droit au but comme un boulet de canon.

— Vous attendrez bien le retour de Mme Marcel, demanda Angèle, très effrayée maintenant de la part de responsabilité qui lui revenait dans la décision prise.

Mon père comprit bien et la regarda en souriant ; nous partirons à deux heures, dit-il, en s'adressant à mon frère, et si ta mère ne rentre pas d'ici là, eh bien elle apprendra ce soir, à notre retour, que tu as signé ton engagement, et je vous prie, Angèle et petit Louis, de ne pas lui en parler, je veux lui apprendre cela moi-même.

— J'emmène Juliette, dit Angèle, je la garderai pendant votre absence.

Ma mère ne revint pas et cependant je souhaitais son retour aussi vivement qu'Angèle, j'avais le cœur serré en pensant qu'elle apprendrait tout d'un coup le prochain départ de mon frère ; peut-être, et j'y ai pensé depuis, mon père voulait-il brusquer la chose craignant un instant de défaillance.

Lorsque notre coucou se mit à chanter deux heures, mon père et mon frère se levèrent, ils me permirent de les accompagner à la mairie et je pris mes livres et mes cahiers afin de rentrer ensuite directement en classe.

Arrivés à la mairie on nous indiqua où se trouvait le bureau militaire, il était déjà encombré d'une foule de jeunes gens qui venaient pour s'engager, mon père remarqua qu'ils avaient amené avec eux chacun deux témoins pour la signature de l'acte. Quand notre tour fut arrivé, l'employé, un petit vieux qui portait à la boutonnière le ruban de la médaille militaire, demanda à mon frère :

— Vous désirez vous engager pour la durée de la guerre ?

— Oui, monsieur, répondit André.

— C'est bien, donnez-moi votre nom et vos prénoms, la date de votre naissance, vous avez votre certificat du commandant du dépôt de recrutement ?

— Mais non, répondit mon frère, je ne l'ai pas.

— Vous auriez dû vous rendre rue Saint-Dominique, 71, mais heureusement que nous avons prévu le cas, passez dans la salle à côté, on vous examinera et vous me rapporterez le certificat qui vous sera délivré.

André passa dans la salle « à côté » et nous dûmes l'attendre pendant une bonne demi-heure ; assis sur une banquette nous observions ce qui se passait autour de nous, l'employé du bureau militaire, ce petit vieux à l'air résigné et content et qui, les joues creuses, les moustaches tombantes, était bien le type du sous-officier qui en a vu de dures pendant les campagnes et n'a pas toujours été très heureux, m'intéressait vivement, et je vis bien que mon père partageait le même intérêt, ce brave homme était poli avec tout le monde et avait une manière aimable de poser les questions, nous éprouvions pour lui une grande sympathie.

— Voilà le certificat, dit André, on m'a visité des pieds à la tête, je suis bon pour le service.

Vous désirez vous engager pour la durée de la guerre ?

— C'est très bien, dit l'employé, puisque votre père est présent il vous servira de témoin, mais où est votre second témoin ?

— Mon père fit un geste comme pour dire : nous n'en avons pas.

— Eh bien je vous servirai de second témoin, dit ce brave homme, à quel régiment désirez-vous être affecté, M. André Marcel ?

— A un régiment de zouaves, répondit mon frère.

— Je vais vous inscrire pour le régiment de zouaves actuellement en formation à la caserne de La Tour-Maubourg.

L'acte d'engagement fut rapidement rempli et l'employé présenta la plume à mon frère en disant : signez ici et vous, monsieur, en s'adressant à mon père, mettez votre signature à côté de la sienne, moi je signerai ensuite.

Et pendant que ces formalités s'accomplissaient il dit à mon frère : Vous irez à l'Intendance demain matin, on vous délivrera votre feuille de route.

— Est-ce qu'il partira de suite, demanda mon père.

— C'est selon, mon fils s'est engagé hier pour le même régiment, et il a dû rejoindre ce matin même, c'est qu'il n'y a pas de temps à perdre.

— Puisque je vais me trouver avec votre fils dans le même régiment, demanda mon frère, voulez-vous me dire son nom, je serai heureux de faire sa connaissance.

— Bien volontiers, voyez-le dès votre arrivée, il pourra peut-être vous renseigner, vous être utile, je suis sûr que vous vous entendrez bien ensemble, c'est aussi un bon garçon, ajouta-t-il en regardant la physionomie franche et ouverte de mon frère, il se nomme Jean Rissler.

— Vous avez plusieurs enfants, M. Rissler, demanda mon père.

— Mais non, je n'ai que celui-là et je suis veuf.

Mon père lui tendit la main large ouverte et les deux hommes échangèrent une cordiale étreinte ; tous deux ils avaient donné leur enfant à la Patrie et ce sacrifice leur inspirait à l'un et à l'autre une estime mutuelle et je me disais : voilà M. Rissler et mon père qui ne se connaissaient pas quelques instants auparavant et qui semblent être déjà de vieux amis.

Au dehors, à la porte de la mairie, un rassemblement s'était formé autour des affiches que l'on venait de placarder sur la partie du mur réservée aux actes officiels ; elles étaient ainsi conçues :

Français !

Le peuple a devancé la Chambre qui hésitait, pour sauver la Patrie en danger il a demandé la République.

Il a mis ses représentants non au pouvoir mais au péril.

La République a vaincu l'invasion en 1792 ; la République est proclamée.

La Révolution est faite au nom du droit, du salut public.

Citoyens, veillez sur la cité qui vous est confiée, demain vous serez avec l'armée les vengeurs de la Patrie.

Emmanuel Arago, Crémieux, Dorian, Jules Favre, Jules Ferry, Guyot-Montpayroux, Léon Gambetta, Garnier-Pagès, Magnin, Ordinaire, A. Tachard, E. Pelletan, Ernest Picard, Jules Simon.

Lundi, 5 septembre 1870.

Glais-Bizoin, député de Paris, faisait également partie du Gouvernement de la Défense nationale.

Citoyens de Paris !

La République est proclamée.

Un Gouvernement a été nommé d'acclamation.

Il se compose des citoyens :

Emmanuel Arago, Crémieux, Jules Favre, Jules Ferry, Gambetta, Garnier-Pagès, Glais-Bizoin, Pelletan, Picard, Rochefort, Jules Simon, représentants de Paris.

Le général Trochu est chargé des pleins pouvoirs militaires pour la défense nationale.

Il est appelé à la présidence du gouvernement.

Le Gouvernement invite les citoyens au calme, le peuple n'oubliera pas qu'il est en présence de l'ennemi.

Le Gouvernement est avant tout un Gouvernement de défense nationale.

— C'est cela, dit mon père, consacrons tous nos efforts à la défense nationale, n'ayons pas d'autres préoccupations, ensuite nous verrons, mais il faut d'abord que les Prussiens repassent la frontière.

— Eh bien, père, dit André, je retourne maintenant à mon atelier.

— Mais oui, tu es pressé en ce moment.

— J'ai toujours à faire le récepteur du télégraphe Morse pour M. Chapuis; en travaillant aujourd'hui et demain si je ne pars pas, je pourrai avancer cette besogne et la remettre à mon camarade Vincent qui la terminera.

— Et moi je vais à l'imprimerie, dit mon père, reconduis petit Louis, il a ses livres et ses cahiers, et il peut encore aller à l'école, nous nous retrouverons ce soir à six heures.

Et il ajouta, avec un soupir : il faudra annoncer la nouvelle à ta mère.

Quand je revins de l'école, je vis la porte de Mme Rousseau entr'ouverte; Angèle m'attendait.

— Il s'est engagé, me demanda-t-elle.

— Oui, répondis-je, c'est fait, il partira probablement après demain.

— Mon Dieu ! et ta mère qui ne sait encore rien... écoute, petit Louis, promets-moi de venir aussitôt après, pour me raconter comment les choses se sont passées, je veux tout de suite aller auprès de maman Marcel pour la consoler.

Je le lui promis et je rentrai chez nous.

Ma mère n'eut pas le loisir de remarquer mon air grave et soucieux, car je me plongeai aussitôt le nez dans mes livres et me mis à faire mes devoirs avec une attention soutenue, vers six heures, quand il fallut débarrasser la table de mes cahiers et de mes livres afin de mettre le couvert, j'eus encore la ressource de jouer avec Juliette, mais comme j'apportais au jeu une ardeur inusitée, un peu fiévreuse, et que je taquinais Biribi avec un si grand acharnement que malgré son bon caractère il se mit à grogner, ce qui ne lui arrivait jamais, ma mère me demanda : Mais qu'as-tu donc ce soir, petit Louis ?

Mon père et André qui rentrèrent ensemble vinrent à propos me tirer d'embarras, le dîner était prêt, on se mit à table.

— Petit Louis est bien agité ce soir, dit ma mère en servant la soupe dans les assiettes ; puis, regardant mon père et André : Mais vous-mêmes, qu'avez-vous donc, vous semblez tout émus.

— C'est la fatigue, répondit mon père, en affectant la gaieté... mais nous allons faire honneur à ton dîner et bientôt il n'y paraîtra plus.

Ma mère n'eut pas l'air bien convaincue par cette explication, quand on est marié depuis vingt-cinq ans on se connaît bien et ce n'est pas facile de dissimuler ses pensées, aussi elle demanda : Il ne vous est rien arrivé, au moins...

Ce fut André qui répondit : Mais non, maman, tranquillise-toi.

Et comme nous mangions les uns et les autres, sans rien dire, mon père se décida tout d'un coup et s'adressant à ma mère lui demanda :

— Qu'est-ce que tu dirais, Louise, si André s'engageait ?

Tout d'abord ma mère ne comprit pas et répéta : Comment... s'engageait?...

— Oui, s'il devenait soldat?...

— Mais il a été exempté par le conseil de révision, s'écria ma mère... il peut rester auprès de nous.

— Sans doute, mais il pourrait s'engager comme volontaire, il a été exempté pour faiblesse, et maintenant le voilà robuste, la Patrie est envahie, n'est-ce pas son devoir de la défendre?

Je vis ma mère devenir toute pâle, elle mit les deux mains sur sa poitrine comme si ce que venait de dire mon père lui avait coupé la respiration ; mais cela ne dura pas longtemps.

— Eh bien... interrogea mon père.

— Il ne ferait que son devoir, répondit-elle d'un ton décidé que je ne lui connaissais pas.

— Mon père eut un soupir de soulagement, c'est fait... s'écria-t-il, nous sommes allés à la mairie, voilà pourquoi nous paraissions préoccupés, André s'est engagé, il ne nous appartient plus, il appartient à la Patrie !

Ma mère écoutait, toute saisie, les larmes lui vinrent aux yeux, elle se leva et doucement, sans se presser, passa derrière ma chaise et prenant de ses deux mains la tête d'André lui mit sur le front un long baiser.

A ce moment je vis mon père se lever, tout pâle, lui aussi, les larmes aux yeux il disait : Chère femme, chère femme, et mon grand frère André aussi s'était levé, tout ému, et on se regardait ainsi, sans rien dire...

MARDI, 6 SEPTEMBRE

Le départ d'André. — Les préparatifs. — Sages conseils. — Les adieux à Mme Rousseau et à Angèle. — Le cassis de l'Exposition. — Un élève de l'école des Beaux-Arts. — Une permission cordialement accordée. — « Il te portera bonheur! » — Chez Mme Benoît. — La conduite. — Nouvelles de Sedan. — « Au revoir, mon grand garçon ! »

— A quelle heure pars-tu, André ? demanda ma mère.

— Vers dix heures et demie, répondit André, je dois me trouver à onze heures à la caserne de Latour-Maubourg, c'est l'heure indiquée sur ma feuille de route.

Alors, se hâtant, ma mère retirait de l'armoire, de cette vieille et grande armoire de paysan normand qui venait de mon grand-père et dans laquelle se trouvait rangé avec ordre et parfumé par des sachets d'iris tout le linge de la famille, ce qu'André devait emporter, voilà, disait-elle, des mouchoirs, des chaussettes, des serviettes de toilette,... et tu emporteras aussi un foulard, les nuits vont devenir fraîches, et puis voilà deux gilets de flanelle.

— Mais, maman, s'écria André, je ne pourrai jamais mettre toutes ces choses dans mon sac, j'emporterai seulement ce qui m'est strictement nécessaire, je ne m'éloignerai pas de Paris puisque nous allons être assiégés, je pourrai toujours vous écrire et vous m'enverrez ce que je vous demanderai.

Mon père qui avait fait sept ans de service militaire, ce qui était le sort commun sous l'empire de la loi de 1832, savait combien le sac pèse lourdement sur les épaules du soldat, et fut de l'avis de mon frère, il faut alléger autant que possible le poids du sac, disait-il, c'est à cette condition que le soldat peut faire de longues marches sans trop de fatigue et arriver dispos sur le champ de bataille ; quand André aura sur son dos, sa couverture, sa toile de tente, ses piquets de campement, sa gamelle et quelque ustensile de cuisine sans compter ses quatre-vingt-dix cartouches et le reste, il en aura sa charge.

Et à part moi je pensais aux soldats que j'avais vu samedi soir au carrefour de la Croix-Rouge, et je me demandais comment ils pouvaient marcher avec un pareil monument et un pareil poids sur les épaules.

Le paquet d'André fut donc réduit de plus de moitié malgré les résistances de ma mère qui craignait de voir son grand fils pris au dépourvu, tout était prêt pour le départ et il ne nous restait plus qu'à nous mettre à table.

Alors, tout en mangeant, mon père qui conservait sa bonne humeur et sa sérénité habituelles, disait : Tu dîneras ce soir en compagnie des camarades, ce seront sans doute pour la plupart, des engagés volontaires comme toi, car il n'y a pas d'appel de classe en ce moment, c'est un sentiment noble et généreux : l'amour de la Patrie, qui les amène au drapeau, il y a donc bien des chances pour que vous puissiez vous comprendre, parce qu'on se comprend toujours entre gens de cœur ; et quand on a de bons camarades au régiment on s'y trouve bien, c'est comme une nouvelle famille ; du reste, on a les camarades que l'on mérite, il faut savoir se faire aimer, être bon, franc, loyal, gai, toujours de bonne humeur, les pleurnicheurs sont la plaie des régiments, il faut savoir être généreux à l'occasion ; à propos as-tu de l'argent ?

— Non, papa, dit André, j'ai remis samedi à maman ma quinzaine entière.

— Eh bien, voici dix francs, quand tu en auras besoin tu écriras et je t'en enverrai.

Ma mère mangeait silencieusement, calme et résignée, en apparence.

— Et je suis certain, continuait mon père, que tu seras un bon soldat comme tu es un bon ouvrier, tu seras discipliné, courageux, en un mot tu feras ton devoir.

— Sois tranquille, papa, répondait André, sois tranquille.

— A ta santé, mon grand garçon.

— A ta santé, père, à la tienne, maman, à vous tous, dit-il en levant son verre.

Notre coucou qui était toujours un peu en retard se mit à chanter dix heures, alors mon père se leva et dit en souriant :

— Je crois que tu as des adieux à faire.

— Oui, père, j'ai promis à Mme Rousseau...

— Je m'en doute bien, allons-y de suite.

Quand Mme Rousseau nous eut ouvert la porte, elle s'écria :

— A l'instant je viens de regarder la pendule, je craignais qu'André n'eût pas le temps de venir nous dire adieu, Angèle me tourmentait. J'étais sur le point d'aller voir ; enfin, vous voilà, entrez donc, et voilà aussi petit Louis et Juliette, toute la famille.

— Oh ! je savais bien que vous viendriez, dit Mlle Angèle qui essuyait, avec le soin qu'elle apportait à toutes choses, des petits verres qu'elle rangeait ensuite sur un plateau.

— Votre cœur vous l'a dit, n'est-ce pas, Angèle, dit ma mère en souriant.

Angèle rougit légèrement et répondit avec le ton franc et décidé qui lui était habituel.

— Eh bien, oui, mon cœur me l'a dit.

— Vous savez bien, Mme Rousseau, disait mon frère, que je ne serais pas parti sans vous avoir présenté mes respects.

Mais oui, je le sais bien ; mais asseyez-vous donc, voilà votre fauteuil, M. Marcel. Alors ce grand garçon-là va nous quitter ; cela me fait de la peine de le voir partir, moi qui l'ai vu si petit. Vous souvenez-vous, quand il jouait au Luxembourg avec Angèle. Oui cela me fait de la peine et cependant je suis fière de votre garçon ; vous avez raison, M. Marcel, la place d'un homme quand on se bat n'est pas de rester à la maison auprès des femmes.

— Je suis heureux de vous entendre parler ainsi, disait mon père.

— Je dis ce que je pense, et je te souhaite bon courage, André, tâche de bien nous défendre.

Tout en écoutant cette conversation, je ne perdais pas de vue mon frère et Angèle, ils étaient émus tous deux, mais ils s'efforçaient de n'en rien laisser paraître ; je lisais dans les yeux d'Angèle, ces yeux si purs, si bons, si honnêtes, toute l'affection qu'elle portait à mon frère, le regard de celui-ci était aussi bien éloquent, bien respectueux et bien tendre, et je pensais :

— Ce n'est pas toi, pauvre être difforme, qui échangera jamais de semblables regards, tu ne connaîtras jamais ces douces joies, mais du moins tu peux être heureux du bonheur de ton frère qui a toujours été pour toi le meilleur des frères, du bonheur d'Angèle, qui est un ange de bonté, que de fois elle a veillé à ton chevet pour soulager ta mère vaincue par la fatigue, te souviens-tu avec quelle tendre compassion elle regardait ta pauvre figure sur laquelle se lisait la souffrance et avec quelle affection elle t'embrassait en répétant : Pauvre petit ! pauvre petit !

Pendant que sa mère parlait, Angèle avait rempli les petits verres.

— C'est du cassis, fit observer Mme Rousseau, vous savez, mon fameux cassis de l'année de l'Exposition ; vous m'en direz des nouvelles. A ta santé, mon brave André.

Mon père ne manquait jamais de lui faire compliment de son cassis, elle le faisait elle-même, avec les plus grands soins, les bouteilles étiquetées étaient rangées dans une armoire en ordre de bataille et par rang de dates, le cassis de 1867 était réservé pour les grandes occasions, la bonne dame était très fière de son cassis et très sensible aux compliments qu'on lui en faisait, et il lui arrivait souvent de dire en riant : Un petit verre de mon cassis guérit toutes les maladies.

Et comme nous trinquions ensemble pour la seconde fois la porte s'ouvrit, et Léon, le frère d'Angèle, un grand garçon de vingt ans qui était employé chez un architecte tout en continuant ses études à l'école des Beaux-Arts, entra tout essoufflé, disant après nous avoir salués :

— J'aurais pu dire adieu à André ce matin quand je suis parti, mais j'ai préféré revenir, comme cela j'aurai le temps de l'accompagner à la caserne de la Tour-Maubourg, si vous y consentez, M. Marcel.

— Tu nous fais le plus grand plaisir, répondit mon père, mais il est temps de partir, il me semble.

— Nous étions tous là debout, André avait embrassé Mme Rousseau et tendait la main à Angèle, lorsque mon père, qui les observait tous deux du coin de l'œil, dit :

— Je crois bien, Mme Rousseau, que mon fils vous demande la permission d'embrasser votre fille.

— Mais oui, répondit-elle en souriant, je le lui permets, si Angèle...

Mais déjà Angèle s'était avancée, avec son petit air franc et décidé, au-devant de mon frère et lui tendait la joue en rougissant ; elle reçut le baiser de mon frère en fermant les yeux, comme quelque chose de très doux et qui descend délicieusement au fond du cœur ; et bien gentiment elle le lui rendit, en disant dans un joli sourire mouillé de larmes : Tu sais, il te portera bonheur !

— Ah ! les chers enfants, disait Mme Rousseau tout attendrie... les chers enfants.

— Vous connaissez le proverbe : « Après la pluie vient le beau temps » disait mon père, quand ces jours de deuil et de misère seront passés vous aurez vos jours de bonheur, mais, en attendant, André doit faire son devoir.

— Je suis prêt, père, dit André très ému, adieu mère, adieu vous tous.

Par la porte entrouverte nous aperçûmes Louchart qui montait en ce moment et jeta de notre côté un regard oblique.

Ma mère serra longuement son grand garçon sur son cœur, elle n'eut pas un instant de défaillance et cependant, comme elle le dit plus tard, il lui semblait qu'André partait pour toujours et qu'il ne reviendrait plus ; mon frère, qui était rentré chez nous pour prendre son paquet, embrassa du regard cet intérieur où s'était écoulé son enfance, chacune de ces choses lui tenait au cœur, il s'en apercevait bien maintenant qu'il les quittait et il ne pouvait s'en détacher.

En bas, dans l'escalier, mon père l'appelait :

— André, quand tu voudras.

— Oui, père. Une dernière étreinte à la mère qui lui glisse quelque chose dans la main, sur le palier un regard, un baiser envoyé de la main à Angèle et en route pour les hasards de la guerre !

En bas, au pied de l'escalier, Charlot semblait guetter notre départ, le temps était beau et le médecin lui avait permis de sortir de la chambre ; les voilà, s'écria-t-il en nous voyant. Ta mère est-elle là, demanda André.

— Elle t'attend, s'écria Charlot, en nous faisant entrer.

— Eh bien, mon garçon, dit Mme Benoît de sa grosse voix et les poings sur la hanche selon son habitude, te voilà parti ; allons, j'espère que tu auras de la chance, nous allons tous trinquer pour ça avec un petit verre de rhum de la Jamaïque, du vrai celui-là, tu m'en diras des nouvelles ; ça n'est pas comme le cassis de Mme Rousseau qui n'a pas de goût, mon rhum gratte le gosier et on s'aperçoit par où il passe ; bon, voilà que j'en renverse, c'est l'émotion, ça me fait quelque chose de te voir partir. Allons à ta santé et reviens bientôt après avoir battu les Prussiens.

Quand Mme Benoît parlait il fallait l'écouter et renoncer à placer une parole, on trinqua cordialement, plusieurs fois, et sur le seuil de la porte notre voisine appliqua sur les joues d'André deux gros baisers bien sonores et lui serra la main à le faire crier ; c'était une forte femme !

Le Maréchal de Mac-Mahon.

Ma mère et Angèle étaient à la fenêtre, André se retourna et ils échangèrent un dernier signe d'adieu, c'était de la part de ma mère comme le signe d'une bénédiction, de la part d'Angèle comme le serment d'éternelle affection et je suis bien sûr que quand nous eûmes disparu au tournant de la rue les deux femmes tombèrent dans les bras l'une de l'autre et confondirent leurs larmes.

— Et maintenant dépêchons-nous, dit mon père, nous ne sommes pas en avance.

— Voilà Biribi, m'écriai-je, le coquin a trouvé le moyen de s'échapper et de venir avec nous.

En effet, Biribi accourait de toute la vitesse de ses quatre pattes et manifestait toute sa joie par les mouvements désordonnés de sa queue.

— Il ne manque plus que Charlot, dit André en riant.

— Mais le voilà, m'écriai-je, l'apercevant tout à coup au tournant de la rue, il vient aussi et nous fait signe de l'attendre.

— Marchons plus lentement, dit mon père, mais nous ne l'attendrons pas, nous devons être d'une exactitude militaire; enfin quand Charlot parvint près de nous, un peu essoufflé, mon père lui reprocha d'être sorti puisqu'il était encore malade, mais il répondit que cela ne faisait rien et qu'il tenait à accompagner André, sa mère le lui avait permis ; du reste elle lui permettait tout ce qu'il voulait.

En route Léon disait : mon patron a reçu ce matin une lettre de son fils qui était à Sedan, avec quelques-uns de ses camarades du 4e zouaves, ils ont fait une trouée et ont réussi à s'échapper par la Belgique, il paraît qu'on ne savait

L'infanterie de marine défendit héroïquement Bazeilles.

pas les Prussiens si proches ni si nombreux (c'était, disait-il, comme un grouillement de fourmis noires), ont garni les hauteurs d'une artillerie formidable et ont canonné et mitraillé sans pitié nos soldats massés autour des murs de Sedan comme au fond d'une cuvette, ceux-ci n'avaient pas d'ordre, pas de direction, c'était un désordre inouï encore accru par les projectiles de l'ennemi qui tombaient dru comme grêle, le maréchal de Mac-Mahon avait été blessé et se trouvait dans l'impossibilité de commander, tantôt c'était le général de Wimpfen qui donnait des ordres, tantôt le général Ducrot, l'un voulait aller de ce côté, l'autre de celui-là, ils ne s'entendaient pas ; les officiers et les soldats rageaient, alors les régiments se mirent à combattre au hasard, mais ce n'est pas ainsi que l'on gagne des batailles ; décimés, on se groupait encore et on fonçait sur l'ennemi, histoire de se faire tuer, le général Margueritte charge à la tête de ses escadrons de chasseurs d'Afrique et tombe frappé à mort, l'infanterie de marine défend héroïquement Bazeilles, tout cela est inutile, nos soldats sont débordés, massacrés, refoulés sur Sedan, c'est alors que Robert Desmazures... mais au fait, André, tu le connais ?

— Mais oui, répondit mon frère, nous avons déjeuné une fois ensemble, il s'est engagé au début de la guerre.

— C'est cela, reprit Léon, donc Robert qui n'a pas froid aux yeux a joué de la fourchette avec une poignée de braves de son régiment et ils ont gagné la Belgique, il demande de l'argent à son frère pour revenir à Paris jouer la deuxième partie, il dit que si nous avons perdu la première c'est que les Prussiens avaient tous les atouts.

— C'est d'autant plus navrant, faisait observer mon père, que nous leur avons nous-mêmes donné tous les atouts, c'est une leçon dont nous profiterons, mais nous voici arrivés.

Nous nous trouvions en effet devant la grille de la caserne de la Tour-Maubourg, Charlot qui avait voulu porter le paquet d'André, le lui remit, et mon frère, plus ému qu'il ne voulait le laisser paraître, nous fit ses adieux, mon père lui serra les deux mains et ensuite l'embrassa, ce que je ne lui avais jamais vu faire, en disant :

— N'oublie pas mes recommandations, au revoir, mon grand garçon !

— Sois tranquille, papa, au revoir.

Il entra. A travers la grille nous le suivîmes des yeux dans la cour de la caserne et il se retourna une dernière fois pour nous faire un signe d'adieu.

Je me souviens que Biribi voulait suivre mon frère et que le sergent de garde frappait du pied pour l'effrayer, l'entrée des casernes étant, paraît-il, interdite à la race canine, j'appelai Biribi qui revint vers nous, sans se presser, humant l'air, étonné sans doute de la brusque disparition d'André.

Nous avions déjà fait quelques pas pour revenir à la maison lorsque mon père, se ravisant, se dirigea vers le sergent de garde.

— A quel endroit, lui demanda-t-il, les engagés volontaires font-ils l'exercice ?

— A l'Esplanade des Invalides, répondit le sergent, matin et soir.

— Eh bien, dit mon père, en s'adressant à Charlot et à moi, vous pourrez tous deux aller voir André jeudi prochain.

Charlot ne demandait qu'à sortir et il fut, ainsi que moi, enchanté de cette proposition.

Au coin de la rue de Sèvres, Léon Rousseau nous quitta pour aller à l'École des Beaux-Arts.

JEUDI, 8 SEPTEMBRE

Un langage sifflé. — Impatience de Charlot. — En route pour l'Esplanade des Invalides. — Rencontre de Gustiau. — Hostilité de Biribi. — Une invasion d'un nouveau genre. — Défense héroïque d'un fruitier. — Arrivée des mobiles bretons. — Les engagés volontaires. — L'amour de la Patrie rassemble sous les drapeaux toutes les classes de la société. — Mon frère et ses camarades. — Nous avons un mobile breton à loger. — Qu'est-ce que c'est que ces Armands-là! — La Patrie française. — Mme Benoît et « son » Breton.

Nous venions à peine de nous mettre à table lorsque j'entendis Charlot siffler dans l'escalier; nous avions comme cela, entre nous, un langage sifflé, le sifflet de Charlot voulait dire: je suis prêt, je t'attends pour aller voir André à l'Esplanade des Invalides.

— Voilà Charlot qui m'appelle, dis-je à ma mère, il m'attend au pied de l'escalier.

— Eh bien, il attendra, et il a même le temps d'attendre puisque tu n'as pas encore déjeuné et que tu n'es même pas habillé.

De temps à autre, Charlot impatienté sifflait, sifflait, et moi malgré mon calme habituel craignant d'être en retard je m'agitais sur ma chaise, mettant les bouchées doubles.

— C'est un vrai merle que ce Charlot, dit ma mère, laisse-le siffler et ne t'étrangle pas.

Mais fatigué de siffler sans succès, « le merle » se décida à monter, il frappa à la porte, vivement, trois petits coups secs, à peine distancés, comme un merle très pressé, et lorsque la porte fut ouverte, qu'il nous vit à table et qu'il s'aperçut que je n'étais même pas habillé, la figure du merle prit une telle expression d'ahurissement que nous partîmes d'un éclat de rire.

— Tu n'es pas encore prêt, s'écria-t-il!

— D'abord, dit ma mère, devenue sérieuse, on enlève sa casquette et on dit bonjour au monde.

— C'est vrai, Mme Marcel, excusez, bonjour, Mme Marcel, bonjour, petit Louis, bonjour, Juliette, bonjour, Biribi, bonjour, poêle, bonjour, table!...

— En voilà assez, dit ma mère en souriant, tu es un garçon insupportable, assieds-toi sur cette chaise à laquelle tu n'as pas dit bonjour et tâche de prendre patience, Louis sera prêt dans dix minutes, tu as déjeuné je suppose; il me semble que tu regardes d'un air d'envie la tartine de confitures de Louis?

— J'ai déjeuné vite, Mme Marcel, je craignais d'être en retard.

— Eh bien, tu mangeras une tartine de confitures pendant que Louis s'habillera, et une autre fois tu seras moins pressé, chaque chose doit venir à son heure.

Charlot prit patience en mangeant sa tartine, et dix minutes après nous sortions de la maison, il me tenait par la main selon son habitude, car chaque fois que nous allions ensemble nous promener et à peine avions-nous franchi le seuil de la porte, il ne manquait pas de me dire, d'un ton protecteur, sans doute à cause de sa force et de sa grande taille: petit Louis, donne-moi la main.

Et le petit Louis, le pauvre bossu qui était cependant son aîné de deux ans, lui donnait la main et se sentait tout heureux de marcher sous la protection de ce bon garçon.

Bien entendu mon petit chien Biribi nous accompagnait; en voilà un qui ne perdait jamais l'occasion de faire une promenade ! il nous précédait, en allant de-ci de-là, le nez par terre, la queue en trompette et toujours frétillante.

— Tiens, voilà Gustiau, dit Charlot.

Les mains dans ses poches, traînant ses chaussures, l'air en dessous, Gustiau venait en effet à notre rencontre, c'était, je crois l'avoir dit, un de nos camarades d'école, il demeurait dans notre maison, au quatrième étage, sur la cour.

Gustiau nous aborda et demanda, déjà tout disposé à venir avec nous : où allez-vous ?

Je répondis avec une nuance de fierté : Nous allons voir mon frère, il est zouave.

— Ton frère est zouave, s'écria Gustiau en ouvrant de grands yeux ?

— Il est engagé volontaire, dit Charlot.

— Çà veut dire, fit observer Gustiau, que s'il est soldat c'est qu'il l'a bien voulu.

— Oui, répondis-je, c'est mon père qui lui a dit de s'engager et puis c'était aussi son intention.

— Moi aussi, ajouta Charlot, je m'engagerais si j'avais l'âge.

— Moi pas, dit Gustiau.

Charlot le regarda stupéfait, il ne comprenait pas encore ce que signifiaient les paroles de Gustiau, moi je les comprenais bien, cela voulait dire : qu'est-ce que cela me fait à moi la Patrie, la famille, les sentiments nobles et généreux ! Alors regardant avec attention ce garçon à la figure louche, sale, mal peigné, je me rendis bien compte de la répulsion dont il était l'objet de la part de tous nos camarades ; c'était le plus paresseux de la classe, celui qui donnait le plus de mal à notre instituteur, M. Bardoux, qui l'appelait « être indécrottable », sa figure me semblait encore plus laide que de coutume, de cette laideur que donne la bassesse des sentiments, je détournai la tête et prenant Charlot par la main je cherchai à l'entraîner.

Mais mon Charlot se dégagea doucement de ma faible étreinte et croisant les bras il regardait Gustiau bien en face ; les deux grands yeux bleus de Charlot, ces yeux clairs, lumineux, où se lisaient la franchise et la bonté, regardaient les petits yeux incolores, clignotants et fuyants de Gustiau.

— Alors, fit observer Charlot, c'est que tu aurais peur pour ta peau.

— J'ai pas peur, répondit Gustiau de son ton traînant et larmoyant.

— Alors, c'est que tu n'as pas de cœur.

— De quoi... du cœur ?...

— Oui, tu ne sais pas ce que c'est. Eh bien ! ta peau ne vaut pas celle d'un lapin, entends-tu, Gustiau.

Et Charlot lui criait dans la figure, d'un ton agressif et méprisant, oui, elle ne vaut pas la peau d'un lapin ; pas même la peau d'un lapin.

— C'est pas tout çà, dit Gustiau, je m'en vais me promener avec vous.

— Tu veux venir te promener avec nous, s'écria Charlot stupéfait !

— Le bossu veut bien... pas... tu veux bien, dit Gustiau en s'adressant à moi.

— Non, pas aujourd'hui, lui répondis-je, ce sera pour une autre fois, et je pris la main de Charlot en disant : Viens, Charlot.

Nous avions déjà fait quelques pas, Charlot se retourna et lui dit, d'un ton de menace :

— Si tu fais un pas pour nous suivre...

Du reste, Biribi qui était le meilleur des chiens, incapable d'une méchanceté et qui se laissait faire toutes les misères possibles par Juliette, sans même se plaindre, aboyait furieusement contre Gustiau, il ne l'aimait pas, ce qui prouvait bien qu'il avait dû recevoir de lui quelques bons coups de pied, allongés sournoisement en passant; les bêtes le sont quelquefois moins qu'elles ne le paraissent.

Gustiau, tenu en respect, resta donc immobile sur le trottoir, ne sachant où aller; les jours de congé, il errait ainsi tout seul, personne ne se souciant de sa société car plus d'une fois ceux qui l'avaient fréquenté par bonté d'âme n'avaient eu qu'à s'en repentir. C'est un mauvais sujet, disait M. Bardoux, j'ai essayé d'en faire quelque chose de bon, mais j'ai dû y renoncer. Quant à la famille Gustiau qui habitait notre maison, il valait mieux n'en pas parler, c'étaient des gens pour lesquels on n'avait pas beaucoup d'estime, et que l'on évitait soigneusement, ils ne travaillaient jamais et étaient, disait-on, malhonnêtes.

— Ah! ce Gustiau, disait Charlot, tout en me tenant par la main et m'aidant à traverser la rue du Cherche-Midi, en voilà un auquel j'aurais plaisir à donner une bonne râclée; mais voilà, il ne se défendrait même pas.

Quelques instants après nous arrivions au boulevard du Montparnasse.

— Voilà des bœufs, m'écriai-je, en serrant la main de Charlot.

— Tu as peur, petit Louis, demanda Charlot, qui de son côté ne semblait pas très rassuré.

— Les bœufs arrivent sur nous, lui dis-je, il n'y a pas moyen de passer, entrons vite dans cette boutique de fruitier.

— Qu'est-ce que vous désirez, les enfants? nous demanda celui-ci.

— Monsieur, lui dis-je, permettez-nous de rester chez vous jusqu'à ce que les bœufs soient passés.

Il se mit à rire et répondit: Restez tant qu'il vous plaira, on voit bien que vous êtes des petits Parisiens, ce ne sont pas les petits gars de la campagne qui ont peur des bestiaux.

— Tenez, Monsieur, dit Charlot, en voilà un qui flaire vos salades et un autre vos bottes de carottes.

— Attendez, vilaines bêtes, attendez un peu, s'écria le fruitier qui empoigna aussitôt un balai et s'escrimant de son mieux se mit à taper sur les bœufs en criant: « hou hou » pour les effrayer, pendant que sa femme se hâtait de mettre à l'abri les salades et les carottes.

— Et en voilà encore qui arrivent, s'écria le fruitier, enlève tout l'étalage, Joséphine, ces maudites bêtes vont tout nous dévorer. Tiens en voilà une qui a le mufle dans le panier aux épinards; mais il n'y a donc personne pour conduire ces « bestiaux »; ça meurt de faim et c'est la verdure qui les attire; ça vient de débarquer tout à l'heure, bien sûr, à la gare Montparnasse; ça vient de Bretagne, voyez-vous, les enfants, et dame faut que ça mange ces « bestiaux » là, c'est comme le monde.

Et tout en causant, le fruitier, brandissant son balai, défendait bravement ses marchandises contre ces envahisseurs d'un nouveau genre, frappant à tour de bras sur les échines.

— Et il y a bien là trois ou quatre cents têtes de bétail, fit-il observer, le boulevard en est plein, jusqu'à la gare.

Ces pauvres bêtes qui m'effrayaient si fort à cause de leurs grandes cornes et de leurs gros yeux ronds ne savaient où aller, les unes s'étaient arrêtées sur la chaussée, beuglant lamentablement, les autres continuaient leur chemin ou bien envahissaient les contre-allées et les trottoirs, des voitures, des charrettes se trouvaient prises au milieu de cet encombrement, et les cochers, à grands coups de fouet, essayaient vainement de se frayer un passage ; la circulation était interrompue.

— Il n'y a pas de conducteurs, disait le fruitier, ah si seulement il y avait là deux ou trois chiens tous ces bestiaux-là ne viendraient pas manger mes salades.

Enfin un peu d'ordre fut mis dans tout ce désordre, des hommes à longues blouses bleues, poussèrent les bœufs sur un des côtés du boulevard, et bientôt le troupeau se mit en marche, au milieu des cris et des coups de fouet, dans la direction du Champ de Mars.

— Tout ça, dit le fruitier qui décidément aimait à causer, c'est de la viande de boucherie, il en arrive comme ça à chaque instant par les trains de Bretagne.

— Maintenant, dis-je à Charlot, nous pouvons partir, il n'y a plus de bœufs ; alors, retirant ma casquette, je dis au fruitier : Nous vous remercions, Monsieur.

Mobiles bretons.

— Il n'y a pas de quoi, les enfants, répondit celui-ci, et puis vous savez... quand vos parents auront besoin d'une bonne salade, de beaux champignons bien frais...

— Nous avons toujours de belles bottes de salsifis, dit la fruitière.

— Et des choux-fleurs pas cher, ajouta le fruitier.

— Merci beaucoup, répondis-je, nous ferons la commission, et j'entraînai Charlot hors de cette boutique hospitalière.

A peine étions-nous sur la chaussée que Charlot s'écria : voilà un régiment, et, tendant le bras, il désigna au loin, dans la direction de la gare Montparnasse, une masse sombre qui semblait s'avancer lentement de notre côté.

— Restons sur le trottoir, dit Charlot, nous allons le voir passer.

— Et mon frère, lui dis-je, mon frère qui nous attend sur l'Esplanade des Invalides.

— Vraiment, petit Louis, tu crois que nous sommes en retard, nous avons bien le temps...

Je ne voulus pas contrarier Charlot et puis moi aussi je voulais voir et je répondis : Eh bien attendons.

— Le « régiment » se rapprochait, il n'y a pas de musique, disait Charlot, il n'y a ni tambours, ni clairons, on dirait un troupeau d'hommes.

Un troupeau d'hommes quelle drôle d'expression, je ne pus m'empêcher de rire.

Et il ajouta : il n'y a pas de colonel à cheval.

C'étaient aux yeux de regarder et à la langue de se taire, maintenant passaient devant nous, en files interminables, quatre par quatre, des jeunes gens d'une vingtaine d'années; quelques-uns revêtus de l'uniforme de la garde mobile, mais la plupart en blouse et en sabots, coiffés d'un chapeau à larges ailes orné d'un ruban en velours noir qui leur pendait dans le dos.

— Il y en a qui n'ont pas de chapeau, s'écria Charlot.

J'avais déjà fait la même remarque et je me disais : comment cela se fait-il ils ont l'air cependant de venir de bien loin... et ils sont partis comme cela... sans leur chapeau.

Et, tout en les regardant, comme j'en remarquais encore plusieurs qui marchaient nu tête, je cherchais à me rendre compte.

— Ce sont des gars bretons, dit quelqu'un à côté de nous, ceux-là viennent du fin fond de la Bretagne.

Dorian est le nom d'un patriote qu'il ne faut pas oublier.

— Et sans chapeau, ajoutai-je mentalement. Sans doute, me disais-je, ils n'ont pas eu le temps de le prendre ; on est venu les chercher à la ferme et on leur a dit : Embrassez vite le père et la mère et... en route, nous n'avons pas de temps à perdre; puis on les avait réunis, embarqués dans le chemin de fer, et ils arrivaient à Paris, stupéfaits, ayant encore dans les yeux la vision de leurs landes et de leurs guérets et à la main le fouet avec lequel ils venaient de conduire leurs bêtes aux champs !

C'est qu'il n'y avait pas une minute à perdre, les Prussiens, disait-on, venaient sur Paris à marches forcées, il fallait faire entrer dans la capitale des vivres et des défenseurs ; on ne saurait trop louer l'énergie et l'activité infatigable que déploya dans ces circonstances critiques le ministre du commerce, du gouvernement de la Défense nationale, M. Dorian ; c'est le nom d'un patriote et il ne faut pas l'oublier.

— Cette fois, dis-je à Charlot, nous sommes en retard, donne-moi la main et hâtons-nous si nous voulons arriver encore à temps; je pensais à mon grand frère qui, à cette heure même, faisait l'exercice sur l'Esplanade et se disait sans doute : Le petit Louis ne viendra pas.

— Écoute, petit Louis, me dit Charlot, tu ne peux marcher vite car tu es tout de suite essoufflé, monte sur ce banc et je vais te mettre sur mes épaules, à califourchon, tu me tiendras la tête, l'Esplanade n'est pas loin et dans dix minutes nous y serons.

— Tu ne courras pas, lui dis-je, tu sais, cela me secoue trop et me fait mal.

— Non, dit Charlot, je te le promets, je marcherai seulement un bon pas.

Ce fut dans cet équipage que j'arrivai à l'Esplanade des Invalides, le bon Charlot était essoufflé, car malgré ma légèreté je commençais à lui peser sur les épaules; du haut de mon observatoire j'apercevais des soldats qui manœuvraient, divisés par petits groupes. Mon frère devait sûrement se trouver parmi eux.

Maintenant je vais descendre, dis-je à Charlot; alors il s'agenouilla à « l'instar » des chameaux et je descendis de ses épaules, je fus quelque temps avant de retrouver mon équilibre, il se mit à rire et me prit la main.

Biribi sauta bientôt sur un zouave en lui prodiguant des marques d'amitié à n'en plus finir.

— Cherchons André, me dit-il, il doit être dans ces petits groupes là-bas, où se trouvent des zouaves.

Car ce n'étaient pas seulement les zouaves qui manœuvraient sur l'Esplanade, il y avait aussi dans le même rang, côte à côte, des soldats de la ligne, des gardes mobiles, et aussi, ce qui m'étonnait beaucoup, des civils qui avaient bouclé un ceinturon par dessus une blouse ou une redingote, cela faisait un drôle d'effet.

Charlot n'avait pas plutôt dit : « Cherchons André » que Biribi était parti comme une flèche, en aboyant; il se mit à explorer tous les groupes et sauta bientôt sur un zouave en lui prodiguant des marques d'amitié à n'en plus finir.

— Biribi a trouvé André, me dit Charlot, tiens regarde, le voilà...

En effet, c'était André, j'étais tout heureux de le voir, lui m'avait déjà aperçu et il me faisait signe... de l'œil, car il ne devait pas bouger; un vieux sergent de la garde de Paris, devenue maintenant la garde républicaine, leur montrait comment il fallait charger les fusils et ils étaient six qui, rangés sur une seule ligne, ne perdaient pas un mot de ses explications ; on voyait bien que personne n'était là pour flâner.

Et pendant que Charlot regardait à droite ou à gauche, selon son habitude, incapable de fixer longtemps son attention, je m'attachais à observer ceux qui étaient à côté de mon frère ; il se trouvait au centre du peloton, son voisin de droite était un jeune homme brun de haute taille, vêtu avec une grande élégance et dont la physionomie, les mouvements nobles et aisés, dénotaient une suprême distinction ; son visage un peu pâle, respirait la fierté et l'énergie ; à côté de lui, se trouvait un ouvrier en blouse qui avait encore à ses souliers des traces de plâtre, puis venait un zouave à l'air jovial et bon enfant ; à gauche de mon frère un soldat de la ligne, puis un artiste, un peintre sans doute, à la veste de velours noir, le nœud de cravate bouffant sur une chemise large ouverte, la physionomie intelligente et éveillée, et enfin un tout jeune homme portant encore l'uniforme de collégien et dont un grand col blanc rabattu faisait encore mieux ressortir la figure juvénile, celui-là devait à peine avoir dix-huit ans, l'âge requis pour l'engagement, le fusil était un peu lourd pour lui et, en le voyant, j'eus la vision d'une mère et de jeunes sœurs qui avaient dû bien pleurer quand il était parti.

C'étaient tous des engagés volontaires comme mon frère; l'ouvrier , le noble, l'artiste, le collégien s'étaient offerts pour combattre et défendre la Patrie ; c'est alors que je compris combien nous aimons notre Patrie, nous autres Français ; riches ou pauvres se trouvaient réunis par un même esprit de sacrifice, par une commune pensée de patriotisme et de dévouement et dans toutes ces nobles poitrines battaient vraiment des cœurs de Français, dans ces veines coulait vraiment du sang de Français.

— Tu es là tout le temps à réfléchir, me dit Charlot, mais regarde donc comme ton frère manœuvre bien.

A vrai dire, ils manœuvraient tous bien, le vieux sergent ne semblait pas trop mécontent, mais quel mal il se donnait ! Allons, disait-il, d'une voix brève et énergique, ça ne vaut rien, recommençons. N° 2, renvoyez vivement la main droite dans le rang. N° 4 (c'était mon frère) restez immobile, c'est à l'immobilité sous les armes que l'on reconnaît les bons soldats. N° 5, les jarrets tendus, la tête droite; il allait, venait, rectifiait les positions défectueuses; enfin fatigué il commanda d'une voix enrouée : Baïonnette au canon, formez les faisceaux et rompez les rangs.

Je m'élançai vers mon frère qui, selon son habitude me prenant sous les bras m'éleva jusqu'à son visage et m'embrassa disant : Je suis content de te voir... et toi aussi, Charlot, ça va bien à la maison.

— Oui, ça va bien, répondis-je, comme de juste papa te fait dire bien des choses et maman et Juliette t'embrassent.

— Merci ! Et Angèle?

— Angèle te souhaite bon courage, mais dis-moi, André, quel est donc ce monsieur qui était à côté de toi, tout à l'heure...

— A droite ou à gauche.

— A droite, répondis-je.

— C'est de Bricourt, il est comme moi engagé volontaire et nous faisons partie de la même escouade, à ce que j'ai entendu dire sa mère est depuis longtemps veuve, il est fils unique et très riche ; à gauche c'est un soldat de la ligne, je ne sais pas son nom, il paraît qu'il étudiait pour devenir ingénieur, lorsqu'il apprit que son père, chef de bataillon au 106e de ligne, avait été tué à Sedan, alors il s'est engagé dans la ligne. Voilà, petit curieux, es-tu satisfait?

A ce moment tous ceux qui faisaient partie du peloton de mon frère, se rapprochèrent de nous, M. de Bricourt tira de sa poche un magnifique étui à cigarettes et en offrit à tout le monde avec une bonne grâce charmante, disant : Messieurs, si vous voulez bien me faire le plaisir d'accepter, et on se mit à causer, fraternellement.

Tout cet après-midi nous le passâmes sur l'Esplanade des Invalides à regarder les soldats manœuvrer, les instructeurs leur firent d'abord exécuter des maniements d'armes et leur apprirent ensuite, après la dernière pause, les principes de la marche, tous ces engagés volontaires apportaient dans ces différents exercices beaucoup de bonne volonté et d'entrain, les instructeurs beaucoup de patience et de dévouement, de sorte que le temps ne fut pas perdu pour la patrie ; quand ils rentrèrent à la caserne de Latour-Maubourg, ce fut pour Charlot et pour moi un véritable plaisir de marcher à côté de mon frère, enfin, il fallut bien nous séparer, et avant que la porte de la caserne fût franchie, il nous adressa, avec la main, un dernier signe d'adieu.

Le retour à la maison s'effectua sans incident, nous n'avions aucune raison de nous presser et Charlot n'eût pas besoin de me servir de chameau ; je le quittai enchanté de sa promenade et me hâtai de gravir l'escalier ; quelle ne fut pas ma stupéfaction, lorsque j'eus ouvert notre porte, de voir un de ces gars bretons que nous avions vu défiler devant nous quelques heures auparavant sur le boulevard du Montparnasse assis dans la salle à manger et tenant dans ses bras ma petite sœur qu'il berçait en chantant à mi-voix ; Juliette ordinairement si farouche et que toute figure étrangère effrayait écoutait avec attention ce chant mélancolique et doux, aux intonations bizarres et Biribi lui-même, Biribi qui aboyait toujours quand il ne connaissait pas son monde, flaira le nouveau venu, puis se mit à écouter gravement, assis sur son train de derrière, clignant parfois des yeux.

Quand le Breton eut fini sa chanson, il me considéra avec un certain étonnement, peut-être n'avait-il jamais vu de bossu, puis comprenant sans doute que j'étais de la maison il me dit :

— J'viens pour loger.

— Bien, lui répondis-je, mais où donc est ma mère ?

— La dame?

— Oui, la dame.

— Elle est allée aux provisions.

Je m'assis auprès de la fenêtre, car j'étais fatigué aussi bien du trajet parcouru que de la longue station faite sur l'Esplanade des Invalides; Juliette voyant que le Breton ne recommençait pas sa chanson, tendit vers moi ses petits bras en criant : Lili, Lili, elle m'appelait toujours ainsi ne pouvant pas encore prononcer mon petit nom ; je la pris sur mes genoux, puis j'observai notre hôte qui, lui, regardait avec curiosité notre mobilier. Vous avez un beau buffet, disait-il, dans un français bizarre et avec une naïve franchise, et aussi des belles chaises. Quand le coucou sortit de sa boîte pour chanter six heures il ouvrit de grands yeux émerveillés et m'expliqua que chez lui il y avait aussi une horloge, mais elle était dans une longue boîte de sapin verni, et on voyait le balancier, par un trou rond garni d'une vitre, qui allait et venait, elle sonnait très bien mais il n'y avait pas de petit oiseau qui venait ainsi chanter les heures, et j'ai aussi une petite sœur de l'âge de la vôtre, disait-il, et aussi un chien comme le vôtre, mais il est bien plus gros et garde les moutons. Je l'écoutais causer avec plaisir, son air franc et ouvert me plaisait ; c'était un garçon de petite taille, vigoureux, solidement charpenté, aux épaules larges, à la tête ronde et aux yeux bruns, véritable type de Celte. En voilà, un me disais-je, qui se porte bien, il a respiré le bon air de la campagne, à pleins poumons, c'est une plante vivace, venue en pleine terre, arrosée par l'eau du ciel et qui s'est épanouie librement sous les rayons du soleil.

— Eh bien, petit Louis, demanda ma mère qui rentrait, son panier de provisions au bras, as-tu vu André.

— Il va très bien, répondis-je, je l'ai vu faire l'exercice.

Elle parut contente et se hâta de préparer le dîner, le Breton l'aida à mettre la table, ce brave garçon se comportait chez nous comme s'il avait été chez lui, et s'efforçait de se rendre utile.

Ma mère, toujours très active, eut vite fait de préparer le dîner qu'elle voulait cependant plus copieux que de coutume, se doutant bien que mon père inviterait notre hôte qui devait avoir les dents longues ; à 6 heures 1/4 tout était prêt. Maintenant, dit-elle, en mettant la soupe sur la table, ton père peut arriver.

— Ah ! voilà donc le garde-mobile que nous avons à loger, s'écria-t-il en entrant, comme si les paroles de ma mère avaient eu le don d'évoquer sa présence, j'ai rencontré Benoît qui m'a fait part de cette nouvelle, il en a un, lui aussi, à loger ; eh bien, mon garçon, dit mon père, en s'avançant vers le Breton, qui assis sur une chaise, les mains posées à plat sur les genoux, souriait à mon père d'un air avenant, vous venez donc défendre les Parisiens.

Le Breton se contenta d'élargir son sourire et de montrer ses dents blanches, peut-être la voix forte de mon père et sa manière de parler l'intimidaient-elles un peu.

Mais à table, il reprit toute son assurance devant la franche cordialité qui lui était témoignée et répondit volontiers à nos questions dans un patois que je suis bien obligé d'atténuer.

— Ainsi, disait mon père, vous ne pensiez pas venir à Paris aux frais du gouvernement.

— Bien sûr que non, répondait notre hôte, avec un sourire attristé, mais voilà, on a fait tambouriner que tous les gars de la réserve devaient partir ; on nous a ramassés et envoyés au canton ; ça n'a pas été long. J'aurais bien mieux aimé rester chez nous. Ma mère pleurait quand elle m'a vu partir, et aussi mes sœurs. Je suis le seul gars de la famille, ma mère est veuve. Qu'est-ce qui vont devenir sans moi, nous avons une petite ferme à loyer ; si seulement notre foin était rentré.

— Que voulez-vous, mon ami, disait mon père, il faut bien des soldats pour se battre contre les Allemands qui ne vont pas tarder à arriver.

— Les Armands, disait le Breton, la bouche pleine, les Armands, d'quoi qui veulent ces Armands-là... feraient t'y pas mieux de rester chez eux.

— Oh ! certainement, dit mon père en riant, mais tâchons d'être les plus forts afin qu'ils ne restent pas longtemps chez nous !

Quand notre Breton eut bien dîné et qu'il se fut déclaré satisfait, ma mère s'empressa de préparer son lit dans la chambre d'André, elle y apportait un grand soin et comme j'étais auprès d'elle, la regardant faire, elle me dit : J'espère qu'une autre mère fera pour André, si l'occasion s'en présente, ce que je fais pour celui-là, et je pensais en moi-même que ma mère avait raison, un bienfait n'est jamais perdu, dit un proverbe, tôt ou tard on en trouve la récompense et cela bien souvent à un moment où l'on s'en doute le moins.

Notre hôte ne se fit pas prier pour se mettre au lit, le pauvre garçon tombait de fatigue.

— Je lui ai offert de lire un journal pour s'endormir, dit mon père, mais il n'en a pas besoin, il dort déjà, d'ailleurs il m'a avoué qu'il ne savait ni lire ni écrire.

— Il ne sait ni lire ni écrire, m'écriai-je, et il nous a dit qu'il avait vingt-et-un ans.

— Il n'en saura pas davantage à quarante, dit mon père, ce sera toute sa vie un ignorant. Pendant que vous étiez dans la chambre d'André, je lui ai dit qu'en venant défendre les Parisiens il défendait sa Patrie, que la patrie n'était pas seulement le coin de terre, le lieu où nous sommes nés, le foyer paternel, mais encore l'ensemble du territoire occupé par le peuple dont nous faisons partie, ce peuple lui-même, ses mœurs, ses coutumes, ses richesses, ses lois, son histoire ; que ce territoire, ce sol, cette terre, c'était le patrimoine qui nous avait été légué par nos ancêtres comme un dépôt précieux et que nous devions transmettre intact à nos descendants sous peine de déshonneur, je lui ai expliqué qu'à côté de sa maison se trouvait sans doute une autre maison, puis d'autres qui, par leur réunion constituaient un hameau, un village, une ville ; plus loin, à une distance plus ou moins éloignée, se trouvaient encore d'autres villages, d'autres villes, que dans toutes ces maisons, dans tous ces hameaux, dans toutes ces villes qui reposent sur cette terre qui constitue notre patrimoine, habitait un peuple, une nation ou pour mieux et plus exactement parler une grande famille, la famille française, que les membres de cette famille bien qu'éloignés et ne se connaissant pas entre eux, vivaient de la même vie, ressentaient les mêmes impressions parce qu'ils étaient de même race, parce qu'ils avaient les mêmes intérêts, les mêmes mœurs et coutumes, les mêmes lois qui les protègent, que nous étions les uns pour les autres des concitoyens, des compatriotes, des enfants de la même mère, qui avaient le devoir de se défendre mutuellement, que toute cette terre et toutes ces familles constituaient un tout, une unité : la Patrie française ; c'est cependant bien clair ce que je dis là, eh bien, c'est à peine s'il me comprenait !

Et mon père ajouta tristement : Voilà un brave garçon qui ne sera toute sa vie qu'un instrument entre les mains des autres hommes qui auront reçu les dons précieux et inestimables de l'instruction et de l'éducation, on a tort de tenir le peuple dans l'ignorance de ses devoirs et de ses droits ; il y a bien longtemps que les Allemands ont rendu l'instruction obligatoire, on ne trouverait pas dans la Forêt Noire un paysan qui ne sache lire et écrire et ne connaisse l'histoire de son pays ; aussi ces hommes-là savent pourquoi ils font la guerre et ils marchent contre nous en ayant conscience de leurs actes et celui-là, dit mon père en désignant la chambre dans laquelle notre hôte dormait à poings fermés, celui-là ne sait même pas qu'ils existent!... « Qu'est-ce que c'est que ces Armands-là »! et ce qui le préoccupe ce ne sont pas les terribles conséquences que la défaite peut avoir pour nous, c'est son foin. Ah! si seulement le foin était rentré! Il vaudrait mieux que son foin fût rentré, c'est certain, mais on le rentrera bien sans lui et il y a pour le moment d'autres sujets de préoccupations autrement graves et bien plus dignes d'un homme, mais voilà... il ne sait pas!

Alors, haussant les épaules, mon père se plongea dans la lecture de son journal; nous étions silencieux depuis quelques instants lorsque la porte s'ouvrit brusquement et, selon sa coutume, Mme Benoit entra comme un ouragan.

— Et votre Breton, demanda-t-elle, les poings sur la hanche, qu'est-ce que vous en avez fait.

— Tenez, dit ma mère, écoutez...

— C'est lui qui ronfle comme ça, s'écria Mme Benoit, eh bien en voilà une jolie musique, je vous souhaite bien du plaisir; le mien, savez-vous ce que j'en ai fait? Non, n'est-ce pas, eh bien je vais vous le dire, je l'ai envoyé coucher...

— Ah! ce n'est pas bien, Mme Benoit, interrompit mon père.

— Attendez donc, M. Marcel, je l'ai envoyé coucher... à l'hôtel, il sera mieux à l'hôtel que chez nous; d'abord je n'ai pas de place, c'est une raison n'est-ce pas et une bonne, ensuite il ne parlait pas un mot de français et ne comprenait que le breton, impossible de nous entendre. Alors je lui ai dit: Tenez mon garçon, voici un franc, vous irez à l'hôtel et quand vous parlerez et comprendrez le Français vous viendrez me voir. Alors savez-vous ce qu'il a fait.

— Il est parti, dit mon père...

— Pas du tout, il a mis les vingt sous dans sa poche et... il s'est assis bien tranquillement; c'est moi qui étais stupéfaite. Il a fallu que je fasse venir un de ses camarades qui passait pour lui expliquer la chose. Enfin il est parti et je lui ai donné par dessus le marché un gros morceau de pain, du jambon et deux œufs durs.

— Vous avez bien agi, Mme Benoît, dit mon père, nous devons traiter ces enfants-là comme s'ils étaient nos propres enfants.

— Bien sûr, M. Marcel, et Charlot n'était pas encore content, il trouvait que je ne lui donnais pas assez, il lui a fait boire deux verres de vin, mon Breton n'est pas à plaindre; mais j'en suis débarrassée. Au moins il ne m'empêchera pas de dormir; mais écoutez donc le vôtre, quelle musique! s'ils ronflent tous comme çà dans leur pays!

SAMEDI, 10 SEPTEMBRE

Départ précipité du Breton Le Gallec. — Fais pour lui ce que tu voudrais qu'une autre mère fît pour ton fils. — Chez le papetier. — Une lettre d'André. — Les Prussiens marchent sur Paris.

C'est dans notre escalier un va-et-vient continuel accompagné d'éclats de voix, de bruits de sabots, les Bretons qui logent dans la maison ne cessent de monter et de descendre; notre concierge, Mme Brunet, est au désespoir, malgré ses prières et ses observations, ils n'essuyent jamais leurs pieds sur le paillasson de la porte d'entrée, de sorte que par ces mauvais temps l'escalier est dans un triste état. On les appelle de la rue et ils répondent par la fenêtre, toutes choses qui ne se font pas à Paris, et qui contrastent fort avec nos habitudes réservées et silencieuses ; cela se conçoit, les maisons à Paris sont habitées par un si grand nombre de locataires qu'il faut se rendre supportables les uns aux autres en évitant tout ce qui peut gêner le voisin.

Vers midi comme je rentrais de la classe, je rencontrai dans l'escalier un Breton qui portait cousus sur les manches de sa blouse des galons de fourrier; arrivé sur notre palier, au deuxième étage, il sortit un papier de sa poche et se mit à crier plusieurs noms, d'une voix de stentor; quand il appela Le Gallec (c'était notre Breton), j'entendis celui-ci à travers les murs, répondre présent de toute la force de ses poumons, alors le fourrier se mit à cogner à notre porte, ma mère un peu effrayée de tout ce tapage vint ouvrir.

— Excusez, dit-il, et il appela : Le Gallec.

Celui-ci arriva, tout effaré; le fourrier lui parla en breton, vivement, semblant très pressé, au même instant une sonnerie de clairon se fit entendre dans la rue, il chercha des yeux son chapeau.

— J'm'en vas, dit-il. J'vas me faire habiller.

Il jeta un coup d'œil du côté de la cuisine et huma la bonne odeur d'un ragoût de mouton qui mijotait doucement.

— On vous en gardera, dit ma mère en souriant et vous trouverez votre part quand vous reviendrez.

Dans la rue ses camarades se mettaient déjà en rang, les officiers très élégants dans leur uniforme et qui étaient des jeunes gens aux manières aisées les firent placer par rang de taille. Le Gallec qui était petit se trouvait parmi les derniers, ils firent par le flanc droit et les voilà partis ; on les conduisait, disait-on, aux Invalides où l'on avait installé des magasins d'habillement.

Nous n'avons jamais revu Le Gallec, il ne pensait pas, assurément, nous quitter aussi brusquement, nous nous étions habitués à lui et il faisait presque partie de la famille ; à table il était assis à la place d'André, c'était un cœur simple et naïf, un bon garçon ; nous l'avions eu comme hôte pendant deux jours et il n'eut pas à se plaindre de nous, quand il partit, il avait dans ses sabots des chaussettes que ma mère lui avait données, sa blouse déchirée avait été raccommodée et en faisant cela ma mère pensait à l'autre mère qui était là-bas au fond de la Bretagne.

Pauvre garçon ! il n'a peut-être jamais revu ses landes et ses genêts, ses ajoncs aux fleurs jaunes et ses bruyères roses car les Bretons prirent part sous les murs de Paris à bien des combats et des batailles, ils montrèrent qu'ils étaient du pays de Duguesclin et se conduisirent bravement ; leurs officiers qu'ils connaissaient parce qu'ils étaient des notables de leur pays n'oublièrent pas que noblesse oblige et leur donnèrent en toutes circonstances l'exemple du courage et de la bravoure ; il est vrai qu'ils laissaient beaucoup à désirer, paraît-il, sous le rapport de la science militaire, mais que voulez-vous on n'improvise pas, du jour au lendemain, des soldats et surtout des officiers.

. . . .

— Enfin ! je le tiens, je mentirais en disant que je n'ai pas pensé à lui cette semaine, je le serre bien fort dans ma main, il m'appartient, je veux parler du canif, du fameux canif que j'avais remarqué samedi dernier dans l'étalage séduisant de M. Chélu.

C'est qu'un canif est pour moi un instrument indispensable, je ne joue jamais, et c'est mon seul plaisir de travailler le bois ; la lame de celui que j'avais était usée, car je l'avais repassée tant de fois ! et elle ne tenait plus au manche, de sorte que j'avais été obligé d'interrompre la fabrication d'un petit chariot que je destinais à Juliette.

Aussi je me suis bien gardé aujourd'hui d'oublier que je devais aller au-devant de mon père ; en arrivant à mon poste je jetai un coup d'œil anxieux sur l'étalage, M. Chélu ne l'avait pas encore vendu car c'était celui-là qu'il me fallait et non pas un autre, le manche était en belle nacre brillante et il reposait couché sur le dos et placé sur une boîte de couleurs, montrant ses deux lames ouvertes qui étincelaient. Et quand mon père est arrivé, me tirant l'oreille, comme pour me dire : me voilà, je me retournai en lui disant :

— Vois donc, papa, le beau canif !

— Où donc ? demanda mon père en regardant l'étalage.

— Là, sur la boîte de couleurs ; tu ne le vois pas ?...

Il me sembla bien apercevoir la figure chafouine de M. Chélu qui nous reluquait derrière une pile de registres.

— Tu le voudrais bien, me demanda mon père en souriant.

Je m'écriai : Oh oui, papa, le mien ne vaut plus rien du tout.

Nous entrâmes dans le magasin et il me l'acheta ; pendant qu'il cherchait des sous dans son gousset M. Chélu me regardait en souriant, d'un air malin.

Et en route pendant que mon père me tenait par la main gauche, je serrais bien mon canif dans ma main droite enfoncée dans ma poche et j'étais heureux, heureux !

— Il n'y a rien de nouveau à la maison, petit Louis.

— Non, papa... ah si... le Breton est parti à midi et il n'est pas encore revenu.

— C'est tout.

— Oui, papa, c'est tout.

En arrivant à la maison, notre concierge Mme Brunet tendit une lettre à mon père.

— Elle vient d'arriver, dit-elle, et j'allais vous la monter.

— Merci, Mme Brunet, c'est l'écriture d'André, je la reconnais.

Et tout en montant l'escalier il lisait : Mes chers parents : nous serons libres demain dimanche après l'exercice du soir, je serai à la maison vers 6 heures, je vous préviens afin que je vous trouve à cette heure-là.

— Voilà une nouvelle qui fera plaisir à ta mère, dit mon père en remettant la lettre dans l'enveloppe, puis entrant dans la salle à manger et tenant la lettre derrière son dos, il dit à ma mère : On vient de me remettre une lettre, de qui est-elle?

— C'est André qui nous écrit, s'écria aussitôt ma mère.

— Tu as deviné juste, on ne trompe jamais le cœur d'une mère, André viendra demain vers six heures.

Ma mère était tout heureuse et elle dit : Je lui ferai un bon dîner.

Ai-je dit que notre instituteur, M. Bardoux, était notre voisin, il peut se faire que je l'aie oublié, il n'habitait pas notre maison, mais de nos fenêtres nous pouvions causer lorsqu'il était dans son petit jardin ; mon père s'étant mis à la fenêtre, M. Bardoux l'aperçut et lui demanda des nouvelles d'André qu'il savait s'être engagé et qui était autrefois un de ses meilleurs élèves.

— Justement, répondit mon père, il nous prévient qu'il viendra demain soir, si vous aviez un petit moment vers six heures, vous nous feriez bien plaisir.

— Certainement, s'écria M. Bardoux, j'irai le voir.

. . . .

Après dîner, mon père qui lisait le journal, nous dit : Les Prussiens marchent sur Paris en trois corps, l'un par la route de Soissons, l'autre par la route de Meaux, le dernier par celle de Melun ; ils ne vont pas tarder à arriver.

DIMANCHE, 11 SEPTEMBRE

Le cousin Etienne. — Les mobiles de la Côte-d'Or. — La bonne volonté ne saurait suppléer au défaut de science militaire. — « On ne peut la voir sans l'aimer! » — Voilà André ! — Présentation du camarade Rissler. — Une visite à Mme Rousseau. — « Tu sais, c'est parce que tu es soldat! » — Le dîner. — Enthousiasme du cousin Étienne pour Paris. — *Beati agricolæ!* — Le désir de faire fortune. — A Paris la lutte pour la vie est plus dure que partout ailleurs. — Ne désertons pas les campagnes. — Très sages réflexions de M. Bardoux.

— Bonjour, mon oncle.

C'est un grand garçon, robuste, à la physionomie ouverte, portant crânement l'uniforme de garde mobile, un uniforme improvisé, une vareuse noire à pattes et à parements rouges, un pantalon gris de fer avec bande rouge, qui vient d'entrer chez nous, brusquement, la main tendue...

— Étienne! s'écrie mon père, en se levant de son fauteuil.

— Bonjour, ma tante... et la santé ? Comme vous avez tous bonne mine, bonjour, petit Louis... et Mlle Juliette, voilà Mlle Juliette, bonjour, ma cousine.

Et tout cela était dit par morceaux, pendant que mon cousin Etienne, son képi à la main, nous embrassait et serrait la main de mon père, une bonne poignée de main franche et cordiale.

— Explique-nous, demanda mon père...

— Voilà, mon oncle, c'est bien simple, tous les gars de la Côte-d'Or ont été ramassés, habillés, emballés dans des wagons et dirigés sur Paris, je suis un gars de la Côte-d'or et me voici à Paris pour vous défendre... alors se retournant et cherchant des yeux il demanda : Et André?

— André est soldat, répondit mon père.

— Mais il me semble bien qu'il avait été exempté du service.

— Il s'est engagé.

— Ah! le brave garçon, où est-il? Est-ce que je le verrai?

— Tu tombes bien, il nous a écrit hier qu'il viendrait aujourd'hui vers six heures ; mais tout le monde va bien là-bas à Chérigny, ton frère, tes sœurs?

— Tout le monde va bien, merci ; j'ai bien des compliments à vous faire de leur part, nous sommes arrivés ce matin, on nous a logés chez l'habitant... je demeure rue de Tournon, près du Luxembourg, chez de braves gens qui m'ont fait déjeuner avec eux, je les aurais contrariés si j'avais refusé, je voyais bien cela, autrement je serais venu plus tôt.

— Mais tu peux dîner avec nous.

— Oui, nous n'avons rien à faire cet après-midi, car nous ne sommes encore ni armés, ni équipés, ce sera pour demain, paraît-il ; tous les camarades se sont éparpillés dans Paris et j'en ai rencontré quelques-uns, pas bien loin d'ici, les mains dans les poches, le nez en l'air, ou bien regardant les boutiques.

— Comment ! interrompit mon père, mais tu es sergent, je n'avais pas encore vu tes galons.

— Mais oui, mon oncle.

— Cependant tu n'as jamais été soldat et te voilà déjà gradé.

— Je vais vous expliquer, je sais lire, écrire, compter et quelque chose avec, les autres ne savent rien du tout, alors on m'a nommé sergent.

— Mais un sergent, dit mon père, dirige les autres, les instruit, on dit avec raison que ce sont les bons sous-officiers qui font les bonnes armées et toi tu ne sais rien.

— Qu'est-ce que vous voulez, mon oncle, j'apprendrai, on fera son possible.

— Et vos officiers ?

— Ah ! nos officiers, ils n'en savent pas plus long que nous, c'est le petit Baudry, le fils du notaire, qui est notre sous-lieutenant.

— Et le capitaine ?

— C'est M. du Chesnaye, il n'en sait pas davantage, paraît-il, puisqu'il n'a jamais été militaire, mais c'est un bon chasseur et d'une bravoure...

— J'espère que le colonel sait quelque chose, dit mon père d'un ton contrarié, autrement vous ne serez jamais qu'un troupeau de moutons.

— Celui-là c'est un ancien officier retraité, nous ne le connaissons pas, il n'est pas du pays.

— Enfin, dit mon père, si vous y mettez beaucoup de bonne volonté vous serez peut-être bons à quelque chose.

— Mais oui, mon oncle, et ça n'est pas la bonne volonté qui manque, répondit Étienne, qui me prenant dans ses bras me mit sur ses genoux comme un petit enfant me demandant :

— Et toi, petit Louis, qu'est-ce que tu dis ?

— Je dis que je suis content de te voir, cousin Étienne, répondis-je.

— Voilà qui est gentiment répondu, mais il me semble que tu ne grandis pas.

J'ébauchai un sourire, un vague sourire qui éclaira si tristement, je le sentis moi-même, ma pauvre petite figure souffreteuse de bossu que le cousin Étienne, attristé lui-même, m'embrassa en disant : Pauvre petit, pauvre petit Louis !

. . . .

Toc, toc, toc, trois petits coups discrètement frappés à notre porte ; nous connaissons bien qui frappe de la sorte, la porte s'entr'ouvre et laisse passer dans un rayon de soleil qui l'entoure comme une auréole et se joue dans ses cheveux blonds, le joli minois d'Angèle qui prend tout de suite un air effarouché en voyant un étranger.

— Entre, Angèle, mais entre donc, dit mon père, c'est mon neveu Étienne, il n'est pas un inconnu pour toi.

Angèle se décide à entrer et salue avec sa grâce habituelle et sur ses lèvres un sourire aimable.

Étienne se lève et regarde de tous ses yeux cette jolie jeune fille, ne trouvant rien à dire sans doute ; alors gênée par ce silence Angèle s'adresse à ma mère et lui dit :

— Je venais vous chercher, Mme Marcel, vous nous aviez promis de venir à trois heures pour la robe de maman... vous savez... et il est trois heures et demie.

— C'est vrai, s'écrie ma mère, je l'avais oublié, et tenez c'est la faute à ce grand garçon-là... J'y vais de suite...

Angèle se retire en saluant mon cousin, d'un petit signe de tête ; je la suis dans le corridor, elle se penche vers moi et me demande à l'oreille :

— C'est bien vrai, petit Louis.

— Oui, oui, c'est bien vrai, il arrivera vers six heures.

Elle me prend la tête dans ses deux mains, m'embrasse, toute joyeuse et s'esquive, légère comme un oiseau.

Alors, en rentrant dans la salle à manger, j'entends mon cousin Étienne dire d'une voix émue, et qu'il s'efforce de rendre indifférente : Mlle Angèle devient de jour en jour plus jolie.

— Et elle est encore meilleure que belle, ajoute ma mère, et douce, et sage, et honnête, et puis avec cela si simple, si bien élevée, tu sais que je l'ai vue toute petite, elle a grandi sous mes yeux, je la connais bien et je l'aime comme ma fille.

— On ne peut la voir sans l'aimer, dit naïvement le cousin Étienne.

— Tenez, voyez-vous çà, dit mon père en riant...

. . . .

Six heures et André n'est pas encore là ; M. Bardoux est arrivé, mon père lui a cédé son fauteuil et ils discutent sur la guerre, sur le siège ; le cousin Étienne les écoute d'une oreille distraite, il me semble un peu rêveur le cousin Étienne, quant à moi je regarde par la fenêtre et je m'attends à chaque instant à voir apparaître mon grand frère au tournant de la rue.

Et à la fenêtre, à côté de la nôtre, j'aperçois Mme Rousseau et Angèle qui regardent aussi dans la rue ; je crois que si l'on me demandait pourquoi Angèle est à la fenêtre je saurais bien répondre.

Il n'arrive pas... sans doute il n'a pu obtenir de permission... mais tout à coup je l'aperçois... c'est lui... c'est bien lui, je me mets à crier : le voilà ! je cours et je descends l'escalier de toute la vitesse de mes petites jambes et en bas je tombe dans ses bras, il m'enlève, m'embrasse, bonjour, grand frère... bonjour, petit Louis.

Il n'est pas seul, un autre zouave l'accompagne.

Ma mère est déjà sur le palier... Chère maman, tu vas bien, et il l'embrasse bien fort; ils entrent... bonjour, père, tiens voilà Étienne, je ne m'attendais pas à cette surprise, te voilà en mobile... mes respects, M. Bardoux, je ne vous avais pas aperçu ; alors on échange de bonnes poignées de main, ensuite André désigne son camarade et dit : M. Jean Rissler.

— Soyez le bienvenu, M. Jean Rissler, dit mon père en lui tendant la main.

Et, pendant que la conversation s'engage, j'admire mon grand frère dont l'uniforme fait valoir la haute taille et la bonne mine, la chechia sur l'oreille, il a déjà l'allure martiale et dégagée d'un vieux zouave, ma mère ne se lasse pas de le contempler.

— Vous resterez à dîner avec nous, M. Rissler, demande mon père.

Jean Rissler, qui est un grand garçon, robuste et bien découplé, aux cheveux blonds et aux yeux bleus, et qui, comme mon frère, a une physionomie franche et ouverte, toujours souriante, répond qu'il regrette beaucoup mais qu'il ne peut accepter, son vieux père l'attend, il est seul, et il sera bien content, lui aussi, de le voir en uniforme.

— Alors, je ne vous retiens pas, ce sera pour la prochaine fois, mais nous allons trinquer ensemble à la santé de votre père.

— Voilà encore que j'oubliais, dit ma mère, quand Jean Rissler fut parti, d'aller chez Mme Rousseau, j'ai un petit conseil à lui donner pour la robe qu'Angèle lui fait en ce moment, viens avec moi, André, tu en profiteras pour leur montrer ton uniforme.

— C'était bien mon intention d'aller les voir, répond André, et si M. Bardoux et mon cousin Étienne me permettent...

— Mais M. Bardoux, mon père et Étienne sont dans tout le feu d'une discussion politique, on peut s'absenter sans qu'ils en prennent ombrage.

Je me glisse derrière eux, Angèle a déjà ouvert la porte, elle savait bien qu'André viendrait, et spontanément elle lui tend ses deux petites mains que mon frère serre avec effusion et il ose même déposer un baiser sur l'une d'elles.

— Non, dit Angèle, rougissant un peu et lui tendant la joue d'un petit air décidé, embrasse-moi, André, maman le permet, mais tu sais, c'est parce que tu es soldat !

Mme Rousseau est arrivée sur ces entrefaites et se met à dire, en riant :

— Bon, voilà ma fille qui se laisse embrasser par un zouave !

Nous avons tous ri et Mme Rousseau s'est extasiée sur la bonne mine d'André, elle a nettoyé les verres de ses lunettes pour mieux l'examiner, ensuite il nous a fallu prendre un petit verre du fameux cassis de l'Exposition.

Angèle voulait savoir ce que faisait André à la caserne, s'il était bien couché, s'il ne lui manquait rien et André lui racontait son existence : du matin au soir sur l'Esplanade des Invalides à faire l'exercice, pas une minute de repos, et personne ne s'en plaignait ; il faut au moins, disait-il, quand les Prussiens arriveront, savoir leur envoyer un coup de fusil.

— Nous pensons à toi bien souvent, disait Angèle.

Tout en humant mon cassis, à petits coups, je les considère et je ne puis me lasser de les voir, je suis si laid et ils sont si beaux tous deux, lui robuste, respirant l'énergie et la force et malgré cela doux comme un mouton, son bon sourire toujours sur les lèvres ; elle si svelte, si gracieuse, un peu frêle cependant, le regardant de ses grands yeux bleus profonds et purs.

Ma mère conseille à Mme Rousseau qui étale une robe inachevée sur la table de faire deux volants, ce sera bien mieux ainsi, et elle donne ses raisons auxquelles je ne comprends rien du tout ; on parle de ruches, de plissés, Angèle prend part à la discussion, c'est décidé, elle fera deux volants, c'est que maintenant elle est devenue une bonne couturière, faisant les robes et les manteaux dans la perfection, sachant monter un chapeau avec un goût exquis, elle pense avec raison que pour une jeune fille ces connaissances sont indispensables, c'est une grande économie de faire ces choses-là soi-même, c'est elle qui, par complaisance fait les robes, de ma mère, et aussi ses chapeaux.

— J'ai un service à vous demander, Mme Rousseau, dit ma mère, venez dîner avec nous, Angèle m'aidera.

Je suis un bien triste convive répond Mme Rousseau, je ne puis rien manger, je suis un peu sourde, je n'y vois pas bien clair, laissez-moi dans mon fauteuil et prenez Angèle.

Nous insistons, mais la bonne Mme Rousseau refuse, elle craint d'être un trouble-fête.

Nous revenons avec Angèle qui, tout de suite, prend un tablier dans notre grande armoire ; elle sait bien où ils sont rangés, et en un clin d'œil le couvert est mis pendant que, dans la cuisine, ma mère achève de préparer son dîner.

Le dîner a été très gai, très animé, Angèle comme de coutume était assise à la droite de mon père, cela ne l'empêchait pas de se lever, d'aller et de venir, ayant l'œil à tout, servant tout le monde et ne souffrant pas que ma mère se dérangeât, mon cousin Étienne qui la suivait souvent du regard se mit à parler beaucoup, comme s'il voulait s'étourdir, discutant avec mon père, avec M. Bardoux et parfois, je ne sais trop pourquoi, s'attaquant à André qui ripostait en souriant.

La discussion devint bientôt générale, Étienne venait de dire qu'il n'y avait qu'à Paris où l'on gagnait de l'argent et qu'après la guerre il vendrait sa ferme et ses champs pour venir s'y établir.

— Vous ne pourriez faire une plus grande sottise, disait M. Bardoux.

— Je ferai fortune, criait Étienne avec une farouche énergie, je deviendrai riche, la richesse console de bien des tristesses.

— Ça n'est pas si facile que vous le croyez, disait M. Bardoux, c'est qu'à Paris la lutte pour la vie est plus dure que partout ailleurs, voilà ce qu'on ne sait pas assez dans les campagnes.

— Qu'importe, disait Étienne, est-ce qu'avec de la volonté on ne vient pas à bout de tout!

— Si, répondait M. Bardoux, mais tout le monde en a de la volonté à Paris et cependant tout le monde ne réussit pas.

— Ceux qui réussissent, disait mon père, c'est l'exception, la grande exception.

— Et il ne peut pas en être autrement, disait M. Bardoux, songez donc à cette concurrence acharnée, à tous ces obstacles de toute nature que les provinciaux ne soupçonnent même pas; ils arrivent tous comme des alouettes au miroir, ils désertent les campagnes pour venir dans les grandes villes et ils n'y rencontrent que des désillusions et la misère; est-ce qu'il ne vaut pas mieux mille fois cultiver la terre?

— La terre, s'écriait Étienne, ne m'en parlez pas, ça ne vaut plus rien, c'est usé, c'est à force d'engrais...

— C'est faux ce que tu dis là, Étienne, ripostait mon père, la terre de France est toujours bonne, il faut savoir la travailler, voilà tout, et si au lieu de venir à Paris, comme tu en as l'intention (car tu m'en avais déjà parlé), dans l'espoir de faire fortune, sans même savoir comment, dans quel métier, dans quelle industrie tu pourras gagner tant d'argent, tu employais toute ta volonté et ton énergie à bien cultiver tes terres, tu serais certain de vivre à ton aise, heureux et tranquille, tandis qu'à Paris...

— Vous êtes dans le vrai, M. Marcel, disait M. Bardoux, c'est encore la terre qui est et sera toujours la grande nourricière, c'est là qu'est la meilleure source des richesses, la plus saine, celle qui relève l'homme à ses propres yeux, il n'y a pas de profession plus noble, plus honorable que celle de cultivateur.

— Et, comme disait Virgile, interrompit mon père, il n'y en a pas de plus heureuse.

Beati agricolæ sua si bona norint!

— Sans doute, continua M. Bardoux, Virgile avait mille fois raison, « les laboureurs ne connaissent pas leur bonheur », et savez-vous ce que je lisais dernièrement, c'est qu'à la suite d'études et de recherches faites dans nos départements, on est arrivé à constater que ce n'est pas par des millions et des centaines de millions, mais bien par plusieurs milliards, que l'on pourrait compter l'augmentation de rendement à obtenir du sol agricole de la France s'il était cultivé comme il doit l'être.

— C'est possible, disait Étienne, mais si les paysans désertent leurs champs et viennent à la ville, c'est qu'ils ont des raisons pour cela.

— Eh parbleu! dit mon père, ils y viennent tous dans l'espoir de gagner plus d'argent qu'ils n'en gagneraient à cultiver la terre, c'est précisément là où ils se trompent, ils ne « savent pas » ! Je ne dis pas pour faire fortune, mais même pour manger un morceau de pain qui ne doive rien à personne, il faut durement travailler. Ah! tu crois qu'elle est enviable la vie du Parisien mais il n'y a pas d'enfer comme Paris pour celui qui est obligé de gagner sa vie. Observe un peu tous ces gens affairés, pressés, enfiévrés qui circulent dans nos rues, si tu pouvais les interroger, ils te répondraient qu'ils mènent une existence de galérien et que par suite de diverses circonstances qui tiennent à des lois économiques qui varient d'un instant à l'autre, ils ne sont jamais sûrs du lendemain ; voilà pour ceux qui ont quelque argent et cherchent à faire des affaires ; quant à la foule, quant au troupeau de gens qui vivent de l'industrie des autres, ceux qui ont des maîtres, des patrons, vois-les, le matin dès la première heure, dans ces grandes artères qui aboutissent au centre de la ville où se trouvent les magasins et les bureaux, descendre en procession ininterrompue, les yeux ensommeillés, à peine remis des fatigues de la veille, venant de loin, des faubourgs et surtout de la banlieue, car les logements sont hors de prix dans l'intérieur de Paris, se pressant, se bousculant, craignant d'être mis à l'amende s'ils arrivent quelques minutes en retard, vois ce troupeau d'esclaves s'entasser dans les magasins, s'engouffrer dans les ateliers et les bureaux, ils travaillent durement, toute une journée, jusqu'au soir, sous l'œil des patrons et des contre-maîtres qui ne les ménagent pas et les exploitent, car ils savent bien que cent autres qui meurent de faim se présenteront pour occuper l'emploi du travailleur qui se retire ou qu'ils renvoient souvent pour une faute légère ; ces malheureux mènent une existence épouvantable, et combien parmi eux arrivés à l'âge mûr, à l'âge où l'on réfléchit sainement, fils de paysans et de cultivateurs, regrettent l'humble toit paternel, le lopin de terre qui les faisait vivre heureux et tranquilles, ils ont voulu l'aisance et la richesse, c'est à peine s'ils peuvent vivre et aux prix de quelles souffrances ! Ah ! mille fois, mille fois plus heureux est le paysan qui est son propre maître, qui sait se contenter de peu et borner ses désirs et qui travaille au grand soleil avec le ciel bleu au-dessus de sa tête.

— Bravo, M. Marcel, s'écria notre instituteur, rien n'est plus vrai, rien n'est plus exact.

Mon père avait été écouté avec le plus profond silence, Angèle et ma mère qui enlevaient nos assiettes s'étaient arrêtées, attentives, et je voudrais pouvoir rendre l'accent de conviction sincère qui faisait vibrer sa voix lorsqu'il nous disait toutes ces vérités, accueillies par des bravos unanimes.

— Et l'ouvrier d'usine, dit M. Bardoux, qui vient respirer de l'air impur et s'encrasser les poumons dans les agglomérations ouvrières, celui-là est aussi bien à plaindre, il s'est fait le même raisonnement que les autres, il gagnera davantage à l'usine et il déserte les champs, mais il n'a pas réfléchi que dans les grandes villes, s'il gagne davantage, il doit dépenser davantage et cela pour toutes les choses nécessaires à la vie, le logement, la nourriture ; les impôts indirects, l'octroi, pèsent sur lui de tout leur poids, il ne profite en rien de l'élévation de son salaire, il ne vit pas mieux et il ne lui reste pas un sou dans sa poche.

— C'est cela, dit mon père, on est riche dans son village avec peu de chose et on est pauvre à Paris avec beaucoup d'argent ; mais ce qu'il y a de plus triste c'est que tous ces travailleurs prennent dans les villes de mauvaises habitudes, se créent des besoins qu'il leur faut satisfaire, bien peu retournent au pays, ils deviennent des déclassés, essayant tous les métiers et ne réussissant dans aucun, et tous ces vaincus dans la lutte pour la vie finissent par se révolter contre la société qui n'a pas su réaliser leurs désirs irréalisables.

— Voilà, dit M. Bardoux, une conversation qui nous a entraînés bien loin, nous oublions que nous allons être bientôt assiégés et que nous ne sommes pas sûrs du lendemain.

Léon, le frère d'Angèle, est arrivé sur ces entrefaites, et la conversation est devenue moins sérieuse, il est bien difficile avec lui de parler de choses graves, il se met tout de suite à plaisanter et, bon gré mal gré, il faut rire avec lui.

Il renouvela connaissance avec le cousin Étienne et, pendant que ma mère lui versait une tasse de café, se coiffa de la chechia d'André, prenant les poses les plus comiques, nous faisant tous rire, contemplant mon frère avec une admiration affectée en répétant : Quel beau zouzou, quel beau zouzou !

— Oui, mais le zouzou ne va pas tarder à partir, dit mon frère en regardant le coucou, il doit être rentré pour l'appel de neuf heures.

LUNDI, 12 SEPTEMBRE.

Une feuille de route. — La France a besoin de tous ses enfants. — Désespoir de Mme Rousseau. — Départ du joyeux Léon.

— Voici une lettre qu'un gendarme vient de nous remettre pour Léon, dit Mme Rousseau, en entrant chez nous, mes yeux se brouillent, je ne sais où j'ai mis mes lunettes, Angèle les cherche sans pouvoir les trouver, voulez-vous lire, M. Marcel ?

— Très volontiers, répond mon père, et prenant le papier que lui tend Mme Rousseau, il lit tout haut : Rousseau, Léon-Émile... soldat de la classe 1869.

— Comment cela, soldat de la classe de 1869, interrompt Mme Rousseau, mais Léon est fils de veuve...

— Laissez-moi continuer dit mon père... garde mobile, 6e bataillon de la Seine, est invité à se rendre le mercredi, 14 septembre, onze heures du matin, aux Invalides, bâtiment L...

— Et pourquoi faire, s'écrie Mme Rousseau, puisque Léon est fils de veuve, il ne doit pas partir, il a été exempté du service militaire.

— Vous voulez dire dispensé...

— Dispensé ou exempté, je ne sais qu'une chose, c'est qu'il ne doit pas être soldat, on se sera trompé dans les bureaux, bien sûr...

Alors mon père, d'une voix grave : Voulez-vous me permettre de vous dire, Mme Rousseau, qu'à l'heure actuelle il n'y a plus ni fils de veuve, ni aînés d'orphelins, ni aucun cas de dispense, la France est envahie, elle a besoin de tous ses enfants pour la défendre et il n'y a que les infirmes, les bossus comme mon petit Louis ou un vieux comme moi qui aient le droit de rester à la maison et encore ils doivent savoir se rendre utiles, concourir de leur mieux à la défense commune... et... au besoin...

Toc, toc, toc, c'est Angèle ; bonjour à vous tous, dit la gracieuse enfant, voici tes lunettes, maman, elles étaient à leur place, dans la corbeille à ouvrage, tu avais mal cherché, mais pourquoi ne m'as-tu pas donné cette lettre à lire plutôt que de déranger M. Marcel.

— Léon va partir, s'écrie Mme Rousseau, il est appelé sous les drapeaux...

Cette nouvelle lui a donné un coup, mais elle s'est vite remise : Eh bien, maman, que veux-tu... c'est son devoir...

— Vous avez dit le mot, Angèle, s'écrie mon père, c'est son devoir et s'adressant à Mme Rousseau, il ajoute : votre devoir à vous qui êtes sa mère, c'est de le fortifier dans les résolutions viriles, c'est de l'engager à être un bon soldat, capable de défendre vaillamment la Patrie.

Mme Rousseau ne disait plus rien, mais de grosses larmes coulaient sur ses joues, elle regarda mon père et lui dit doucement : Oui, sans doute, vous avez raison.

Et en moi-même je me disais : Oui, mon père a raison et voilà comment parlent les braves gens.

Mais Mme Rousseau s'écria encore : Ah si vous saviez comme on aime ses enfants !

— Notre André est parti, fit observer simplement ma mère, croyez-vous donc que nous ne l'aimons pas.

— Et c'est moi-même, ajouta mon père, qui lui ai mis le fusil à la main, il avait cependant été exempté du service militaire et aurait pu rester parmi nous...

— C'est vrai, dit Mme Rousseau.

— Et vous-même, ne nous avez-vous pas dit ceci, lorsqu'André vous a fait ses adieux : quand on se bat, la place d'un homme n'est pas auprès des femmes.

— C'est encore vrai, et j'en prends maintenant mon parti... mais cela me fend le cœur, songez donc que je suis veuve, et que Léon est le vivant portrait de son père... je lui dirai de bien se conduire...

— A la bonne heure, je vous reconnais maintenant, Mme Rousseau, et voilà des sentiments qui vous honorent.

Et notre vieille voisine, un peu plus calme, se dirigeait vers la porte, lorsqu'elle se retourna en disant.

— O la guerre ! la guerre ! quand on pense que les pauvres mères ont tant de mal à élever leurs enfants...

A ce moment la porte s'ouvrit et Léon entra, en disant :

— Excusez-moi, M. Marcel, mais voilà cinq minutes que je cherche maman et j'ai supposé qu'elle était chez vous, alors j'ai pris la liberté...

Mais il s'arrêta, voyant que sa mère s'essuyait les yeux, et il nous regarda, étonné, il vit mon père debout, l'air grave.

— Je vous dérange peut-être, dit-il, faisant mine de se retirer.

— Pas du tout, dit mon père, précisément nous parlions de toi, je crois que ta mère a un petit papier à te remettre.

— Le voici, dit Mme Rousseau.

Léon le prit, le lut entièrement avec attention et s'écria, d'un ton presque joyeux :

— Eh bien, on fera comme les camarades, tu entends, maman, ça n'est pas la peine de te désoler.

. . . .

Léon est parti à la date indiquée sur sa feuille de route ; quand il nous fit ses adieux il dit à mon père, en lui serrant la main :

— Vous savez, M. Marcel, cela commençait par m'ennuyer de rester ainsi à la maison, le fils du patron s'est engagé, André s'est engagé, tous mes camarades de l'École des Beaux-Arts sont sous les drapeaux et je suis très heureux, vous entendez bien, très heureux que ce soit mon tour, c'est vrai que je ne suis pas plus soldat que la lune puisque je n'ai jamais fait l'exercice, mais enfin je ferai mon possible...

— Tu es un brave garçon, dit mon père, et cela me fait bien plaisir de t'entendre parler ainsi, tâche de devenir rapidement un bon soldat.

— Un parfait moblot, s'écria Léon en riant, soyez tranquille, je vous raconterai mes campagnes !

Notre voisin Louchart a aussi reçu sa feuille de route, il paraît qu'il fait partie du même bataillon que Léon. Nous l'avons aperçu, l'oreille basse qui se dirigeait du côté des Invalides.

JEUDI, 15 SEPTEMBRE

Paris se prépare à la résistance. — L'union contre l'adversité. — Une promenade aux fortifications. — Les travaux de défense. — Charlot est félicité.

Paris est dans l'attente du grand drame qui se prépare, il semble que rien n'est changé dans ses habitudes, la circulation dans les rues est toujours aussi active, la vie industrielle, commerciale, n'est pas encore atteinte; comme de coutume les boutiques sont ouvertes, les cafés regorgent de monde, mais on voit bien que les Parisiens dont les nerfs ont été si durement secoués par les derniers

On travaillait aux fortifications et le Génie s'occupait à les mettre en état de défense.

évènements ne sont pas dans leur état normal et sentent peser sur eux tout le poids des incertitudes et des menaces de l'avenir; un étranger ne remarquerait plus sur les visages ce sourire accueillant et de bonne humeur, qui caractérise si bien le bon bourgeois de Paris lorsqu'il promène ses enfants aux Tuileries ou aux Champs-Elysées en donnant le bras à « son épouse ».

Lorsqu'une famille est affectée par quelque cruelle épreuve, les membres de cette famille se cherchent, se rassemblent, les liens de parenté qui pouvaient se trouver relâchés se resserrent, on s'unit contre l'adversité et on oublie les causes de discorde; c'est ainsi que la grande famille parisienne apprend maintenant à se connaître, nous sommes à présent plus sociables les uns envers les autres, on s'aborde dans la rue sans se connaître, on converse familièrement, on échange les nouvelles et on donne son appréciation sur la situation qui ne va pas tarder à devenir critique, ce qu'il y a de remarquable c'est l'union qui règne entre tous les citoyens dans une même pensée: *la résistance;* les gardes nationaux ne cessent de faire l'exercice et toute la population valide qui ne fait pas partie de l'armée (troupes de ligne et garde mobile) s'enrôle dans ses rangs, le gouvernement de la défense nationale déploie une activité et une énergie infatigable, il fait tout simplement des prodiges, on essaie par toutes sortes de défenses et par des redoutes creusées avec une hâte fiévreuse, de remédier à l'insuffisance des fortifications et des forts construits à une époque où la portée de l'artillerie était bien loin d'être ce qu'elle est aujourd'hui; il est encore arrivé hier des gardes-mobiles de la Nièvre et de la Bretagne, depuis huit jours la province nous a envoyé 'près de 90000 défenseurs et les Prussiens qui arrivent à marches forcées et dont les éclaireurs sont signalés du côté de Bagneux, trouveront à qui parler; la conversation, du reste, ne va pas tarder à s'engager.

Charlot m'avait dit, la veille au soir, que l'on travaillait aux fortifications et que le génie s'occupait à les mettre en état de défense, on amenait des canons, paraît-il, et comme la curiosité était son moindre défaut, il était convenu que nous irions ensemble aux « remparts ». Il faisait un temps magnifique et c'était un but de promenade.

J'achevais de déjeuner lorsque je l'entendis siffler, au pied de l'escalier, je me hâtai de le rejoindre, après toutes sortes de recommandations de la part de ma mère, surtout celle de rentrer avant la nuit. Il me prend la main, en sortant comme de coutume et après une demi-heure de marche, d'un bon pas, nous arrivons en suivant la rue de Vaugirard, aux fortifications, à la porte d'Issy. Là, sous la direction d'officiers du génie,des soldats travaillaient sans perdre une minute, les uns piochaient la terre, adoucissant les pentes des rampes d'accès afin de permettre la mise en batterie des grosses pièces de marine ; les autres remplissaient des sacs de terre qu'ils plaçaient sur le parapet laissant de distance en distance entre les sacs superposés, des créneaux derrière lesquels le défenseur pouvait tirer à l'abri sur l'assiégeant, ou bien confectionnaient des gabions et construisaient des épaulements ; une équipe composée de quelques soldats du génie et d'un grand nombre d'ouvriers terrassiers détruisaient la route qui donnait accès à la porte et de chaque côté continuaient le fossé, car on ne devait plus pénétrer dans Paris qu'en passant sur un pont-levis.

L'activité qui régnait autour de nous fit honte à Charlot de son inaction, il était fort et vigoureux et, me laissant assis sur l'herbe, il se mit à traîner des brouettes, à transporter des outils ou des sacs de terre. Le capitaine du génie qui dirigeait et surveillait l'exécution des travaux fut sur le point de donner des ordres pour l'inviter à se retirer, mais voyant sans doute avec quel entrain et quelle bonne volonté Charlot s'était mis au travail, aidant ses hommes avec beaucoup d'intelligence et avançant la besogne, il le laissa faire, parfois il l'observait du coin de l'œil et souriait avec bienveillance, enfin vers cinq heures comme il était temps que nous rentrions à la maison et pendant que j'aidais Charlot à secouer sa veste qui était pleine de terre, l'officier s'approcha de nous et donnant une petite tape sur la joue de Charlot il lui dit : « Vous avez bien travaillé, vous êtes un brave garçon, je suis très content de vous. » Charlot était rouge de plaisir de recevoir ainsi les compliments d'un officier, il les avait bien mérités car il avait travaillé comme un homme et, en route, il me disait : « J'étais tellement content lorsque le capitaine m'a donné des petites tapes sur la joue que je n'ai pas entendu ce qu'il me disait », et alors Charlot me demandait de lui répéter ce qu'avait dit l'officier et cela tout le long du chemin.

Sous la direction d'officiers du Génie des soldats et un grand nombre de terrassiers travaillaient.

Lorsque nous rentrâmes à la maison, mon père qui était déjà de retour de son travail, nous demanda si nous avions passé une bonne journée et ce que nous avions vu, alors Charlot raconta sans se faire prier et avec un petit brin de fierté qu'il avait « travaillé aux fortifications » et il n'eut garde, bien entendu, d'oublier les compliments de l'officier.

Mon père était très content, il nous versa à chacun un petit verre de bon vin qu'il nous fit prendre pur en disant : « Voilà qui vous remettra de vos fatigues » ; moi je n'étais pas fatigué, mais Charlot en avait bien besoin.

DIMANCHE, 18 SEPTEMBRE

La Verdurette. — Un déménagement projeté. — M. Benoît et Charlot nous accompagnent. — A la gare de Vincennes. — Exigences de la foule. — La ligne est coupée au delà de Joinville. — M. Benoît n'est pas rassuré. — Les conversations dans le wagon. — Où le comique se mêle au tragique. — Arrivée à Nogent. — La fuite devant l'invasion. — Une consigne. — « Prenez des précautions. ». — Un déménagement rapidement exécuté. — Inconvénient grave de porter une glace sur son épaule. — Les reproches de Mme Benoît.

— Quel beau temps, s'écria mon père, ce matin, en ouvrant les fenêtres, on se croirait au mois de juillet ; puis il ajouta après un instant de réflexion : Si nous allions à la Verdurette.

La Verdurette était une petite propriété que nous possédions à Nogent et que nous avions ainsi nommée à cause de la verdure qui en faisait le plus bel ornement. C'était un grand terrain qui s'abaissait en pente douce jusqu'à la Marne et au milieu duquel se trouvait un petit châlet ombragé par de hauts peupliers. Pendant la belle saison, nous allions passer nos dimanches dans ce lieu de délices, nous y emmènions tantôt la famille Benoît, tantôt Mme Rousseau et ses enfants, quelques autres amis venaient nous y trouver, nous emportions des provisions, un marchand de vin du voisinage nous fournissait la boisson, et nous mangions au frais sous la tonnelle, protégés par la verdure contre les rayons du soleil. Quelle joie de se trouver en plein air, sur le bord de l'eau !

— Voilà une bonne idée, répondit ma mère, nous avons là-bas quelques objets que j'aimerais mieux voir ici, vous rapporterez la glace de la salle à manger, ainsi que la suspension, et vous ferez un paquet des rideaux, nous ne pourrons d'ici longtemps aller à notre campagne, et je crains que toutes ces choses ne soient volées ou abîmées.

— Sans doute, ajouta mon père, et nous rapporterons aussi la pendule...

— C'est juste, j'oubliais la pendule, dit ma mère, ensuite vous mettrez les chaises dans le grenier, et vous fermerez bien les volets.

— C'est que, fit observer mon père en réfléchissant, je ne pourrai pas à moi tout seul rapporter toutes ces choses, André n'est pas là.

— Si tu demandais à M. Benoît de t'accompagner, il ne nous refuserait pas ce service.

— C'est cela, m'écriai-je, et Charlot viendrait avec nous.

— Comment... avec nous... mais je ne t'emmène pas, petit Louis, tu nous gênerais.

Il faut croire que ma physionomie exprima une bien vive contrariété, car mon père s'écria presque aussitôt :

— Eh bien, tu viendras avec nous, après tout cela te fera prendre l'air, et Charlot viendra aussi.

— Je vais prévenir M. Benoît et Charlot, m'écriai-je, en m'élançant dans l'escalier.

— C'est cela, pendant ce temps je vais m'habiller rapidement.

Et, entrant chez Mme Benoît, je dis à Charlot que je trouvai dans la première pièce occupée à se débarbouiller : Viens-tu à la Verdurette?

— Si je viens à la Verdurette, s'écria-t-il, en sautant de joie, comment peux-tu me demander une chose semblable ! et il se mit à gambader dans la chambre.

— Qu'est-ce qu'il y a, cria Mme Benoît qui balayait dans la pièce voisine, qu'est-ce que c'est que tout ce tapage ?

— Et si ton père venait aussi avec nous, ajoutais-je, il nous rendrait bien service.

— Mais il vient de partir, s'écria Charlot, tu sais bien que tous les dimanches matin maman l'envoie se promener au jardin du Luxembourg.

— Cours vite, lui dis-je et ramène-le.

Charlot ne prit même pas la peine de mettre sa veste, M. Benoît n'était pas loin, et il revint bientôt avec lui ; ma mère entrait au même instant et après avoir souhaité le bonjour, s'adressant aussi bien à Mme Benoît qu'à son mari, car elle savait bien que celui-ci était mené par le bout du nez, elle dit : Nous avons un petit service à vous demander, voulez-vous aller avec mon mari à la Verdurette, nous avons là quelques objets que nous voudrions mettre en sûreté, vous lui donneriez un coup de main. Charlot et petit Louis vous accompagneraient.

Le bon M. Benoît avant de répondre consulta le visage de sa femme, et comme il n'exprimait aucune marque de désapprobation à la proposition faite, il répondit : Bien volontiers, Mme Marcel, je suis allé assez souvent avec vous à la Verdurette, dans des temps meilleurs, pour que je vous aide un peu, maintenant que vous êtes dans l'embarras ; le temps de changer de paletot et je suis à vous.

Dix minutes après, nous étions en route, Charlot me donnait la main et marchait d'un pas alerte et joyeux, les yeux brillants, humant l'air. M. Benoît et mon père venaient derrière nous et causaient ensemble. Voyez donc, disait mon père, quand, après une longue course, nous fûmes parvenus aux abords de la gare de Vincennes, en désignant la foule endimanchée et bruyante qui se dirigeait vers la gare, croirait-on qu'en ce moment les Prussiens marchent sur Paris et que nous avons essuyé une terrible défaite ; quelle légèreté, quelle insouciance !

— Eh, mon Dieu, répondait M. Benoît, qui tout en soufflant s'épongeait le front avec son mouchoir à carreaux, comment voulez-vous empêcher ces gens de causer et de rire, ils ont encore quelques jours de bon temps, ils en profitent, cela ne les empêchera pas de se bien conduire si l'occasion s'en présente, soyez tranquille.

— Je le sais bien, dit mon père, et c'est ce qui me console un peu, mais je voudrais un peu plus de sérieux, vous ne riez pas, vous ne prenez pas un air joyeux, n'est-ce pas, M. Benoît, quand vous assistez à l'enterrement d'un parent ou d'un ami, eh bien en ce moment est-ce que tous les malheurs qui fondent sur nous ne sont pas plus attristants que l'enterrement d'un parent ou d'un ami ?

— Oui, certes, disait M. Benoît, vous avez raison.

Et, mon père ajouta, après un instant de réflexion : Il est vrai qu'il fait beau temps, et il n'y a rien comme un rayon de soleil pour réjouir le cœur et mettre en fuite les tristes pressentiments.

— Et cette foule est bien moins bruyante que d'habitude, fit observer M. Benoît, vous souvenez-vous, dans des temps meilleurs, de ces cris, de ces appels, de ces chansons ; du moins aujourd'hui on ne chante plus.

Dans la gare, l'employé du chemin de fer qui se tenait auprès du guichet de distribution des billets, se mit à crier : Jusqu'à Joinville seulement, on ne délivre de billets que jusqu'à Joinville.

Alors, il y eut dans la foule des exclamations : Comment! on ne va pas plus loin que Joinville!... et des conversations s'engagèrent : nous avons notre propriété à Bonneuil, disaient les uns, maintenant nous ne pouvons plus y aller, et les Prussiens vont piller tout à leur aise ; nous avons des parents à Sucy, disaient les autres, et nous allions les voir pour leur dire de se réfugier à Paris ; tous ces gens avaient l'air désolés et sortaient de la gare sans prendre leurs billets, se heurtant au flot joyeux des arrivants, qui ne connaissaient pas encore la nouvelle.

D'autres discutaient et s'adressant à l'employé de chemin de fer qui ne savait auquel répondre demandaient : Êtes-vous bien sûr qu'on ne puisse aller plus loin?

— Que voulez-vous que je vous dise, répondait l'employé, la ligne est coupée à trois kilomètres de Joinville.

Et comme cette foule, toujours exigeante, frondeuse et jamais satisfaite comme le sont toutes les foules, surtout lorsqu'elles sont composées de Parisiens, insistait et plusieurs personnes disaient : Vous voyez bien que vous pouvez aller plus loin que Joinville, délivrez au moins des billets jusqu'à Créteil, l'employé impatienté répondait :

— Jusqu'à Joinville seulement..., allez à Créteil si bon vous semble, un de nos camarades a été tué hier à cent mètres de la gare, si vous voulez vous faire trouer la peau...

— En admettant que les avant-gardes prussiennes soient arrivées à Créteil, disait mon père, je ne puis croire qu'elles accueillent à coups de fusil des promeneurs inoffensifs, parmi lesquels il y a des femmes et des enfants; fort heureusement nous n'avons pas à aller plus loin que Joinville puisque nous devons nous arrêter à Nogent-sur-Marne, et il demanda quatre billets aller et retour pour Nogent.

— Voici votre billet, M. Benoît, dit mon père, mais vous êtes un peu pâle, il me semble, auriez-vous quelque crainte ? mon père n'osait pas dire : auriez-vous peur?

— Non, non, M. Marcel, répondait M. Benoît, mais vous comprenez, ces nouvelles ne sont pas rassurantes.

Si vous préférez retourner chez vous, dit mon père en souriant, il en est encore temps.

— Ah, mais non, s'écria Charlot, moi je vais avec M. Marcel.

— Mais pas du tout, dit M. Benoît, qui eut peut-être honte de sembler hésiter devant son fils, je vous accompagne.

Dans le wagon la conversation devint bientôt générale.

— Aurait-on jamais cru une chose pareille, disait un gros monsieur, voilà que les Parisiens ne peuvent plus sortir de Paris.

— A la gare de Strasbourg, dit une vieille dame, on ne délivre les billets que jusqu'à Lagny.

— En voilà une guerre !

— Hier on s'est battu près du pont de Chelles sur la Marne, il y a eu des tués et des blessés.

— On n'aurait donc pas pu empêcher ces Prussiens de venir sur Paris, dit une femme d'un ton rogue.

— Qu'est-ce qui les en aurait empêchés, répondit un ouvrier, il n'y a plus personne pour leur barrer le chemin.

— Il y a l'armée de Bazaine, fit observer timidement M. Benoît.

— Comme je me trouvais auprès de lui je lui demandais tout bas ce qu'étaient devenus les grenadiers de la garde que j'avais accompagnés avec Charlot, quelques semaines auparavant, jusqu'à la gare de l'Est; il me répondit qu'ils étaient à Metz et faisaient partie de l'armée de Bazaine; alors je me sentais pris d'une grande confiance, il n'est pas possible, me disais-je, que de si beaux soldats ne soient pas victorieux ; j'étais loin de me douter de ce qui devait arriver.

Puis je prêtai l'oreille à la conversation.

— L'armée de Bazaine, criait le gros monsieur qui était tout rouge et semblait sur le point d'avoir une attaque d'apoplexie, pourquoi ne l'a-t-on pas ramenée à Paris ?

— Ah ! voilà, disait-on, c'est la politique.

— La politique ! il s'agit bien de politique !

La conversation devenait confuse, on expliquait ce qui aurait dû être fait et j'admirais avec quelle superbe assurance, quelle stupéfiante autorité, tous ces braves gens dont la plupart étaient d'inoffensifs boutiquiers parlaient des choses de la guerre, de stratégie, de tactique, et cela bien entendu sans en connaître le premier mot. Voilà des gens, me disais-je, qui parlent à tort et à travers, ils feraient bien mieux de se taire. Mon père écoutait, en souriant, toutes ces paroles inutiles et demeurait silencieux.

Le gros monsieur semblait sur le point d'éclater, on n'entendait plus que lui, sa voix sonore dominait les conversations de voisin à voisin, au moins celui-là s'il avait le tort de crier trop fort avait du moins le mérite de faire entendre le langage de la vérité et du bon sens.

— Est-ce que ce n'est pas à Paris, disait-il, que la grande partie va se jouer, est-ce que vous croyez que les soldats de Bazaine ne vaudraient pas mieux que ces mobiles qui n'ont pas de barbe au menton et ne savent pas manier un fusil ; on ne devient pas un soldat du jour au lendemain, c'est comme dans tous les métiers il faut un apprentissage et ce n'est pas maintenant le moment de le faire cet apprentissage, il y a longtemps que l'on aurait dû exercer les mobiles et il ne fallait pas attendre pour cela. Les Prussiens ils ont mis sur pied tous leurs hommes de vingt à quarante ans parfaitement exercés et rompus aux fatigues de la guerre et c'est contre deux millions d'hommes que nos petits mobiles vont avoir à lutter, ce n'est pas une invasion, c'est une inondation !

Il se tut et se mit à souffler en s'appuyant sur sa canne, un silence relatif s'était établi ; alors un petit monsieur déjà âgé, portant des lunettes, qui n'avait encore rien dit et se trouvait dans le coin du wagon, en face de mon père qui occupait l'autre coin, éleva la voix, une petite voix flûtée qui contrastait singulièrement avec la voix sonore de tout à l'heure.

— Permettez-moi, disait-il, permettez-moi de vous faire observer que notre situation actuelle est le résultat de la présomption et de l'imprévoyance.

— C'est cela, dirent plusieurs voix, c'est bien cela... et on écoutait car sa manière de parler forçait l'attention.

Et arrondissant le pouce et l'index, accompagnant ses paroles nettement scandées d'un geste régulier de la main il continua : je dis présomption parce que beaucoup ont cru qu'il suffirait d'une promenade militaire à la frontière pour nous assurer la victoire, un de mes jeunes neveux, lieutenant au 8e cuirassiers, n'avait-il pas fait provision de gants pour faire danser les demoiselles de l'autre côté du Rhin, mais par contre il avait oublié de se munir des cartes qui lui auraient permis d'étudier et de connaître la configuration du sol, ce qui est indispensable pour livrer bataille; du reste la présomption est un défaut bien français, j'ai eu la curiosité de remonter le cours des âges et d'établir au prix de patientes recherches l'histoire de ma famille; la présomption a causé la mort de deux de mes ancêtres: l'un, Guy Torchebœuf qui, à la tête de quelques uns de ses gens, avait pris parti pour le roi Louis XI se rendit à la bataille Montlhéry qui eut lieu en 1465 entre ce roi et Charles le Téméraire, sans avoir revêtu ses armes défensives et armé d'un simple bâton disant que cela suffirait à mettre en fuite ces chiens de Bourguignons, il fut bientôt criblé de blessures par ses assaillants bardés de fer et tomba pour ne plus se relever; l'autre qui appartenait au corps des mousquetaires noirs de la maison de Louis XIV, se battant en duel en 1675 négligea, confiant dans son habileté à manier l'épée, de se munir de sa dague qui, à cette époque, servait à la parade, sa présomption lui valut un coup d'épée qui le transperça d'outre en outre, de sorte qu'il en mourut et c'est ainsi que notre nation meurt de sa présomption qui lui a fait négliger toutes les chances de succès ; je dis imprévoyance parce que nous n'étions pas prêts pour la guerre alors que depuis longtemps les Prussiens la désiraient et s'y préparaient secrètement.

Les Prussiens aux portes de Paris.

— Nogent, cria le conducteur du train, Nogent...

— Ce petit vieux a mille fois raison, disait mon père en descendant de wagon, mais il est bien amusant avec ses ancêtres, c'est le cas de dire que le comique se mêle toujours au tragique.

— C'est un homme d'études, disait le gros M. Benoît, cela se voit bien...

— Beaucoup de voyageurs descendirent à Nogent; on ne se douterait pas, dit mon père, que les Prussiens sont à une lieue d'ici, tournons à droite, les chemins sont bons et c'est un peu plus court, et il ajoutait tout en marchant vite: cela me fait plaisir de me retrouver à Nogent, j'ai dans l'idée que nous n'y reviendrons pas de sitôt.

Lorsque nous eûmes gagné la route de Paris, un spectacle qui ne laissait plus aucun doute sur la proximité des coureurs ennemis s'offrit à nos regards, c'étaient des cultivateurs, des paysans, qui fuyaient devant l'invasion et venaient se mettre sous la protection des canons des forts ou bien se réfugiaient dans Paris ; ils conduisaient des charrettes dans lesquelles se trouvaient entassés leurs meubles, leurs provisions; les essieux criaient sous la charge; parfois au sommet de tout cet amoncellement de paquets, assise sur un matelas, une femme tenait dans ses bras un petit enfant, tandis que les autres, plus grands, suivaient à pied, der-

Un sergent d'infanterie, son fusil en bandoulière, se dirigea vers nous dès qu'il s'aperçut que nous allions prendre la direction de la Verdurette.

rière la charrette, auprès des bestiaux attachés par les cornes; les chevaux étaient rendus, tout ce monde se hâtait et semblait exténué de fatigue, c'était un spectacle navrant de voir ces pauvres gens que la guerre obligeait à quitter leurs foyers, mon père regardait et ne disait rien.

Nous étions parvenus au carrefour de la Redoute; au moment où nous allions prendre le sentier qui conduisait à notre propriété, située à un quart d'heure de là, un sergent d'infanterie qui causait, son fusil en bandoulière, avec quelques autres soldats, se dirigea vers nous dès qu'il s'aperçut que nous allions prendre cette direction.

— Où allez-vous, nous demanda-t-il.

— Tout près d'ici, répondit mon père, avenue des Peupliers, n° 11.

— C'est impossible, je ne puis vous laisser passer.

— C'est que j'ai là une petite propriété dans laquelle se trouvent quelques objets que je désirerais emporter...

— Alors c'est différent, puisque vous ne venez pas en flâneurs et en curieux comme tant d'autres, je vous laisse continuer votre chemin, mais je dois vous conseiller de ne pas vous montrer, de suivre le long des murs, ou bien de vous défiler derrière les arbres, nous avons des avant-postes sur le bord de la Marne, ce matin un détachement prussien a tenté de passer la rivière et nous échangeons continuellement des coups de fusil,... quelquefois,... une balle perdue...

Pendant que le sous-officier parlait, le placide M. Benoît changeait de visage et roulait de gros yeux effarés.

— C'est dangereux, disait-il, c'est très dangereux.

— Restez ici avec les enfants, dit mon père, j'irai seul.

— J'irai avec vous, M. Marcel, s'écria Charlot d'un ton décidé.

— Il ne faut pas exagérer, dit le sergent, en prenant des précautions il n'y a rien à craindre.

— Vous croyez, sergent, demanda M. Benoît.

— J'en suis certain répondit, celui-ci, et ce que j'en dis c'est afin que vous ne commettiez pas d'imprudence.

— Alors je vous accompagne, M. Marcel, dit M. Benoît.

— Du reste, fit observer mon père, on verra bien que nous ne sommes pas des belligérants...

— Ne vous y fiez pas, interrompit le sous-officier, tout à l'heure une dame accompagnée de deux jeunes filles et d'un petit garçon est accourue hors d'haleine racontant que des hommes noirs qui se trouvaient de l'autre côté de la Marne les avaient couchées en joue et qu'ils auraient sans doute tiré si elles n'avaient pris la fuite à toutes jambes, les pauvres femmes n'en menaient pas large et le petit pleurait à fendre l'âme.

— Hein, qu'est-ce que vous en pensez, M. Marcel, demanda M. Benoît qui était redevenu perplexe.

— Allez donc, dit le sous-officier et soyez prudents.

— Viens-tu papa, demanda Charlot.

Mon père remercia le sous-officier et un peu impatienté sans doute, continua son chemin, marchant en avant sans s'inquiéter si nous le suivions, Charlot me tenant par la main venait ensuite et M. Benoît fermait la marche à une distance respectueuse.

Ce fut en usant des précautions recommandées par le sergent, c'est-à-dire en longeant les murs, en nous défilant derrière les arbres et en courant lorsque nous avions à traverser un endroit découvert, que nous atteignîmes la Verdurette.

M. Benoît ne semblait toujours pas très rassuré car une fois en dehors de la grande route nous n'avions rencontré âme qui vive; mon père se hâta d'ouvrir la porte du châlet et commença le déménagement; en un tour de main la glace qui se trouvait sur la cheminée fut enlevée, ainsi que la suspension, les paquets furent faits, les chaises et les quelques meubles qui garnissaient le châlet furent mis au grenier ainsi que ma mère nous l'avait recommandé; M. Benoît se chargea de la pendule et de la suspension, Charlot et moi nous prîmes les paquets et mon père plaça la glace sur son épaule après avoir solidement fermé les volets et mis le gros verrou en dedans de la porte d'entrée, ce que l'on pouvait faire du dehors sans que l'on s'en aperçût.

Mon père paraissait satisfait, tout en méprisant le danger il avait pris pour lui-même et surtout pour nous toutes les précautions susceptibles de l'éviter. Maintenant, dit-il en s'épongeant le front, dans dix minutes nous serons sur la grande route à l'abri de toute inquiétude, en marche.

En ce moment nous nous trouvions dans un endroit découvert, on apercevait la Marne, les champs de l'autre côté, la route bordée de peupliers qui conduit à Brie-sur-Marne, et plus loin les hauteurs de Villiers qui se détachaient en masses sombres sur le bleu du ciel.

Cette fois M. Benoît marchait en tête et mon père formait l'arrière-garde.

— Votre glace reflète les rayons du soleil, fit observer M. Benoît à mon père, c'est un joli point de mire que vous offrez là...

— Vous avez raison, répondit mon père, je vais la placer de l'autre côté.

A peine achevait-il ces mots qu'il ressentit une violente secousse dans le bras, une balle venait de traverser la glace et s'enfonçait dans le tronc d'un arbre qui se trouvait derrière nous, au loin une détonation se fit entendre.

Quelques pas à faire et nous étions déjà à l'abri derrière un mur de parc.

— Maintenant, dit mon père, en plaçant la glace à terre, nous sommes en sûreté puisque nous n'avons plus qu'à longer ce mur de parc pour atteindre la grande route que nous apercevons déjà d'ici et je puis vous exprimer mes regrets de vous avoir exposé bien inutilement à quelque danger, vous et Charlot.

Ce fut d'une voix émue que M. Benoît répondit : Ne regrettez rien, M. Marcel, tout est bien qui finit bien... sans cette maudite glace il ne nous serait rien arrivé.

— Je le crois aussi, dit mon père.

Quant à Charlot et à moi nous nous étions à peine rendu compte de ce qui venait d'arriver.

— Voilà un joli trou, disait M. Benoît, qui se sentant en sûreté, reprenait son assurance; c'est à peine si le verre est un peu étoilé tout autour, c'est comme s'il avait été fait à l'emporte-pièce.

Mon père remit la glace sur son épaule, il importait peu qu'elle fût tournée du côté de l'ennemi, car nous étions maintenant à l'abri derrière un mur élevé; tout en marchant mon père qui était un peu pâle non de peur mais de rage et de colère, disait les dents serrées : quels sauvages! et encore autre chose que je ne puis pas écrire.

Arrivés au carrefour de la Redoute le sous-officier nous demanda :

— Est-ce sur vous que l'on a tiré tout à l'heure?

Ce fut M. Benoît qui s'empressa de répondre.

— Oui, sergent, c'est sur nous.

— C'est plutôt sur la glace, dit mon père en montrant le trou fait par la balle.

— Vous voyez, dit le sous-officier, combien j'avais raison de vous recommander la prudence.

— Mon père le remercia et lui offrit même de se rafraîchir chez le marchand de vin qui se trouvait non loin de là, mais il refusa disant qu'il ne pouvait quitter son poste.

Vers cinq heures et sans autre incident nous étions de retour à la maison, Mme Benoît et ma mère nous attendaient avec impatience.

En apercevant son mari, Mme Benoît s'écria, les poings sur les hanches :

— Enfin... te voilà Benoît : ça n'est vraiment pas dommage !

— Mais, ma bonne, il n'est pas tard...

— Il n'est pas tard... est-ce que je te demande l'heure qu'il est... tu ne sais donc pas ce qui arrive... il y a eu aujourd'hui des personnes qui ont été tuées ou blessées... des personnes qui sont allées à la campagne comme si de rien, n'était... ces personnes-là, comment faut-il les appeler...

— Calme-toi, Virginie, disait M. Benoît.

— On les appelle des fous, des étourneaux, puisqu'ils n'avaient rien à faire à la campagne ils avaient tort d'y aller...

— Alors ce n'est pas pour nous que vous dites cela, Mme Benoît, dit mon père en riant, car il connaissait trop bien Mme Benoît pour se fâcher.

— Non ça n'est pas pour vous, mais vous pouvez vous vanter de m'avoir fait faire du mauvais sang...

— Voyons, Virginie, voyons, puisque nous voilà, ce n'est pas la peine de te fâcher, disait M. Benoît d'un ton conciliant.

— La glace est trouée, s'écria ma mère.

— Nous lui racontâmes ce qui nous était arrivé, le bruit s'en répandit bientôt dans toute la maison, et il nous fallut refaire plusieurs fois aux voisins, que la curiosité amenait chez nous, le récit de ce petit incident.

LUNDI, 19 SEPTEMBRE

Les premiers coups de canon. — M. Bardoux excuse notre inattention. — Une lettre des Ardennes. — Le forgeron Martin. — Le pillage. — La rançon. — Le forestier Thiébaut. — Vive la France ! — Les hontes et les misères de l'invasion. — Les Allemands n'oublient rien.

Il était environ neuf heures du matin, nous étions en classe et M. Bardoux nous expliquait au tableau un problème d'arithmétique, tout à coup il s'arrêta et prêta l'oreille.

Quelques-uns d'entre nous, de mauvais élèves, profitaient toujours de ce que M. Bardoux était au tableau, tout entier à ses explications, pour causer entre eux comme s'ils n'avaient pas le temps de causer pendant les récréations ou bien en dehors de la classe, mais quand il se tut, tout le monde fit silence, on eût entendu voler une mouche.

Alors, très distinctement, nous entendîmes un bruit sourd, continu, semblable au roulement d'une voiture sur les pavés, puis des détonations successives et régulièrement espacées, c'était la fusillade et le canon, un grand combat se livrait en ce moment sur les hauteurs de Châtillon.

— Continuons, dit M. Bardoux, après un instant de silence ; alors lui qui, de coutume, nous expliquait les problèmes avec une si grande clarté qu'il fallait être un âne pour ne pas comprendre, s'embrouillait, il écrivait les chiffres, les effaçait puis recommençait.

Quant à nous, ce n'était pas la solution du problème qui absorbait notre attention, nous regardions vaguement le tableau, et ce que nous entendions ce n'étaient pas les explications embrouillées de notre instituteur, mais bien les détonations de plus en plus distinctes que nous apportait, par rafales, le vent du sud.

M. Bardoux s'aperçut de notre inattention, il s'arrêta, jeta d'un mouvement brusque la craie et l'éponge derrière le tableau et dit :

— Vous ne m'écoutez pas.

Nous croyions qu'il était en colère contre nous, mais il ajouta aussitôt :

— Je comprends cela.

Il remonta dans sa chaire, frappa deux ou trois coups sur son bureau avec sa règle et dit d'une voix émue et tellement changée qu'elle était méconnaissable :

— Voilà les premiers coups de canon des Prussiens, la France est envahie et Paris est assiégé, j'ai soixante-et-un ans et j'espérais bien mourir sans avoir vu l'ennemi fouler le sol sacré de la Patrie, l'invasion c'est la honte et le déshonneur. Oui, mes enfants (et il s'animait en parlant) vous êtes tous ici de grands garçons, vous êtes Français, vous me comprendrez, l'invasion est la honte suprême et le devoir de tout Français en état de porter les armes c'est d'aller au combat pour défendre nos foyers, notre honneur, dites-le à vos grands frères ; je suis vieux, je n'y vois presque plus clair, je suis dans ces jours de malheur un inutile et cela me fait souffrir, je voudrais être parmi ceux qui se battent en ce moment et meurent pour la Patrie !

La plupart d'entre nous avaient les larmes aux yeux en entendant parler ainsi ce vieillard aux cheveux blancs qui avait toujours été si bon pour nous.

Maintenant les détonations se succédaient sans discontinuer, elles semblaient plus violentes et faisaient parfois trembler les vitres.

Et je me disais : si le bruit du canon se rapproche c'est que nos soldats sont refoulés par les Prussiens, mon père nous a dit hier qu'ils cherchaient à occuper les hauteurs qui environnent Paris ; puis je pensais à mon frère, je me le représentais dans toute la chaleur du combat, chargeant son fusil, tirant après avoir bien visé, peut-être une balle vient-elle de le frapper à l'instant, le blessant mortellement, je le voyais tombé à terre et perdant tout son sang.

Pendant que je pensais à toutes ces choses, M. Bardoux avait tiré de sa poche une lettre qu'il avait dû sans doute lire bien souvent, car elle était toute froissée, il rajusta ses lunettes et nous dit :

— Je vais vous donner lecture d'une lettre que j'ai reçue il y a deux jours, elle est écrite par ma nièce qui habite une petite ville des Ardennes, près de Sedan !

« Mon cher oncle, »

« Je vous écris pour vous donner de nos nouvelles, car vous devez être bien inquiet ; grâce à Dieu, il ne nous est rien arrivé, nous sommes en bonne santé, malgré toutes les misères que nous avons eues à supporter depuis trois jours.

« Mercredi dernier, nos soldats sont arrivés ici exténués de fatigue, ils n'ont fait du reste que traverser la ville avec une telle hâte que nous supposions bien qu'ils étaient poursuivis ; en effet, dans l'après-midi nous avons entendu la canonnade, puis un bataillon de nos chasseurs et deux régiments d'infanterie ont occupé les hauteurs, près d'Anglemont, ils nous ont dit que l'on se battait à Bazeilles qui, comme vous le savez, n'est pas très éloigné de notre village et que notre infanterie de marine était aux prises avec les Bavarois. Vers quatre heures nos soldats étaient repoussés car ils luttaient un contre dix, ils ont occupé la ville, des charrettes ont été renversées dans les rues afin de faire des barricades et ils ont encore essayé de résister, mais les obus tombaient sur nos maisons et faisaient beaucoup de victimes, nous avons été obligés de nous réfugier dans les caves.

« Vous connaissez, M. Martin, le forgeron de la rue Saint-Paul, il paraît que quand il entendit les coups de fusil, il accourut à la barricade de la grande rue et, sans même quitter son tablier de cuir, ramassa un fusil et des cartouches et se mit à faire le coup de feu sur l'ennemi. Il a été tué sur la barricade, mais il était entouré de morts et de blessés, au dernier moment il s'était défendu à coups de marteau et vous savez qu'il n'avait pas son pareil pour le manier.

« Quand les Allemands sont entrés dans la ville ils ont fait aussitôt demander le maire, M. Wagner, qui était du reste à la mairie, et ils lui ont dit qu'ils imposaient à la ville une contribution de cent mille francs, M. Wagner a refusé de réunir cet argent, et M. Vasseur, le conseiller municipal, nous a dit qu'il avait répondu à l'officier allemand : Vous pouvez me faire fusiller si vous voulez, mais vous n'aurez pas un sou et, debout, les bras croisés, il est resté impassible, opposant un suprême mépris aux insolences et aux menaces.

« Devant son refus obstiné d'aller de maison en maison quêter le prix de la rançon, les Allemands se sont chargés eux-mêmes de cette vilaine besogne, guidés par un traître, un lâche, du nom de Chevassu, qui s'était offert dans le but de ne pas payer sa part de la rançon, ils sont allés ainsi dans toutes les maisons, c'était ce Chevassu qui recevait l'argent, nous avons dû donner cent francs.

« La vieille mère Giraud qui tient toujours son commerce de mercerie, en face de notre maison, leur a dit qu'elle n'avait pas d'argent et c'était vrai, elle n'avait que quelques sous dans son tiroir, alors ils l'ont maltraitée et mis sa boutique au pillage ; ils emportaient les aiguilles, le fil, les boutons, ils bourraient leurs poches de tout ce qui pouvait leur convenir. Et en sortant, ils riaient parce que la pauvre vieille s'était mise à genoux au milieu de sa boutique, joignant les mains, les suppliant de ne pas tout emporter et de lui laisser encore quelque chose à vendre, afin de pouvoir vivre... ils trouvaient cela très drôle.

« Desgranges, le tailleur d'habits, que vous connaissez bien et qui demeure au coin de la rue Basse, avait barricadé sa porte et refusait d'ouvrir, ils ont pénétré de force dans la maison dont le toit s'était effondré, ils ont tout brisé, et Desgranges frappé à coup de crosse de fusil et atteint d'un coup de baïonnette est allé tomber près de son établi, la tête ensanglantée ; sa petite fille, Aline, pleurait à fendre l'âme, la tête cachée dans son tablier. C'est Mme Desgranges qui nous a raconté tout cela, son mari est entre la vie et la mort.

« Voilà, mon cher oncle, ce qui s'est passé chez nous, avant-hier, mais ce n'est encore rien à côté de ce qui me reste à vous apprendre.

« Vous devez vous souvenir du garde-forestier Pierre Thiébaut qui souvent le dimanche, dans l'après-midi venait faire une partie de piquet avec vous, lorsque vous étiez notre instituteur communal, eh bien, voici ce qui est arrivé : vous savez que la Mariette, sa fille, s'était mariée l'année dernière avec un forestier des environs, Jean Bignon, il paraît que cette jeune femme qui est très intelligente et laborieuse avait déjà depuis longtemps l'intention d'ouvrir une petite boutique d'épicerie, ce qui lui manquait c'était un peu d'argent, le vieux Thiébaut savait bien cela, aussi depuis le mariage de sa fille il se privait de beaucoup de choses, il n'allait plus du tout à l'auberge avec les autres forestiers, faire la partie, et avec beaucoup de peine il était parvenu à économiser deux cents francs. Je sais cela parce qu'il venait quelquefois à la maison et avait toute confiance dans mon père, ils s'étaient autrefois connus au régiment ; comme tous les gardes-forestiers, Thiébaut était un ancien militaire et, comme l'on dit, il n'avait pas froid aux yeux. Il me semble le voir encore, assis dans notre salle à manger, disant à mon père : C'est la Mariette qui va être contente lorsque je lui mettrai dans le creux de la main, le jour anniversaire de sa naissance, dix beaux jaunets pour entreprendre son petit commerce, c'est une belle surprise, n'est-ce pas, M. Bardoux ! A ce moment il n'était pas encore question de la guerre et le pauvre homme était loin de se douter de ce qui l'attendait.

« Toujours est-il que quand Thiébaut, qui, le matin s'était souvenu qu'il avait été soldat et s'était bravement battu pour défendre la barricade de la grand'rue, vit les Allemands se diriger vers sa maison, il prit son fusil, visa par la fenêtre Chevassu qui marchait en tête du peloton et le tua raide ; les Allemands s'élancèrent dans la maison, mais il les attendait derrière la porte, sa hache à la main, il en tua quatre ; enfin ils s'emparèrent de lui car ils voulaient l'avoir encore vivant, le traînèrent sur la place de la mairie, tout couvert de sang et presque mourant et le fusillèrent. Avant de tomber sous les balles, le vieux Thiébaut qui voulait mourir debout, en soldat, et qui se soutenait des deux mains à la barre d'appui de la croisée de la salle d'école, eut encore la force de crier : « Vive la France ! »

« Ce sont de tristes nouvelles que je vous donne là, mon cher oncle, vous ne pouvez comprendre combien nous sommes malheureux, mon père ne dit plus une parole, maman et moi nous pleurons souvent. Nous avons dix soldats allemands à loger, les uns sont bons, les autres mauvais, c'est comme partout, et quand on leur reproche ce qu'ils ont fait ils disent que « c'est la guerre », et que nous en aurions fait tout autant dans leur pays si nous avions été vainqueurs. Je ne le crois pas, n'es-ce pas, mon oncle?

« Ces gens-là, surtout les Prussiens, ont contre nous une haine féroce, cela se voit bien, ils ne désirent que notre ruine et voudraient tous nous voir massacrés. »

Après nous avoir lu cette lettre M. Bardoux nous parla des vexations qu'avaient à subir en ce moment nos compatriotes des départements de l'Est, il nous dit que les soldats ennemis se livraient à toutes les violences que leur inspirait la haine qu'ils avaient pour nous, que dans ces départements envahis il n'y avait plus de lois qui protégeaient les habitants, la seule loi c'était la force, qu'il n'y avait aucune pitié à attendre d'ennemis aussi acharnés, qu'ils s'étaient installés dans les maisons, insolents et grossiers, sachant bien qu'on ne pouvait leur répondre parce qu'ils étaient les plus forts, qu'ils avaient chassé les habitants de leurs lits, avaient pris place à table et disaient : « Nous sommes ici chez nous et nous avons le droit de faire tout ce qui nous plaît. » Puis, dans toutes les villes, dans tous les villages du territoire envahi ils avaient exigé des contributions de guerre sous la menace de l'incendie et du pillage, il avait fallu leur donner de l'argent, beaucoup d'argent, ils étaient venus prendre les économies des familles.

Voilà ce que nous disait M. Bardoux, il me semble l'entendre encore, et cependant il y a longtemps de cela ; il nous parlait d'une voix tremblante d'émotion et de colère.

Nous sortions de la classe à onze heures et demie, il était bien près de midi et on ne pensait pas à s'en aller, nous écoutions M. Bardoux, pâles, les larmes aux yeux, avec une rage sourde dans le cœur.

En sortant Charlot me dit :

— Crois-tu qu'il ne vaut pas mieux se battre jusqu'à la mort plutôt que de supporter des choses pareilles ?

Je lui répondis : Oh, oui, je me battrais jusqu'à la mort ; je me représentais les Prussiens entrant dans notre maison, peut-être frappant mon père et ma mère... alors je serrais les poings, la rage au cœur.

Il était plus de midi lorsque j'arrivai chez nous, mon père était déjà rentré pour le déjeuner.

— Comme tu arrives en retard, me dit ma mère.

Alors je répondis :

— Voilà, c'est que M. Bardoux nous a parlé de l'invasion et sans nous en apercevoir nous avons laissé passer l'heure du départ.

Et, tout en mangeant, pendant que les coups de canon se succédaient au loin, je racontai à mes parents ce que M. Bardoux nous avait lu.

— C'est la vérité, cela, dit mon père, les Allemands ne sont pas des hommes plus méchants que les autres, mais la guerre rend les hommes féroces et ceux-ci le sont d'autant plus qu'ils nous haïssent, c'est un peuple tenace et rancunier qui n'oublie rien, les motifs de leur haine remontent dans la nuit des temps, ils n'ont pas oublié l'incendie du Palatinat sous Louis XIV ni la bataille d'Iéna, et les maîtres d'école entretiennent soigneusement leur haine contre nous pour la plus grande gloire des rois, des princes et ducs qui les gouvernent.

Ce soir, en rentrant de la classe, j'ai trouvé Angèle et sa mère installées chez nous, auprès de la fenêtre, le bruit du canon les avait effrayées et, apportant leur ouvrage, elles étaient venues tenir compagnie à ma mère qui était toujours si heureuse quand elle avait sa chère Angèle auprès d'elle.

On a beaucoup parlé d'André, il n'est pas revenu depuis le 11 septembre, j'ai été souffrant jeudi dernier et je n'ai pu aller le voir à l'Esplanade des Invalides, nous espérions qu'il viendrait hier dimanche. Ce qui nous inquiète, c'est qu'il ne nous a même pas écrit.

MARDI, 20 SEPTEMBRE

Deux lettres. — Le combat de Châtillon. — Les abords du conseil de guerre, rue du Cherche-Midi. Une invitation. — M. Bardoux. — L'Alsace et la Lorraine. — Nos frontières ouvertes. — *Germania a Gallia Rheno separatur.* — M. Rissler. — L'armée de Bazaine. — Nous ne devons compter que sur nous-mêmes. — Espérons « quand même ! »

Nous avons reçu ce matin deux lettres, la première d'André et la seconde de Léon ; je dis *nous* parce que depuis le départ de mon frère et de Léon, Mme Rousseau et Angèle passent la plus grande partie de la journée auprès de ma mère, la crise que nous traversons a eu pour effet d'accroître encore notre vieille amitié, nous ne formons plus qu'une même famille.

Ils vont bien tous deux ; dans sa lettre Léon nous raconte avec sa bonne humeur habituelle qu'il est parti le 14 septembre à 9 heures du soir de la caserne de la Tour-Maubourg après avoir été habillé, armé et équipé (on m'a, dit-il, attaché un sabre) ; son détachement composé de jeunes gens de la classe de 1869 a dormi sur les pavés du marché de Neuilly (il a trouvé le pavé très dur), le matin ils ont rejoint le 6e bataillon des mobiles de la Seine campé dans le parc du château de Bagatelle, au bois de Boulogne, et s'est retrouvé avec plusieurs joyeux et bons camarades de l'école des Beaux-Arts qui savent prendre la vie par le bon côté, ils font l'exercice matin et soir et dorment sous la tente avec le gazon comme matelas, les nuits commencent à être fraîches et le matelas devient humide de sorte qu'ils se réveillent le matin, au son de la diane (c'est très pittoresque) courbaturés, engourdis ; le bataillon tout entier passe dix minutes à s'étirer, se frictionner. Enfin il est enchanté et termine sa lettre en demandant à Angèle un peu d'argent pour combattre les brouillards du matin, et en remerciements « anticipés » il lui envoie dessinés, au crayon, les portraits du lieutenant, du sous-lieutenant et du capitaine.

La bonne Mme Rousseau était bien contente, elle disait, les yeux un peu mouillés : le pauvre chéri... lui qui aimait tant prendre son chocolat dans son lit... le voilà maintenant qui couche par terre... enfin il est bien portant et toujours de bonne humeur ! c'est le principal !

La lettre d'André était plus sérieuse et mérite d'être reproduite en entier, voici ce qu'il nous écrivait :

Chers parents,

« Soyez sans crainte, je me porte bien, nous avons reçu ce matin (c'était hier) le baptême du feu et je n'ai pas une égratignure, vous avez sans doute appris par les journaux que nous avons essuyé une défaite à Châtillon, je tiens à vous raconter comment cela est arrivé, du moins pour notre compagnie car je ne sais rien de ce qui s'est passé pour les compagnies de mon régiment ainsi que pour les autres troupes. Nous devions donc protéger le plateau de Châtillon, sur lequel on s'occupait de construire une redoute, contre une attaque de l'ennemi, on nous avait placés tout à fait à l'avant-garde, à la ferme de Trivaux, nous avions reçu l'ordre de nous dissimuler derrière les haies et les quelques maisons qui se trouvaient là, il était six heures du matin, le jour se levait, tout était calme, lorsque vers sept heures nous aperçûmes, dans les bois du Plessis-Piquet, des soldats ennemis qui couraient. Notre sergent, un vieil Africain, disait qu'ils prenaient leur formation de combat; comme nous étions chargés de les surveiller, paraît-il, on nous avait défendu de tirer et cependant ils étaient à bonne portée. En ce moment un coup de canon retentit au loin derrière nous, suivi de beaucoup d'autres, c'était notre artillerie qui engageait l'action, nos obus passaient au-dessus de nous avec un bruit terrible et allaient éclater dans le bois occupé par l'ennemi, celui-ci ne bougeait pas encore lorsque tout à coup il démasque ses batteries sur le coteau, les obus nous arrivent par paquets et le voilà qui descend en masse sur nous, ses tirailleurs en avant qui nous envoient des coups de fusil, j'ai entendu pour la première fois siffler les balles et mugir les obus, tout cela fait une drôle de musique et vous produit un singulier effet, il faut quand même baisser la tête, on appelle cela saluer les balles et les plus braves ne peuvent éviter ce mouvement instinctif; nos officiers ont alors commandé le feu à 400 mètres, c'est à ce moment que j'ai tiré mon premier coup de fusil, c'est une bonne arme que le chassepot, Rissler, de Bricourt et les autres nous étions protégés par un petit mur et nous visions avec soin le fusil appuyé sur la crête de ce mur, de sorte que notre tir était très régulier et que chaque coup devait porter.

« Nous avions arrêté les Allemands dans leur mouvement en avant, leurs tirailleurs avaient été bien reçus, et ils voyaient qu'il ne faisait pas bon nous aborder, ce petit succès nous inspirait confiance, de Bricourt, que Louis a vu lorsque nous faisions l'exercice sur l'esplanade des Invalides, était toujours souriant et semblait être au milieu de la mitraille comme dans son élément, cependant quelques uns de nos camarades étaient tombés, morts ou blessés.

« Il y eut quelques instants de calme, nous ne bougions pas derrière notre mur lorsque, tout à coup, les balles nous arrivent de plusieurs côtés à la fois, le collégien, celui que nous appelions « mademoiselle » à cause de sa figure toute jeune et sans un poil de barbe, ce qui ne l'empêchait pas d'être courageux et énergique, reçoit une balle dans le dos, à côté de moi, il avait été tué sur le coup et je ne sais comment il se fit qu'il resta encore debout, la tête renversée sur la crête du mur; alors nous dégringolons dans le fossé, M. de Bricourt ne se pressait pas de se mettre à l'abri, il cherchait à se rendre compte de ce qui se passait; nos officiers nous groupaient et dirigeaient le feu, nous encourageant, lorsque voilà des zouaves de la première compagnie qui accourent vers nous criant que nous étions cernés, c'étaient comme nous des recrues, tous très jeunes et qui étaient affolés par les obus, ils se sauvaient en jetant leurs fusils; mon capitaine était indigné et criait : Arrêtez, arrêtez, face à l'ennemi ; les vieux soldats, très calmes, continuaient à combattre sans se préoccuper de la panique qui entraînait tous ces conscrits. Mais l'ennemi était partout, il nous débordait de toutes parts, beaucoup de zouaves tombaient, je ne sais ce qui est alors arrivé, mais nous étions encore une dizaine tout au plus autour des officiers de notre compagnie, de Bricourt, Rissler et moi nous sommes restés à notre poste jusqu'au dernier moment et nous avons dû nous retirer pas à pas, en combattant toujours, on donnait alors l'ordre de battre en retraite. J'ai l'épaule droite toute meurtrie car j'ai tiré plus de soixante coups de fusil, la culasse mobile de mon chassepot ne fonctionnait plus, tellement elle était encrassée par la poudre et le canon me brûlait les doigts.

« J'oubliais de vous dire que j'ai reçu deux balles dans mon pantalon, large et flottant, une autre a enlevé ma chechia pendant que je tirais par dessus le mur.

« A onze heures la bataille était perdue, nous étions repoussés sur Paris et foudroyés par l'artillerie, nous sommes revenus à l'École militaire en passant par Grenelle, c'est à peine s'il restait vingt hommes dans ma compagnie, quelques uns nous avaient rejoints, mais c'est triste à constater, le plus grand nombre s'était débandé, je l'ai déjà dit c'étaient des jeunes soldats qui n'avaient jamais vu le feu et il eût fallu pour éviter cette honte bien les encadrer avec de vieux soldats et de bons sous-officiers. Il paraît maintenant que les Prussiens occupent les hauteurs de Châtillon et la redoute que nous n'avions pas eu le temps d'achever, de là ils dominent les forts de la rive gauche et ils pourront bombarder Paris quand ils le voudront.

« Enfin je suis sain et sauf, rassurez-vous, chers parents, il faut que maman ne s'effraye pas à cause des autres combats qui seront encore livrés, parce que quand on tire on a toujours soin de bien s'abriter, elle peut être tranquille et je serai prudent.

« Adieu ou plutôt au revoir, Rissler vous prie de faire dire à son père qu'il se porte bien, je crois qu'il est un peu paresseux pour écrire, ce sera facile car Louis et Charlot ne demandent pas mieux de faire des promenades et pourront aller jusqu'à la mairie. Je vous embrasse tous.

Je n'oublie ni Mme Rousseau ni Angèle et j'espère qu'Angèle ne m'oublie pas non plus ».

Votre fils affectionné

André Marcel
zouave à la 2e Cie du 1er bataillon
du régiment de marche.

Ces deux lettres nous donnèrent du bonheur pour toute la journée ; quand mon père rentra pour déjeuner à midi, ma mère lui remit aussitôt la lettre d'André, il la lut plusieurs fois avec attention, et ensuite la posa sur la table en disant : André est sain et sauf, mais je suis surtout content qu'il se soit bien conduit, et il ajouta, s'adressant à moi : Tu iras avec Charlot à la mairie en sortant de classe et tu prieras M. Rissler de venir prendre ce soir le café avec nous, tu lui diras que nous avons de bonnes nouvelles de son fils à lui donner.

Alors il me tarda que la classe fût finie, comme la veille, M. Bardoux semblait préoccupé, il ne faisait plus sa classe avec autant de soin qu'auparavant, il nous laissait parfois causer sans nous faire d'observations, enfin on voyait bien qu'il avait quelque grand chagrin.

Lorsque l'heure de la sortie arriva et comme au lieu de me diriger du côté de la maison, je prenais la rue du Cherche-Midi, Charlot qui me tenait par la main me demanda où j'allais.

— A la mairie, lui répondis-je, je vais prier M. Rissler, l'employé du bureau militaire, qui a fait signer à André son acte d'engagement pour les zouaves, de venir à la maison ce soir, son fils s'est aussi engagé et est un des camarades de mon frère.

— Ah oui, dit Charlot, c'est celui qui est un jour venu vous voir avec André.

— C'est cela, répondis-je. Mais pourquoi donc n'es-tu pas venu en classe ce matin.

— Je suis allé faire des provisions avec maman, répondit Charlot, nous avons acheté toutes sortes de choses, du riz, des haricots secs, tout ce qui peut se conserver ; comme cela, si le siège dure longtemps nous serons sûrs d'avoir quelque chose à manger, et vous autres, est-ce que vous avez fait des provisions?

— Non, répondis-je, papa prétend que les vivres ne manqueront pas, on a pu faire venir de la province des quantités de bœufs et de moutons et il croit que le siège ne peut durer longtemps, pendant ce temps-là, disait-il hier, le Gouvernement assurera notre subsistance et puis s'il faut se priver et avoir un peu faim, eh bien, on peut faire cela pour la Patrie. Mais maman n'aurait pas mieux demandé que de faire des provisions, c'était dans son idée.

Nous étions parvenus, tout en causant, à la prison militaire du Cherche-Midi, il y avait dans la rue à cet endroit un grand rassemblement. Plusieurs personnes causaient entre elles et disaient : On va juger tout à l'heure les soldats qui se sont enfuis hier à Châtillon ; ils seront fusillés, ça c'est sûr ; nous regardions et nous écoutions ce que l'on disait quand un gendarme à cheval arriva criant de faire place et alors voici le spectacle que nous eûmes sous les yeux :

Au milieu des gendarmes marchaient des soldats dont les mains étaient liées derrière le dos, leur capote avait été mise à l'envers et leur képi sens devant derrière, sur leur poitrine était attachée une pancarte que l'on pouvait lire de loin, voici ce qui s'y trouvait inscrit :

« Un tel. Misérable lâche qui a abandonné son poste devant l'ennemi, tous « les honnêtes gens sont invités à lui cracher au visage. »

Parmi ces soldats, deux ou trois à peine marchaient la tête haute, insouciants, ils ne se rendaient sans doute pas bien compte de l'action indigne qu'ils avaient commise, tous les autres baissaient la tête et regardaient à terre, comme accablés de honte, et il y avait vraiment de quoi, parmi eux se trouvaient quelques zouaves, je ne pus m'empêcher de rougir en pensant que mon frère portait le même uniforme qu'eux, il me semblait que lui aussi était déshonoré.

La foule, composée de personnes du voisinage, était silencieuse et attristée de ce spectacle.

— On va les fusiller, me demanda Charlot qui était tout ému.

— Non, lui répondis-je, on va d'abord les juger, le Conseil de guerre est réuni et les attend, beaucoup d'entre eux seront sans doute fusillés, car le Code de justice militaire punit de mort l'abandon de son poste devant l'ennemi ; mais voilà un spectacle qui ne me convient pas beaucoup, j'aurais préféré voir autre chose que ces malheureux, allons à la mairie.

Il fallut se hâter pour regagner le temps perdu afin d'arriver avant la fermeture des bureaux, je reconnus de suite la pièce dans laquelle devait se trouver M. Rissler, je frappai à la porte, une voix dit : Entrez.

M. Rissler était à son bureau qui écrivait, alors, sans lever la tête il demanda : Qu'est-ce que vous désirez?

— Je répondis : Bonjour, M. Rissler, je ne sais pas si vous me reconnaissez.

Il interrompit aussitôt son travail, me regarda sous ses lunettes et dit : Ah, oui, bonjour, mon ami, il me semble t'avoir déjà vu, du reste tu es facilement reconnaissable.

— Mon frère s'est engagé, lui dis-je, et il est dans le même régiment que votre fils, dans les zouaves.

— Oui, oui, je me souviens, disait-il cherchant à mieux rassembler ses souvenirs et en me regardant de ses petits yeux clairs.

— Je m'appelle Louis Marcel, lui dis-je.

— En effet, dit-il, je me souviens de ton père.

— C'est lui qui m'envoie, dis-je, pour vous prier, si vous n'avez rien de mieux à faire, de passer à la maison ce soir nous vous donnerons de bonnes nouvelles de votre fils, il se porte bien et il s'est conduit bravement à Châtillon...

— Ah! merci, dit M. Rissler, dont la figure s'éclaira, oui, oui, j'irai ce soir vous trouver, vers les huit heures.

— On vous attendra pour prendre le café, M. Rissler.

— Merci de votre politesse, ce n'est pas de refus, vous pouvez compter sur moi.

En rentrant je vis mon père qui se tenait à la fenêtre et causait avec notre voisin. M. Bardoux habitait avec sa sœur une petite maison qui semblait comme oubliée au milieu des grandes constructions à six étages qui s'étaient élevées depuis peu dans notre quartier, il avait un petit jardin qui s'étendait jusqu'au mur de notre maison; mon père lui disait: Vous me feriez plaisir de venir après votre dîner, prendre le café avec nous.

M. Bardoux accepta, c'était un homme très franc, qui ne faisait pas de manières, et qui aimait et appréciait beaucoup la société de mon père; quant à moi il m'avait pris en grande affection, il disait que j'étais l'élève le plus laborieux et le plus raisonnable de sa classe, il me flattait beaucoup trop, assurément, et si j'avais quelques mérites je les devais à mon infirmité, je crois que si je n'avais pas été bossu le travail aurait eu pour moi moins de charmes et puis je me disais: tu es bien assez laid, difforme et disgracieux à voir sans être encore un mauvais élève. Souvent M. Bardoux me faisait venir dans son jardin, lorsque je ne comprenais pas un problème il me l'expliquait, cela lui faisait plaisir car il avait pris son métier à cœur, c'était un véritable instituteur et il n'était jamais plus content que quand il était dans sa chaire, il se donnait une peine inouïe pour bien se faire comprendre et ensuite quand il avait bien parlé il nous regardait par dessus ses lunettes et nous demandait : avez-vous tous compris?

J'étais très heureux que mon père eût ainsi invité les deux personnes pour lesquelles je ressentais le plus de sympathie: M. Bardoux et M. Rissler, ma mère disait : Quand on est dans la peine, on aime bien à se trouver entourés de ses amis cela fait du bien au cœur, et d'après ce que vous m'avez dit de M. Rissler je suis sûre que c'est un brave homme ; elle ajouta en clignant de l'œil : Je leur ferai du bon café.

M. Bardoux arriva le premier, bien qu'il fût notre voisin et qu'il sût que nous n'étions pas des gens à cérémonies, car bien souvent il venait chez nous sans y être invité ainsi que sa sœur Mlle Cœlina qui faisait de la couture avec ma mère, il s'était rasé de frais et avait mis sa belle redingote, c'était un homme qui avait de l'éducation et savait bien que c'est faire honneur aux personnes que l'on visite en se présentant chez elles non pas richement mais simplement et proprement vêtu.

Comme je l'avais vu venir j'allai lui ouvrir la porte avant qu'il n'eût frappé, cette prévenance lui fit plaisir, il me donna une petite tape sur la joue et je lui souhaitai le bonsoir, mon père après avoir échangé une cordiale poignée de main, le fit asseoir près de la fenêtre en disant : D'ici vous verrez votre jardin et vous pourrez vous croire encore chez vous.

M. Rissler entrait à ce moment et la connaissance fut vite faite, il y a comme cela entre gens de cœur une sympathie qui se manifeste dès le premier coup d'œil, on voit bien tout de suite à qui l'on a affaire, je crois avoir déjà dépeint M. Bardoux qui était un grand vieillard à la physionomie douce et bienveillante, quant à M. Rissler toute sa personne éveillait la plus vive sympathie, il avait cet air content et résigné du vieux soldat qui a toujours fait son devoir et dans ses yeux clairs se lisaient la franchise et la loyauté.

— Le fils de M. Rissler, dit mon père, est un camarade d'André, il s'est aussi engagé pour la durée de la guerre.

— Voilà qui est bien, s'écria M. Bardoux, et aussitôt la glace fut rompue.

— C'était doublement son devoir, dit M. Rissler, puisqu'il est Alsacien.

Alors on se mit à parler de l'Alsace et de la Lorraine, on ne savait pas encore quelles étaient les intentions des Prussiens, mais le bruit courait vaguement que s'ils nous avaient amenés habilement à leur déclarer la guerre, sûrs de nous écraser parce qu'ils étaient prêts et que nous ne l'étions pas, c'était afin de conquérir ces deux provinces.

— Cela ne m'étonne pas, disait M. Bardoux, car depuis bien longtemps l'instituteur allemand apprend aux enfants que l'Alsace est un pays allemand et j'ai vu des cartes sur lesquelles cette province était indiquée comme faisant partie de l'Allemagne.

— Voilà qui prouve bien la préméditation, s'écria mon père.

M. Rissler se défendait avec indignation d'être Allemand, il disait que le patois alsacien était en effet du mauvais allemand, mais partout on parlait le français, l'Alsace était aussi française que la Bretagne et l'Auvergne, elle était française par le cœur et rien ne pourrait la détacher de la mère patrie. Que les Allemands s'en emparent, ajoutait M. Rissler, et ils s'en apercevront bien.

— Il existe à toutes les frontières, faisait observer M. Bardoux, une zone neutre qui ne saurait être justement revendiquée au nom de la nationalité, car sur ce point où deux races se trouvent continuellement en contact elles se mêlent et se confondent, est-ce qu'il n'est pas plus raisonnable de s'en tenir aux frontières naturelles qui sont les meilleures et qui assurent également la sécurité des deux pays ; la Germanie, disait Tacite, est séparée des Gaules par le Rhin : *Germania a Gallis Rheno separatur.* Si les Prussiens prennent l'Alsace et la Lorraine nous serons désarmés pour toujours, et je comprends bien ce que voulait dire Turenne, (c'est La Fare qui raconte cela dans ses mémoires), lorsqu'il faisait savoir hautement et partout : « qu'il était persuadé que tant qu'il y aurait un soldat allemand en Alsace, il ne fallait pas qu'en France un seul homme de guerre restât en repos ». Ce grand homme de guerre sentait combien il était nécessaire que nous gardions la frontière d'Alsace jusqu'au Rhin, autrement nos frontières seraient ouvertes, nous serions à la merci d'un peuple auquel on ne cesse d'enseigner la haine et dont les armées ne seraient plus qu'à huit jours de marche de Paris. Et puis l'Alsace et la Lorraine ne sont-elles pas notre chair, notre sang, un morceau de la patrie !

— Ah ! disait M. Rissler, tout ému, c'est un si beau pays que l'Alsace et il nous en racontait avec attendrissement les mœurs et les coutumes ; quant à lui, originaire de Schlestadt, il s'était engagé à dix-huit ans, et avait fait les campagnes d'Afrique, il était à Constantine et au col de la Mouzaïa. Après Sébastopol il était revenu au pays et avait été affecté au bureau de recrutement de Mulhouse, il s'était alors marié et avait fait bien des tournées de conseils de révision avec les préfets et les généraux, puis sa femme était morte et de ses six enfants il ne lui restait plus que Jean, c'est alors qu'ayant obtenu sa mise à la retraite, il était venu à Paris, à cause de ce garçon, qui voulait étudier pour devenir mécanicien dans les chemins de fer ; mais il espérait bien retourner en Alsace, c'est là qu'il voulait mourir.

— Vous y retournerez, M. Rissler, disait mon père, car j'ai confiance, le Gouvernement de la Défense nationale a déjà fait des prodiges pour la défense de Paris, nous sommes en état de tenir tête à l'ennemi, il ne s'y attendait pas, dans

Adolphe Thiers.

quelques semaines quand l'organisation sera complète et nos jeunes troupes mieux exercées, nous livrerons bataille, que voulez-vous, j'ai confiance, je veux espérer « quand même », je crois que Paris sauvera la Patrie.

— Il n'y a qu'un homme qui puisse nous sauver, disait M. Rissler, c'est Bazaine, il a entre les mains la meilleure armée de la France, quand il aura battu l'armée de Frédéric-Charles à Metz, il coupera dans l'Est toutes les communications de l'ennemi et viendra lui livrer bataille sous les murs de Paris, c'est alors que nos jeunes gens pourront entrer en ligne, autrement je n'ai pas grand espoir, ils ne connaissent pas leur métier et n'ont jamais fait la guerre.

— Sans doute, convenait mon père, et à ce point de vue, ils sont bien inférieurs à leurs ennemis, mais ne pensez-vous pas que le patriotisme ne puisse faire des miracles, vous connaissez les périodes troublées de l'histoire de France où grâce au patriotisme et à l'indomptable énergie de quelques uns de ses enfants la Patrie a été sauvée, alors que tout semblait désespéré.

Mais M. Rissler hochait la tête tristement et ne paraissait pas convaincu.

On en vint bientôt à parler de choses et d'autres : des Allemands dont M. Rissler connaissait bien le caractère et dont il ne disait pas beaucoup de bien, de M. Thiers qui avait eu la prévoyance d'entourer Paris d'une enceinte fortifiée et qui était parti le 15 septembre, afin d'aller plaider la cause de la France auprès des nations étrangères ; l'Italie ne pouvait nous oublier puisque nous l'avions aidée en 1859, en combattant avec elle contre l'Autriche à conquérir son unité et sa liberté ; l'Angleterre n'avait-elle pas été notre alliée dans la guerre de Crimée et les Autrichiens qui avaient été battus en 1866 à Sadowa par les Prussiens ne devaient-ils pas profiter de l'occasion pour prendre leur revanche.

Voilà ce que disait M. Bardoux, mais mon père faisait observer que les Italiens n'avaient jamais été étouffés par la reconnaissance, que les Anglais étaient passés maîtres dans l'art de laisser battre les autres afin d'en profiter ; enfin l'Empire avait eu une politique irritante et fatigante pour ses voisins, il se mêlait toujours de ce qui ne le regardait pas sous prétexte du prestige de la France, de sorte que nous ne devions compter sur personne.

Enfin on déplora les maux de la guerre et ces atroces boucheries qui sont la honte de l'humanité, en souhaitant que les peuples devenus maîtres de leurs destinées comprissent enfin qu'il valait mieux régler pacifiquement leurs querelles en faisant appel à l'arbitrage.

JEUDI, 22 SEPTEMBRE

Les Parisiens connaissent maintenant les exigences de la Prusse. — Les républicains se sont toujours opposés à la guerre. — La France après Sedan ne demandait qu'à traiter sur la base d'une indemnité de guerre. — M. J. Favre n'a pas voulu laisser commencer le siège de Paris sans connaître les intentions de la Prusse qui garde un silence intéressé. — L'entrevue du 19 septembre 1870 avec M. de Bismarck au château de la Haute-Maison. — Second entretien à Ferrières. — La Prusse veut l'Alsace et la Lorraine. — La résistance à outrance est décidée et acceptée par tous.

M. Bardoux est venu ce soir causer avec nous, il tenait à la main le *Journal officiel* et s'écria, en entrant, après nous avoir salués : C'est maintenant la guerre à outrance, il ne nous reste plus qu'à vaincre ou à mourir.

— Oui, dit mon père, accepter des conditions pareilles, cela n'est pas possible si j'en juge d'après cette déclaration du Gouvernement :

« Avant que le siège de Paris commençât, le ministre des affaires étrangères a voulu connaître les intentions de la Prusse jusque-là si silencieuse. La Prusse répond à ces ouvertures en demandant à conserver l'Alsace et la Lorraine par droit de conquête. Elle ne consentirait même pas à consulter les populations et, quand elle est en présence de la convocation d'une assemblée qui constituera un pouvoir définitif et votera la paix ou la guerre, la Prusse demande, comme condition préalable d'un armistice, l'occupation des places assiégées, le fort du Mont Valérien et la garnison de Strasbourg prisonnière de guerre. Que l'Europe soit juge ! Pour nous l'ennemi s'est dévoilé, il nous place entre le devoir et le déshonneur, notre choix est fait. »

— La Prusse conserve l'Alsace et la Lorraine par droit de conquête ! s'écria M. Bardoux...

— Et ils ne consulteront même pas les populations, interrompit mon père, c'est-à-dire que du jour au lendemain, plusieurs millions de Français deviendront Allemands et cela au mépris de leurs propres sentiments, malgré eux, par la force, par la conquête brutale.

— C'est odieux, disait M. Bardoux, ces gens-là en sont encore à la féodalité, pour eux la civilisation n'a pas marché, les puissants du jour ne comprennent pas cela, est-ce que à notre époque la conscience des peuples ne se révolte pas contre la conquête qui n'est autre chose qu'un vol à main armée.

— Et les hommes, ajoutait mon père, ne sont pas un bétail attaché à la terre, ils ont le droit d'exprimer leurs sentiments ; en 1859 lorsque la France reçut de l'Italie en reconnaissance du sang versé pour préparer son indépendance et son unité le comté de Nice et la Savoie qui rectifiaient nos frontières, on consulta les habitants de ces deux provinces et ils furent appelés à se prononcer sur la question de savoir s'ils entendaient rester Italiens ou devenir Français, alors ils votèrent librement, ils disposèrent ainsi d'eux-mêmes, ils n'ont pas été conquis par la force brutale au mépris du droit, à une immense majorité ils déclarèrent qu'ils préféraient devenir Français.

Mon père et M. Bardoux restèrent un moment silencieux, au loin le canon se faisait entendre, c'étaient les forts qui avec leurs pièces à longue portée tiraient sur les convois ou les reconnaissances de l'ennemi.

M. Bardoux demanda :

— Est-ce que vous avez pu lire, M. Marcel, la grande affiche que l'on a apposée sur les murs cet après-midi.

— Non, répondit mon père, je l'ai vue, mais je n'ai pu en approcher à cause de la foule qui cherchait à la lire.

— Eh bien, disait M. Bardoux, je vais vous en donner connaissance, c'est une page d'histoire et après l'avoir lue nous saurons à quoi nous en tenir.

Alors, il nous donna lecture du rapport du ministre des affaires étrangères, M. Jules Favre, au gouvernement de la Défense nationale.

. . . .

« J'ai cru qu'il était de mon devoir, disait M. Jules Favre, d'aller au quartier général des armées ennemies ; j'y suis allé... Nous sommes avant tout des hommes de paix et de liberté.

Jules Favre.

« Jusqu'au dernier moment nous nous sommes opposés à la guerre que le gouvernement impérial entreprenait dans un intérêt exclusivement dynastique, et quand ce gouvernement est tombé nous avons déclaré persévérer plus énergiquement que jamais dans la politique de paix.

« Cette déclaration nous la faisions quand, par la criminelle folie d'un homme et de ses conseillers, nos armées étaient détruites ; notre glorieux (1) Bazaine et ses vaillants soldats bloqués devant Metz, Strasbourg, Toul, Phalsbourg écrasés par les bombes ; l'ennemi victorieux en marche sur notre capitale. Jamais situation ne fut plus cruelle ; elle n'inspira cependant au pays aucune pensée de défaillance, et nous crûmes être son interprète fidèle en posant nettement cette condition : *Pas un pouce de notre territoire, pas une pierre de nos forteresses.*

« Si donc, à ce moment où venait de s'accomplir un fait aussi considérable que celui du renversement du promoteur de la guerre, la Prusse avait voulu traiter sur les bases d'une indemnité à déterminer, la paix était faite ; elle eût été accueillie comme un immense bienfait ; elle fût devenue un gage certain de réconciliation entre deux nations qu'une politique odieuse, seule, a fatalement divisées.

« Nous espérions que l'humanité et l'intérêt bien entendus remporteraient cette victoire, belle entre toutes, car elle aurait ouvert une ère nouvelle, et les

1. Bien entendu on ignorait alors, dans Paris assiégé, ce qui se passait à Metz.

hommes d'État qui y auraient attaché leur nom auraient eu comme guides la philosophie, la raison, la justice ; comme récompense, les bénédictions et la prospérité des peuples.

« C'est avec ces idées que j'ai entrepris la tâche périlleuse que vous m'avez confiée.

« Je devais tout d'abord me rendre compte des dispositions des cabinets européens, et chercher à me concilier leur appui. Le gouvernement impérial l'avait complétement négligé, ou y avait échoué. Il s'est engagé dans la guerre sans une alliance, sans une négociation sérieuse ; tout, autour de lui, était hostilité ou indifférence ; il recueillait ainsi le fruit amer d'une politique blessante pour chaque État voisin, par ses menaces ou ses prétentions.

« A peine étions-nous à l'Hôtel-de-Ville, qu'un diplomate, dont il n'est point encore opportun de révéler le nom, nous demandait à entrer en relations avec nous. Dès le lendemain, votre ministre recevait les représentants de toutes les puissances. La République des États-Unis, la République helvétique, l'Italie, l'Espagne, le Portugal reconnaissaient officiellement la République française. Les autres gouvernements autorisaient leurs agents à entretenir avec nous des rapports officieux qui nous permettaient d'entrer de suite en pourparlers utiles.

« Je donnerais à cet exposé, déjà trop étendu, un développement qu'il ne comporte pas si je racontais avec détail la courte mais instructive histoire des négociations qui ont suivi.

« Je crois pouvoir affirmer qu'il ne sera pas tout à fait sans valeur pour notre crédit moral.

« Je me borne à dire que nous avons trouvé partout d'honorables sympathies.

« Mon but était de grouper et de déterminer les puissances signataires de la ligue des neutres à intervenir directement près de la Prusse, en prenant pour base les conditions que j'avais posées.

« Quatre de ces puissances me l'ont offert ; je leur ai, au nom de mon pays, témoigné ma gratitude, mais je voulais le concours des deux autres.

« L'une m'a promis une action individuelle, dont elle s'est réservé la liberté ; l'autre m'a proposé d'être mon intermédiaire vis-à-vis de la Prusse. Elle a fait même un pas de plus : sur les instances de l'envoyé extraordinaire de la France, elle a bien voulu recommander directement mes démarches. J'ai demandé beaucoup plus, mais je n'ai refusé aucun concours, estimant que l'intérêt qu'on nous montrait était une force à ne pas négliger.

« Cependant, le temps marchait, chaque heure rapprochait l'ennemi. En proie à de poignantes émotions, je m'étais promis à moi-même de ne pas laisser commencer le siège de Paris sans essayer une démarche suprême, fussé-je seul à la faire. L'intérêt n'a pas besoin d'en être démontré. La Prusse gardait le silence, et nul ne consentait à l'interrompre.

« Cette situation était intenable ; elle permettait à notre ennemi de faire peser sur nous la responsabilité de la continuation de la lutte ; elle nous condamnait à nous taire sur ses intentions. Il fallait en sortir. Malgré ma répugnance, je me déterminai à user des bons offices qui m'étaient offerts, et, le 10 septembre, un télégramme parvenait à M. de Bismarck, lui demandant s'il voulait entrer en conversation sur des conditions de transaction ?

« Une première réponse était une fin de non recevoir tirée de l'irrégularité de notre gouvernement.

« Toutefois, le chancelier de la Confédération du Nord n'insista pas, et me fit demander quelle garantie nous présentions pour l'exécution d'un traité ?

« Cette seconde difficulté levée par moi, il fallait aller plus loin. On me proposa d'envoyer un courrier, ce que j'acceptai.

« En même temps on télégraphiait directement à M. de Bismarck, et le premier ministre de la puissance qui nous servait d'intermédiaire, disait à notre envoyé extraordinaire que la France seule pouvait agir ; il y ajoutait qu'il serait à désirer que je ne reculasse pas devant une démarche au quartier général. Notre envoyé, qui connaissait le fond de mon cœur, répondit que j'étais prêt à tous les sacrifices pour faire mon devoir, qu'il y en avait peu d'aussi pénibles que d'aller au travers des lignes ennemies chercher notre vainqueur, mais qu'il supposait que je m'y résignerais. Deux jours après, le courrier revenait. Après mille obstacles, il avait vu le chancelier, qui lui avait dit être disposé volontiers à causer avec moi.

« J'aurais voulu une réponse directe au télégramme de notre intermédiaire, elle se faisait attendre.

« L'investissement de Paris s'achevait. Il n'y avait plus à hésiter ; je me résolus à partir.

« Seulement, il m'importait que, pendant qu'elle s'accomplissait, cette démarche fût ignorée ; je recommandai le secret, et j'ai été douloureusement surpris, en rentrant hier soir, d'apprendre qu'il n'avait pas été gardé !

« Une indiscrétion coupable a été commise ; un journal, *l'Électeur libre*, déjà désavoué par le Gouvernement, en a profité ; une enquête est ouverte, et j'espère réprimer ce double abus.

« J'avais poussé si loin le scrupule de la discrétion que je l'avais observé, même vis-à-vis de vous, mes chers collègues. Je ne m'y suis pas résolu sans un vif déplaisir. Mais je connaissais votre patriotisme et votre affection ; j'étais sûr d'être absous. Je croyais obéir à une nécessité impérieuse. Une première fois, je vous avais entretenus des agitations de ma conscience, et je vous avais dit qu'elle ne serait en repos que lorsque j'aurais fait tout ce qui était humainement possible pour arrêter honorablement cette abominable guerre.

« Me rappelant la conversation provoquée par cette ouverture, je redoutais des objections, et j'étais décidé ; d'ailleurs, je voulais, en abordant M. de Bismarck, être libre de tout engagement, afin d'avoir le droit de n'en prendre aucun. Je vous fais ces aveux sincères. Je les fais au pays pour écarter de vous une responsabilité que j'assume seul. Si ma démarche est une faute, seul j'en dois porter la peine.

« J'avais cependant averti M. le ministre de la guerre qui avait bien voulu me donner un officier pour me conduire aux avant-postes. Nous ignorions la situation du quartier général. On le supposait à Grosbois. Nous nous acheminâmes vers l'ennemi par la porte de Charenton.

« Je supprime tous les détails de ce douloureux voyage pleins d'intérêt cependant, mais qui ne seraient point ici à leur place.

« Conduit à Villeneuve-Saint-Georges, où se trouvait le général en chef, commandant le 6e corps, j'appris assez tard dans l'après-midi que le quartier général était à Meaux. Le général, des procédés duquel je n'ai qu'à me louer, me proposa d'y envoyer un officier porteur de la lettre que j'avais préparée pour M. de Bismarck :

« Monsieur le comte,

« J'ai toujours cru qu'avant d'engager sérieusement des hostilités sous les murs de Paris, il était impossible qu'une transaction honorable ne fût pas essayée. La personne qui a eu l'honneur de voir Votre Excellence, il y a deux jours, m'a dit avoir recueilli de sa bouche l'expression d'un désir analogue. Je suis venu aux avant-postes me mettre à la disposition de Votre Excellence. J'attends qu'elle veuille bien me faire savoir comment et où je pourrai avoir l'honneur de conférer quelques instants avec elle.

« J'ai l'honneur d'être avec une haute considération,

« De Votre Excellence,
« Le très humble et très obéissant serviteur,
« JULES FAVRE.

« 18 *septembre* 1870. »

« Nous étions séparés par une distance de 48 kilomètres. Le lendemain matin, à six heures, je recevais la réponse que je transcris :

« *Meaux*, 18 *septembre* 1870.

« Je viens de recevoir la lettre que Votre Excellence a eu l'obligeance de m'écrire, et ce me sera extrêmement agréable si vous voulez bien me faire l'honneur de venir me voir demain, ici, à Meaux.

« Le porteur de la présente, le prince Biron, veillera à ce que Votre Excellence soit guidée à travers nos lignes.

« J'ai l'honneur d'être avec la plus haute considération,

« De Votre Excellence,
« Le très-obéissant serviteur,
« DE BISMARK. »

« A neuf heures, l'escorte était prête, et je partis avec elle. Arrivé à Meaux, vers trois heures de l'après-midi, j'étais arrêté par un aide de camp venant m'annoncer que le comte avait quitté Meaux avec le roi pour aller coucher à Ferrières. Nous nous étions croisés ; en revenant l'un et l'autre sur nos pas, nous devions nous rencontrer. Je rebroussai chemin, et descendis dans la cour d'une ferme entièrement saccagée, comme presque toutes les maisons que j'ai vues sur ma route. Au bout d'une heure, M. de Bismark m'y rejoignait. Il nous était difficile de causer dans un tel lieu. Une habitation, le château de la Haute-Maison appartenant à M. le comte de Rillac, était à notre proximité ; nous nous y rendîmes. Et la conversation s'engagea dans un salon où gisaient en désordre des débris de toute nature.

« Cette conversation, je voudrais vous la rapporter tout entière telle que le lendemain je l'ai dictée à un secrétaire. Chaque détail y a son importance. Je ne puis ici que l'analyser.

« J'ai tout d'abord précisé le but de ma démarche. Ayant fait connaître par ma circulaire les intentions du Gouvernement français, je voulais savoir celles du ministre prussien. Il me semblait inadmissible que deux nations continuassent, sans s'expliquer préalablement, une guerre terrible qui, malgré ses avantages, infligeait au vainqueur des souffrances profondes. Née du pouvoir d'un seul, cette guerre n'avait plus de raison d'être quand la France redevenait maîtresse d'elle-même ; je me portai garant de son amour pour la paix en même temps que de sa résolution inébranlable de n'accepter aucune condition qui ferait de cette paix une courte et menaçante trêve. M. de Bismark m'a répondu que, s'il avait la conviction qu'une pareille paix fût possible, il la signerait de suite. Il a reconnu que l'opposition avait toujours condamné la guerre. Mais le pouvoir que représente aujourd'hui cette opposition est plus que précaire. Si dans quelques jours Paris n'est pas pris, il sera renversé par la *populace*. Je l'ai interrompu vivement pour lui dire que nous n'avions pas de *populace* à Paris, mais une population intelligente, dévouée, qui connaissait nos intentions, et qui ne se ferait pas complice de l'ennemi en entravant notre mission de défense. Quant à notre pouvoir, nous étions prêts à le déposer entre les mains de l'Assemblée convoquée par nous. « Cette Assemblée, a repris le comte, aura des desseins que rien ne peut faire pressentir, mais si elle obéit au sentiment français, elle voudra la guerre. Vous n'oublierez pas plus la capitulation de Sedan que Waterloo, que Sadowa, qui ne vous regardait pas. »

« Puis il a insisté longuement sur la volonté bien arrêtée de la nation française d'attaquer l'Allemagne et de lui enlever une partie de son territoire. Depuis Louis XIV jusqu'à Napoléon III, ses tendances n'ont pas changé, et, quand la guerre a été annoncée, le Corps législatif a couvert les paroles du ministre d'acclamations. Je lui ai fait observer que la majorité du Corps législatif avait, quelques semaines avant, acclamé la paix; que cette majorité, choisie par le prince, s'était malheusement crue obligée de lui céder aveuglément; mais que, consultée deux fois, aux élections de 1869 et au vote du plébiscite, la nation avait énergiquement adhéré à une politique de paix et de liberté.

La conversation s'est prolongée sur ce sujet, le comte maintenant son opinion alors que je défendais la mienne, et, comme je le pressais vivement sur ses conditions, il m'a répondu nettement que la sécurité de son pays lui commandait de garder le territoire qui la garantissait. Il m'a répété plusieurs fois : « *Strasbourg est la clef de la maison, je dois l'avoir.* » Je l'ai invité à être plus explicite encore. « *C'est inutile*, objectait-il, *puisque nous ne pouvons nous entendre. C'est une affaire à régler plus tard.* » Je l'ai prié de le faire de suite ; il m'a dit alors que les deux départements du Bas-Rhin et du Haut-Rhin, une partie de celui de la Moselle avec Metz, Château-Salins et Soissons lui étaient indispensables, et qu'il ne pourrait y renoncer.

Je lui ai fait observer que l'assentiment des peuples dont il disposait ainsi était plus que douteux, et que le droit public européen ne lui permettait pas de s'en passer.

« Si fait, m'a-t-il répondu. Je sais fort bien qu'ils ne veulent pas de nous. Ils nous imposeront une rude corvée mais nous ne pouvons pas ne pas les prendre. Je suis sûr que dans un temps prochain nous aurons une nouvelle guerre avec vous. Nous voulons la faire avec tous nos avantages. »

« Je me suis récrié, comme je le devais, contre de telles solutions. J'ai dit qu'on me paraissait oublier deux éléments importants de discussion : L'Europe d'abord, qui pouvait bien trouver ces prétentions exorbitantes et y mettre obstacle; le droit nouveau ensuite, le progrès des mœurs, entièrement antipathique à de telles exigences. J'ai ajouté que, quant à nous, nous ne les accepterions jamais. Nous pourrions périr comme nation, mais non nous déshonorer; d'ailleurs, le pays seul était compétent pour se prononcer sur une cession territoriale. Nous ne doutons pas de son sentiment, mais nous voulons le consulter. C'est donc vis-à-vis de lui que se trouve la Prusse. Et, pour être net, il est clair qu'entraînée par l'enivrement de la victoire, elle veut la destruction de la France. Le comte a protesté, se retranchant toujours derrière des nécessités absolues de garantie nationale. J'ai poursuivi : « Si ce n'est pas de votre part un abus de la force, cachant de secrets desseins, laissez-nous réunir l'Assemblée, nous lui remettrons nos pouvoirs, elle nommera un gouvernement définitif qui appréciera vos condi-« tions. »

« Pour l'exécution de ce plan, a répondu le comte, il faudrait un armistice, et je n'en veux à aucun prix. »

« La conversation prenait une tournure de plus en plus pénible. Le soir venait. Je demandai à M. de Bismark un second entretien à Ferrières, où il allait coucher, et nous partîmes chacun de notre côté.

« Voulant remplir ma mission jusqu'au bout, je devais revenir sur plusieurs des questions que nous avions traitées, et conclure. Aussi, en abordant le comte vers neuf heures et demie du soir, je lui fis observer que les renseignements que j'étais venu chercher près de lui étant destinés à être communiqués à mon gouvernement et au public, je résumerais en terminant notre conversation pour n'en publier que ce qui serait bien arrêté entre nous. » — « Ne prenez pas cette peine, me répondit-il, je vous la livre tout entière, je ne vois aucun inconvénient à sa divulgation. » Nous reprîmes alors la discussion, qui se prolongea jusqu'à minuit.

« J'insistai particulièrement sur la nécessité de convoquer une assemblée. Le comte parut se laisser peu à peu convaincre, et revint à l'armistice. Je demandai quinze jours. Nous discutâmes les conditions. Il ne s'en expliqua que d'une manière très incomplète, se réservant de consulter le roi. En conséquence, il m'ajourna au lendemain, onze heures.

« Je n'ai plus qu'un mot à dire; car, en reproduisant ce douloureux récit, mon cœur est agité de toutes les émotions qui l'ont torturé pendant ces trois mortelles journées, et j'ai hâte de finir. J'étais au château de Ferrières à onze heures. Le comte sortit de chez le roi à midi moins le quart, et j'entendis de lui les conditions qu'il mettait à l'armistice ; elles étaient consignées dans un texte écrit en langue allemande et dont il m'a donné communication verbale.

« Il demandait pour gage l'occupation de Strasbourg, de Toul et de Phalsbourg ; et comme sur sa demande j'avais dit la veille que l'Assemblée devait être réunie à Paris, il voulait, dans ce cas, avoir un fort dominant la ville... celui du Mont-Valérien par exemple... Je l'ai interrompu pour lui dire : « Il est bien plus simple de nous demander Paris! Comment voulez-vous admettre qu'une Assemblée française délibère sous vos canons? J'ai eu l'honneur de vous dire que je transmettrais fidèlement notre entretien au Gouvernement; je ne sais vraiment si j'oserai lui dire que vous m'avez fait une telle proposition. » — « Cherchons une autre combinaison », m'a-t-il répondu. Je lui ai parlé de la réunion de l'Assemblée à Tours, en ne prenant aucun gage du côté de Paris. Il m'a proposé d'en parler au roi, et revenant sur l'occupation de Strasbourg, il a ajouté : « La ville va tomber entre nos mains, ce n'est plus qu'une question de calcul d'ingénieur. Aussi je vous demande que la garnison se rende prisonnière de guerre. » A ces mots, j'ai bondi de douleur, et, me levant, je me suis écrié : « Vous oubliez que vous parlez à un Français, monsieur le comte; sacrifier une garnison héroïque qui fait notre admiration et celle du monde serait une lâcheté; — et je ne vous promets pas de dire que vous m'avez posé une telle condition. »

« Le comte m'a répondu qu'il n'avait pas l'intention de me blesser, qu'il se conformait aux lois de la guerre; qu'au surplus, si le roi y consentait, cet article pourrait être modifié.

« Il est rentré au bout d'un quart d'heure. Le roi acceptait la combinaison de Tours, mais insistait pour que la garnison de Strasbourg fût prisonnière.

« J'étais à bout de force et craignis un instant de défaillir. Je me retournai pour dévorer les larmes qui m'étouffaient, et, m'excusant de cette faiblesse involontaire, je prenais congé par ces simples paroles :

« Je me suis trompé, monsieur le comte, en venant ici ; je ne m'en repens pas ; j'ai assez souffert pour m'excuser à mes propres yeux ; d'ailleurs, je n'ai cédé qu'au sentiment de mon devoir. Je reporterai à mon Gouvernement tout ce que vous m'avez dit, et s'il juge à propos de me renvoyer près de vous, quelle que soit cette démarche, j'aurai l'honneur de venir. Je vous suis reconnaissant de la bienveillance que vous m'avez témoignée ; mais je crains qu'il n'y ait plus qu'à laisser les évènements s'accomplir. La population de Paris est courageuse et résolue aux derniers sacrifices ; son héroïsme peut changer le cours des évènements. Si vous avez l'honneur de la vaincre, vous ne la soumettrez pas. La nation tout entière est dans les mêmes sentiments.

« Tant que nous trouverons en elle un élément de résistance, nous vous combattrons. C'est une lutte indéfinie entre deux peuples qui devraient se tendre la main. J'avais espéré une autre solution. Je pars bien malheureux, et néanmoins plein d'espoir.

« Je n'ajoute rien à ce récit trop éloquent par lui-même. Il me permet de conclure et de vous dire quelle est à mon sens la portée de ces entrevues.

« Je cherchais la paix, j'ai rencontré une volonté inflexible de conquête et de guerre. Je demandais la possibilité d'interroger la France représentée par une Assemblée librement élue, on m'a répondu en me montrant les fourches caudines sous lesquelles elle doit préalablement passer. Je ne récrimine point ; je me borne à constater les faits, à les signaler à mon pays et à l'Europe. J'ai voulu ardemment la paix, je ne m'en cache pas ; et en voyant pendant trois jours la misère de nos campagnes infortunées, je sentais grandir en moi cet amour avec une telle violence, que j'étais forcé d'appeler tout mon courage à mon aide pour ne pas faillir à ma tâche.

« J'ai désiré non moins vivement un armistice, je l'avoue encore, je l'ai désiré pour que la nation pût être consultée sur la redoutable question que la fatalité pose devant nous. Vous connaissez maintenant les conditions préalables qu'on prétend nous faire subir. Comme moi, et sans discussion vous avez été unanimement d'avis qu'il fallait en repousser l'humiliation. J'ai la conviction profonde que, malgré les souffrances qu'elle endure et celles qu'elle prévoit, la France indignée partage notre résolution, et c'est de son cœur que j'ai cru m'inspirer en écrivant à M. de Bismark la dépêche suivante, qui clôt cette négociation :

« Monsieur le Comte,

« J'ai exposé fidèlement à mes collègues de la Défense Nationale la déclaration que Votre Excellence a bien voulu me faire.

« J'ai le regret de faire connaître à Votre Excellence que le gouvernement n'a pu admettre vos propositions.

« Il accepterait un armistice ayant pour objet l'élection et la réunion d'une Assemblée Nationale, mais il ne peut souscrire aux conditions auxquelles Votre Excellence le subordonne :

« Quant à moi, j'ai la conscience d'avoir tout fait pour que l'effusion du sang cessât, et que la paix fût rendue à nos deux nations pour lesquelles elle serait un grand bienfait. Je ne m'arrête qu'en face d'un devoir impérieux, m'ordonnant de ne pas sacrifier l'honneur de mon pays déterminé à résister énergiquement.

Je m'associe sans réserve à son vœu, ainsi qu'à celui de mes collègues. Dieu, qui nous juge, décidera de nos destinées. J'ai foi dans sa justice.

« J'ai l'honneur d'être,

« Monsieur le Comte,

« De Votre Excellence,

« Le très humble et très obéissant serviteur.

« JULES FAVRE.

« 21 *septembre* 1870. »

« J'ai fini, mes chers collègues, et vous penserez, comme moi, que si j'ai échoué, ma mission n'aura cependant pas été tout à fait inutile (1). Elle a prouvé que nous n'avons pas dévié. Comme les premiers jours, nous maudissons une guerre par nous condamnée à l'avance ; comme les premiers jours aussi, nous l'acceptons plutôt que de nous déshonorer. Nous avons fait plus : nous avons tué l'équivoque dans laquelle la Prusse s'enfermait et que l'Europe ne nous aidait pas à dissiper.

« En entrant sur notre sol, elle a donné au monde sa parole qu'elle attaquait Napoléon et ses soldats, mais qu'elle respectait sa nation.

« Nous savons aujourd'hui ce qu'il faut en penser. La Prusse exige trois de nos départements, deux villes fortes, l'une de cent, l'autre de soixante-quinze mille âmes, huit à dix autres également fortifiées. Elle sait que les populations qu'elle veut nous ravir la repoussent, elle s'en saisit néanmoins, opposant le tranchant de son sabre aux protestations de leur liberté civique et de leur dignité morale.

« A la nation qui demande la faculté de se consulter elle-même, elle propose la garantie de ses obusiers établis au Mont-Valérien et protégeant la salle des séances où nos députés voteront.

« Voilà ce que nous savons, et ce qu'on m'a autorisé à vous dire. Que le pays nous entende et qu'il se lève, ou pour nous désavouer quand nous lui conseillons de résister à outrance, ou pour subir avec nous cette dernière et décisive épreuve.

« Paris y est résolu.

« Les départements s'organisent et vont venir à son secours.

« Le dernier mot n'est pas dit dans cette lutte où maintenant la force se rue contre le droit : il dépend de notre constance qu'il appartienne à la justice et à la liberté.

« Agréez, mes chers collègues, le fraternel hommage de mon inaltérable dévouement.

« Le vice-président du Gouvernement de la Défense nationale, ministre des affaires étrangères.

« JULES FAVRE. »

« *Paris*, ce 21 *septembre* 1870. »

La lecture de ce document : d'une dignité remarquable, affiché dans les rues, est faite avec avidité.

1. L'entrevue de Ferrières n'aboutit pas et ne pouvait aboutir. M. Jules Favre ignorait, en allant au quartier général prussien, qu'il se rendait au-devant de nos ennemis les plus implacables ; il ignorait que depuis cinquante ans cette race dure et solide nourrissait contre nous une inextinguible haine. A considérer cette entrevue sous son jour véritable, ce ne sont pas deux hommes, ce sont deux systèmes, deux civilisations, deux philosophies qui se rencontrent. Il semble que l'hégélianisme réponde brutalement au sentimentalisme. Waterloo n'avait pas étanché la soif de vengeance

On aurait pu croire à de la consternation, le contraire est prouvé. Une nouvelle ardeur se manifeste dans tous les esprits, et l'on semble presque satisfait de savoir enfin ce que M. de Bismark exige de la France.

— Puisque les Allemands nous font une guerre de conquête, dit mon père à M. Bardoux qui, après avoir plié son journal se levait pour se retirer, nous avons par conséquent le devoir de nous défendre, le droit est pour nous, ils auront toute la terrible et lourde responsabilité du sang versé; quant à leur faire entendre la voix de la modération il n'y faut pas songer, ils abuseront de leur victoire au point de compromettre l'avenir.

qui tenait à la gorge les Allemands depuis Iéna. Un autre homme que M. Jules Favre, un homme qui eût un peu connu l esprit de l'Allemagne, son tempérament et surtout le tempérament prussien, ne se fût pas étonné des réponses de M. de Bismark, et surtout n'eût point parlé à un personnage aussi pratique que M. de Bismark le langage du sentiment. M. de Bismark fit à M. Jules Favre le tableau de la rivalité séculaire de l'Allemagne et de la France. Selon lui la volonté bien arrêtée de la nation française était d'envahir l'Allemagne et de lui arracher une partie de son territoire. Depuis Louis XIV jusqu'à Napoléon III, dit M. de Bismarck, les tendances de la France n'ont point changé. Les paroles du chancelier n'étaient d'ailleurs que la traduction polie et singulièrement affaiblie de tous les lieux communs haineux vomis contre nous par cette littérature allemande atteinte de *gallophagie*, et dont se moquait Henri Heine et s'irritait Ludwig Bœrne.

Nous avions oublié depuis longtemps ces vieilles haines. Les Allemands les attisaient toujours. Elles couvaient dans leur sein, comme grandira dorénavant, chez nous, la haine sainte qui refera la France. Leurs poètes, leurs écrivains, leurs orateurs s'étaient voués à la culture de cette haine germanique contre la France. Tout ce qui était le passé était échafaudé contre nous. L'incendie du Palatinat, les déprédations de Mélac, les victoires de Turenne, l'Allemagne n'avait rien oublié. *Mélac*, c'est encore le nom que les bouchers donnent là-bas à leurs chiens. Voilà ce qui nous fait aujourd'hui bondir le cœur : l'Allemagne savante, l'Allemagne éclairée, l'Allemagne que nous aimions a travaillé par ses paradoxes scientifiques à déchaîner sur nous l'Allemagne brutale et soldatesque (J. Claretie. *Histoire de la Révolution de 1870*).

DIMANCHE, 25 SEPTEMBRE

La défense et l'attaque deviennent plus opiniâtres. — Fausses nouvelles. — Il ne faut pas croire tout ce qui est imprimé. — Visite du joyeux Léon. — Un général devenu instructeur. — L'inspection.

Ces jours derniers, la canonnade s'était ralentie sans doute parce que l'on croyait à la possibilité d'un armistice, on attendait le résultat des démarches de M. Jules Favre, mais maintenant que tout espoir est perdu et que nous n'avons plus à opposer à l'ennemi qu'une résistance acharnée, le canon ne cesse de tonner ; les forts détruisent les travaux élevés par les Prussiens, nos obus fouillent les moindres replis de terrain, arrêtent leurs convois, inquiètent leurs avant-postes et les tiennent à distance.

Le fort du Mont-Valérien.

Il fait un temps magnifique, le vent souffle du Sud-Ouest et nous apporte distinctement le bruit des détonations, il ne se passe pas une minute sans qu'un coup de canon ne soit tiré ; à intervalles réguliers, les grosses pièces de marine du Mont-Valérien font entendre leurs voix sonores ; la défense et l'attaque deviennent également opiniâtres, il n'y a plus maintenant aucun ménagement à garder, nous savons pourquoi nous devons résister à l'ennemi car notre situation est sans équivoque : c'est pour sauvegarder l'unité et l'indivisibilité de la patrie française, c'est pour sauver l'Alsace et la Lorraine!

Ce matin, le bon M. Benoît, toujours essoufflé d'avoir monté quelques marches et qui ne peut aller se promener au Luxembourg comme il a coutume de le faire chaque dimanche, chassé par le balai et le plumeau de son irascible épouse, est venu se réfugier chez nous, car le jardin du Luxembourg est maintenant fermé. En entrant, il nous a dit, soufflant comme une locomotive : Savez-vous ce que l'on raconte, il paraît que ce matin les Prussiens ont été battus aux Hautes-Bruyères... on leur a fait plus de 10000 prisonniers... on leur a pris des pièces de canon.

— Ne croyez pas cela, M. Benoît, disait mon père...

— On raconte encore, continuait le bon M. Benoît, toujours soufflant, qu'un de leurs corps d'armée... a voulu passer entre deux forts... et qu'il a été mitraillé.

— C'est absurde, disait mon père, en haussant les épaules.

— Certainement... il y a de l'exagération... mais... si c'était vrai tout de même, M. Marcel... hein!... qu'est-ce que vous en dites...

Nous eûmes alors une lueur d'espoir, mais, renseignements pris, c'était encore une fausse nouvelle, il semblait qu'il y eût à Paris des gens mal intentionnés, peut-être même payés par l'ennemi, qui répandaient de faux bruits de victoires ou de défaites, cela arrivait fréquemment, de sorte que les Parisiens dont le tempérament est très impressionnable, étaient surexcités, nerveux, et passaient sans transition de la plus grande joie au plus profond découragement. C'était afin de provoquer des émeutes et de susciter entre nous des luttes intestines.

Et je me souvenais qu'avant le siège, quand, à la frontière de l'Est, nos armées insuffisantes furent refoulées et débordées par l'invasion allemande, de fausses nouvelles de victoires secouaient les Parisiens et leur tendaient les nerfs, maintenant c'était encore la même chose, certains journaux se faisaient les complices de l'ennemi et cela afin de passer pour bien informés, et de recruter un plus grand nombre de lecteurs.

Ce qui était vrai c'est qu'il y avait eu à Villejuif un combat très important ; la division de Maudhuy avait repris ce village aux Allemands, ainsi que les Hautes-Bruyères, c'étaient deux positions importantes qui dominaient Paris et la vallée de la Bièvre ; en somme nous avions remporté un succès en occupant ces positions et en les gardant. On voit qu'il était loin d'être ce que certains journaux prétendaient.

M. Benoît revint quelques instants après, il apportait un journal. Tenez, disait-il en montrant un article du bout du doigt, lisez, M. Marcel... à la troisième ligne, 10000 prisonniers....

— Ce qui prouve une fois de plus, disait mon père, qu'il ne faut pas croire tout ce qui est imprimé, dans un pays qui a l'honneur de jouir de la liberté absolue de la presse, c'est à l'homme raisonnable, à ne pas accepter comme parole d'évangile et à ne pas croire tout ce que racontent certains journalistes qui, le plus souvent, ont intérêt à exagérer ou à inventer de fausses nouvelles, quitte à les démentir le lendemain, mais en attendant le bon public a acheté le journal, c'était tout ce qu'il fallait et il l'achètera encore le lendemain pour lire la rectification si on se donne la peine de la faire, non, il ne faut pas croire comme autrefois tout ce qui est imprimé, il faut chercher à se rendre compte et se comporter en gens intelligents et réfléchis, dignes de la liberté ; notre éducation est encore à faire sous ce rapport.

C'est encore moi, Léon Rousseau, moblot à la 2e du 6e...

Le bon M. Benoît, assis dans le fauteuil, son journal à la main, écoutait mon père et l'approuvait de la tête.

— C'est égal, disait-il, si c'était vrai pourtant.

— Décidément vous y tenez, disait mon père en souriant.

— Benoît! Benoît! criait-on dans l'escalier.

— C'est la voix de Virginie, dit M. Benoît en se levant précipitamment, je me dépêche, autrement vous comprenez... bien le bonjour.

— Benoît! Benoît.

— Voilà, ma bonne, cria M. Benoît en se hâtant de descendre l'escalier, j'arrive.

— Ou est mon journal, demanda Mme Benoît d'une voix irritée, voilà deux heures que je le cherche.

— Voyons, ma bonne, deux heures... disait M. Benoît!... il n'y a pas dix minutes que je suis chez M. Marcel, et il lui tendait le journal.

Mme Benoît n'était pas contente, elle avait failli attendre, elle fit passer « Benoît » devant elle et ferma la porte à tour de bras.

. . . .

Dans l'après-midi j'étais sur le point de sortir avec Charlot lorsque nous entendîmes dans l'escalier le fameux air :

Gloire immortelle de nos aïeux.

— Voilà Léon, s'écria Charlot.

La porte était déjà ouverte et le joyeux Léon entra, le ceinturon bouclé sur sa large ceinture rouge. C'est encore moi, dit-il, moi, Léon Rousseau, moblot à la 2e du 6e qui viens « embrasser maman et petite sœur ».

— Il me semble, lui fit observer mon père, d'un ton peu accueillant, que tu viens bien souvent embrasser maman et petite sœur, est-ce pour cela que tu es soldat.

— Oh! le pauvre chéri, s'écria aussitôt Mme Rousseau, nous sommes si heureux de le voir.

Mon père ne put s'empêcher de hausser les épaules.

Léon, un peu décontenancé tout d'abord, n'a pas tardé à retrouver sa bonne humeur habituelle, il nous a raconté avec force détails qu'étant de garde à la porte du restaurant Gilet, sur l'avenue de Neuilly, où le général Martenot qui commande la brigade s'est installé avec son état-major, il avait salué le général qui sortait en lui tirant respectueusement son képi, le général s'était arrêté, l'avait questionné et avait pris la peine de lui montrer lui-même comment une sentinelle devait présenter les armes.

— Mais c'est honteux, disait mon père, comment tu ne savais pas encore cela ?

— Je ne peux savoir un métier que je n'ai pas appris, répondait Léon, voyons, mettez-vous à ma place, papa Marcel.

— Sans doute, mais est-ce que tu l'apprends maintenant, ton métier de soldat.

— Maintenant, répéta Léon qui ne comprenait pas.

— Oui, maintenant, en ce moment.

— Non... mais c'est aujourd'hui dimanche.

— Est-ce qu'il devrait y avoir des dimanches, s'écria mon père, vous n'êtes plus des écoliers, l'ennemi est là, chaque heure est précieuse, nous consommons nos vivres et par conséquent nous affaiblissons la résistance. A propos, est-ce que tu as une permission.

— Non... mais tout le monde l'a, nous savons que nous n'avons rien à faire cet après-midi et on nous laisse libres ; si vous pouviez d'ici jeter un coup d'œil sur les avenues du Bois de Boulogne qui conduisent à Paris, vous verriez les moblots en file interminable se diriger vers la capitale pour passer la journée dominicale dans le sein familial !

Cette tirade du joyeux Léon débitée très sérieusement fut accueillie par un éclat de rire.

Mon père seul n'avait pas envie de rire et Léon ajouta aussitôt :

— Du reste, nous faisons maintenant l'exercice matin et soir, avant c'était moins, comment dirais-je, moins... sérieux, mais depuis l'inspection...

— Ah ! vous avez été inspectés, s'écria mon père, c'est heureux !

— Oui, continua Léon, et depuis ce jour-là on travaille ferme, le général Berthaut était venu passer l'inspection du bataillon, nous étions rangés en bataille dans la prairie de Bagatelle, les compagnies avaient été bien alignées, nous étions à peu près immobiles dans le rang, ça allait très bien, quand le général est arrivé il a eu un coup d'œil satisfait, j'ai bien vu ça, alors il a invité notre commandant à nous faire exécuter quelques mouvements afin sans doute de se rendre compte de notre instruction ; c'est alors que ça n'allait plus du tout, les compagnies se sont aussitôt enchevêtrées les unes dans les autres, nous étions pressés, bousculés, c'était un désordre inexprimable, le général n'a pas voulu en voir davantage, il a haussé les épaules et est parti au grand galop de son cheval blanc.

Mon père a fait comme le général Berthaut, il a haussé les épaules, un peu découragé, et n'a plus rien voulu entendre.

VENDREDI, 30 SEPTEMBRE

Mon père et M. Benoît s'enrôlent dans la garde civique. — Transformation des Parisiens. — Tous soldats! — Les capotes multicolores. — Paris devient un immense arsenal. — Les bestiaux et les canons. — Instructions en cas de bombardement. — La taxe de la viande de boucherie.

Mon père est rentré ce soir à l'heure habituelle, il tenait à la main un petit paquet qu'il déposa sur la cheminée, ensuite il se mit à table, l'air satisfait.

Tout en mangeant ma soupe je jetais de temps à autre un coup d'œil du côté du paquet, mon père surprit la curiosité de mes regards et me demanda :

— Tu voudrais bien savoir, petit Louis, ce qu'il y a dans ce papier, eh bien, devine...

Après avoir énuméré toutes sortes de choses j'étais sur le point de donner ma langue au chien lorsque ma mère vint à mon aide et dit : C'est peut-être bien un képi.

— Tu as deviné, s'écria mon père, c'est un képi, je me suis enrôlé dans la garde civique.

Ma mère parut un peu effrayée et il se hâta de la calmer en lui expliquant que la garde civique devait être chargée de contribuer au maintien du bon ordre dans l'intérieur de la ville; je m'efforcerai ainsi d'être utile tout en regrettant d'être trop âgé et de n'y voir pas assez clair pour faire mon service dans la garde nationale, d'ailleurs, ajoutait-il, tu seras rassurée sur mes intentions guerrières lorsque je t'aurai annoncé que j'ai pour collègues, je n'ose pas dire pour compagnons d'armes le charcutier Lauverjat et même le gros M. Benoît, qui comme tu le sais, est bien l'homme le plus pacifique du monde.

On ne rencontre plus que de rares pékins, tout le monde est soldat ou en a du moins les apparences.

— M. Benoît aussi, s'écria ma mère....

— Mais oui, nous avons eu tous deux la même pensée, il paraît que Mme Benoît lui a donné son consentement; je viens de le rencontrer déjà coiffé de son képi et prenant un air martial, nous prendrons notre service à partir de demain.

Ah ! certes, ce n'est pas la bonne volonté qui manque dans notre ville assiégée, ni même la quantité des défenseurs, c'est la qualité qui seule fait défaut, parmi tous ces braves gens qui s'offrent pour concourir à un titre quelconque à la défense, il y en a bien peu qui soient de véritables soldats, c'est-à-dire rompus au métier des armes, aguerris, disciplinés et mon père qui veut espérer quand même est bien obligé de reconnaître que nous ne pouvons guère compter que sur les régiments de la division Vinoy et les quelques troupes de ligne, infanterie, artillerie et cavalerie, qui se sont trouvées dans les dépôts lors de l'investissement ou bien qui faisaient partie de la garnison de Paris ; quant aux mobiles et aux gardes nationaux, que l'on évalue à plus de quatre cent mille, ils ne savent rien ou presque rien, ce sont donc des troupes inutiles ou même gênantes, mais elles sont remplies d'entrain et de bonne volonté et lorsque l'occasion se présentera elles sauront se faire tuer bravement, ce qui est le seul résultat auquel elles puissent prétendre.

Depuis dix jours, le costume et la coiffure des Parisiens ont subi une transformation complète, on ne rencontre plus dans les rues que quelques rares « pékins », tout le monde est soldat ou en a du moins les apparences; voici des gardes nationaux aux capotes multicolores, bleues, grises, marron et même vertes, tous les draps de la capitale, de quelque couleur qu'ils soient, même les draps de billard, ont été utilisés pour leur habillement ; plus loin ce sont des mobiles, à la petite veste élégante, au pantalon bleu à bandes rouges, et tous ces braves gens, même ceux qui ne sont pas revêtus d'un uniforme militaire, sont coiffés du képi traditionnel surmonté de pompons de toutes les couleurs, enfin il y a une grande variété de francs-tireurs, parmi lesquels les franc-tireurs de la Presse, au costume noir et aux guêtres blanches, les francs-tireurs à la branche de houx, vêtus d'une sorte de justaucorps de couleur marron et coiffés d'un élégant chapeau de feutre mou orné de la branche symbolique ; les soldats de ligne sont rares à Paris, ils occupent leurs positions de combat, ce sont eux qui constituent le noyau de la défense, et pendant que les moblots trouvent encore le temps et l'occasion de venir à Paris, ils ne quittent pas les avant-postes et font face à l'ennemi.

Francs-Tireurs.

Enfin Paris, cette Babylone moderne dans laquelle les Allemands, comme ils s'en vantaient, croyaient entrer aussi facilement que dans un mauvais lieu, « en enfonçant la porte d'un coup de pied », n'est plus une ville de plaisir mais une place de guerre assiégée où le bruit du canon, le roulement des tambours et les appels de clairons se font seuls entendre; elle s'est dressée menaçante et superbe et tient en respect l'ennemi étonné et inquiet.

Et comme il n'y a plus ni commerce, ni industrie et que tous les efforts tendent vers la défense, l'industrie privée s'occupe à transformer les anciens fusils en fusils à tir rapide, dits fusils à tabatière, toutes les usines qui travaillent le fer, l'usine Cail en particulier, fondent des canons, des obus, ou bien transforment les canons ancien modèle en pièces se chargeant par la culasse, une activité fiévreuse règne dans tous les ateliers, Paris se forge lui-même des armes et n'est plus qu'un vaste arsenal.

D'autre part, les jardins publics, les Tuileries, le Luxembourg, les squares sont occupés par des batteries d'artillerie, sous les arbres s'alignent les longues files des canons, des caissons et des fourgons, les soldats couchent sous les tentes qui se dressent, régulièrement espacées; il ne fait pas encore froid et les chevaux sont au piquet; sur l'Esplanade des Invalides des baraquements ont été construits pour loger des soldats.

Enfin dans le Champ de Mars, dans le Bois de Boulogne et dans le Bois de Vincennes sont parqués des troupeaux de bœufs et de moutons.

Quant à la physionomie intérieure de Paris au point de vue de la circulation, elle n'est plus ce qu'elle était autrefois; les chevaux d'omnibus et de fiacre ont été en partie réquisitionnés pour être attelés aux batteries d'artillerie, les départs des omnibus sont donc plus espacés et les piétons peuvent maintenant sans se presser traverser les chaussées; les magasins, les marchands de vin et les cafés ferment le soir à dix heures et enlèvent aux boulevards et aux rues cette physionomie spéciale qui ne manque jamais de frapper l'étranger.

Ce matin, vers sept heures, on frappe à notre porte; je vais ouvrir et je me trouve en présence de notre concierge, Mme Brunet, je croyais déjà qu'elle nous apportait une lettre d'André qui ne nous avait pas écrit depuis plusieurs jours, mais elle tenait un imprimé à la main, et me demanda: Ton papa est encore là?

Mon père qui se trouvait en ce moment dans l'antichambre répondit:

— Qu'est-ce que vous désirez, Mme Brunet?

— C'est que je voulais vous demander un conseil au sujet d'un petit papier que l'on vient de me remettre, je n'y comprends pas grand'chose.

Chaque fois que Mme Brunet était embarrassée, pour une chose ou pour une autre, elle venait consulter mon père, qui du reste ne demandait pas mieux que de rendre service et avait la réputation bien justifiée d'être un homme de bon conseil.

Mon père tira ses lunettes de leur étui, les ajusta sur son nez et dit, après avoir rapidement parcouru la lettre imprimée que Mme Brunet lui avait remis:

— Ce sont les instructions que vous avez à suivre en cas de bombardement, il y a en outre dès maintenant des précautions à prendre, il faut placer dans la cour de la maison un tonneau toujours plein d'eau, vous boucherez les soupiraux des caves....

— Comment, interrompit ma mère, les Prussiens vont nous bombarder?

— Cela est possible, répondit mon père, ils occupent malheureusement des positions très rapprochées des remparts, à Châtillon, à Saint-Cloud et à Meudon, de là quand ils auront reçu leurs pièces de siège qu'ils ne manqueront sûrement pas de faire venir puisqu'ils ont leur libre communication dans l'Est...

— Ces monstres-là, s'écria Mme Brunet, seraient capables d'envoyer leurs bombes dans la ville, au risque de tuer des femmes et des enfants?

— Je n'en sais rien, dit mon père, ce serait monstrueux, en effet...

— Et une indignité, répétait Mme Brunet qui était devenue toute rouge de colère, est-ce que ce sont les femmes et les enfants qui font la guerre maintenant? Pourquoi tuer des êtres innocents? Ces Prussiens n'ont donc ni mères, ni épouses, ni sœurs, ni petits enfants?

— Calmez-vous, Mme Brunet, disait mon père, nous n'y pouvons rien malheureusement...

— Me calmer... mais, M. Marcel, qu'est-ce que vous diriez si un obus tombait dans notre rue et qu'il tuât Mme Marcel avec votre petite Juliette dans ses bras, oui, qu'est-ce vous diriez ?

— J'espère bien que les Prussiens n'auront pas la cruauté de bombarder une ville comme Paris et que personne, par conséquent, ne sera tué dans nos rues à moins qu'ils n'y pénètrent de vive force, mais en attendant laissez-moi, puisque vous me l'avez apportée, achever la lecture de votre lettre. Donc, reprit mon père, vous aurez à placer un tonneau toujours rempli d'eau dans la cour de la maison, vous boucherez les soupiraux des caves, ensuite il faudra vous approvisionner de sable afin de pouvoir éteindre les bombes au pétrole.

— Des bombes au pétrole, exclama Mme Brunet ; vous avez bien lu, M. Marcel, des bombes au pétrole !

— Sans doute, répondit mon père, ce sont les moyens employés quelquefois par les assiégeants pour venir à bout des places de guerre, ces bombes allument des incendies et pendant que l'assiégé s'occupe à les éteindre...

— C'est épouvantable, interrompit Mme Brunet qui semblait terrifiée, c'est épouvantable.

— En tout cas, dit mon père, vous savez maintenant ce que vous avez à faire et je suis toujours à votre disposition si je puis vous être de quelque utilité.

. . . .

Hier, ma mère, qui était allée faire ses provisions, est revenue sans apporter de viande en nous disant d'un air consterné : les boucheries sont fermées, il paraît que la ville a taxé la viande et comme MM. les bouchers ne peuvent plus maintenant réaliser de beaux bénéfices, ils préfèrent ne plus vendre et fermer boutique.

Cela n'a pas duré longtemps, heureusement, dès le lendemain, et pour mettre fin à cet état de choses qui alarmait la population en lui faisant sans doute croire que la viande fraîche devenait rare, la municipalité fait vendre la viande par l'intermédiaire des bouchers qui ont bien voulu prêter leurs boutiques ; tous les jours on abat régulièrement 500 bœufs et 4000 moutons.

Et, pour nous rassurer, le *Journal Officiel* nous indique quelles sont les principales ressources alimentaires dont Paris peut disposer, nous avons à manger 447000 quintaux de farine, 25000 bœufs, 150000 moutons et 5000 porcs.

— Nous en avons pour quelques semaines, dit mon père qui reprend courage, d'ici là, nos armées de province seront venues à notre aide et nous aideront à briser le cercle de fer qui nous étreint, peut-être aurons-nous chassé l'ennemi au-delà de nos frontières ; il doit y avoir encore en province des troupes solides, on utilisera sans doute nos vieilles troupes d'Algérie, et puis il y a Bazaine qui tient toujours à Metz avec notre plus belle armée, l'ex-garde impériale, les soldats de Crimée et d'Italie... Ah ! que l'espérance fait du bien au cœur !

DIMANCHE, 2 OCTOBRE

Une lettre d'André : le combat de Villejuif. — L'indignation de Mlle Célina. — Nous mangerons du cheval! — Visite de M. Risler. — La carte pour la boucherie. — Les travaux entrepris pour la défense de Paris. — L'armement : les canons et les munitions. — Une promenade en chemin de fer de ceinture. — Les canonnières. — Un ballon. — Les fortifications : secteurs et bastions. — Nouvelle de la capitulation de Toul et de Strasbourg.

— André devrait nous écrire deux fois par semaine, disait ma mère, le jeudi et le dimanche.

— Et si par suite d'une circonstance imprévue, faisait observer mon père, il ne pouvait nous écrire au jour fixé, nous serions dans l'inquiétude ; non, il vaut mieux qu'il nous écrive quand le temps le lui permet et lorsqu'il a quelque chose à nous annoncer.

Nous avons reçu ce matin une lettre de lui, elle était datée d'hier samedi, il nous écrivait des avant-postes, auprès de Villejuif :

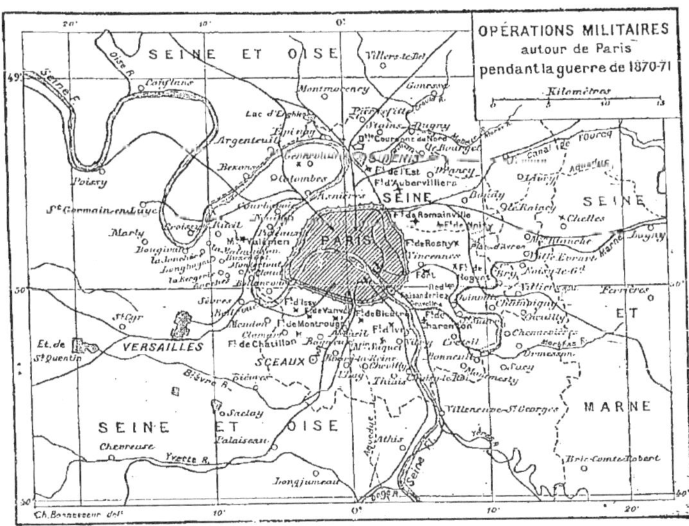

Mes chers parents,

Tout va bien, ni blessure, ni maladie, je ne me suis jamais si bien porté et je suis plein d'entrain et de vigueur. J'espère que vous allez tous bien et je vous demande de m'écrire plus souvent, vous n'avez qu'à mettre sur l'enveloppe : zouave au 4e régiment, et votre lettre me parviendra toujours.

Ces jours derniers nous avons eu quelques escarmouches d'avant-postes, mais cela ne vaut pas la peine d'en parler, mais par exemple hier, c'était autre chose, il s'agissait de reprendre aux Allemands les positions de l'Hay et de Chevilly qui se trouvent à peu de distance de Villejuif que nous occupons. Comme toujours, ce sont les zouaves qui ont engagé le combat, j'étais en éclaireur à quelques centaines de mètres en avant de mes camarades avec Risler, de Bricourt et plusieurs autres zouaves, on ouvrait l'œil, car on s'attendait à quelque surprise, lorsque Risler s'écrie : Couchez-vous ! il était temps, à quatre cents mètres en avant, dans la ferme de la Saussaye, les Prussiens avaient un poste avancé, et tout à coup, ouvrant deux fenêtres, ils nous avaient envoyé un feu de salve, un de nos camarades, un engagé volontaire était touché et tombait sur le dos en poussant un grand cri. Nous continuons à avancer, tout en ripostant, ainsi que nous en avions reçu l'ordre, les tirailleurs qui nous suivaient et que nous étions chargés d'éclairer accourent, le lieutenant nous fait mettre baïonnette au canon tout en courant, et deux minutes plus tard nous occupions la ferme, les Prussiens venaient de l'abandonner, alors Risler qui semblait ne plus se posséder s'écria : Nous allons leur faire la conduite et il s'élance dans la cour de la ferme, je le suis ainsi que plusieurs autres afin qu'il ne soit pas seul, et comme nous arrivons à une barrière qui s'ouvre sur un petit chemin se prolongeant en ligne droite jusqu'à Chevilly, nous voyons les Prussiens qui s'enfuyaient, ils étaient une douzaine environ, leurs uniformes noirs se détachaient bien sur la blancheur du chemin ; Risler enlève vivement sa baïonnette, ne prend même pas la peine de la remettre au fourreau et, un genou en terre, tire deux coups de feu après avoir visé avec beaucoup de soin, je m'apprêtais à tirer moi-même lorsque l'ennemi disparut à travers champs, dans un petit chemin creux.

Quelques instants après, continuant notre mouvement en avant, nous trouvâmes deux Prussiens étendus à terre, l'un était tombé au milieu du chemin et était resté là, l'autre avait encore eu la force de se traîner et s'était assis contre le talus, ils nous regardèrent passer, les yeux grands ouverts, déjà fixes, ils avaient leur compte, Risler avait bien tiré.

Et cependant c'étaient des hommes comme nous, voilà à quoi je pensais en marchant à côté de Risler qui les avait regardés du coin de l'œil, en passant ; comme il voyait que j'étais un peu ému, il me dit : ils t'en auraient fait autant s'ils avaient pu, n'est-ce pas ? C'était vrai, il n'y avait rien à répondre à cela, ils ne nous auraient pas épargnés, ils se battaient contre nous avec la haine dans le cœur, cela se voyait bien. Et puis, disait Risler tout en avançant, c'est la guerre, et ces Prussiens sont chez nous ; du reste ; depuis qu'il a appris qu'ils voulaient garder l'Alsace qui est son pays et dont il parle toujours avec émotion, Risler est devenu comme enragé et il m'a dit plus d'une fois : Vois-tu, Marcel, j'aimerais mieux laisser ma peau dans le fond d'un fossé plutôt que de devenir Prussien, tu entends, et le vieux est sûrement de mon avis, comme ils peuvent l'avoir tôt ou tard, je m'arrangerai pour la leur faire payer cher... et il disait tout cela avec un air de fureur concentrée, les dents serrées ; qui donc aurait jamais cru qu'un garçon aussi timide, aussi bon enfant que Risler, avec sa grosse figure ronde et ses yeux bleus, pût dire et penser des choses semblables, mais voilà, la guerre rend féroce.

Nous avions fait halte dans le petit chemin creux en prenant soin de nous défiler derrière le talus afin que l'ennemi ne pût nous apercevoir, nous attendions des renforts car nous étions à cinq cents mètres à peine des premières maisons de Chevilly qui devaient être occupées solidement par l'ennemi, lorsqu'une vive fusillade et le grondement du canon se firent entendre à notre droite et nous reçûmes l'ordre de rester à l'endroit que nous occupions. Risler nettoyait son chassepot avec son mouchoir, notre camarade de Bricourt roulait une cigarette tout en fredonnant un air d'opéra, lorsque tout à coup, un des Prussiens, celui qui agonisait tout à l'heure contre le talus, se lève tout d'une pièce, dans sa longue capote noire, avec sa barbe blonde pleine de sang, ses yeux hagards, il semblait une apparition fantastique, il se dirige vers nous les bras étendus comme s'il n'y voyait plus clair, fait quelques pas, chancelle et tombe le nez dans la poussière du chemin pour ne plus se relever. Cela m'a beaucoup impressionné.

Le reste de la compagnie est venu nous rejoindre dans le chemin creux et nous y sommes restés pendant tout le combat, accroupis et serrés les uns contre les autres, car les balles balayaient le terrain autour de nous et passaient parfois au-dessus de nos têtes comme des rafales, un moment il faut croire que l'ennemi nous aperçut, car pendant près d'un quart d'heure qui me parut un siècle, des obus vinrent écréter notre talus et éclater à quelques mètres de nous, dans les champs, aucun heureusement ne tomba dans le chemin, autrement, entassés comme nous l'étions, c'eût été un véritable massacre; il n'y a rien d'énervant comme de rester là tranquilles, inactifs, alors que la mort vous menace à chaque instant et que l'on ne peut rien faire pour l'éviter, c'est là où l'on voit vraiment quels sont les hommes courageux et de sang-froid.

Enfin l'ordre nous a été donné de battre en retraite, nous sommes alors revenus dans la ferme où nous avons rallié les autres compagnies qui avaient contribué avec les troupes de ligne à emporter le village de Chevilly. Ce village et celui de l'Hay étaient en feu, nous entendions les grosses pièces de marine de la batterie du Moulin-Saquet qui tiraient sur l'ennemi en retraite vers Choisy-le-Roi. Il a dû éprouver des pertes sérieuses car ce sont des marins qui pointent les pièces et il n'y a personne comme ces gaillards-là pour placer leurs obus au bon endroit.

Je vous écris de Villejuif où nous sommes cantonnés sans doute pour plusieurs jours, personne ne peut obtenir de permission pour aller à Paris, nous sommes à un poste d'avant-garde que personne ne doit abandonner, car nous avons pour mission de surveiller l'ennemi et de déjouer ses surprises; autrement je serais allé vous embrasser. J'en ai du reste une envie folle! Et Angèle? Et Mme Rousseau? donnez-moi de leurs nouvelles. Figurez-vous que M. Chapuis l'inventeur est venu me trouver avant-hier à cause de son récepteur, il m'apportait des dessins et j'ai pu lui donner les indications qu'il désirait, il lui a fallu traverser les avant-postes et il m'a attendu pendant trois heures car nous étions partis en reconnaissance. Pourquoi donc petit Louis ne viendrait-il pas avec Charlot un jour ou l'autre, je vous écrirai à temps pour cela. Adieu! le vaguemestre va partir, je vous embrasse tous de tout mon cœur.

Votre fils pour la vie,

ANDRÉ MARCEL.

— André ne parle plus que de batailles, dit Angèle qui était accourue, sous un fallacieux prétexte, en apprenant que nous avions reçu une lettre de mon frère.

— Dame, un soldat... fit observer mon père en souriant, de quoi voulez-vous qu'il parle si ce n'est de ses campagnes; mais tu ne sais pas, Angèle, eh bien tu devrais lui répondre pour nous, je crois que cela lui ferait plaisir, tu lui dirais que nous allons tous bien et tu lui raconterais ce qui se passe chez nous, je pense que ta mère te le permettra.

— Oh ! certainement, répondit Angèle, qui ne put dissimuler sa joie à cette proposition.

Nous étions dans notre salle à manger, dont la fenêtre donnait sur le jardin de M. Bardoux, Mlle Cœlina nous faisait signe et mon père ouvrit la fenêtre.

— Bien le bonjour, Mademoiselle, dit mon père.

— Est-ce que Mme Marcel, demanda Mlle Cœlina, est allée à la boucherie.

— Non, Mademoiselle, pas encore, répondit ma mère en s'approchant aussitôt de la fenêtre.

— Eh bien, dit Mlle Cœlina, en montrant un petit morceau de viande étalé sur un papier jaune, on ne vous donnera plus maintenant ce que vous demanderez, il ne faut plus songer à faire de bons pot-au-feu, nous sommes rationnés, c'est tant de grammes par personne, je ne sais plus au juste, que ce soit du bœuf ou du mouton, avez-vous votre carte ?

— Il faut une carte? demanda ma mère.

— Mais oui, depuis hier, elle indique le nombre des personnes dont se compose la famille, tant de personnes, tant de rations, vous pourrez la retirer à la mairie, c'est ce que j'ai fait, mais voyez ce que l'on m'a donné pour deux personnes, un petit morceau de rien du tout.

— Eh bien, Mlle Cœlina, dit mon père avec une pointe de malice, nous mangerons bientôt du cheval.

— Manger du cheval, s'écria vivement Mlle Cœlina, qui en sa qualité de vieille fille avait ses manies, ses préférences et ses antipathies, manger du cheval, vous n'y pensez pas, j'aimerais mieux ne rien manger du tout.

— J'espère bien que nous n'en viendrons pas à cette extrémité, dit mon père, cependant si nous ne pouvions faire autrement... il faut bien vivre.

M. Bardoux qui s'était approché sur ces entrefaites et qui écoutait cette conversation tout en essuyant les verres de ses lunettes avec son mouchoir à carreaux rouges, fit observer que dans certains sièges, fameux dans l'histoire, les assiégés avaient été réduits à manger de l'herbe.

— Voilà, dit mon père, qui ne doit pas être très nourrissant, je préférerais manger de la viande de cheval, n'est-ce pas, Mlle Cœlina?

— J'aimerais mieux manger de l'herbe, vous entendez bien, M. Marcel, oui... de l'herbe.

A ce moment j'entendis frapper à notre porte, je me précipitai pour ouvrir et je me trouvai en présence de M. Risler, mon père lui donna une bonne poignée de main et avança le fauteuil en disant : Je suis heureux de vous voir, M. Risler, comment allez-vous... et vous tombez bien, il n'y a pas un quart d'heure que nous avons reçu une lettre d'André, il nous parle de votre fils, du reste vous pouvez lire, voici sa lettre.

M. Risler remercia vivement mon père ; comme il avait aperçu M. Bardoux par la fenêtre, il lui souhaita le bonjour, et après avoir échangé quelques paroles de politesse, prit place dans le fauteuil, puis il tira ses lunettes de leur étui et lut la lettre d'André. Je l'observais avec attention, il avait l'air content et parfois ses petits yeux clairs brillaient comme ceux d'un loup; quand il arriva au passage où son fils disait qu'il aimerait mieux « laisser sa peau dans un fossé plutôt que de devenir Prussien » il s'arrêta en disant : Ce garçon-là a raison et je pense comme lui. Enfin, ajouta-t-il, pour l'instant, ces deux garçons se portent bien et font bravement leur devoir, c'est le principal. Maintenant, continua-t-il, je suis venu vous voir ce matin de bonne heure parce que je me suis aperçu à la mairie que vous n'aviez pas retiré votre carte, et je vous l'apporte, autrement vous ne pourriez avoir de viande à la boucherie. J'ai certifié que votre famille se composait de trois personnes car votre petite Juliette ne compte pas, seulement si le siège se prolonge et que le lait dont elle a besoin devienne rare, je vous procurerai une carte spéciale pour elle, cela vous permettra d'avoir du lait à bon compte, il sera sans doute réservé pour les enfants et les malades.

— Vous nous rendrez un grand service, répondit ma mère, car cette question du lait me préoccupe beaucoup.

— Mais où donc est-elle demanda M. Risler.

Juliette était dans la chambre voisine très occupée avec sa poupée, ma mère l'appela et elle vint aussitôt sur ses petites jambes chancelantes, souriant gentiment à M. Risler.

— Ah ! dit-il en tirant de sa poche un cornet de bonbons, voilà Mlle Juliette, je lui ai apporté quelque chose.

Juliette poussa des cris de joie et grimpa sur les genoux de M. Risler ; ils étaient maintenant les meilleurs amis du monde.

— Voulez-vous déjeuner avec nous ? demanda franchement mon père.

— Bien volontiers, répondit aussi franchement M. Risler, mais me laisserez-vous aller cet après-midi jusqu'aux fortifications pour voir les travaux de défense.

—Nous vous accompagnerons, dit mon père, car c'était aussi notre intention de sortir.

La table fut bientôt mise et on fit honneur au déjeuner. M. Risler semblait heureux de se trouver avec nous, on en vint à parler des prodiges réalisés pour la défense de Paris, et mon père, d'après un document récemment publié, en fit l'énumération :

Au lendemain des grands désastres de l'armée du Rhin, l'immense enceinte de la capitale était non seulement dépourvue de tout armement, mais elle n'avait ni abris ni magasins à poudre, dans les forts, tout était à faire · il n'y avait ni plate-formes, ni magasins, ni casemates, ni embrasures ; ni, à plus forte raison, aucune des défenses accessoires qu'il est nécessaire d'accumuler aux abords des ouvrages. Le génie militaire a accompli tous ces travaux avec une rapidité remarquable. Dans les six forts occupés par la marine, les travaux d'armement et de terrassement ont été exécutés par les marins eux-mêmes. Une autre œuvre fut de fermer les soixante-neuf portes donnant accès dans Paris et d'établir des pont-levis, plus de 11000 ouvriers furent employés à ce travail.

Il fallait en même temps barrer les quatre canaux et placer des estacades dans la Seine, abattre en partie les bois de Boulogne et de Vincennes, garnir les dehors des forts de palissades sur une ligne d'un développement de 61000 mètres courants, enfin élever trois nouvelles batteries à Saint-Ouen, à Montmartre et aux Buttes-Chaumont.

Sur les remparts où, comme dans les forts, tout faisait défaut, le génie militaire a construit des traverses, des abris ; deux millions de sacs à terre ont couronné les parapets ; 70 magasins voûtés ont été construits pour recevoir les poudres et le matériel de défense. La partie de l'enceinte qui correspond au Point-du-Jour est devenue, grâce aux travaux exécutés et aux deux retranchements intérieurs, un des points les plus forts de la place.

Les nombreuses carrières qui se développent en tous sens sur notre front ont été explorées et mises désormais à l'abri de toute tentative de l'ennemi, les égouts ont été transformés en fourneaux de mines sous le sol de Boulogne, de Billancourt, de Neuilly, de Clichy, des appareils électriques d'une grande puissance ont été construits et installés dans tous les forts, deux barrages ont été établis sur la Seine à Suresnes et au nord de l'île de la Grande-Jatte afin de maintenir le niveau de l'eau dans la ville et assurer en amont et en aval l'action des canonières blindées de la marine et le fonctionnement de la pompe de Chaillot. En outre on a construit deux barrages incombustibles au pont Napoléon afin d'arrêter les brûlots incendiaires que la Seine pourrait charrier, une estacade au Point-du-Jour et un pont de bateaux en amont du pont d'enceinte. Les égouts et les aqueducs ont été mis en état de défense.

De Vitry à Issy d'une part, entre Saint-Denis et le canal de l'Ourcq d'autre part, les maisons ont été crénelées, les villages avoisinant Paris ont été retranchés; plus de 80000 travailleurs ont coopéré à cette œuvre immense qui représente des mouvements de terre incalculables.

Quant à l'armement des forts et de l'enceinte, il n'existait au début de la guerre, pour les forts, que trois pièces par bastion et pas une seule pièce en batterie sur les remparts de l'enceinte.

A toute place de guerre il faut une réserve; deux parcs d'artillerie de 250 bouches à feu devaient composer celle de Paris; mais, en vue des opérations de la guerre du Rhin, ils avaient été envoyés à Strasbourg, et ils y sont encore. Les munitions confectionnées ne représentaient que dix coups par pièce. On avait des projectiles sphériques en abondance; mais les obus oblongs, qui sont actuellement presque seuls en usage, étaient en très petit nombre. Les boîtes à mitraille et les éléments pour en faire manquaient à peu près complètement; l'approvisionnement en poudre à canon n'était que de 540000 kilogrammes. Le personnel de l'artillerie était plus pauvre encore que le matériel, une dizaine d'officiers tout au plus était répartis sur l'immense étendue de l'enceinte. Dans quelques forts, le service de l'artillerie était représenté par un simple gardien de batterie.

Aujourd'hui, grâce au patriotisme des officiers retraités ou démissionnaires rappelés à l'activité, aux batteries prises dans les dépôts, au concours de plus en plus efficace des artilleurs de la garde mobile de la Seine, de Seine-et-Oise, de la Drôme, du Rhône, de la Loire-Inférieure et du Pas-de-Calais, à la création de compagnies de canonniers auxiliaires recrutés parmi les anciens militaires, et par dessus tout grâce à l'activité et au dévouement de la marine, qui nous a donné ses amiraux, ses officiers, ses artilleurs en même temps que 7000 de ses marins, le personnel de l'artillerie de la place est arrivé au chiffre respectable de 13000 officiers, sous-officiers et soldats.

Aujourd'hui, l'artillerie a mis en batterie sur l'enceinte ou dans les forts 2140 bouches à feu.

Nous avons porté de 540000 kilogrammes à 3 millions l'approvisionnement des poudres, et d'ailleurs, la fabrication continue. Celle des projectiles oblongs a été développée sur une large échelle. On a fait venir tous ceux qui existaient dans les forges de l'Ouest et du Midi; on a fait appel à l'industrie privée, qui s'est mise en état d'en fournir une production constante et qui dépasse dès aujourd'hui les besoins prévus. De dix coups par pièce, l'approvisionnement a été porté à quatre cents coups, et jusqu'à cinq cents pour les canons des forts. On fait deux millions de cartouches par semaine. Tous les forts de la rive droite, à l'exception d'Aubervilliers, de Vincennes et de Nogent, ont reçu des canons d'un puissant calibre. Le Mont-Valérien, Charenton, Gravelle, La Faisanderie, La Double-Couronne, divers points de l'enceinte continue en ont été abondamment pourvus. Le même genre de pièce a servi à former les magnifiques batteries des Buttes-Chaumont et Montmartre, qui battent tout le terrain, de Gennevilliers à Romainville; ainsi que les importantes batteries du parc de Saint-Ouen, qui protègent le fort de la

Briche et qui portent leurs projectiles jusqu'au versant qui domine la Seine à droite d'Argenteuil.

L'armement des forts de la rive gauche et de l'enceinte qui les avoisine a été fortifié de la même manière, de façon à protéger le Point-du-Jour, la vallée de la Seine en amont, le confluent de la Marne et l'entrée dans Paris du chemin de fer d'Orléans. Enfin les bastions sont tous prêts à recevoir, en peu de temps, la réserve nécessaire aux fronts d'attaque.

Cette réserve, qu'il a fallu, comme nous l'avons dit, créer tout entière, ne s'élève pas à moins de 350 bouches à feu. Ce qui fait un total en canons de 2490.

En outre, et pour remédier à l'insuffisance de l'artillerie et des munitions, 217 mitrailleuses de divers modèles ont été commandées dans des établissements différents, pour être livrées du 13 au 27 octobre;

500000 obus de différents calibres, commandés aux différentes fonderies de Paris, qui les livrent tous les jours ;

5000 bombes;

Plusieurs grosses pièces de marine à longue portée, dont la livraison est prochaine ;

Enfin, 300 canons de 7 centimètres, rayés, se chargeant par la culasse, portant à 8000 mètres, et dont la livraison commencera le 25 octobre. Cette commande, reçue par les principaux fabricants de la capitale, pourra être portée à 500 pièces.

— Tout cela, dit mon père en terminant, doit nous donner confiance, il n'est pas possible que de tels efforts qui tiennent du prodige restent sans résultats, seulement ce qui m'inquiète c'est que nos jeunes troupes ne pourront avant longtemps à cause de leur manque d'instruction, peut-être même de discipline, se présenter devant l'ennemi et parmi elles, ajouta mon père en élevant la voix à cause d'Angèle qui entrait en ce moment, il y a beaucoup de soldats comme Léon Rousseau.

— Léon fera son devoir M. Marcel, soyez-en convaincu répondit vivement Angèle, après avoir salué M. Risler ; il ne viendra pas aujourd'hui, il vient de nous écrire qu'il est commandé de corvée aux pommes de terre, maman qui est tout attristée de ne pas le voir ne sait pas ce que cela veut dire, elle pense comme de juste que cela ne doit pas être bien dangereux.

— Mais non, dit mon père, le joyeux Léon nous racontera cela lors de sa prochaine visite qui ne tardera pas.

Bien entendu ajouta Angèle il demande de vos nouvelles et entre autres choses, il nous raconte que notre voisin Louchart a déjà trouvé le moyen de quitter les rangs, il s'est fait employer auprès du médecin major, il est supposé faire des écritures.

— C'est ce que l'on nomme un fricoteur dit mon père en souriant, ces gens-là sont une des plaies des armées, et il ajouta, après un instant de réflexion ; il y a longtemps que j'ai jugé ce garçon là, il n'a jamais osé me regarder en face, ce n'est ni la loyauté, ni le courage, ni le sentiment du devoir qui l'étouffent.

J'étais de l'avis de mon père, ce Louchart aux allures fuyantes et sournoises ne me disait rien qui vaille.

Après avoir pris gaiement le café, nous étions sur le point de sortir, Angèle et ma mère préféraient rester à la maison, lorsque M. Benoît, toujours essoufflé, arriva, son képi de garde civique sur l'oreille.

— M. Marcel, dit-il, si vous voulez remplacer M. Lauverjat, c'est votre tour de garde jusqu'à six heures, on m'a chargé de vous prévenir.

— Allons bon, dit mon père, vivement contrarié, voilà qui tombe mal, je me proposais de faire une bonne promenade cet après-midi et vous voyez, nous partions.

— Voilà qui est embarrassant, dit M. Benoît, si vous n'y alliez pas?

— Ah mais si, s'écria mon père, j'irai puisque c'est mon tour.

— C'est dommage, il fait bien beau temps, disait M. Benoît.

— Eh bien, profitez-en, dit mon père, allez vous promener à ma place avec M. Risler et petit Louis, si Mme Benoît vous le permet; je suis sûr que Charlot ne demandera pas mieux que d'être de la partie; on dit qu'il est très intéressant de faire le tour de Paris avec le chemin de fer de ceinture; comme il longe presque toujours les fortifications, on peut se rendre compte des travaux de défense en voyageant sur l'impériale, je vous recommande surtout le parcours de Vaugirard à Auteuil.

Mme Benoît permit à son mari d'aller se promener, Charlot fut enchanté de venir avec nous, mon père mit son képi de garde civique et nous quitta à la porte pour se rendre où son devoir l'appelait.

Après une heure de marche et tout en causant nous parvînmes à Vaugirard, le train arrivait en gare et ce fut avec peine que nous pûmes trouver place sur l'impériale, car beaucoup de promeneurs avaient eu la même pensée que nous. C'est à partir de Vaugirard que la voie du chemin de fer de ceinture se trouve sur un remblai très élevé du haut duquel on aperçoit Paris d'un côté et de l'autre Montrouge, Issy, Vanves, Billancourt ainsi que les hauteurs de Meudon et de Saint-Cloud occupés par les Prussiens.

Sur les remparts les pièces de canon avaient été mises en batterie, elles occupaient leurs épaulements, les artilleurs étaient protégés par des gabions et des fascines et à travers son étroite embrasure le canon menaçait l'horizon, des sacs de terre avaient été placés sur les parapets et superposés de telle manière que l'on pouvait glisser entre eux le canon d'un fusil et tirer ainsi sur l'ennemi en toute sécurité, on avait creusé des casemates et construit des poudrières; des sentinelles, l'arme au bras, montaient la garde auprès des canons; des artilleurs, des marins, allaient et venaient sur le chemin de ronde, c'étaient les servants des batteries, toujours en alerte, car c'était le point faible de la défense; le fossé autrefois coupé par des routes qui donnaient accès aux portes se prolongeait maintenant sans discontinuité, car il fallait passer sur un pont-levis pour entrer dans Paris; en avant du fossé sur les glacis se trouvaient des chausse-trapes, des abatis d'arbres dont les branches avaient été taillées en pointe, reliées par des fils de fer, c'était un fouillis inextricable, destiné à retenir plus longtemps l'assaillant sous le feu des remparts, ce qui rendait très difficile une attaque de vive force.

C'est ce que M. Risler nous expliquait, puis à mesure que le train se rapprochait de la station du Point-du-Jour il nous montrait les hauteurs occupées par les Allemands : voici Châtillon, puis Meudon; les forts de Montrouge, de Vanves et d'Issy se trouvent dans la plaine.

— Vous verrez, disait M. Benoît, que quand l'ennemi qui ne peut maintenant disposer que de pièces de campagne aura fait venir ses pièces de position, il bombardera de ces hauteurs les forts, les remparts, et lancera ses obus dans la ville.

— Les forts, faisait observer M. Risler, ont été construits à une époque où les pièces de canon avaient une portée bien moins grande qu'aujourd'hui, de sorte que leur position est mauvaise, ils devraient être sur les hauteurs.

Bombardement de Strasbourg.

Il faisait un temps splendide, le soleil rayonnait radieux, il allait bientôt disparaître derrière les coteaux occupés par l'ennemi, les bois de Meudon et de Saint-Cloud, au feuillage bruni par l'automne se détachaient sur le fond clair de l'horizon inondé de lumière, tout ce qui nous entourait semblait parler de bonheur, de prospérité, de paix.... Tout à coup un petit nuage de fumée blanche s'élève des forts, une détonation frappe nos oreilles, au milieu de cette belle nature, sous le soleil radieux, les hommes se guettent pour se tuer !

Et M. Risler, continuant ses explications, nous apprenait que la fortification qui entoure Paris, avait été divisée en plusieurs secteurs, que chaque secteur comprenait un certain nombre de bastions, ainsi, disait-il, voici le bastion 67 qui fait partie du sixième secteur, lequel comprend 13 bastions et s'étend de la porte Dauphine à la rive droite de la Seine. Nous passions en ce moment sur le viaduc du Point-du-Jour, du côté de l'île de Billancourt, on voyait quelques canonnières qui lentement descendaient la Seine, mais l'eau n'était plus agitée par le passage si fréquent des bateaux-mouches qui allaient, dans des temps meilleurs, déverser leur contenu de familles endimanchées et bruyantes dans les bois et les prairies.

La voie ferrée continuait à longer la fortification qu'elle dominait, on pouvait ainsi apercevoir tous les détails de la défense, les canons sur leurs affûts et les travaux considérables accomplis à cet endroit de l'enceinte qui, dominée par les hauteurs de Saint-Cloud, devait être fortifiée avec un soin tout particulier, aussi les remparts avaient été surélevés, on avait apporté là des montagnes de terre qui abritaient des casemates et des poudrières, des pièces de marine à longue portée allongeaient leur col en dehors des embrasures. Charlot et moi nous regardions avec curiosité ce spectacle si nouveau pour nous lorsque nous vîmes les artilleurs suspendre leurs manœuvres, les gardes nationaux, tous ceux qui se trouvaient sur la fortification avaient les yeux levés vers le ciel, quelques-uns agitaient leur képi, c'était un ballon qui passait au-dessus de nos têtes, entraîné par un vent d'Est. Il ne se tenait pas à une grande hauteur et on apercevait distinctement le marin qui le montait agiter son béret.

M. Benoît disait : Ce ballon est trop près de terre, les Allemands vont tirer dessus et ce ne serait pas difficile de l'atteindre. Mais, comme il disait ces mots, le marin jeta du lest et aussitôt l'aérostat s'éleva rapidement, il était maintenant hors de portée et M. Risler laissa échapper un soupir de soulagement.

— Nous voici arrivés à Auteuil, dit M. Benoît, descendons. Comme nous rentrions à pied tout doucement, réfléchissant à ce que nous avions vu, nous aperçûmes un rassemblement formé autour d'une affiche.

— Allons voir ce que c'est, dit M. Risler. Il s'approcha aussitôt et revint bientôt vers nous, les traits bouleversés.

— Qu'y a-t-il donc, demanda M. Benoît, effrayé ?

— Les Allemands se sont emparés de Strasbourg et de Toul, répondit M. Risler, la gorge contractée par l'émotion et pouvant à peine parler.

En effet, voici ce qu'on lisait sur l'affiche :

« *Le Gouvernement vous doit la vérité sans détours, sans commentaires.*

« *Les coups redoublés de la mauvaise fortune ne peuvent plus déconcerter vos*
« *esprits, ni abattre vos courages. Vous attendiez la France mais vous ne comptiez*
« *que sur vous-mêmes ; prêts à tout vous pouvez tout apprendre.*

« *Toul et Strasbourg viennent de succomber. Cinquante jours durant, ces deux*
« *héroïques cités ont essuyé avec la plus mâle constance une véritable pluie de boulets*

« *et d'obus. Épuisées de munitions et de vivres, elles défiaient encore l'ennemi. Elles*
« *n'ont capitulé qu'après avoir vu leurs murailles abattues crouler sous le feu des*
« *assaillants. Elles ont en tombant, jeté un regard vers Paris, pour affirmer une fois*
« *de plus l'unité et l'intégrité de la Patrie, l'indivisibilité de la République, et nous*
« *léguer avec le désir de les délivrer l'honneur de les venger.*

GAMBETTA.

Strasbourg, la capitale de l'Alsace, tombée au pouvoir des Prussiens ! M. Risler semblait ne pouvoir croire à cette terrible nouvelle et parlait tout seul, en marchant, me tenant par la main. Il nous quitta à la porte de notre maison et refusa de monter pour se rafraîchir.

DIMANCHE, 9 OCTOBRE

Les Allemands semblent renoncer à prendre Paris de vive force. — Nous n'avons pas de provisions. — Combien durera notre résistance ? — Départ de M. Gambetta en ballon. — Proclamation à l'adresse des départements. — Il faut s'attendre à tout. — Les tristes pressentiments de ma mère. — Une proposition pour le jour de Noël. — Voilà Virginie qui m'appelle! — La grande colère de Mme Benoît. — Et mon papier pelure d'oignon ? — Comment Paris correspondra avec la province. — Les pigeons voyageurs. — Chez le fruitier Le Mansec. — Le prix des vivres augmente considérablement. — Il faut vous venger. — C'est du cheval ! — Une poignée de nouvelles.

Quel beau temps ! Mon père ouvre la fenêtre et l'air pur du matin entre dans notre salle à manger ; M. Bardoux se promène déjà dans son jardin, il va et vient en lisant son journal, et lorsqu'il nous tourne le dos j'aperçois son mouchoir à carreaux rouges qui sort de la poche de sa redingote ; le bruit de la fenêtre ouverte lui fait lever la tête et il nous salue d'un petit signe amical.

— Quel beau temps! lui crie mon père.

M. Bardoux s'approche :

— Oui, un bien beau temps, répond-il, et vous ne pouvez plus maintenant aller à votre campagne.

— C'est vrai et cela nous prive beaucoup ; vous souvenez-vous, M. Bardoux, avec quel plaisir on s'apprêtait le dimanche de bonne heure afin de se trouver le plus tôt possible au milieu de la verdure, en plein air, mais voilà ! la Verdurette se trouve à la limite extrême de nos avant-postes, de l'autre côté de la Marne l'ennemi a ses grand'gardes et nous n'avons qu'à regarder notre grande glace trouée par une balle prussienne pour n'avoir aucun désir de nous aventurer jusque-là.

— Ce serait risquer inutilement sa vie, dit M. Bardoux, mais c'est une véritable souffrance d'être ainsi enfermés entre des murailles.

— Surtout pour les Parisiens qui aiment tant la campagne.

— Cela se comprend, fit observer M. Bardoux, voilà des gens qui sont enfermés dans des maisons à six étages, souvent dans des rues étroites où l'air ne circule pas, et qui, pendant toute une semaine ont devant les yeux les fenêtres ou le mur de la maison d'en face, ou bien pour les étages supérieurs la vue peu réjouissante des tuyaux de cheminée ; ces gens-là ont besoin d'air, de lumière, de verdure, cela repose les yeux et réjouit le cœur.

Puis on en vint à parler de la situation, mon père pensait que les Prussiens avaient renoncé à prendre Paris de vive force, ils ne risqueront pas, disait-il, de perdre 50 ou 60000 hommes dans un assaut, d'essuyer même peut-être un échec, ils se fortifient maintenant dans les positions qu'ils occupent et ils attendront que la faim nous ait réduits à la dernière extrémité ; dans une ville de deux millions d'habitants cela ne saurait tarder, il est impossible de nourrir longtemps tout ce monde, femmes et enfants.

— Alors, dit ma mère, qui écoutait cette conversation, tenant Juliette sur son bras, nous ne sommes pas au bout de nos souffrances, je regrette bien de n'avoir pas fait de provisions.

— Nous n'en avons pas non plus, dit M. Bardoux, pour moi je ne le regrette

Gambetta quitte Paris en ballon pour se rendre à Tours.

pas, et c'est avec joie que j'endurerai les privations nécessaires, ce qui est certain c'est que nous ne mourrons jamais de faim, vous pouvez vous tranquilliser, Mme Marcel.

— Espérons quand même, disait mon père, mais je crois que notre délivrance viendra de la province; ce qu'il faut c'est que nous autres Parisiens nous fassions en sorte de résister le plus longtemps possible, afin d'immobiliser sous nos murs une armée ennemie de 200000 hommes.

— Selon vous, interrompit M. Bardoux, combien de temps faudra-t-il aux Allemands pour affamer Paris.

— J'ai lu hier dans un journal, répondit mon père, mais je ne crois pas tout ce qui est imprimé et je vous donne ce renseignement pour ce qu'il vaut, que nous avions encore pour un mois de vivres, nous sommes aujourd'hui le 8 octobre, eh bien le 10 novembre, tout sera fini ; il faudrait, à ce compte, que la province se hâtât de venir à notre aide.

— C'est pour cela que M. Gambetta est parti hier en ballon, dit M. Bardoux en dépliant son journal, voici du reste la proclamation et le décret qui viennent de paraître :

« Le Gouvernement de la Défense nationale considérant qu'à raison de la prolongation de l'investissement de Paris il est indispensable que le ministre de l'intérieur puisse être en rapport direct avec les départements et mettre ceux-ci en rapport avec Paris pour faire sortir de ce concours une défense énergique,

« DÉCRÈTE :

« Art. 1. M. Gambetta, membre du gouvernement, ministre de l'intérieur, est adjoint à la délégation de Tours ; il se rendra sans délai à son poste.

« Art. 2. M. Jules Favre, ministre des affaires étrangères, est chargé par intérim du ministère de l'intérieur, à Paris. »

« En exécution de ce décret, le ministre de l'intérieur est parti ce matin même par le ballon. Il a emporté la proclamation qui suit, à l'adresse des départements :

« Français,

« La population de Paris offre en ce moment un spectacle unique au monde : une ville de deux millions d'âmes, investie de toutes parts, privée jusqu'à présent, par la criminelle incurie du dernier régime, de toute armée de secours, et qui accepte avec courage, avec sérénité, tous les périls, toutes les horreurs d'un siège. L'ennemi n'y comptait pas ; il croyait trouver Paris sans défense. La capitale lui est apparue hérissée de travaux formidables, et, ce qui vaut mieux encore, défendue par 400000 citoyens qui ont fait d'avance le sacrifice de leur vie.

« L'ennemi croyait trouver Paris en proie à l'anarchie ; il attendait la sédition, qui égare et qui déprave ; la sédition qui, plus sûrement que le canon, ouvre à l'ennemi les places assiégées ; il attendra toujours. Unis, armés, approvisionnés, résolus, pleins de foi dans la fortune de la France, les Parisiens savent qu'il ne dépend que d'eux, de leur bon ordre et de leur patience, d'arrêter pendant de longs mois la marche des envahisseurs.

« Français ! c'est pour la patrie, pour sa gloire, pour son avenir, que la population parisienne affronte le fer et le feu de l'étranger. Vous qui nous avez déjà donné vos fils, vous qui nous avez envoyé cette vaillante garde mobile dont chaque jour signale l'ardeur et les exploits, levez-vous en masse et venez à nous : isolés, nous saurions sauver l'honneur, mais avec vous et par vous, nous jurons de sauver la France.

Paris, 7 *octobre* 1870.

« *Les membres du Gouvernement de la Défense nationale*,

« GÉNÉRAL TROCHU, JULES FAVRE, EM. ARAGO, JULES FERRY, GAMBETTA, GARNIER-PAGÈS, PELLETAN, E. PICARD, ROCHEFORT, JULES SIMON ».

— Il faut espérer, dit mon père, que ce jeune homme qui est, paraît-il, un ardent patriote, saura nous venir en aide, ce sont nos armées de la province qui seules pourront ramener la victoire sous nos drapeaux, nous ne pouvons raisonnablement compter sur des troupes jeunes et inexpérimentées comme la garde mobile et sur des soldats comme les gardes nationaux pour rompre le cercle de fer qui nous étreint et pour attaquer avec des chances de succès, dans des positions retranchées et bien fortifiées, des soldats aguerris et déjà victorieux.

— Sans doute, disait M. Bardoux, mais lorsque l'ennemi sera assailli par devant et par derrière, ce sera autre chose.

— Aussi, reprit mon père, tout ce que nous pouvons faire maintenant, c'est de le tenir, grâce aux canons des forts et à nos avant-postes, à une bonne distance de l'enceinte de la ville.

— Et d'attendre, le plus longtemps possible ajouta M. Bardoux, car il faudra du temps à nos armées de province pour s'organiser, s'exercer; tous nos soldats, tout notre matériel, sauf l'armée de Bazaine qui tient encore à Metz, est au pouvoir de l'ennemi, il faudra user de toutes nos ressources et pour ainsi dire tout improviser, rappeler les anciens militaires, mettre sur pied toute la partie valide de la nation, tout cela ne se fera pas dans un mois, aussi le siège se prolongera et nous devons nous attendre, quand la mauvaise saison sera venue et que les vivres deviendront rares, à bien des souffrances, la mortalité augmentera, l'ennemi bombardera Paris et ses obus éclateront dans nos rues tuant nos femmes et nos enfants, il faut s'attendre à tout.

Nous en étions là de notre conversation lorsque M. Benoît qui avait sans doute trouvé la clef sur la porte et que nous n'avions pas entendu entrer parce que nous étions auprès de la fenêtre ouverte, s'écria derrière nous :

— Ah ! Mme Marcel... voyons... il ne faut pas vous désoler comme cela.

Alors nous voyons ma mère les larmes dans les yeux, qui tenait Juliette bien serrée contre elle.

— Eh bien, Louise, demanda mon père, qu'as-tu donc ?

— Je ne sais, répondit-elle ; essayant de sourire — mais ce sourire était si triste — j'ai de sombres pressentiments... et puis ce que dit M. Bardoux.

— Vraiment, Mme Marcel, s'écria du jardin M. Bardoux, je ne savais pas que vous étiez là et que vous écoutiez... autrement... du reste, j'exagère certainement, et ni vous ni moi ne savons ce qui nous attend, n'est-ce pas ?

— Sans doute, dit mon père, et moi qui croyais que tu étais une femme courageuse.

— Je tâcherai de l'être, répondit ma mère, en séchant ses larmes.

— Tenez, fit observer M. Benoît, en montrant Juliette qui souriait, sa joue contre celle de ma mère, voilà la plus heureuse de nous tous, elle ne s'inquiète pas de M. de Bismarck, du siège, de la ration de viande; pourvu que le bruit du canon ne l'empêche pas de dormir et qu'elle ait tous les jours ses deux litres de lait...

— Pourvu qu'elle les ait tous les jours, interrompit ma mère, voilà encore ce qui me préoccupe.

— Mais oui, disait mon père, ne crains rien, Juliette aura toujours ce qu'il lui faut, encore quelques semaines de patience.

Alors le bon M. Benoît encourageait ma mère et pour changer les idées s'amusait à agacer Juliette qui lui prit sur la tête son képi de garde civique, car il ne le quittait jamais, disant : Je n'aurai jamais le temps de l'user.

— Vous voudriez bien être à sa place, dit mon père, cela vous rajeunirait de quelques années, n'est-ce pas, mon cher voisin !

— De près de cinquante-quatre ans, M. Marcel, mais oui, à la Noël prochaine j'attraperai les deux cinq. Voilà, on commence à devenir vieux.

— Ah ! vous êtes né le jour de Noël.

— Mais oui, et Noël est un de mes prénoms, l'autre est François.

— Je le sais... mais voici à quoi je pensais, le jour de Noël si nous sommes délivrés, si nos armées victorieuses ont chassé les Prussiens, si nous sommes libres, eh bien alors, nous fêterons tous ensemble avec Mme Benoît et Charlot, ici, à cette table, l'anniversaire de votre naissance, nous boirons du champagne à votre santé, Mme Rousseau et Angèle seront des nôtres... si ma femme a de tristes pressentiments, moi du moins je veux espérer quand même et toujours.

Et vous aussi M. Bardoux, dit mon père, en s'adressant à notre instituteur qui venait d'entrer, afin de s'excuser d'avoir provoqué les larmes de ma mère.

— Mais certainement, s'écria M. Bardoux quand mon père l'eut mis au courant de son intention, certainement moi aussi j'ai confiance et j'accepte... et je suis bien fâché, Mme Marcel, oui, je suis bien fâché de vous avoir attristée. Pardonnez-moi.

— Oh ! certes oui, M. Bardoux, s'écria ma mère, c'est du reste de ma faute. Je ne sais vraiment ce que j'ai aujourd'hui. Vous savez il y a des jours où l'on est gai ou triste sans trop savoir pourquoi.

Nous étions tous émus et silencieux lorsque tout à coup, dans l'escalier, on entendit une voix retentir comme un appel de trompette :

— François ! François !

— Ah ! s'écrie M. Benoît, voilà Virginie qui m'appelle, elle ne me semble pas de trop bonne humeur, à en juger par le ton de sa voix. Je vais voir ce qu'elle désire.

— Mais il n'a pas plutôt ouvert la porte que Mme Benoît entre comme un ouragan, se campe au milieu de la chambre, les poings sur les hanches, et dit à son mari, en remuant la tête : Eh bien ?

— Eh bien ! quoi ? demande M. Benoît tout étonné.

— Quoi ? il demande quoi, s'écrie-t-elle en se croisant les bras... mais, Benoît, il y a une heure que j'attends.

— Ah ! c'est vrai ! exclame M. Benoît, cette fois complètement ahuri, c'est vrai, j'ai oublié...

— Voyez-vous, dit Mme Benoît, d'un petit air pincé, en montrant son mari de la main... il a oublié !

— Attends, ma bonne, je vais réparer mon oubli et, se tournant vers mon père, M. Marcel, dit-il, j'étais venu pour vous demander....

— Comment, s'écria Mme Benoît, il ne vous a pas encore parlé de ça. Ah ! par exemple, c'est trop fort. Mais qu'est-ce qu'il fait donc chez vous depuis deux heures qu'il est là à causer?

Mme Benoît était bien la meilleure femme du monde, elle était vive, emportée, le temps de tourner la main, comme elle le disait elle-même, ses griefs, souvent imaginaires et toujours très exagérés étaient déjà oubliés. Ses colères amusaient beaucoup mon père, car elles ne tournaient jamais au tragique.

— Calmez-vous, Mme Benoît, dit mon père, votre mari va réparer son oubli.

— Il est bien temps! Croyez-vous une chose pareille, je lui demande de vous prier de me dire ce que je dois inscrire sur l'enveloppe de la lettre que j'envoie à ma sœur qui est à Parcé, dans la Sarthe, et le voilà qui s'attarde à causer avec vous, pendant que je l'attends depuis plus de trois heures!

— Mais vous n'avez qu'à inscrire l'adresse, comme de coutume, répondit mon père, vous indiquerez dans l'un des coins de l'enveloppe : *Par ballon monté*. Vous paierez double affranchissement et vous jetterez votre lettre dans la première boîte venue.

— Eh bien voilà... c'était bien difficile. Tu ne pouvais pas demander cela à M. Marcel. Et maintenant, donne-moi le papier à lettre et je descends écrire à ma sœur Marguerite.

— Ah, oui,... le papier à lettre, répond M. Benoît en tâtant ses poches. Est-ce que par hasard je l'aurais aussi oublié.

Sa femme le regarde chercher dans ses poches, sans rien dire.

— Mais oui, je l'ai oublié, dit M. Benoît d'un air confus.

— Voyez-vous ça, il a oublié mon papier à lettre, s'écria Mme Benoît, qui cette fois était pour tout de bon en colère... du papier à lettre pelure d'oignon, que je lui avais recommandé d'acheter.

M. Benoît ne savait trop quelle contenance tenir, il était assurément dans son tort.

Mme Benoît s'écria: Tiens veux-tu que je te dise, Benoît, eh bien...

— Ne dis rien du tout, ma bonne, interrompit M. Benoît, oui, je suis dans mon tort, je le reconnais. Je suis bien coupable!

— C'est cela ne dites rien du tout, s'écria mon père que cette petite scène avait mis en bonne humeur ainsi que M. Bardoux. Louis ira vous chercher votre papier à lettre, vous l'aurez dans cinq minutes.

— Je regrette bien de vous donner cette peine, dit Mme Benoît subitement calmée par la bonne humeur de mon père et par la mine déconfite de son mari, mais j'ai envoyé Charlot faire une commission, il n'est pas encore revenu et comme j'ai un moment de libre je voudrais écrire ma lettre afin de l'envoyer le plus tôt possible.

Je fus bientôt de retour, apportant à Mme Benoît le papier à lettre spécial qu'elle désirait. M. Benoît me jeta un regard reconnaissant comme si je venais de le tirer d'un grand embarras.

La grande colère de Mme Benoît avait eu un heureux résultat, elle avait détourné les tristes pensées de ma mère. M. Bardoux allait se retirer lorsque Charlot, qui avait sans doute entendu la voix de sa mère, entra chez nous et après nous avoir souhaité le bonjour demanda à voir le papier pelure d'oignon qu'elle tenait à la main.

Sa mère le lui montra, c'était un papier très léger sur lequel les Parisiens écrivaient leurs lettres. M. Bardoux nous expliqua que comme ces lettres étaient emportées par les ballons-poste qui avaient maintenant des départs réguliers, elles devaient être aussi légères que possible ; quand le ballon attérissait en dehors des lignes de l'ennemi, toutes ces lettres étaient aussitôt portées au bureau de poste le plus proche et distribuées ensuite à leur adresse.

— Mais nous autres, demanda Charlot, comment recevrons-nous une réponse ?

— Nous la recevrons par les pigeons voyageurs, répondit M. Bardoux, c'est par ce moyen que le gouvernement sait ce qui se passe en province, ce sont des messagers volants, c'est à tort qu'ils sont appelés pigeons voyageurs, car ces pigeons, d'une race spéciale, ont un grand attachement pour le lieu où ils sont nés et où se trouve leur progéniture; lorsqu'on les transporte au loin et qu'ensuite on les rend à la liberté, ils s'élancent aussitôt verticalement dans les airs, planent à une grande hauteur en décrivant quelques cercles concentriques, puis soudain prennent directement leur vol vers l'endroit d'où ils ont été apportés.

Pigeons voyageurs.

— C'est étrange, fit observer M. Benoît, que ces oiseaux puissent se diriger ainsi, à des distances de 150 ou 200 lieues, vers un but qu'ils ne peuvent par conséquent apercevoir.

— C'est en effet inexplicable, répondit M. Bardoux, car ce n'est pas résoudre la question en disant qu'ils sont guidés par leur instinct.

— Alors, demanda Charlot, on leur attache au cou une petite lettre.

— Oui, dit mon père en souriant, avec une petite faveur rose.

— Non, Charlot, continua M. Bardoux, on emploie un procédé très ingénieux ; un bureau central, établi à Tours, reçoit les dépêches de province, elles doivent être très succinctes, elles sont copiées ou autographiées sur une feuille unique, ensuite au moyen de la photographie ces dépêches sont reproduites, en caractères microscopiques sur une feuille de collodion qui est roulée et introduite dans un tuyau de plume que l'on attache à une plume de la queue du pigeon. Ainsi, les pigeons emportés hors de Paris en ballon, sont dirigés sur Tours, quel que soit le lieu où le ballon atterit, et, lâchés à Tours, apportent à Paris le petit tuyau de plume et son contenu.

— Mais, demanda Charlot, on ne peut avoir beaucoup de nouvelles par ce moyen.

— C'est une erreur, mon ami, répondit M. Bardoux, le dernier pigeon arrivé au colombier du boulevard Montparnasse, était chargé, outre les dépêches du gouvernement, de 225 autres dépêches privées dont la totalité se trouvait réunie sur un papier mesurant trente millimètres de hauteur sur quarante de largeur, aussi les caractères, ou si tu aimes mieux, l'écriture microscopique, est lue au moyen d'un appareil à projection qui la grossit ; les dépêches sont ensuite recopiées et envoyées à leur adresse.

Queue de pigeon voyageur montrant comment étaient attachées les dépêches.

— Et, demanda encore Charlot, les pigeons voyageurs ne s'arrêtent pas en route ?

— Non, répondit M. Bardoux, ils volent directement vers leur but sans s'arrêter et aussi rapidement que possible ; et quand ils n'ont pas à lutter contre le vent leur vol est si rapide qu'ils peuvent parcourir 100 kilomètres à l'heure, ce qui est la plus grande vitesse que puisse atteindre une locomotive.

Vers dix heures je suis allé avec ma mère chercher les provisions nécessaires pour notre déjeuner, et comme de coutume je portais son panier, il nous fallut attendre longtemps chez le boucher pour recevoir un petit morceau de viande à peine suffisant pour une personne ayant bon appétit, ensuite nous allâmes chez le fruitier, un Breton qui se nommait Le Mansec, Mme Benoît venait d'entrer dans sa boutique.

— Combien ces pommes de terre, demande Mme Benoît ?

— 4 francs le boisseau, répond le fruitier.

— Et ces carottes.

— 2 francs la botte ?

— Mais cela valait autrefois 4 sous, s'écrie Mme Benoît.

— C'est à prendre ou à laisser, répond le fruitier.

— Vous me laisserez bien ce chou-fleur pour 1 franc.

— Impossible, c'est 2 francs, répond encore le fruitier qui servait d'autres clients.

— C'est honteux, s'écrie Mme Benoît, qui n'était jamais bien longue à se mettre en colère, vous autres commerçants, vous profitez de notre malheureuse situation et tout ça pour gagner de l'argent.

— Je n'en suis pas cause, répond le fruitier.

— Ce ne sont pas les légumes qui manquent, répond vivement Mme Benoît, mais vous faites vos prix, vous nous affamez, c'est honteux.

Il y avait là plusieurs personnes qui semblaient, par leur silence, encourager Mme Benoît dans ses reproches, un peu vifs, il faut en convenir ; on voyait bien, d'après leur physionomie, qu'elles pensaient également que le fruitier voulait gagner beaucoup d'argent au détriment des pauvres gens, mais enfin il faut bien manger, et comme on était rationné pour la viande et que, d'une manière comme de l'autre l'estomac voulait son compte, on cherchait à se procurer des légumes.

— Quand j'achète les légumes cher, fit observer le fruitier, je suis bien obligé de les revendre cher ; et il faut que je trouve mon petit bénéfice.

— Votre petit bénéfice, s'écria Mme Benoît, en haussant les épaules.

— Enfin, dit le fruitier, impatienté, si vous n'en voulez pas, laissez-les.

— Et c'est ce que je fais, si tout le monde faisait comme moi vous seriez bien obligé de baisser vos prix.

Elle allait encore dire des choses désagréables au fruitier, car c'était une rude commère qui voulait toujours avoir le dernier mot, lorsque ma mère qui pendant ce temps s'était fait mesurer un boisseau de pommes de terre qu'elle dut payer le prix demandé, se retira ; Mme Benoît, toujours furieuse, sortit sans rien acheter, de sorte que, en rentrant à la maison, elle fut bien heureuse de partager avec ma mère le boisseau de pommes de terre.

Ma mère a dépensé beaucoup d'argent et rapporte peu de chose, aussi ne peut-elle dissimuler ses inquiétudes, ce qui la préoccupe le plus, c'est d'assurer notre bien-être et de pourvoir à notre nourriture ; elle s'ingénie à nous faire oublier que nous sommes des assiégés, déjà réduits au strict nécessaire. Quant à moi, je pensé à Mme Benoît qui préfère encore payer deux francs un demi-boisseau de pommes de terre pour ne pas entamer les provisions qu'elle a eu la prévoyance de faire.

Cet après-midi nous ne sommes pas sortis bien qu'il fît un temps superbe. Nous sommes allés, Charlot et moi, jouer dans le jardin de M. Bardoux. Angèle et Mme Rousseau sont venues comme de coutume tenir compagnie à ma mère. Vers quatre heures j'étais auprès de mon père qui regardait par la fenêtre donnant sur la rue lorsqu'il aperçut M. Benoît qui revenait de monter sa garde au poste de la garde civique et rentrait chez lui, le képi sur l'oreille. Mon père lui fit signe de l'attendre, et mettant aussi son képi il sortit ; je lui demandai de me permettre de l'accompagner et il y consentit.

— Mon père aborda M. Benoît et lui dit : Si vous n'avez rien à faire vous allez venir avec moi.

— Où donc, demanda M. Benoît.

— Je vous le dirai tout à l'heure ; vous avez été « secoué » ce matin à cause du papier pelure d'oignon, il faut vous venger.

— Me venger, s'écria M. Benoît, je n'oserai jamais.

— Si cela tourne mal, vous mettrez tout sur mon dos ; voici ce que nous allons faire, il y a dans la rue Saint-Placide une boucherie de cheval, on peut s'en procurer sans carte et en obtenir la quantité que l'on désire ; faites manger du cheval à Mme Benoît, vous ne direz rien.

— C'est une idée ça, s'écria M. Benoît, avec un petit air malin que je ne lui connaissais pas, Virginie va être bien attrapée !

— Je ménage la même surprise à ma femme, dit mon père, et si par hasard Mme Benoît se fâchait vous n'auriez qu'à me l'envoyer, je me charge de la calmer.

M. Benoît vint donc avec nous à la boucherie hippophagique et nous achetâmes deux superbes morceaux de viande de cheval qui avaient très bel aspect.

— Nous dirons, insinua mon père, que nous avons pu nous procurer ces morceaux de « bœuf » grâce à notre qualité de gardes civiques, du reste, on ne nous demandera pas beaucoup d'explications et ils seront bientôt dans la marmite.

Précisément Virginie était sur le seuil de sa porte, elle semblait attendre Benoît et ne semblait pas de bonne humeur, mais à la vue de la viande qu'il lui montra aussitôt disant d'un ton triomphant en clignant de l'œil d'un air malin : « nous avons réussi à nous en procurer », un large sourire de satisfaction éclaira sa figure rougeaude.

Rentré chez nous, mon père posa la viande sur la table, disant à ma mère : Il n'est pas tard, tu auras le temps de nous faire pour notre dîner un bon pot-au-feu.

Le pot-au-feu mijota le temps nécessaire et quand il fut servi sur la table il exhalait une bonne odeur tout à fait réjouissante, il y avait déjà longtemps que nous n'avions été à pareille fête.

— Nous en donnerons un peu à Juliette, dit ma mère, car ce bouillon a l'air tout à fait bon, il a des yeux !

— Mais certainement, répondit mon père, et quand le bouillon fut dans les assiettes il s'empressa d'avaler le sien sans broncher. J'en fis autant, surmontant d'un coup ma répugnance, et Juliette tendit son assiette disant : Entore, entore; quant à ma mère, elle cherchait à chaque cuillerée à se rendre compte, enfin elle vida son assiette pendant que mon père la considérait du coin de l'œil et que je réprimais une forte envie de rire.

— Voilà tout de même un bouillon qui a un drôle de goût, dit-elle.

— Eh bien vous venez de manger du bouillon fait avec de la viande de cheval, s'écria mon père, ça n'est pas trop mauvais.

— Bouillon à dada, dit Juliette qui était toujours de bonne humeur.

Nous eûmes un accès de fou rire :

— Si j'avais su cela plus tôt, dit ma mère, je n'aurais peut-être pas pris ce bouillon, mais après tout, ça n'est pas trop mauvais, et puis il faut bien s'habituer, dès maintenant, aux privations que nous ne tarderons pas à subir.

Malgré tout, on fit honneur à la viande de cheval, il est vrai que nous avions très faim et que l'appétit est le meilleur des cuisiniers, du reste, cette viande fut accompagnée de beaucoup de cornichons et de petits oignons que ma mère faisait elle-même confire, avec de l'estragon, dans du vinaigre, de sorte que la sauce fit manger le poisson.

Nous venions à peine de terminer notre dîner lorsque Mme Benoît entra comme un ouragan, tournant la clef d'un seul coup.

— Eh bien ! s'écria-t-elle, vous en avez mangé ?

— Mais oui, répondit ma mère.

— Et vous n'êtes pas malade ?

— Pas du tout.

— Eh bien, moi, à la première cuillerée je me suis bien aperçue que ce n'était pas du bouillon de bœuf. Quelle est cette viande, ai-je demandé à Benoît? Mais c'est de la viande, m'a-t-il répondu... Mais quelle viande? Alors il a hésité, mais comme il voyait que j'étais sur le point de me mettre en colère il m'a répondu : C'est du cheval ! et ça n'est pas moi qui ai eu cette idée-là, c'est M. Marcel. J'ai tout laissé là et il s'est mis à rire, Ah ! je ne m'y suis pas laissé prendre. Eh bien savez-vous ce qu'il a fait ? il a tout mangé, il prétend maintenant que le cheval est meilleur que le bœuf !

— C'est un philosophe, dit mon père, et il a raison, peut-être serez-vous bien heureuse, un jour, Mme Benoît, d'avoir du cheval à manger.

Et Mme Benoît s'en est allée disant que tout ce qui arriverait ce serait la faute des hommes et que les femmes n'étaient pas si bêtes qu'eux, au moins elles ne se faisaient jamais la guerre.

Enfin, comme je ne veux rien omettre des évènements de cette semaine, j'annoncerai : 1° que je suis possesseur d'une boîte de plumes à pointes dorées remarquée depuis longtemps à l'étalage de la papeterie de M. Chélu et que mon père a consenti à m'acheter; 2° que le joyeux Léon est venu jeudi et qu'il ne nous a pas annoncé son arrivée par le chant : Gloire immortelle de nos aïeux ! Nous l'avons à peine entrevu, je crois que les reproches de mon père, auquel Angèle donne raison, lui ont été sensibles, mais Mme Rousseau est pleine d'indulgence pour son Léon, il n'est pas resté longtemps, du reste; 3° que mon père a monté trois fois la garde, pendant deux heures chaque fois, au poste de la garde civique; enfin 4° Angèle a écrit une longue lettre à André, nous l'avons lue avec émotion car la bonne Angèle l'avait écrite avec son cœur, cela se voyait bien à chaque ligne, aussi la réponse ne s'est pas fait attendre, nous l'avons reçue hier matin samedi ; André va bien et il n'y a rien de nouveau.

JEUDI, 13 OCTOBRE

Arrivée de Gambetta en province. — En route pour voir les ballons. — Physionomie de Paris. — La gare d'Orléans. — Ce qui prouve qu'avec de la politesse... — Le départ d'un ballon-poste. — Les lettres et les pigeons. — Lâchez tout! — Le retour. — L'incendie du château de Saint-Cloud. — Visite du cousin Étienne. — C'était plus fort que moi. — Un entretien secret.

La dépêche suivante de Gambetta a été affichée mardi dernier sur les murs de Paris :

Montdidier (Somme), 8 heures du soir.

« *Arrivé après accident en forêt, à Épineuse. Ballon dégonflé. Nous avons pu échapper aux tirailleurs prussiens et grâce au maire d'Épineuse venir ici, d'où nous*

Léon Gambetta.

partons dans une heure pour Amiens, d'où voie ferrée jusqu'au Mans et à Tours. Les lignes prussiennes s'arrêtent à Clermont, Compiègne et Breteuil, dans l'Oise. Pas de Prussiens dans la Somme. De toutes parts on se lève en masse. Le gouvernement de la Défense nationale est partout acclamé. »

Cette dépêche, apportée par un pigeon, a de nouveau fortifié les espérances de mon père dans l'aide que nos frères de province ne tarderaient pas à nous apporter puisqu'ils se levaient en masse, et elle amena la conversation sur les ballons qui nous rendaient en ce moment de si grands services ; mon père me permit d'aller aujourd'hui jeudi à Montmartre avec Charlot, peut-être aurions-nous la chance de voir partir un ballon-poste. En tout cas, c'était un but de promenade.

Aussi, à peine m'étais-je mis à table pour déjeuner que Charlot arrivait, déjà prêt, disant :

— Tu me laisses siffler en bas et tu ne viens pas, j'aime mieux monter.

Cette fois, il n'oublia pas de nous souhaiter le bonjour et il s'assit à côté de moi ; de temps à autre il me poussait le coude, cela voulait dire :

— Dépêche-toi donc, afin que nous puissions partir plus tôt.

— Je ne vous conseille pas d'aller à Montmartre pour voir les ballons, nous dit mon père, il n'y en a plus.

La figure de Charlot s'allongea et j'étais moi-même vivement contrarié lorsque mon père ajouta :

— Ils partent maintenant de la gare d'Orléans, c'est là que se trouve l'école d'aéronautes, dirigée par MM. Godard frères.

— Vous nous permettrez, demandai-je, d'aller à la gare d'Orléans?

— Certainement, répondit mon père, ce n'est pas plus loin que Montmartre.

Ma mère me fit revêtir mes habits du dimanche et me glissa quelques sous dans la main pendant que mon père était absorbé dans la lecture de son journal, puis elle nous recommanda de rentrer de bonne heure, avant la nuit.

Nous prenons la rue de Vaugirard et nous arrivons au Luxembourg ; le jardin était fermé et on pouvait apercevoir, à travers les grilles, des moutons qui erraient à l'aventure et avaient bien l'air de mourir de faim, car ils rongeaient l'écorce des arbres, et plus loin, du côté du pavillon, des canons sur leurs affûts bien alignés, ainsi que des caissons ; tout en marchant je songeais à ce rapprochement étrange : des canons et des moutons à cette même place où jouaient autrefois les enfants et où les bonnes gens se promenaient paisiblement en se chauffant au soleil.

Sur notre route, j'observais avec curiosité la physionomie nouvelle que présentait Paris à cette époque et qui allait chaque jour s'accentuant davantage, les rues ne présentaient plus leur animation accoutumée, la circulation était bien moins active, de temps à autre passait un omnibus qui se hâtait... lentement, les fiacres étaient rares, car les chevaux avaient été réquisitionnés pour le service de l'artillerie, dans un grand nombre de maisons les volets étaient clos, beaucoup de boutiques étaient vacantes, les unes occupées par des postes de gardes civiques, les autres transformées en vacheries. Quant au Jardin des Plantes que nous traversions, il n'avait pas changé d'aspect, les animaux occupaient toujours leurs emplacements habituels, comme toujours l'éléphant quêtait du pain avec sa trompe, l'hippopotame faisait déborder son bassin montrant de temps à autre sa tête monstrueuse, les singes gambadaient dans leur vaste pavillon et grimaçaient derrière les grillages, le lion de Numidie regardait le public clairsemé avec une superbe indifférence ; ils ne pouvaient se douter de la triste fin à laquelle, pour la plupart, ils étaient destinés.

— Comme c'est triste, fit observer Charlot, en entrant dans la gare du chemin de fer d'Orléans, tous les bureaux sont fermés et il n'y a plus un seul voyageur.

On ressentait en effet, malgré soi, en pénétrant dans cette vaste gare, autrefois animée et bruyante, maintenant déserte et silencieuse, une grande impression de tristesse, les salles d'attente étaient fermées et nous étions là tous deux, ne sachant où aller et cherchant des yeux quelqu'un qui voulût bien nous renseigner, lorsque l'une des portes qui donnaient accès dans ces salles s'ouvrit, plusieurs personnes en sortirent et se dirigèrent vers nous.

Parmi ces personnes se trouvait un monsieur coiffé d'une casquette ornée de plusieurs galons d'or, il nous aperçut et sembla étonné de nous voir là, semblant attendre quelqu'un ; en passant devant nous il nous demanda familièrement : Qu'est-ce que vous faites-là, mes amis.

Je retirai ma casquette, et je lui répondis bien poliment :

— Monsieur, nous sommes venus pour voir les ballons.

Ce monsieur se mit à rire et dit : « Ah ! vous êtes venus pour voir les ballons » ; puis il nous considéra un instant, et il faut bien croire qu'il eut de nous une bonne opinion, car s'adressant à l'une des personnes qui l'accompagnait, il dit : Vous laisserez entrer ces deux jeunes garçons, mais ils ne toucheront à rien, c'est bien entendu.

— Non, non, monsieur, répondis-je, en même temps que Charlot, nous ne toucherons à rien, c'est bien entendu.

Je ne saurai dire combien nous étions heureux de pouvoir pénétrer dans l'intérieur de la gare, je veux dire sur le quai d'embarquement, c'est peut-être parce que l'entrée en était interdite au public, car on apprécie toujours davantage pour soi-même ce qui est interdit aux autres; donc nous suivîmes notre guide après avoir, ce que j'oubliais de dire, vivement remercié ce monsieur que je sus plus tard être M. Eugène Godard ; il avait été chargé par le gouvernement de la Défense nationale de la construction des ballons, et il avait en outre pour mission, ainsi que son frère Jules, de diriger une école d'aéronautes dont les élèves se recrutaient parmi les marins, lesquels, comme on sait, n'ont jamais eu froid aux yeux et se souciaient comme d'une guigne d'affronter les périls d'une ascension, ils ont bien prouvé depuis qu'ils ne craignaient pas les balles prussiennes.

Donc, nous entrons tous deux dans cette vaste nef, le sifflet des locomotives arrivant essoufflées ou bien prêtes à partir ne se faisait plus entendre, on n'était plus assourdi par le bruit de la vapeur s'échappant des chaudières, la solitude et le silence avaient succédé au va-et-vient continuel des voyageurs affairés et aux rumeurs inséparables de l'activité et du mouvement ; la guerre et quelque chose même de plus terrible que la guerre : l'invasion, avait suspendu toutes les relations.

— Tiens, me dit Charlot, regarde là-bas.

Je suivis la direction indiquée par son doigt ; auprès de quelques wagons immobiles sur des rails autrefois brillants et polis par le passage des trains et maintenant déjà rongés par la rouille, j'aperçus rangés avec ordre tous les accessoires, nécessaires à un ballon, nacelles en osier, filets, cordages, etc.

On dit que les enfants n'ont pas les yeux dans leur poche ; cependant nous n'avions pas vu en entrant, sans doute parce que nous leur tournions le dos, deux ballons déjà gonflés, munis de leur nacelle, prêts à partir et retenus par des amarres ; auprès d'eux un officier de marine se promenait à grands pas, et de temps à autre regardait sa montre, des employés de la poste allaient et venaient, apportant des paquets soigneusement ficelés qui étaient aussitôt pesés et placés dans la nacelle.

Je devinai aussitôt ce que contenaient ces paquets, c'étaient les lettres que les Parisiens assiégés envoyaient à leurs parents et à leurs amis, et je m'expliquai maintenant pourquoi la poste exigeait qu'elles fussent écrites sur du papier pelure d'oignon, puis je pensais à toutes ces familles dispersées par la guerre comme le vent balaie et disperse les feuilles mortes, que d'espoirs, que de consolations, que de bonheur pour bien des cœurs renfermaient ces petits paquets soigneusement étiquetés, je me figurais les exilés de la grande ville, les parents, les enfants, recevant des nouvelles de leurs pauvres assiégés. Charlot tout en regardant curieusement ce qui se passait autour de lui faisait sans doute les mêmes réflexions, car il me demanda : Et les pigeons ?

Un marin qui passait auprès de nous avait entendu cette question et malgré notre jeune âge prit la peine de répondre.

— Ils ne vont pas tarder à arriver, nous les attendons.

En effet, quelques instants après, on apporta, avec toutes sortes de précautions, une cage en osier dans laquelle se trouvaient plusieurs pigeons voyageurs.

M. Eugène Godard était revenu et surveillait lui-même, avec le plus grand soin, les derniers préparatifs du départ : il n'attendait plus sans doute que l'arrivée des pigeons, car dès qu'on eut placé à terre la cage qui les contenait, il fit un signal en levant le bras, aussitôt une sonnerie de clairon retentit et une équipe de marins conduite par plusieurs quartiers-maîtres sortit des baraquements qui se trouvaient de l'autre côté de la voie et se dirigea vers le ballon.

— Combien avez-vous de kilogrammes de dépêches, demanda M. Godard à un employé des postes qui se tenait auprès d'une bascule.

L'employé consulta son carnet, il y eut entre eux un échange d'observations et M. Godard finit par dire : Sept cents kilogrammes peuvent partir de suite.

Pendant que les marins entouraient le ballon maintenant solidement les amarres, M. Godard veillait à ce que les sacs de dépêches qu'il avait fait peser devant lui, fussent soigneusement arrimés dans la nacelle, il inspecta minutieusement les cordages, fit manœuvrer la soupape, tout cela au milieu d'un silence solennel ; la cage en osier contenant les pigeons voyageurs fut solidement attachée en dehors de la nacelle, le *guide-roop* était en place, rien ne manquait, *c'était paré.*

Comme nous suivions attentivement les moindres mouvements de M. Godard, nous n'avions pas vu arriver un matelot qui portait une peau de mouton par dessus sa vareuse, il était accompagné d'un officier de marine avec lequel il causait et qui semblait lui donner ses dernières instructions, plusieurs personnes l'entouraient et semblaient toutes avoir quelque chose à lui dire ou une recommandation à lui adresser.

— C'est lui qui va partir dans le ballon, me dit Charlot en me poussant du coude.

— Oui, lui répondis-je, c'est pour cela qu'il est chaudement vêtu.

A la place que nous occupions nous ne gênions personne et nous ne perdions aucun détail de cette scène que je n'oublierai de ma vie.

La nuit arrivait rapidement (nous étions au 14 octobre). Je sus depuis que le départ des ballons avait été fixé pendant la nuit afin que l'obscurité les mît à l'abri des balles prussiennes dans la zone dangereuse qu'ils avaient à traverser en s'élevant au-dessus de Paris.

En ce moment le sourd grondement du canon ne cessait de se faire entendre, il semblait y avoir à la tombée de la nuit une recrudescence d'acharnement dans l'attaque comme dans la défense, parfois une vive lueur illuminait l'horizon et la détonation sourde et prolongée d'une grosse pièce de marine se répercutait dans la gare, le matelot, un beau garçon à la figure ouverte et intelligente, respirant la vigueur et l'énergie, écoutait en souriant et avec attention les dernières recommandations qui lui étaient faites, tous les assistants étaient silencieux et recueillis, il prit place dans la nacelle, les personnes qui l'entouraient lui serrèrent la main, ainsi que l'officier de marine, puis ils s'éloignèrent, et, au commandement de « lâchez tout » le ballon s'éleva rapidement dans les airs, le vent soufflait du Nord-Est, disait-on, et l'occasion ne pouvait être plus favorable (1).

Ma mère nous avait bien recommandé de rentrer avant la nuit, mais le temps s'était écoulé si vite que la nuit était venue, nous avions même oublié de goûter, et ce furent les sous que j'entendis sonner dans ma poche qui m'y firent penser. Nous avions faim, mais nous étions fatigués et surtout en retard, aussi nous résolûmes de prendre les nouveaux boulevards Saint-Marcel et de Port-Royal qui nous mèneraient au boulevard du Montparnasse. En arrivant au carrefour de l'Observatoire, nous aperçûmes, une immense lueur qui éclairait l'horizon du côté de l'Ouest, c'était le château de Saint-Cloud qui brûlait.

Le Palais de Saint-Cloud, incendié par les Prussiens.

Auprès de nous, deux passants qui causaient ensemble disaient qu'un grand combat avait eu lieu dans la journée, du côté de Bagneux, on avait appris que le comte de Dampierre qui commandait les mobiles de l'Aube et qui marchait bravement à leur tête afin de leur apprendre par son exemple à mépriser le danger, avait été tué ; nous avions eu l'avantage et les Prussiens avaient été vigoureusement repoussés, mais on disait toujours cela.

Il était bien près de six heures quand nous arrivâmes à la maison, Charlot me quitta au pied de l'escalier, enchanté de son après-midi ; en entrant chez nous je

1. Presque tous les ballons partis de Paris tombèrent en France, en dehors des atteintes de l'ennemi, qui tirait sur eux sans pitié et cherchait à s'en emparer ; plusieurs cependant furent entraînés en Allemagne par les courants d'Ouest leurs et aéronautes prisonniers furent un moment menacés de mort par les autorités prussiennes. Le ballon *La Ville d'Orléans*, parti le 24 novembre, tomba à cent lieues au nord de Christiania en Norwège; deux autres : le *Jacquard* monté par le marin Prince et le *Richard-Wallace* monté par le soldat E. Lacaze, se perdirent corps et biens, on n'en eut jamais de nouvelles.

fus tout étonné d'y trouver le cousin Étienne, il venait d'arriver et expliquait à ma mère que les mobiles de la Côte-d'Or étaient campés loin d'ici, en avant de la redoute de Gravelle, dans la presqu'île de Saint-Maur, leur service de grand'-garde était très pénible et ils échangeaient continuellement des coups de fusil avec les avant-postes prussiens; tout en causant je vis bien qu'il regardait souvent Angèle qui travaillait avec ma mère et Mme Rousseau à la confection d'une robe pour l'hiver.

Mon père est rentré bien exactement à son heure habituelle et a été agréablement surpris en voyant Étienne, mais il n'a pu s'empêcher de lui demander s'il avait obtenu la permission de venir à Paris.

— Je n'ai pas de permission, répondit franchement Étienne, je me suis échappé, j'avais un si grand désir de vous voir!

Mon père qui place le devoir avant tout ne s'est pas fait faute de le réprimander.

— C'était plus fort que moi, répondit Étienne, oui c'était plus fort que moi.

Et le voilà qui tombe en contemplation devant Angèle, qui un peu gênée et déjà rougissante affecte de ne pas s'en apercevoir, et continue à coudre, bien posément, les yeux sur son ouvrage.

— Tu dînes avec nous, demanda mon père.

— Mais oui, mon oncle, si vous voulez bien, je ne puis rentrer que ce soir entre chien et loup, avant l'appel de neuf heures.

— Tu n'es pas de garde au moins, et ton départ n'entraînera pas un défaut de surveillance.

— Oh non, mon oncle, autrement je ne serais pas ici, je n'avais rien à faire ce soir et j'en ai profité.

Puis il nous a demandé des nouvelles d'André et s'est mis à causer avec animation de choses et d'autres, il nous a dépeint la tristesse de cette campagne que son bataillon occupe maintenant et qui était autrefois, paraît-il, le dimanche, fréquentée par les Parisiens; aujourd'hui c'est la solitude, le désert, les villas sont abandonnées, les champs sont sans culture... décidément le cousin Étienne a la note triste!

— Vous allez avoir besoin de la table, maman Marcel, dit Angèle en resserrant le fil, les aiguilles et les morceaux de la robe qu'elle venait de couper et qu'elle s'occupait à bâtir, c'est l'heure de votre dîner.

— Mais oui, dit Mme Rousseau, nous allons rentrer, il est temps.

Elles se retirèrent. Angèle, toujours aimable et gracieuse mais beaucoup plus réservée que de coutume. Quand elle fut partie, le cousin Étienne resta silencieux et pensif, ne répondant que par monosyllabes et d'un air distrait aux questions que mon père lui posait sur la discipline des mobiles de la Côte-d'Or, sur leur degré d'instruction militaire. Vers sept heures, après avoir à peu près bien dîné, il dut songer au retour car il avait une longue distance à parcourir pour atteindre son cantonnement; c'est à peine s'il était resté une heure avec nous.

Avant son départ, ma mère eût avec lui dans la chambre voisine un long entretien à voix basse.

MARDI, 18 OCTOBRE

Une lettre de M. de Bismarck. — Les conditions imposées par la Prusse pour la conclusion d'un armistice. — Circulaire de M. Jules Favre. — Le but poursuivi par la Prusse est l'anéantissement de la France. — Conséquences de cette politique pour l'avenir. — La France sortira transfigurée de cette épreuve suprême.

Ce matin on criait dans les rues : demandez les nouvelles du jour, la lettre de M. de Bismarck et la réponse de M. Jules Favre ; sur un signe de mon père je courus acheter le journal.

Il contenait deux importants documents diplomatiques que je ne puis passer sous silence. Paris allait enfin savoir quelles étaient réellement les exigences de la Prusse puisque M. de Bismarck lui-même prenait la peine de les indiquer dans une lettre à ses agents à l'étranger.

Voici cette lettre qui avait été publiée en allemand par le *North German correspondant*.

Lettre de M. de Bismarck.

Ferrières, ce 27 *septembre* 1870.

« Le rapport adressé par M. Jules Favre à ses collègues le 21 courant, relativement à l'entretien qu'il a eu avec moi, m'engage à faire à Votre Excellence une communication qui vous permettra de donner une idée exacte de la marche de ces entretiens. Il faut avouer, qu'en général, M. Favre s'est efforcé de faire un récit exact de ce qui s'est passé entre nous. S'il n'y a pas toujours entièrement réussi, il faut l'attribuer à la longueur de notre conférence et aux circonstances particulières dans lesquelles elle a eu lieu. Je dois pourtant élever des objections à la tendance générale de son exposé, et insister sur ce fait que le sujet principal que nous avions à discuter n'était point celui de la conclusion d'un traité de paix, mais celui d'un armistice qui devait précéder ce traité. Relativement aux demandes que nous devions faire avant de signer un traité de paix définitif, j'ai déclaré expressément à M. Jules Favre que je me refusais à entamer le sujet de la nouvelle frontière réclamée par nous jusqu'à ce que le principe d'une cession de territoire eût été ouvertement reconnu par la France. Comme conséquence de cette déclaration, la formation d'un nouveau département de la Moselle, contenant les circonscriptions de Sarrebourg, Château-Salins, Sarreguemines, Metz et Thionville, fut mentionnée par moi comme un arrangement conforme à nos intentions ; mais, en même temps, je n'ai nullement renoncé à notre droit de faire de nouvelles stipulations, dans un traité de paix, proportionnées aux sacrifices qui nous seraient imposées par la prolongation de la guerre.

« Strasbourg, place désignée par M. Favre comme « *clef de la maison* », expression qui laissait toujours douter si la France était la maison en question, fut expressément déclarée par moi être « *la clef de notre maison* », que nous ne désirions pas laisser, par conséquent, entre des mains étrangères.

« Notre première conversation au château de Haute-Maison, près Montry, ne dépassa pas les limites d'une discussion académique sur le présent et sur le passé, dont la substance s'est trouvée renfermée dans la déclaration de M. Favre, qu'il était prêt à nous céder « *tout l'argent que nous avons* », tandis qu'il se refusait à admettre l'idée d'une cession de territoire. Quand j'ai parlé d'une cession comme étant tout à fait indispensable, il a déclaré que les négociations de paix n'auraient aucune chance de succès, et a soutenu que céder une portion quelconque du territoire serait humiliant et déshonorant pour la France. Je n'ai pu le convaincre

Bismarck.

que les conditions que la France avait imposées à l'Italie et demandées à l'Allemagne sans avoir été en guerre avec l'un ou l'autre de ces pays (*conditions que la France nous aurait imposées, à nous, si nous avions été vaincus, et qui ont été la conséquence inévitable de presque toutes les guerres, même dans les temps modernes*) ne sauraient être honteuses pour un pays ayant succombé après une courageuse résistance, et j'ai ajouté que l'honneur de la France ne différait pas essentiellement de celui des autres nations. Je n'ai pu réussir non plus à persuader à M. Favre que la restitution de Strasbourg n'impliquait pas davantage un déshonneur à la France que la cession de Landau et de Sarrelouis; et que les conquêtes violentes et injustes de Louis XIV n'étaient pas plus étroitement liées à l'honneur de la France que celles de la première République ou celles du premier Empire.

« Notre conférence prit un tour plus pratique à Ferrières, où nous avons discuté exclusivement la question d'un armistice, fait qui réfute l'allégation d'après laquelle j'aurais déclaré que je n'accepterais un armistice dans aucune circonstance. La manière dont M. Jules Favre me fait dire, relativement à cette question et à d'autres : « *Il faudrait un armistice, et je n'en veux à aucun prix* », et autres choses analogues, me forcent à rectifier ces assertions, et à ajouter que, dans des conversations pareilles, je ne me suis jamais servi et je ne me sers jamais d'une locution indiquant que *moi* je *désire* personnellement, *exige* ou *approuve* quoi que ce soit. Je parle toujours des intentions et des demandes du gouvernement dont je suis le représentant.

« Dans cette conversation, les deux parties ont convenu de considérer la nécessité de donner à la nation française une occasion de choisir des représentants qui seuls seraient en position d'accorder au gouvernement actuel les pouvoirs suffisants pour lui permettre de conclure une paix sanctionnée par le droit international, comme motif d'un armistice. J'ai appelé l'attention sur le fait qu'un armistice était toujours un désavantage militaire pour une armée engagée dans une marche victorieuse; que, dans le cas actuel, c'est un gain des plus importants en fait de temps pour la défense de la France et la réorganisation de son armée, et que, par conséquent, nous ne pouvions accorder un armistice si on ne nous offrait pas des avantages militaires équivalents.

« A ce propos, j'ai mentionné la reddition des forteresses qui empêchaient nos communications avec l'Allemagne, car une trève devant prolonger la période pendant laquelle nous devions alimenter notre armée, des concessions pour faciliter le transport des vivres devaient en être les conditions préliminaires. Strasbourg, Toul et d'autres places de moins d'importance formèrent le sujet de cette discussion.

« En ce qui concerne Strasbourg, j'ai fait remarquer que les glacis ayant été entamés, la prise de la ville ne pouvait tarder, et que nous pensions que la situation militaire rendrait la reddition de la garnison nécessaire, tandis que l'on permettrait à ceux qui gardaient les autres places d'en sortir avec les honneurs de la guerre.

« Une autre question difficile se rapportait à Paris. Comme nous avions entièrement cerné la ville, nous ne pouvions permettre l'entrée de nouveaux approvisionnements qu'à condition qu'ils n'affaibliraient pas notre position militaire et ne prolongeraient pas le temps nécessaire pour réduire la ville par la famine. Après avoir consulté les autorités militaires, j'ai offert, par ordre de S. M. le roi, les alternatives suivantes relativement à Paris :

« Ou la position de Paris doit nous être concédée par la reddition d'une partie dominante de la défense, et dans ce cas nous sommes prêts à permettre la libre communication avec Paris, et à ne pas empêcher l'alimentation de la ville;

« Ou on pourrait *ne pas* nous concéder la position devant Paris, mais dans ce cas nous ne pourrions consentir à abandonner l'investissement, et nous devrions insister sur la continuation du *statu quo militaire* devant cette ville, puisque autrement nous nous trouverions en face de Paris approvisionné de nouveau en armes et en vivres.

« M. Favre a expressément rejeté la première alternative relative à la reddition d'une partie des défenses de Paris, ainsi que la condition de garder comme prisonnière de guerre la garnison de *Strasbourg*. Il a promis de consulter ses collègues sur la seconde alternative relative au maintien du *statu quo militaire* devant Paris. Le programme que M. Favre a rapporté avec lui à Paris comme le résultat de nos conversations, et qui y a été discuté, ne contient donc rien au sujet des termes d'une paix future, mais seulement au sujet de l'accord d'un armistice de quinze jours ou de trois semaines, pour préparer les voies à l'élection d'une assemblée nationale dans les conditions suivantes :

1° La continuation du *statu quo* dans ou devant Paris.

2° La continuation des hostilités à *Metz* et autour de *Metz* dans un certain rayon dont l'étendue sera déterminée.

3° La reddition de *Strasbourg*, dont la garnison deviendrait prisonnière de guerre, et celles de *Toul* et de *Bitche*, dont on permettrait aux garnisons de sortir avec les honneurs de la guerre.

« Je crois, dans notre conviction, que nous avons fait des offres très conciliantes et elle sera partagée par tous les cabinets neutres.

Si le Gouvernement français s'est décidé à ne pas profiter de l'occasion présentée de procéder à l'élection d'une assemblée nationale, même dans les parties de la France occupées par nous, cela démontre sa résolution de ne pas se débarrasser des difficultés qui empêchent la conclusion d'une paix conforme au droit international et à ne pas écouter l'opinion publique du peuple français. Des élections libres et générales tendraient à des résultats favorables à la paix ; telle est la conviction qui s'impose à nous et qui n'a pu échapper à l'attention de ceux qui exercent le pouvoir à Paris.

« Je prends la liberté de prier Votre Excellence de porter la présente circulaire à la connaissance du gouvernement auprès duquel elle est accréditée.

De Bismark. »

LETTRE DE M. JULES FAVRE.

M. Jules Favre, ministre des affaires étrangères, vice-président du Gouvernement de la Défense nationale, vient d'adresser la circulaire suivante aux représentants diplomatiques de la France à l'étranger.

« Monsieur,

« Je ne sais quand cette dépêche vous parviendra. Depuis trente jours, Paris est investi, et sa ferme résolution de résister jusqu'à ce qu'il ait obtenu la victoire, peut prolonger quelque temps encore la situation violente qui le sépare du reste du monde.

« Néanmoins, je n'ai pas voulu retarder d'un jour la réponse que mérite le rapport rédigé par M. le comte de Bismark sur l'entrevue de Ferrières ; je constate d'abord qu'il confirme en tous points mon récit, sauf en ce qui concerne un échange d'idées sur les conditions de la paix, qui, suivant M. de Bismark, n'auraient pas été débattues entre nous.

« J'ai reconnu que sur ce sujet le chancelier de la Confédération du Nord m'avait opposé dès les premiers mots une sorte de fin de non-recevoir tirée de ma déclaration absolue : « *Que je ne consentirais à aucune cession de territoire* » ; mais mon interlocuteur ne peut pas avoir oublié que sur mon instance il s'expliqua catégoriquement, et mentionna, pour le cas où le principe de la cession territoriale serait admis, les conditions que j'ai énumérées dans mon rapport : l'abandon par la France de *Strasbourg* avec *l'Alsace* entière, de *Metz* et d'une partie de *la Lorraine*.

« Le chancelier fait observer que ces conditions peuvent être aggravées par la continuation de la guerre. Il me l'a, en effet, déclaré, et je le remercie de vouloir bien le mentionner lui-même. Il est bon que la France sache jusqu'où va l'ambition de la Prusse; elle ne s'arrête pas à la conquête de deux de nos provinces, elle poursuit froidement l'œuvre systématique de notre anéantissement.

« Après avoir solennellement annoncé au monde, par la bouche de son roi, qu'elle n'en voulait qu'à Napoléon et à ses soldats, elle s'acharne à détruire le peuple français ; elle ravage son sol, incendie ses villages, accable ses habitants de réquisitions, les fusille quand ils ne peuvent satisfaire à ses exigences, et met toutes les ressources de la science au service d'une guerre d'extermination.

« La France n'a donc pas d'illusions à conserver; il s'agit pour elle d'être ou de n'être pas. En lui proposant la paix au prix de trois départements qui lui sont unis par une étroite affection, on lui offrait le déshonneur ; elle l'a repoussé ; on prétend la punir par la mort. Voilà la situation bien nette.

« Vainement, lui dit-on, il n'y a pas de honte à être vaincu, encore moins à subir les sacrifices imposés par la défaite; vainement ajoute-t-on, encore que la Prusse peut reprendre les conquêtes violentes et injustes de Louis XIV. De telles objections sont sans portée, et l'on peut s'étonner d'avoir à y répondre.

« La France ne cherche pas une impuissante consolation dans l'explication trop facile des causes qui ont entraîné son échec ; elle accepte ses malheurs et ne les discute pas avec son ennemi. Le jour où il lui a été donné de reprendre la direction de ses destinées, elle a loyalement offert une réparation ; seulement, cette réparation ne pouvait être une cession de territoire. Pourquoi? parce que c'était un amoindrissement ? Non ; parce que c'était une violation de la justice et du droit dont le chancelier de la Confédération du Nord ne semble tenir aucun compte. Il nous renvoie aux conquêtes de Louis XIV. Veut-il revenir au *statu quo* qui les a immédiatement précédées? Veut-il réduire son maître à la couronne ducale placée sous la suzeraineté des rois de Pologne? Si, dans la transformation que l'Europe a subie, la Prusse est devenue d'un État insignifiant une puissante monarchie, n'est-ce pas à la conquête qu'elle le doit? Mais, avec les deux siècles qui ont favorisé cette vaste recomposition, s'est opéré un changement plus profond et d'un ordre plus élevé que celui qui déterminait jusqu'ici les morcellements du territoire. Le droit humain est sorti des régions abstraites de la philosophie ; il tend de plus en plus à prendre possession du monde, et c'est lui que la Prusse foule aux pieds quand elle essaye de nous arracher deux provinces, en reconnaissant que les populations repoussent énergiquement sa domination.

« A cet égard, rien ne précise mieux sa doctrine que ce mot rappelé par le chancelier de la Confédération du Nord : *Strasbourg est la clef de notre maison.* C'est donc comme propriétaire que la Prusse stipule, et cette propriété, elle l'applique à des créatures humaines dont elle supprime par ce fait la liberté morale et la dignité individuelle. Or, c'est précisément le respect de cette liberté, de cette dignité, qui interdit à la France de consentir à l'abandon qu'on lui demande. Elle peut subir l'abus de la force, elle n'y ajoutera pas l'abaissement de sa volonté.

« J'ai eu le tort de ne pas faire sur ce point suffisamment comprendre ma pensée quand j'ai dit, ce que je maintiens, que nous ne pouvons, sans déshonneur, céder l'*Alsace* et la *Lorraine*. J'ai caractérisé par là, non l'acte imposé au vaincu, mais la faiblesse d'un complice qui donnerait la main à l'oppresseur et consommerait une iniquité pour se racheter lui-même. M. le comte de Bismark ne trouvera pas un Français digne de ce nom qui pense et agisse autrement que moi.

« Et c'est aussi pourquoi je ne puis reconnaître qu'une proposition d'armistice sérieusement acceptable nous ait été faite.

« Je désirais avec ardeur qu'un moyen honorable nous fût offert, de suspendre les hostilités et de convoquer une assemblée. Mais, j'en appelle à tous les hommes impartiaux, le gouvernement pouvait-il accéder au compromis qui lui était proposé ? L'armistice n'eût été qu'une dérision s'il n'avait rendu possibles de libres élections. Or, on ne lui donnait qu'une durée effective de quarante-huit heures. Pendant le surplus de la période de quinze jours ou trois semaines, la Prusse se réservait la continuation des hostilités, en sorte que l'Assemblée eût délibéré sur la paix et la guerre, pendant la bataille qui aurait décidé du sort de Paris.

« De plus, l'armistice ne s'étendait pas à Metz. Il excluait le ravitaillement, et nous condamnait à consommer nos vivres pendant que l'armée assiégeante aurait largement vécu par le pillage de nos provinces. Enfin, l'Alsace et la Lorraine n'auraient pas nommé de députés, par la raison vraiment inouïe qu'il s'agissait de prononcer sur leur sort : la Prusse ne leur reconnaissait pas ce droit, et nous demandait de tenir la poignée du sabre avec lequel elle le tranche.

« Voilà les conditions que le chancelier de la Confédération du Nord ne craint pas d'appeler « *très conciliantes,* » en nous accusant « *de ne pas saisir l'occasion de convoquer une Assemblée Nationale, témoignant ainsi notre résolution de ne pas nous débarrasser des difficultés qui empêchent la conclusion d'une paix conforme au droit national, et de ne pas écouter l'opinion publique du peuple français.* »

« Eh bien, nous acceptons devant notre pays, comme devant l'histoire, la responsabilité de notre refus. Ne pas l'opposer aux exigences de la Prusse eût été à nos yeux une trahison. J'ignore quelle destinée la fortune nous réserve, mais, ce que je sens profondément, c'est qu'ayant à choisir entre la situation actuelle de la France et celle de la Prusse, c'est la première que j'ambitionnerais. J'aime mieux nos souffrances, nos périls, nos sacrifices, que l'inflexible et cruelle ambition de notre ennemi. J'ai la ferme confiance que la France sera victorieuse. Fût-elle vaincue, elle resterait encore si grande dans son malheur, qu'elle demeurerait un objet d'admiration et de sympathie pour le monde entier. Là est sa force véritable, là sera peut-être sa vengeance.

« Les cabinets européens qui se sont bornés à de stériles témoignages de cordialité, le reconnaîtront un jour ; mais il sera trop tard, et au lieu d'inaugurer la doctrine de haute médiation, conseillée par la justice et l'intérêt, ils autorisent, par leur inertie, la continuation d'une lutte barbare qui est un désastre pour tous, un outrage à la civilisation. Cette sanglante leçon ne sera pas perdue pour les peuples. Et qui sait ? l'histoire nous enseigne que les régénérations humaines sont par une loi mystérieuse étroitement liées à d'ineffables malheurs.

« La France avait peut-être besoin d'une épreuve suprême ; elle en sortira transfigurée, et son génie brillera d'un éclat d'autant plus vif qu'il l'aura soutenue et préservée de défaillances en face d'un puissant et implacable ennemi.

« Lorsque vous pourrez, monsieur, vous inspirer de ces réflexions dans vos rapports avec le représentant du Gouvernement près duquel vous êtes accrédité, la fortune aura prononcé son arrêt ; en voyant cette grande population de Paris assiégée depuis un mois, si résolue, si calme, si unie, j'attends avec un cœur ferme et confiant l'heure de la délivrance !

JULES FAVRE.

SAMEDI, 22 OCTOBRE

Lettre d'André : les zouaves à la Malmaison. — Frères d'armes. — Il est convenu que j'irai avec Charlot voir mon frère aux avant-postes. — Les dépenses augmentent. – Comment on se procure des légumes. — L'idée du fruitier Le Mansec. — Le retour de l'expédition. — Un cadavre dans une voiture. — « Fermé pour cause d'assassinat » !

Aujourd'hui, il fait un temps épouvantable, le vent souffle en tempête et nous apporte par rafales les détonations des grosses pièces d'artillerie du fort du Mont-Valérien, il semble que l'on tire le canon à quelques centaines de mètres de nous à peine, une pluie fine et glaciale tombe sans interruption et vient fouetter nos fenêtres exposées au vent d'ouest; je regarde, à travers les vitres qui cèdent parfois sous la poussée du vent, Mlle Cœlina, qui malgré le mauvais temps et sans doute à cause de cela se hâte de rentrer les lauriers-roses de son jardin pour les mettre à l'abri du froid.

— Va donc voir, petit Louis, me dit ma mère, il me semble que l'on a frappé.

J'ai cependant l'oreille bien fine, mais je n'avais rien entendu, sans doute à cause du vent, j'ouvre la porte et je me trouve en présence de notre concierge qui me tend une lettre.

— C'est une lettre d'André, m'écriai-je, je reconnais son écriture.

— Donne vite, me dit ma mère, j'ai rêvé cette nuit qu'il était mort.

André n'était pas mort puisqu'il nous écrivait, il se portait même très bien, il nous racontait sur un chiffon de papier, griffonné à la hâte, qu'il s'était battu hier à Rueil, les Prussiens, repoussés comme toujours dès le début de l'action, n'avaient pas tardé à recevoir des renforts et favorisés par le terrain avaient réussi, dans un retour offensif, à acculer les zouaves dans l'angle que forme le parc de la Malmaison, le commandant Jacquot avait réussi à tirer ses hommes de ce mauvais pas, mais il avait fallu jouer de la fourchette (c'est-à-dire de la baïonnette) pour se dégager, heureusement que les mobiles de Seine-et-Marne étaient venus à leur aide et qu'ils s'étaient conduits comme s'ils avaient été de « vrais zouaves ». Dans sa lettre il nous parlait encore de Jean Risler, de de Bricourt et de quelques autres de ses camarades, de sorte que nous les connaissions comme s'ils faisaient partie de la famille, j'en fis l'observation à ma mère qui me répondit :

— Entre eux, les soldats sont des frères.

Je le compris aisément, les fatigues supportées, les périls bravés en commun, les mille services que l'on est appelé à se rendre, la confiance que l'on doit avoir les uns envers les autres créent, entre les soldats qui combattent pour la Patrie, une véritable fraternité, on les appelle des compagnons d'armes, des frères d'armes et aucune expression n'est plus exacte.

La lettre d'André contenait un post-scriptum qui m'intéressait, après avoir demandé un peu d'argent et du linge, il avait souligné ces mots : Petit Louis conduit par Charlot pourrait bien m'apporter cela aux avant-postes, ma compagnie est en ce moment cantonnée dans les maisons qui se trouvent sur la route de Cherbourg, près du Mont-Valérien à un endroit que l'on nomme la Fourche.

— Quel bonheur, m'écriai-je, je vais voir André !

Voilà tout ce qui me reste, dit-elle, en montrant quelques francs à mon père.

— Si ton père te le permet, fit observer ma mère, c'est peut-être une course au-dessus de tes forces.

Mais je me chargeais bien d'obtenir l'assentiment de mon père ; c'est Charlot qui va être content, pensais-je, lui qui aime tant à faire de grandes promenades. Vers six heures le vent était tombé et la pluie ne fouettait plus nos vitres ; comme j'avais de bons souliers et que j'étais chaudement vêtu, ma mère me laissa aller au rendez-vous habituel, le siège n'avait aucune influence sur les objets de papeterie et l'étalage de M. Chélu était toujours aussi merveilleux que de coutume.

Mon père ne tarda pas à arriver, et je lui remis aussitôt la lettre d'André que j'avais apportée. Il la lut deux fois, d'un air satisfait, puis il me prit la main pour me faire marcher à côté de lui en me demandant : Tu serais content d'aller voir André ?

— Oh, je crois bien, papa, m'écriai-je.

— Mais c'est trop loin, tu ne pourras jamais faire une course pareille.

— Puisque Charlot viendrait avec moi, ajoutai-je ; enfin j'insistais si bien que mon père finit par consentir et quand nous arrivâmes à notre maison il frappa à la porte de Mme Benoît afin de lui demander de permettre à Charlot de m'accompagner.

— Et quand iront-ils, demanda Mme Benoît.

— Mais demain dimanche, répondit mon père.

Comme Charlot ne se possédait pas de joie et dansait dans la chambre en disant : Quelle chance ! nous allons sortir de Paris, Mme Benoît qui ne contrariait jamais son fils, lui donna la permission demandée.

— C'est une longue course, fit observer mon père.

— Eh bien, M. Marcel, ils emporteront un petit panier dans lequel on leur mettra leur déjeuner.

En rentrant chez nous, nous trouvâmes ma mère qui comptait l'argent que renfermait son porte-monnaie.

— Voilà tout ce qui me reste, dit-elle, en montrant quelques francs à mon père et nous sommes aujourd'hui le 22 du mois, tu sais que d'habitude j'avais assez d'argent pour le mois tout entier, nous pouvions même faire quelques économies, aujourd'hui il ne me reste plus rien, les vivres sont hors de prix ; si tu avais voulu m'écouter, au début du siège nous aurions fait des provisions.

— C'est vrai, répondit mon père, je reconnais que j'ai eu tort.

— Et maintenant, continua ma mère, je ne sais ce que nous allons devenir, nous aurons à subir toutes sortes de privations si le siège se prolonge, je suis inquiète pour Juliette, le lait coûte déjà très cher et il ne vaut rien ; le petit Louis non plus n'est pas d'une bonne santé et il ne pourra supporter de dures privations.

Ma mère parlait d'une voix grave, attristée, l'avenir lui apparaissait menaçant ; mon père s'efforça de la consoler et de lui rendre confiance ; il y aurait bien toujours du pain et de la viande de cheval pour nous, disait-il, quant aux enfants on tâcherait de leur donner tout ce qui est nécessaire à leur santé.

— Mais à ce compte-là, dit ma mère, nous aurons bientôt épuisé toutes nos économies et ce que tu gagnes pourra à peine y suffire.

— Que veux-tu, dit mon père, la santé avant tout !

J'allais oublier de raconter ce qui est arrivé jeudi dernier, cela en vaut cependant la peine.

Ce n'est pas un bien grand évènement mais je ne veux rien omettre de ce que j'ai vu parce que les moindres détails ont souvent leur importance; donc, le fruitier qui demeure dans notre rue, M. Le Mansec, celui avec lequel Mme Benoît s'était si bien disputée quelques jours auparavant, avait entendu dire, paraît-il, que dans les champs du côté de Villemonble, se trouvaient encore sur pied un grand nombre de légumes de toutes espèces que tout le monde pouvait arracher et emporter parce que leurs propriétaires les avaient abandonnés n'osant se risquer dans les champs par crainte des balles de l'ennemi ; le père Le Mansec avait sans doute calculé que ce serait un coup de fortune pour lui d'aller ramasser ces récoltes, il n'avait pas été le seul du reste à concevoir cette bonne idée car tous les jours des maraudeurs, c'est ainsi qu'ils étaient nommés, dépassaient nos grand'gardes et se répandaient dans la campagne jusqu'aux avant-postes de l'ennemi pour enlever les légumes qu'ils rencontraient dans les champs ; nos grand'gardes ne s'opposaient pas au passage de ces maraudeurs qui, en somme faisaient une besogne utile puisqu'ils rapportaient à Paris des vivres frais.

Nos soldats eux-mêmes faisaient des « corvées de légumes »; pendant qu'une compagnie se déployait en tirailleurs et s'avançait du côté de l'ennemi aussi loin que possible, les autres compagnies munies de pelles, de pioches et de grands sacs travaillaient ferme et enlevaient tous les légumes, surtout les pommes de terre, puis sous la protection de la compagnie déployée en tirailleurs et qui, au retour, devenait alors l'arrière garde, on rentrait au cantonnement avec des provisions.

Cela ne convenait pas beaucoup à l'ennemi qui ne manquait jamais d'inquiéter les travailleurs, parfois d'un repli de terrain, derrière un arbre, dans la campagne, s'élevait un flocon de fumée, une détonation se faisait entendre et ceux des nôtres qui étaient aux aguets ripostaient; c'était ainsi tous les jours une fusillade continuelle sur la ligne des avant-postes.

Le père Le Mansec eut bientôt mis son idée à exécution, il s'entendit avec un de ses « pays » qui tenait dans la même rue une vacherie bretonne, loua sa voiture afin d'y entasser les légumes qu'il pourrait enlever et partit de grand matin avec Mme Le Mansec, accompagnés d'un garçon de la vacherie qui était chargé de conduire la voiture et de donner un coup de main à l'occasion.

Justement, ce matin-là il faisait un brouillard très épais, cette circonstance devait sans doute favoriser leur petite opération commerciale.

Le soir de ce même jour, vers quatre heures, je regardais machinalement par la fenêtre, ne sachant que faire, lorsque je vis arriver la voiture de la vacherie bretonne; le cheval marchait au pas, le garçon laitier le tenait par la bride, cela n'attira guère mon attention, mais alors je fus tout à fait surpris et intrigué lorsque je vis un soldat, un infirmier militaire, descendre de la voiture et, derrière lui, le père Le Mansec, le visage tout bouleversé, qui se précipita aussitôt dans la boutique, la foule s'amassait autour de la voiture et on se bousculait pour voir, ne sachant encore de quoi il s'agissait. J'eus vite fait d'ouvrir la porte et de descendre l'escalier, j'arrivais auprès de la voiture au moment où l'infirmier, tenant dans ses bras Mme Le Mansec qui ne donnait plus signe de vie, s'apprêtait à descendre; à la vue de cette pauvre femme et au milieu des cris d'effroi et d'indignation plusieurs personnes demandèrent : Qu'est-ce qu'elle a ? Il lui est arrivé un accident?

Le soldat infirmier répondit :

— Elle a reçu une balle dans la poitrine.

— Ah ! mon Dieu ! s'écria-t-on, mais c'est horrible.

— Est-ce qu'elle est morte ?

Le soldat fit de la tête un signe affirmatif.

Il fallait voir le désespoir de Le Mansec, le pauvre homme ne savait plus ce qu'il faisait, il était comme fou.

Après avoir placé le cadavre de Mme Le Mansec dans l'arrière-boutique, le soldat revint, et, pressé de questions, il raconta au milieu de l'émotion générale, que Mme Le Mansec avait été tuée, d'un coup de fusil parti des avant-postes allemands au moment où elle se relevait tenant dans ses mains des pommes de terre qu'elle venait d'arracher; elle est tombée le nez par terre, dit le soldat, et elle a été tuée sur le coup car elle s'est crispée tout de suite, même qu'elle avait encore dans la main une pomme de terre qu'on n'a pas pu lui enlever et qu'elle tient encore.

Un frisson d'épouvante parcourut la foule à ce détail donné par le soldat infirmier avec indifférence, ce qui se comprend car ses fonctions l'appelaient à voir souvent de semblables spectacles et on s'habitue à tout.

— C'est odieux, disait-on dans la foule, les voilà qui tuent les femmes maintenant; l'indignation se lisait dans tous les yeux et les hommes, presque tous gardes nationaux, qui assistaient à ce spectacle, fronçaient les sourcils et disaient :

— Tuer une femme !... on leur fera payer ça...

Je racontai à mes parents ce que j'avais vu et ce que j'avais entendu dire, ma mère se montra très affectée.

— Quelle guerre, s'écria-t-elle en levant les yeux au ciel.

Mon père était resté sombre et silencieux, il finit cependant par dire :

— C'est une guerre de sauvages et ils ne nous ménagent pas, est-ce qu'ils n'ont pas aussi tiré sur nous qui sommes des gens inoffensifs, le soldat allemand qui tenait cette pauvre Mme Le Mansec au bout de son fusil voyait bien qu'il allait tuer une femme, il aurait pu ne pas viser, tirer pour l'effrayer seulement si elle ne pouvait rester où elle était, enfin lui donner un avertissement, c'est épouvantable.

Mme Le Mansec avait trente-deux ans, c'était une femme qui était aimée de tout le monde, elle était très bonne, très douce, et, ce qui ne gâtait rien, d'un visage agréable, tous ses voisins et ses clients se firent un devoir d'assister à son enterrement, son mari qui suivait le corbillard, tête nue, faisait peine à voir, car il adorait sa femme, il pleurait parfois comme un enfant, puis tout à coup, il relevait la tête, les yeux secs et c'était horrible de voir son regard chargé d'une haine féroce.

En revenant de l'enterrement Le Mansec a collé sur la porte de sa boutique l'avis suivant : « *Fermé pour cause d'assassinat* », puis il a disparu pendant le reste de la journée, le lendemain on ne l'a pas revu davantage, on ne savait dans le quartier ce qu'il était devenu et on commençait à redouter un malheur lorsqu'on le vit arriver portant le costume des francs-tireurs à « la branche de houx. »

Ainsi voilà un brave homme, doux comme un mouton, et qui ne songeait quelques jours auparavant qu'à bien vendre ses légumes, transformé du jour au lendemain de paisible fruitier qu'il était en franc-tireur altéré de vengeance ; il est vrai que Le Mansec était un ancien militaire, médaillé de Crimée, mais à quoi tiennent les choses !

DIMANCHE, 23 OCTOBRE

Impatience de Charlot. — Un déjeuner d'assiégé. — En route pour les avant-postes. — Les maisons inhabitées. — L'hôtel du père Buteau. — Ses enfants. — Les gardes nationaux sédentaires. — Les canons des Invalides. — Hors Paris. — C'est Joséphine ! — Un renseignement. — Le petit espion. — Voilà André ! — Le gilet de laine. — Comme c'est bon la famille ! — Une invitation à dîner. — Visite de Mme de Bricourt. — Le cuisinier Coquelet et le vieux chacal. — Le menu du festin. — Rats goût de mouton. — Le retour à Paris. — Partage des provisions.

En ouvrant les yeux ce matin, je vis devant moi la bonne figure de Charlot, il attendait mon réveil et je crois même qu'il l'avait provoqué en me tirant un peu les cheveux.

— Voyons, me dit-il, est-ce que tu ne vas pas bientôt te lever ?

J'eus tout d'abord un peu de peine à rassembler mes idées et je me jetai bien vite à bas du lit, ce fut alors que je me souvins que nous devions aller voir André, aux avant-postes.

— Quelle heure est-il donc, demandai-je à Charlot ?

— Mais il est déjà huit heures.

— Il n'est que huit heures et tu es déjà débarbouillé, peigné, habillé, enfin prêt à partir !

Je m'empressai cependant de m'habiller, Charlot avait mis ses habits du dimanche et je trouvai sur mon lit les miens que ma mère avait préparés, dès la veille, je fus bientôt prêt et cependant Charlot s'impatientait à chaque instant, il se promenait dans la chambre en répétant : Mais dépêche-toi donc !

Ma mère nous fit avaler un bol de vin chaud bien sucré et nous donna un gros morceau de pain dans lequel nous mordîmes à belles dents, elle avait enveloppé dans un papier très fort mon déjeuner ainsi que celui de Charlot que Mme Benoît lui avait remis, cela était moins embarrassant qu'un panier et le contenu mangé on n'avait plus à se préoccuper du contenant, c'était un maigre déjeuner, un déjeuner d'assiégé, il se composait de deux tablettes de chocolat et d'une bonne miche de pain et, comme dessert, de deux grandes tartines de confitures, avec cela nous ne devions pas mourir de faim ; quant à la viande froide il n'y fallait plus songer et les œufs coûtaient déjà quinze sous pièce.

Avant de partir à son travail, mon père avait laissé une pièce de cinq francs sur le bord de la table, ma mère me la remit avec un petit papier sur lequel mon père avait indiqué le chemin que nous devions prendre, puis m'embrassant elle me glissa dans la main une autre pièce de cinq francs prise sur ses petites économies. Surtout, nous dit-elle, soyez prudents, et rentrez avant la nuit, ne marchez pas trop vite et reposez-vous souvent en route.

Il ne faisait pas beau temps, mais du moins il ne pleuvait pas, le vent était froid cependant, nous marchions donc d'un bon pas pour nous réchauffer, Charlot me tenait par la main et me disait : Quand tu seras fatigué je te porterai comme l'autre fois, je serai ton chameau. En attendant il portait les deux paquets, notre déjeuner et un paquet dans lequel se trouvait du linge pour André.

Nous suivions le boulevard des Invalides et je remarquais que la plupart des maisons et des hôtels qui bordent ce boulevard semblaient inoccupés ; il n'était pas exact de dire cependant que toutes les personnes riches avaient quitté Paris, beaucoup d'entre elles étaient volontairement restées et donnèrent pendant toute la durée du siège l'exemple du patriotisme, combattant dans les rangs des assiégés ou contribuant par leur argent à adoucir bien des souffrances; donc nous regardions ces maisons dont les persiennes étaient fermées, lorsque je m'arrêtai tout à coup, très étonné, et je dis à Charlot en désignant une fenêtre d'un magnifique hôtel : Regarde donc, on dirait le père Buteau.

— Mais oui, répondit Charlot, c'est bien lui.

M. Buteau était un cultivateur qui habitait une petite ferme voisine de notre petite propriété de la Verdurette à Nogent-sur-Marne, il faisait surtout de la culture maraîchère, nous avions toujours eu avec lui de très bons rapports, c'était un brave homme, nous l'appelions familièrement le père Buteau, mon père lui avait rendu quelques services.

En approchant de l'hôtel, le père Buteau dont l'attention était sans doute attirée ailleurs et qui ne nous avait pas encore aperçus, regarda de notre côté et Charlot lui cria en passant sous la fenêtre : Bonjour, M. Buteau.

Alors il nous reconnut et cria : Eh ! bonjour, petit Louis, et avec la main il nous fit signe de monter.

— Nous n'avons pas le temps, me disait Charlot en me tirant par le bras, tu sais où nous allons. Je lui promis que nous ne resterions pas plus de cinq minutes, le temps de demander par politesse des nouvelles de la famille Buteau. Au fond j'étais curieux de savoir comment il se faisait que le père Buteau demeurât dans une si belle maison.

Après avoir franchi la grande porte, à deux battants, surmontée d'un écusson et d'une couronne, nous gagnons le vestibule pavé en mosaïque, devant nous se trouvait un large escalier en marbre autour duquel courait une rampe en cuivre ciselé, au pied de l'escalier un jeune enfant en bronze tenant dans chaque main un flambeau ; un peu étonnés nous considérions toutes ces splendeurs lorsqu'une porte s'ouvrit sur le palier du premier étage et le père Buteau se penchant au-dessus de la rampe me cria :

— Comment qu'va ton père.

La grosse voix du père Buteau emplissait la cage de ce somptueux escalier et me produisait un drôle d'effet, il faut bien croire qu'il s'aperçut de mon air étonné et quelque peu ahuri car il me dit aussitôt lorsque j'arrivai auprès de lui :

— J'sommes ici cheu nous.

Alors ouvrant une large porte, il nous fit entrer dans une vaste pièce ornée de tapisseries, tous les sièges étaient couverts d'une housse, il nous fit asseoir et nous expliqua qu'il était parti de Nogent chassé par les Prussiens et que la mairie du 7e arrondissement lui avait donné cet hôtel pour refuge, il avait remisé sa voiture et son cheval dans l'écurie, il ajouta qu'il aimerait bien mieux cultiver ses salades et ses primeurs plutôt que de se trouver dans un si bel appartement. Je remarquais qu'il semblait gêné au milieu de tout ce luxe, c'est parce qu'il n'en avait pas l'habitude.

Sa femme arriva bientôt avec ses deux aînés qui eux semblaient enchantés de se rouler sur les canapés et sur les tapis ; comme le père Buteau nous disait qu'il viendrait bientôt nous voir, voilà que nous entendons des cris singuliers qui semblaient venir d'une pièce voisine.

Nous nous regardions étonnés, Charlot et moi.

— C'est les enfants qui crient, dit le père Buteau, faut point y faire d'attention. Il semblait embarrassé.

— Ça, des cris d'enfants, il eût fallu être bien naïfs pour croire ce que disait le père Buteau.

— Mais non, c'est des porcs, s'écria l'aîné des enfants, qui se nommait Victor.

Le père Buteau fit la grimace et ne put s'empêcher d'envoyer une maîtresse claque à Victor en lui disant, d'un ton bourru, « Mèle-toi donc de c'qui te regarde, p'tiot ».

C'était vraiment étonnant d'entendre grogner des porcs dans ces beaux appartements. Charlot demanda à les voir et le père Buteau ne put faire autrement que de nous les montrer ; du reste, il en était fier ; les deux « habillés de soie » étaient installés dans un cabinet de toilette, avec une bonne litière de paille, assurément le père Buteau les soignait mieux que ses enfants.

— Tu ne leur as donc point donné à manger leur saôul qu'y grognent comme ça, dit-il à sa femme, méfie-toi qu'y s'ensauvent dans les escaliers comme l'aut'-jour.

— Pardienne, répondit celle-ci, c'est point commode à garder dans un appartement, des bêtes comme ça.

Et clignant de l'œil, la bonne femme nous donna la clef de l'énigme en disant :

— Dans quéque temps ça se vendra ben cher.

J'imagine que quand nous eûmes tourné le dos Victor Buteau reçut une fameuse danse pour avoir trahi la retraite des deux porcs, car depuis plusieurs jours ces animaux avaient été réquisitionnés et le père Buteau était en faute, si la chose était connue il risquait une forte amende et la confiscation de ses deux pensionnaires, c'est pour cela qu'il les cachait dans l'appartement au lieu de les mettre à l'écurie.

Nous reprîmes notre route, marchant un peu plus vite afin de regagner le temps dépensé chez le père Buteau ; arrivés à la place de Breteuil, Charlot voulut à son tour s'arrêter un instant pour regarder les gardes nationaux qui faisaient l'exercice, mais je m'y opposai. Cela n'avait rien d'ailleurs de bien intéressant car les gardes nationaux, avec leurs gros ventres qui dépassaient l'alignement et déjà essoufflés après avoir seulement couru deux minutes au pas gymnastique, manœuvraient bien mal malgré leur grande bonne volonté et le zèle de leurs officiers ; c'étaient du reste des gardes nationaux « sédentaires » dont toute la mission consistait à monter la garde sur les fortifications, aussi les désignait-on avec une pointe de malice sous le nom d' « escargots de remparts » ; quant aux régiments de marche de la garde nationale, ils participaient à toutes les opérations de guerre avec les mobiles et les troupes de ligne.

— Tiens, me dit Charlot, regarde, on a enlevé les canons des Invalides.

En effet, les canons pris à l'ennemi et qui se trouvaient dans le jardin de l'hôtel des Invalides, allongeant leur col au-dessus des fossés, avaient été enlevés ; on disait aussi que les drapeaux qui ornaient la voûte de l'église des Invalides avaient été mis en lieu sûr pendant la nuit, d'aucuns prétendaient que l'on avait réussi à les envoyer en province.

Nous franchissons la Seine au pont de l'Alma, nous montons l'Avenue Joséphine qui se nomme aujourd'hui avenue Hoche, et nous arrivons enfin à la Porte Maillot ; des gardes nationaux sédentaires montaient la garde sur le pont-levis. C'étaient de braves gens qui avaient depuis longtemps dépassé l'âge d'être soldat mais qui cependant voulaient en avoir toutes les apparences ; leur fusil à tabatière sur l'épaule, ils inspectaient gravement l'horizon du haut de la fortification et ne voyaient rien, bien entendu, qui eût l'apparence d'un ennemi car ce côté de Paris était protégé par le bois de Boulogne, la Seine et par le Mont-Valérien de sorte que l'ennemi se trouvait à plus de dix kilomètres de l'enceinte fortifiée. Comme nous allions mettre le pied sur le pont-levis pour franchir le fossé et sortir de Paris, la sentinelle nous demanda où nous allions, je lui répondis d'un petit air décidé que nous allions voir mon frère qui était zouave, le garde national se mit à rire je ne sais trop pourquoi et nous souhaita bon voyage.

Nous voici donc dans cette large et longue avenue de Neuilly, les maisons qui la bordaient étaient occupées par des gardes mobiles, toutes les boutiques étaient fermées, sauf un café, qui était rempli de soldats ; après une demi-heure de marche nous arrivons au pont de Neuilly, il était barricadé, des sacs de terre avaient été placés sur les parapets ; à une barricade devant laquelle avait été creusé un long fossé, il y avait même quelques pièces de canon, on nous laissa passer sans difficultés; il nous fallait maintenant gravir la pente qui mène au rond-point de Courbevoie, nous aurions pu abrégerle chemin en prenant des ruelles et en montant du côté du Mont-Valérien, à travers champs, mais il valait mieux encore suivre la grand'route, c'était le meilleur moyen de ne pas nous tromper.

Du rond-point de Courbevoie où s'élève maintenant le monument de la Défense nationale, on a sous les yeux un panorama très étendu, la presqu'île de Gennevilliers s'étend tout entière à nos pieds, on aperçoit les villages de Nanterre, de Bezons de Colombes, la Seine semble revenir sur elle-même et se déroule comme un long ruban d'argent à travers les arbres dépouillés de ses rives, à gauche, la masse sombre de la forêt de Saint-Germain et devant soi, au nord, les collines d'Argenteuil et de Cormeilles sur la ligne de l'horizon.

Charlot s'assit sur un tas de pavés qui se trouvait là, allongea ses jambes et dit : Je commence à être un peu fatigué.

— Pas moi, lui répondis-je.

— Reposons-nous tout de même un peu.

— C'est que nous ne sommes pas en avance, je viens d'entendre sonner onze heures.

— Onze heures ! s'écria Charlot, c'est donc pour cela que j'ai si faim.

— Nous mangerons quand nous serons arrivés, répondis-je et André nous donnera de quoi boire.

— Oh ! Je n'ai pas soif, dit Charlot, j'ai seulement très faim, tu comprends, après un voyage pareil ; c'est que nous avons fait joliment du chemin ; moi je suis d'avis de déjeuner.

Mon estomac était de l'avis de Charlot, et sans me faire trop prier, je défis le paquet. Avec quelle joie nous vîmes apparaître les tablettes de chocolat, les morceaux de pain et les tartines de confiture. Je me permettrai de conseiller à ceux qui se plaignent de ne pas avoir d'appétit de faire une bonne course. Le pain et le chocolat, ainsi que les tartines, disparurent rapidement ; nous ne disions rien, tout en mangeant, absorbés par la contemplation du paysage qui se déroulait sous nos yeux ; de temps à autre un flocon de fumée bleuâtre s'élevait du fort du Mont-Valérien, puis la voix d'une grosse pièce parvenait jusqu'à nos oreilles.

— C'est Joséphine, me dit Charlot.

Comme je le regardai un peu étonné, ne sachant ce qu'il voulait dire, Charlot m'expliqua que les artilleurs du Mont-Valérien avaient nommé Joséphine la plus grosse pièce d'artillerie de marine qui se trouvait en batterie sur les remparts, c'était une bonne grosse fille, disait Charlot, qui lance ses obus pesant 40 kilogrammes à 9 kilomètres, de sorte qu'elle peut atteindre la terrasse de Saint-Germain. Quand on apercevait au moyen d'une longue-vue passer un convoi allemand ou qu'un groupe se formait, à bonne portée, un bon pointeur envoyait un obus qui manquait rarement son but ; cette demoiselle Joséphine devait bien ennuyer les Allemands de ce côté de Paris.

Un peu réconfortés, nous reprîmes notre route, et comme il s'agissait maintenant de changer de direction, d'après les indications de mon père, il était prudent de se renseigner.

Un zouave passait, non loin de là, je courus aussitôt vers lui : Savez-vous, monsieur, lui de mandai-je, où je trouverai mon frère qui est zouave, il se nomme André Marcel.

Ce zouave qui fumait une grosse pipe et qui s'en allait, les mains dans les poches de son vaste pantalon, s'arrêta, lança deux ou trois bouffées, et dit en retirant sa pipe de sa bouche : Marcel... Marcel... connais ça... de quelle compagnie ?

— De la 3e, répondis-je.

Il me prit par le bras, me conduisit au milieu de la route, et me montrant de la main un groupe de maisons qui se trouvaient sur le versant nord du Mont-Valérien, me dit :

— Tu vois une grande maison blanche, tout à fait à l'extrémité de la route, qui, à cet endroit, tourne à droite et se dirige vers Nanterre, et bien c'est là que tu trouveras ton frère.

Je remerciai et le zouave s'éloigna en secouant sur son ongle la cendre de sa pipe. Charlot se mit à siffler un air de marche et nous parvînmes bientôt à la maison blanche, au rond point de la Bergerie ; quelques zouaves allaient et venaient sur l'avenue, vaquant à des occupations diverses, j'avisai l'un d'entre-eux qui portait un bidon plein d'eau et je lui demandai, en désignant la maison blanche :

— Est-ce ici la 3e compagnie.

Il posa son bidon à terre, me toisa des pieds à la tête, et je ne sais pourquoi me demanda :

— Qu'est-ce que tu lui veux à la 3e compagnie ?

— Mon frère est zouave dans cette compagnie, répondis-je.

— Alors c'est différent, dit-il, d'un ton radouci, par ce temps de petits espions il faut prendre des précautions.

En effet, nous devions apprendre dans la suite que des enfants inconscients de l'acte infâme qu'ils commettaient, rôdaient autour des grand'gardes, se tenaient à l'affût des renseignements et allaient les vendre à l'ennemi avec d'autant plus de facilité que leur âge leur servait de sauvegarde, c'était ainsi que quelques jours auparavant une reconnaissance dirigée sur La Jonchère avait été elle-même surprise et avait dû abandonner plusieurs morts sur le terrain. On citait aussi le cas d'un jeune Allemand de 12 ans, parlant bien le français, qui allait tous les jours à Versailles ou bien aux avant-postes de l'ennemi vendre des journaux français et qui revenait ensuite à Paris pour y apporter les nouvelles que l'ennemi avait intérêt à répandre afin de hâter la chute de la capitale. En temps de guerre, il faut toujours être très défiant.

— Comment l'appelles-tu ton frère, me demanda le zouave.

— André Marcel, répondis-je.

— Eh bien, monte l'escalier, tu le trouveras en train de surveiller le « frichti. »

— Je m'élançai aussitôt dans l'escalier suivi de Charlot qui m'emboîtait le pas et portait le paquet de linge, une large porte s'ouvrait sur le palier du premier étage

C'est ton frère, Marcel? Il me semble bien l'avoir déjà vu.

et dans une vaste pièce, dénuée de tout mobilier, j'aperçus plusieurs zouaves groupés autour d'une cheminée sur laquelle se trouvait une bouteille transformée en chandelier et, parmi eux, bien qu'il me tournât le dos, je reconnus aussitôt mon frère; ce qui se passait dans cette cheminée absorbait l'attention générale, accroupi auprès du foyer un zouave, en manches de chemise, semblait donner des explications que l'on écoutait avec intérêt et un chien de chasse blanc et jaune aux larges et longues oreilles humait, en retroussant les narines, la bonne odeur qui s'échappait d'une marmite à demi couverte; seul, un zouave assis sur un bidon auprès de la cheminée, fumait sa cigarette, avec indifférence, je le voyais de profil et je reconnus bien M. de Bricourt; je vis tout cela d'un coup d'œil.

Le zouave qui venait de nous renseigner montait derrière nous, avec son bidon rempli d'eau, comme nous hésitions à entrer dans la pièce il appela : Hé, Marcel, alors mon frère se retourna et je tombai dans ses bras.

— Ah! c'est gentil, s'écria-t-il, je suis content de te voir, petit Louis, et je te remercie, Charlot, de l'avoir accompagné.

Ensuite je saluai M. de Bricourt qui me tendit amicalement la main, en disant:

— C'est ton frère, Marcel? il me semble bien l'avoir déjà vu, du reste, ce pauvre petit est facile à reconnaître.

— Mais oui, monsieur, répondis-je, je vous ai vu à l'Esplanade des Invalides quand vous faisiez l'exercice.

En ce moment un zouave entrait.

— Tiens un « bombé » s'écria-t-il, ça porte bonheur.

— Voyons, Dubreuil, dit M. de Bricourt d'un ton de reproche, jetant au nouveau-venu un regard qui le fit taire.

Mon frère nous prit à l'écart et nous fit asseoir sur son lit qui se composait d'un peu de paille et d'une couverture, il me demanda aussitôt des nouvelles de la famille, il voulait tout savoir jusqu'aux moindres détails : Maman ne se désole pas trop, demandait-il, et Angèle, et Mme Rousseau, et Juliette est-elle sage, se porte-t-elle bien. Il écoutait les détails que je lui donnais tout en défaisant son paquet de linge; mais qu'est-ce que cela, s'écria-t-il en retirant du paquet un gilet de laine tricoté.

— Tu le vois bien, c'est un gilet de laine tricoté, lui dis-je, je ne sais pas ce que maman a mis dans le paquet. Il le retournait de tous les côtés, palpant la laine épaisse et douce, lorsque mettant par hasard la main dans un des goussets il sentit un petit papier plié en quatre, il le retira, le déplia et lut : *Angèle à André pour qu'il n'ait pas froid.*

— C'est Angèle qui l'a tricoté, s'écria-t-il, transporté de joie, et il embrassa le gilet !

— Tiens, me dit-il en m'embrassant, tu lui donneras ces deux baisers de ma part, pour la remercier, tant pis, Mme Rousseau dira ce qu'elle voudra.

Et il ajouta, tout joyeux. Rien ne pouvait me faire plus de plaisir... Quelle bonne idée... J'en avais tant besoin car les nuits sont fraîches.

— Bon, voilà maintenant deux paires de chaussettes et un petit papier épinglé sur l'une d'elles : *de la part de Mme Rousseau* ; tu la remercieras bien de ma part, petit Louis ; tiens, quelque chose de lourd et André plonge la main dans une des chaussettes et en retire un objet enveloppé dans du papier, c'est une pièce de cinq francs et il y a écrit sur le papier : *De la part de maman, ménage bien ton argent.*

— Comme c'est bon la famille, disait André tout ému, et ce brave garçon qui se battait si vaillamment contre les Prussiens et n'avait peur de rien, se détourna pour cacher une larme, pensez donc si les camarades l'avaient vu ! un zouave avec la larme à l'œil, est-ce que l'on peut vraiment se figurer cela !

— Et M. Jean Risler, demandai-je.

— Il est allé chercher du bois, répondit André, en ficelant soigneusement son paquet, il ne tardera pas à rentrer.

Pendant que je causais avec mon frère, Charlot qui ne pouvait rester en place, furetait dans la chambre, touchant à tout, aux fusils, aux sabres-baïonnettes, il avait pris la chechia de mon frère et s'en était coiffé, sur l'oreille, avec un air crâne, maintenant il était accroupi auprès de la cheminée et suivait avec attention les apprêts de la cuisine de l'escouade.

M. de Bricourt qui vit bien que nous avions terminé nos confidences interpella mon frère, disant : Ces deux garçons qui viennent de loin pourraient rester à dîner avec nous.

— Si tu les invites, répondit André.

— Mais parbleu ! s'écria de Bricourt, allons, c'est entendu.

— Nous vous remercions bien, dis-je, mais nous devons au plus tôt rentrer à Paris, sans cela nos parents seraient inquiets.

Charlot était à côté de moi et me poussait du coude, je le regardai, il était tout rouge et ses yeux luisaient comme ceux d'un chat ; restons, me dit-il tout bas, cela me ferait tant de plaisir.

— Accepte, dit mon frère, je prends tout sur moi, j'écrirai un mot à maman et à Mme Benoît pour qu'elles ne vous grondent pas, notre camarade de Bricourt arrose aujourd'hui ses galons de caporal et tu ne peux refuser de boire à sa santé.

— Mais oui, disait celui-ci en souriant, mais oui...

Je n'osai plus refuser, nous n'avions pas très bien déjeuné, nous avions soif et la bonne odeur de la cuisine nous chatouillait agréablement les narines, et puis Charlot semblait au comble du bonheur.

— Sans compter, dit mon frère, que vous allez manger des choses exquises, le camarade que vous voyez occupé à confectionner ces sauces dans la cheminée est un ancien cuisinier du grand Véfour, un des meilleurs restaurants de Paris, il a juré de se surpasser.

Nous suivions avec intérêt les préparatifs du festin lorsque Jean Risler entra, portant sur son épaule une charge de bois qu'il jeta auprès de la cheminée ; en nous apercevant il nous souhaita amicalement le bonjour et je lui donnai des nouvelles de son père.

Comme je regardais par la fenêtre, je vis arriver une superbe voiture au grand trot de deux magnifiques chevaux, conduits par un cocher correctement rasé et aux cheveux déjà grisonnants auprès duquel se trouvait un domestique que l'on appelle je crois « valet de pied ». Cette voiture s'arrêta devant la maison, le valet de pied sauta lestement à terre, et demanda un renseignement à un zouave qui passait et qui, du doigt, désigna nos fenêtres ; aussitôt après le domestique arrivait et en le voyant entrer M. de Bricourt se leva et sortit. Je vis alors celui-ci à travers les vitres brouillées se diriger rapidement vers la voiture, arrivé auprès de la portière il retira sa chechia avec les marques d'un profond respect, s'inclina pour baiser la main qui lui était tendue, et pendant que le valet de pied tenait la portière ouverte, il aida à descendre une dame déjà âgée à en juger par ses cheveux blancs comme la neige, et vêtue en grand deuil ; il lui offrit le bras et ils se promenèrent sur la route ; M. de Bricourt marchait à petits pas et courbait sa haute taille, lorsque cette dame lui parlait, afin qu'elle n'eût pas à élever la voix.

— C'est sa mère, me dit André, elle vient le voir quelquefois.

— Si un zouave voulait me donner un coup de main, demanda le valet de pied que je n'avais pas entendu entrer.

— J'y vais dit Jean Risler.

Alors, ils retirèrent du coffre de la voiture un long panier soigneusement ficelé, qui semblait être d'un bon poids et l'apportèrent dans la chambre, un vieux zouave tanné et bronzé par le soleil d'Afrique avait déjà tiré son couteau et s'apprêtait à couper les ficelles lorsque mon frère l'arrêta, disant : Permettez, l'ancien, ce serait peut-être plus convenable d'attendre que le camarade de Bricourt soit là. Le vieux zouave ferma son couteau et dit : Tu as raison.

Le « camarade » de Bricourt se promenait toujours sur la route avec sa mère, les chevaux mâchonnaient leur mors blanc d'écume, le cocher se tenait raide et immobile sur son siège, le manche du fouet sur la hanche, et auprès de la portière le valet de pied attendait.

Dans la chambre, l'ex-cuisinier du grand Véfour réclamait à grands cris de la farine pour lier ses sauces qu'il remuait consciencieusement dans deux gamelles placées sur un feu de braise, avec un long bâton grossièrement taillé en forme de cuiller ; Charlot depuis un instant devenu son aide lui remit la farine demandée, il était content de se rendre utile, c'était dans son caractère, il avait bouclé un ceinturon ajusté à sa taille et le sabre lui battait les mollets ; deux minutes après il avait changé d'idées et ne voulait plus être aide de cuisine, il fit connaissance avec le vieux zouave qu'on appelait l'Africain et qui s'était mis à nettoyer son fusil et lui en expliquait le mécanisme avec beaucoup de complaisance, tout en coulant de temps à autre un regard de convoitise du côté du panier. Depuis un bon moment mon frère et Jean Risler étaient sortis.

J'entendis le bruit d'une portière que l'on ferme, les pavés de la route sonnèrent sous le sabot des chevaux et la voiture s'ébranla ; je regardai dans l'avenue et je vis M. de Bricourt s'incliner une dernière fois devant sa mère qui lui envoyait un salut de la main.

— Eh bien, Coquelet, et le menu, demanda-t-il en rentrant.

— Voilà, caporal, répondit le cuisinier en lui tendant un chiffon de papier, vous verrez si ça vous va.

— Très bien, exclama de Bricourt en riant, mais tu annonceras les plats à haute et intelligible voix, il faut savoir ce que l'on mange.

— Combien de plats de viande, demanda l'Africain.

— Trois, vieux chacal, répondit Coquelet, et c'est tout.

Le « vieux chacal » fronça le sourcil en regardant le cuisinier Coquelet, mais comme celui-ci se trouvait auprès du panier son regard courroucé se fondit en un regard de convoitise.

— Maintenant, dit de Bricourt, nous allons voir ce que contient ce panier, si tu veux m'aider l'Africain...

Celui-ci se leva d'un bond, en un tour de main le panier fut ouvert, et douze bouteilles dont six bouteilles de champagne furent alignées sur la cheminée.

L'Africain les considérait en louchant : Voilà qui nous fera avaler tes sauces, dit-il en s'adressant au cuisinier qui remuait toujours, versant peu à peu de la farine, elles doivent être réussies depuis le temps que tu fais fondre ton morceau de bois dans les gamelles...

— Macache, macache, cria le cuisinier en regardant l'Africain avec des yeux féroces et en claquant des dents comme le font les singes en colère.

— Barca, répondit l'Africain.

— Bono, bono nougat, glapit un zouave à l'extrémité de la pièce.

Charlot riait aux larmes, tout cela de part et d'autre avait été dit si drôlement!

— Et la table, demanda de Bricourt.

— Impossible de s'en procurer une, répondit un zouave.

— Comment! s'écria un de ses camarades... donne-toi seulement la peine de venir avec moi.

Ils revinrent bientôt avec deux tonneaux vides, un autre zouave les accompagnait et portait deux larges planches sur son épaule, c'était Risler.

— Et mon frère, demandai-je.

— Il vient, me répondit-il, nous sommes allés vous chercher des carottes et des pommes de terre que vous rapporterez à Paris, il y a aussi des oignons; quand vos parents verront çà ils n'auront plus envie de vous gronder.

Je me figurais en effet combien ma mère allait être joyeuse, elle qui se plaignait toujours que les légumes étaient si chers, de sorte qu'elle ne pouvait en acheter.

Les deux planches sur les deux tonneaux placés debout constituèrent une table, quant aux sièges il fallut se contenter de cinq chaises boîteuses prêtées par un cabaretier du voisinage, ainsi que quelques assiettes ébréchées.

Nous étions dix-sept convives, en nous comptant, plusieurs devaient par conséquent manger debout, mais cela semblait être indifférent à la plupart des zouaves qui, sur l'invitation de M. de Bricourt, avaient pris place à table, devant leurs gamelles, l'Africain préférait manger les jambes croisées assis sur ses talons.

— Comme les Arbico, cria Coquelet en l'apercevant dans cette posture si incommode pour ceux qui n'en ont pas l'habitude.

— Barca, cria le vieux zouave d'une voix terrible.

— Macache, macache, répondit Coquelet.

Ce fut le signal d'un charivari indescriptible au milieu duquel on entendait parmi les couën couën du canard et le ko kori ko éclatant du coq, retentissant comme un appel de trompette, une sorte de langage étrange et fantastique.

— Arbico macache bono, criait celui-ci d'une voix enrouée.

— Kif kif bourico bezef caraco, tonnait cet autre d'une voix de trombonne.

— Mama mouchi ali ben pommada la cascada el Alkantara beni youf youf, débitait cet autre tout d'une haleine et avec des intonations tellement comiques que cette tirade fut saluée par un éclat de rire général pendant que la voix perçante de tout à l'heure glapissait : bono, bono nougat.

M. de Bricourt s'était laissé tombé sur une chaise en se bouchant les oreilles.

— Quand vous aurez fini de parler « arabe », cria-t-il, on dînera.

— Silence! cria Coquelet d'une voix retentissante en brandissant sa longue cuiller, silence! j'annonce les plats :

— Repas à trois services, à la Française!

— Bravo, crièrent les zouaves.

Premier service. — Entrées :

A peine eut-il prononcé ce mot qu'un zouave se mit à chanter d'une voix de tonnerre accompagnée en chœur par ses camarades sur l'air de *la femme à barbe* :

...... dans mon établissement
Vous ne verrez pas dans toute la foire
Un phénomène plus surprenant
Que c'te barbe qui fait ma gloire.

Coquelet toujours brandissant sa cuiller attendit la fin du couplet dans la pose d'un général qui commande l'assaut, puis il reprit : Entrée : Cheval à la mode.

Attention ! Il y a du gibier : Rats goût de mouton. Lapin de gouttière sauté :

Des grognements de satisfaction accueillirent l'énoncé de ce premier service.

— Hors-d'œuvre, cria Coquelet : Y en a pas !

Deuxième service. — Entremets : Y en a pas, cria-t-on en chœur !

Quand la rumeur se fut un peu calmée, Coquelet répéta posément, gravement, d'un ton de voix des plus comiques : Y en a pas !

— Troisième service. — Dessert : Y en a pas !

— Il y en a, s'écria de Bricourt en désignant du doigt un des tonneaux vides sur lequel se trouvait posée la planche qui nous servait de table, il est là dedans !

Coquelet souleva la planche et retira aux applaudissements de l'escouade un superbe gâteau de Savoie au sommet duquel se balançait, montée sur un mince fil de fer, une poupée rose et joufflue habillée en zouave avec des galons de caporal !

— Comme ils sont drôles, disait Charlot qui riait aux larmes, quand je serai grand je m'engagerai dans les zouaves.

Le repas fut étourdissant de verve et de gaieté. Coquelet était un enfant de Paris, à l'esprit vif et alerte, à la répartie prompte, il tenait tête à tout le monde ; les lazzi se croisaient d'un bout à l'autre de la table improvisée, nous étions éblouis par ce feu d'artifice et nous écoutions de toutes nos oreilles, sans perdre pour cela un coup de dent car le cheval à la mode accommodé avec des carottes était excellent, les rats goût de mouton délicieux et le lapin de gouttière exquis ; ce fut l'Africain qui trouva dans sa gamelle la tête de ce fameux lapin qui était un chat et il se mit à rouler des yeux féroces en regardant Coquelet. M. de Bricourt le calma en lui montrant les bouteilles de champagne. Au dessert on but à la santé du caporal de Bricourt, Charlot ne se préoccupait pas de rentrer à la maison mais je le poussai du coude en lui disant : Tu sais, moi je m'en vais.

— Oui, dit mon frère, il est temps de vous en aller.

Il fit un signe à Risler qui se leva et prit dans un coin de la pièce un sac en toile grossière dans lequel il avait mis les carottes, les pommes de terre et les oignons, et le chargea sur ses épaules. Nous souhaitâmes d'abord le bonsoir à M. de Bricourt en le remerciant et nous fîmes le tour de la table en échangeant avec tous les zouaves de l'escouade une vigoureuse poignée de main ; il me faut bien dire que plusieurs d'entre eux frottèrent ma bosse disant en riant que cela leur porterait bonheur.

Mon frère et Risler nous accompagnèrent jusqu'au rond-point de Courbevoie, j'étais très fatigué et je pouvais à peine me tenir sur mes jambes, en outre, pour comble de malechance, le vent qui s'était apaisé pendant la journée se mit à souffler avec violence et la pluie nous cinglait la figure. Risler avisa une charrette qui passait et se dirigeait vers Paris et demanda au conducteur de nous permettre de monter, ce brave homme y consentit sans difficulté. M. Risler plaça le sac aux légumes dans la charrette et les deux zouaves nous quittèrent après nous avoir souhaité un bon voyage.

Une demi-heure après, nous arrivions à la Porte Maillot où nous déposa notre conducteur, et Charlot, chargeant le sac sur ses épaules, me prit la main, marchant d'un pas alerte. Vers sept heures nous franchissions le seuil de notre maison, Mme Benoît avait laissé sa porte ouverte et guettait le retour de Charlot, elle paraissait furieuse mais je me précipitai vers elle en lui disant : Oh ! je vous en prie, Mme Benoît, ne grondez pas Charlot, montez avec nous, nous vous raconterons ce qui nous est arrivé.

Elle se contint avec peine et nous accompagna.

— D'abord, dit Charlot en laissant tomber son sac, nous vous apportons des légumes, c'est André et M. Risler qui vous les envoient.

Mme Benoît parut un peu calmée, mais elle mit cependant ses poings sur sa hanche, ce qui était encore un mauvais signe et demanda :

— Eh bien ! est-ce que vous allez nous expliquer...

— D'abord, nous dit ma mère, mettez-vous bien près du feu pour vous sécher et avalez ce bon bol de vin tout chaud sucré.

Mon père paraissait un peu contrarié de mon retour tardif, je vis bien qu'il craignait que je n'eusse pris froid. Angèle qui était là s'empressait autour de nous.

— Vous feriez bien, dit ma mère à Mme Benoît, d'aller chercher des effets pour Charlot, il pourrait se changer ici puisque nous avons encore un bon feu et puisqu'ils ont tant de choses à nous raconter.

— J'y vais, répondit Mme Benoît.

Quand nous eûmes changé de vêtements, nous nous trouvions tout à fait à notre aise.

— Ces enfants doivent avoir faim, fit observer mon père.

— Oh mais non, m'écriai-je, nous avons dîné.

— Oui, ajouta Charlot, nous avons mangé du cheval.

— Et du rat.

— Et du chat.

— Nous avons bu du champagne.

— C'est donc cela que je trouve un drôle d'air à Charlot, dit Mme Benoît.

— Le pauvre Charlot est fatigué, dis-je, car c'est lui qui a porté sur son dos le sac de légumes.

— Aussi, dit ma mère, en retirant du sac les pommes de terre, les carottes et les oignons, Mme Benoît prendra la moitié de ces légumes.

— Ça n'est pas de refus, Mme Marcel, répondit Mme Benoît dont la colère était tombée.

Alors, je racontai, sans rien omettre, comment nous avions été accueillis par les zouaves et mon père ne put s'empêcher de rire.

— C'est la gaieté française, disait-il, c'est ce qui nous sauve, et d'après ce que tu nous racontes, petit Louis, M. de Bricourt est vraiment un galant homme.

— Maintenant choisissez, Mme Benoît, dit ma mère, j'ai fait deux parts égales.

— Oh, c'est comme vous voudrez, répondit Mme Benoît.

— Alors, dit mon père, nous allons tirer au sort, tournez-vous, Mme Benoît, et ne regardez pas, pour qui cette part?

— Pour vous, répondit Mme Benoît.

— Eh bien alors, voici la vôtre. Nous aurons des légumes pour quelque temps et nous ne les payons pas si cher que Mme Le Mansec.

Charlot qui était fatigué se retira bientôt avec sa mère qui nous remercia vivement.

Quand ils furent partis je complétai mon récit en racontant combien André avait été heureux en défaisant son paquet, il a embrassé le gilet de laine, dis-je en riant, il remercie Mme Rousseau pour les chaussettes, il vous remercie tous, il s'est écrié : Comme c'est bon la famille, et il avait les larmes aux yeux, et puis, dis-je à Angèle, il m'a chargé d'une commission.

— Vraiment, dit Angèle.

— Oui, m'écriai-je, en lui sautant au cou, il m'a chargé de te donner de sa part ces deux baisers pour te remercier.

— Oh ! dit Angèle en rougissant,... je les accepte parce qu'il est soldat !

LUNDI, 24 OCTOBRE

Conséquences d'un dîner chez les zouaves. — La résistance de Châteaudun. — Nous avons maintenant bon espoir. — Un messager heureux de sa mission. — L'aurore « floréale » !

Je n'étonnerai personne en disant que je me suis réveillé ce matin la tête lourde, après une nuit agitée ; le cheval à la mode et les rats goût de mouton avaient été d'une digestion difficile ; mais quand je fus débarbouillé et que j'eus pris un bol de vin chaud bien sucré, — car à défaut de lait nous prenions tous les matins un bol de vin chaud sucré avec du pain grillé, — je me sentis plus dispos et ce fut d'un pied léger, me hâtant à cause de la pluie, que je pris le chemin de l'école.

Charlot s'y trouvait déjà ; je vis bien à sa mine qu'il avait dû passer une mauvaise nuit, il avait une si drôle de figure avec ses cheveux collés par la pluie car, quand il pleuvait, il oubliait régulièrement sa casquette, que je me sentis pris d'un fou rire tout en pensant que je donnais raison au proverbe : rire comme un bossu ; lui aussi faisait sans doute les mêmes réflexions que moi et nos camarades nous considéraient tout ébahis ne sachant trop ce que cela voulait dire ; mais quand M. Bardoux prit place dans sa chaire je m'efforçai aussitôt de garder mon sérieux ; en effet, notre maître ne supportait plus en classe le moindre signe de dissipation et surtout de gaieté. Il disait avec raison que ce n'était pas le moment de rire.

Précisément ce matin-là M. Bardoux avait l'air soucieux, préoccupé ; cependant à le bien considérer on pouvait lire sur son visage une certaine satisfaction. Il nous fit la classe comme de coutume ; c'était le jour de l'histoire et de la géographie, je dus passer au tableau pour faire la carte de la Suède et de la Norvège, mais la course de la veille, le fameux dîner avec les zouaves et son menu fantastique m'avaient brouillé la mémoire, et je fis une carte étrange, une sorte de bête informe qui ouvrait démesurément la gueule, j'entendais derrière moi des chuchottements, des rires étouffés. M. Bardoux qui me regardait par dessus ses lunettes finit par me dire, impatienté : Mais qu'as-tu donc, petit Louis ?

J'essayai néanmoins de donner à ma carte la forme de la Suède et de la Norvège, mais sans pouvoir y parvenir.

— Retourne à ta place, me dit M. Bardoux, un peu impatienté.

J'étais un peu penaud et je vis Charlot qui me regardait du coin de l'œil et dissimulait une forte envie de rire.

— Destrem, allez au tableau, dit M. Bardoux, effacez tout.

Il y avait entre Destrem et moi une grande émulation pour la géographie, la place de premier était entre nous deux chaudement disputée, aussi ce fut avec un petit air satisfait que Destrem se rendit au tableau, et cela me fit vraiment beaucoup de peine de voir ma carte qui avait la prétention de représenter la Suède et la Norvège et qui ressemblait bien plutôt à quelque poisson fantastique, effacée par lui à grands coups de torchon ; ensuite il fit très correctement la carte demandée

Vue de Chateaudun.

par M. Bardoux, il indiqua les chaînes de montagnes et la situation des capitales des deux pays, et son ouvrage terminé me lança un regard vainqueur.

Mais le triomphe de Destrem me laissa indifférent, car je venais d'être repris par un affreux mal de tête, j'avais la cervelle à l'envers, je n'y voyais plus clair, les zouaves dansaient devant mes yeux une sarabande effrénée et je voyais encore dans la gamelle de l'Africain la tête de ce lapin qui était un chat.

— Marcel, cria M. Bardoux, quelle est la capitale de la Norvège.

Je me réveillai de mon assoupissement et je fus sur le point de répondre : macache bono !

— C'est bon, dit M. Bardoux, qui vit bien que j'étais souffrant, et il ne m'interrogea plus.

Quelques minutes avant la fin de la classe, M. Bardoux interrompit brusquement la lecture de l'histoire de France et nous demanda d'un ton grave :

— Dans quel département se trouve Châteaudun?

Plusieurs mains se levèrent, il désigna Dubois.

— Dans Eure-et-Loir, répondit celui-ci, c'est une sous-préfecture.

— Eh bien, mes enfants, dit M. Bardoux, gardez gravé dans votre cœur le nom de cette héroïque cité, Châteaudun (1), ville ouverte, vient de résister à l'en-

1. La ville de Châteaudun est bâtie sur l'escarpement qui termine brusquement le plateau beauceron, à l'ouest, aux confins du Perche, dominant la vallée du Loir. Cet escarpement est formé d'une double pointe. C'est sur la première, taillée à pic au nord, au-dessus du Loir et qui se termine en pente raide à l'ouest et au sud, que s'élève la partie principale de la ville, dite la ville haute. La seconde pointe d'un rayon concentrique plus étendu, enveloppe la première du sud à l'ouest, et, comme elle, vient mourir sur le bord de la rivière. C'est entre ces deux éminences, dans le ravin qui, sous le nom de Val-Saint-Aignan, se prolonge jusqu'au Loir, qu'est bâtie la ville basse.

Châteaudun, on le voit, ne tient donc aux plaines de la Beauce que d'un seul côté et n'est accessible de plain-pied qu'à l'est, par la route d'Orléans au Mans qui traverse la ville haute dans sa longueur... Les monuments principaux qui, par leur élévation, émergent du niveau de la ville, sont l'hôpital, l'église de la Madeleine, la sous-préfecture, l'église Saint-Valérien, et enfin l'antique château des comtes de Dunois, avec sa tour massive de Thibault-le-Tricheur qui se dresse altière, bâtie sur le roc. L'Hôtel de Ville est situé sur la place. Presque tous ces monuments allaient recevoir leur part d'obus dans le bombardement que les Prussiens, furieux de se voir accueillis par des coups de feu partant d'une ville sans défense, commencèrent aussitôt.

Un moment, la ville de Châteaudun, menacée par des ennemis nombreux, avait cru devoir abandonner ses projets de défense, et une affiche fut même apposée sur la porte de l'Hôtel de Ville annonçant que les francs-tireurs et les mobiles évacuaient la ville. On venait de recevoir la nouvelle de l'occupation d'Orléans par les Prussiens. On pouvait croire que résister était folie. Mais l'annonce de cette résolution pacifique fut mal accueillie par la population décidée à la résistance, et des uhlans s'étant montrés non loin du chemin de fer, des ouvriers leur avaient couru sus, armés seulement de leurs outils. Cependant l'ennemi se rapprochait. Il était à Varize et à Civry qu'il incendiait pour punir les habitants de leur résistance, tandis que Châteaudun se hérissait de barricades faites de pierres sèches soutenues par des abatis d'arbres et garnies de fascines et de sacs de terre. Le 18 octobre, un mardi, les guetteurs de Saint-Valérien signalèrent, vers midi, l'approche de l'ennemi. Le clairon retentit. Les gardes nationaux prennent leurs postes de bataille. Les francs-tireurs, en avant de la gare, font les premiers le coup de feu contre les hussards ennemis.

Châteaudun n'a pour se défendre que 600 francs-tireurs parisiens, 115 francs-tireurs nantais, 50 francs-tireurs de Cannes; des volontaires de Loir-et-Cher, et 300 gardes nationaux. Pas un canon, pas un cavalier. En tout, 1200 hommes au plus. Et contre eux marche une division tout entière, la 22e division prussienne forte de 12000 hommes et disposant de 24 pièces de canon. Ce sont là des chiffres qui, mieux que toutes les réflexions, font ressortir la gloire du sacrifice de la petite et fière cité.

A midi, l'artillerie prussienne ouvre son tir, tandis que les bataillons allemands se présentent devant la ville. Mais les feux croisés des tirailleurs les arrêtent et trois bataillons à la fois viennent soutenir le premier bataillon d'attaque, décimé par les coups de feu qui partent de la gare, de la rue d'Orléans et d'une tuilerie où se sont postés des francs-tireurs. Les batteries allemandes couvrent alors Châteaudun d'obus. Tandis que les barricades des rues de Chartres et d'Orléans sont défendues avec une véritable énergie par des francs-tireurs, par de simples et braves pompiers, de ces pompiers de village dont on riait, et qui savent mourir, les projectiles allemands s'abattent sur les clo-

nemi. Pendant une demi-journée, les gardes nationaux, les pompiers, combattant un contre dix, ont tenu en échec une division prussienne ; c'est pour nous le signal de la délivrance, nos concitoyens nous viennent en aide, la résistance s'organise. Ayons donc bon espoir.

Il frappa ensuite trois coups sur son pupître, avec sa règle, cela signifiait que la classe était terminée.

Je me hâtai de rentrer à la maison, car il pleuvait à verse, Charlot me rejoignit et me dit :

— Moi j'ai été malade toute la nuit, et toi?

— Moi aussi, répondis-je, j'ai mal dormi et j'ai encore mal à la tête, c'est pour cela que je n'ai pu faire la carte au tableau, je n'y voyais plus clair. Mais tu as donc encore oublié ta casquette? lui demandai-je d'un ton de reproche.

chers, l'hôpital, la cour du château. Les ambulances mêmes, au mépris du droit d'humanité, de neutralité proclamé par la convention internationale des sociétés de secours aux blessés, sont bombardées. A Châteaudun, comme à Paris plus tard, le drapeau blanc croisé de rouge sert de cible aux pointeurs allemands.

On se bat partout aux extrémités de la petite ville, on se battra tout à l'heure dans le cœur même, on se battra jusqu'à la nuit. Les Prussiens, on peut le dire, ne s'établirent que sur des ruines. Les traits de courage abondent pendant cette journée meurtrière. A la barricade de Saint-Aubin, un homme combat, entouré de ses trois fils : un d'eux est tué à ses côtés, et lui-même est deux fois blessé. Il s'appelle Abran, il est plâtrier. Une jeune fille, Léontine Proust, vaillante, infatigable, va de barricade en barricade, portant des munitions. Le lieutenant Henri Chabrillat, avec cinquante hommes, renforce les gardes nationaux du capitaine Fanuel, intrépides au feu. Un seul fait montrera l'acharnement de ces combattants : un moment, les Prussiens, décimés, furent contraints d'abandonner deux pièces de canon. Elles ne purent être ramenées, et les Allemands les reprirent une demi-heure après, mais on peut juger par là de l'intensité de notre fusillade.

Que pouvaient faire, il est vrai, ces douze cents braves contre les masses toujours plus nombreuses des Prussiens? Les barricades, si vaillamment défendues, étaient condamnées à être enlevées. Le nombre des combattants était absolument hors de proportion, chacun des nôtres combattait un contre dix. M. de Lipouski, commandant des francs-tireurs, avait déjà fait sonner la retraite, lorsque vers l'est de la ville, les Allemands, après un effort violent, emportent la position et font tourner les barricades les mieux défendues, celles de la rue de Chartres, puis celles de la rue Galante et de la rue d'Orléans. Alors, la nuit venue, refoulés de tous côtés, les défenseurs de Châteaudun se massent sur la place, et, noirs de poudre, exaltés par la lutte, superbes de patriotisme et d'ardeur, ils entonnent, sous le ciel rouge déjà des premiers incendies, les mâles couplets de la *Marseillaise*.

Ce chant superbe, ce spectacle grandiose, avaient glacé d'une certaine terreur les assaillants qui hésitent d'abord, puis envahissent la place, repoussant les défenseurs de Châteaudun dans les rues adjacentes, lorsque ceux-ci, pris d'une rage nouvelle, se précipitent sur cette place et, à la baïonnette, forcent les Allemands à reculer dans la nuit. La place est à nous de nouveau, et les Allemands l'attaquent encore. On se bat dans l'ombre, on se bat corps à corps. On se tue comme on se poignarderait, on s'égorge, et le flot noir des Prussiens court à travers les rues. La torche à la main, ils envahissent déjà les maisons conquises, ils pillent, volent et brûlent. Les derniers défenseurs de Châteaudun, en se repliant, font de tous côtés sur la place, où fourmillent les Prussiens, des décharges meurtrières; puis, combattant toujours, ils s'éloignent, tandis que les Allemands, voyant partout des ennemis, se fusillent entre eux, par méprise, dans l'ombre, à travers ces rues couvertes de morts. La retraite s'opéra par ce faubourg Saint-Jean, qui est le côté en quelque sorte inaccessible de Châteaudun.

Alors commença le pillage, l'atroce et honteux spectacle de soudards brisant, broyant, brossant au pétrole les portes et les murs, incendiant, insultant, hurlant. L'histoire enregistre là des choses horribles. Un paralytique fut brûlé vif sur sa paillasse allumée par des soldats ivres. Un vieux soldat fut tué pour avoir dit à des Bavarois : « Cela est sauvage! ». Des généraux firent incendier l'hôtel où ils avaient pris, en riant, leur repas et bu à leur sanglante victoire. Ils se donnaient le spectacle de l'incendie et de la dévastation. Ces hégéliens contemplaient ce fait : deux cent vingt-cinq maisons qui brûlent! Et ces logis étaient habités encore! Dans une seule cave, dix êtres humains périrent étouffés. Châteaudun brûlait. Châteaudun payait cher son dévouement à la patrie, mais les cadavres allemands jonchaient ses rues, mais le sang allemand rachetait la ruine française. Trente officiers et près de deux mille hommes avaient été tués. Avec les Allemands, tout se paye. L'incendie ne suffisait pas, les réquisitions s'abattirent sur la ville. Il fallut nourrir, vêtir, couvrir ses bourreaux. Cela, après un pillage sans exemple (J. CLARETIE. *Histoire de la Revolution de 1870-1871*).

— C'est vrai, s'écria Charlot, en se passant la main sur ses cheveux mouillés, je l'ai oubliée dans mon pupître.

— Dépêchons-nous de rentrer, dis-je, autrement tu vas t'enrhumer.

Mon père était déjà de retour pour le déjeuner et lisait son journal, il avait l'air satisfait, quelques instants après arriva M. Bardoux qui lui demanda, après avoir souhaité le bonjour :

— Louis est donc malade ?

— Non, répondit mon père, mais il est très fatigué, il a fait hier une longue course, il est allé, accompagné de Charlot, voir André aux avant-postes.

— Et ma mère ajouta : Ils ont dîné avec les zouaves qui leur ont fait manger toutes sortes d'horreurs, du cheval, du rat, du chat et ils ont bu du champagne.

— Alors je comprends, s'écria M. Bardoux en riant, c'est une petite indisposition ; mais je vous conseille de ne pas l'envoyer en classe cet après-midi, je lui donne congé.

Ensuite mon père et M. Bardoux se mirent à parler de la guerre.

— Avez-vous connaissance de cette dépêche, demanda mon père.

« *A M. Jules Favre, à Paris.*

« *Dans la journée du 18 octobre, la ville de Châteaudun (Eure-et-Loir) a été assaillie par un corps de 5000 Prussiens. L'attaque a commencé à midi sur tout le périmètre de la ville, dont les rues intérieures étaient barricadées. La résistance s'est prolongée jusqu'à huit heures et demie du soir. Les francs-tireurs de Paris, la garde nationale de Châteaudun ont rivalisé de courage et d'énergie. A un moment, la place de la ville était couverte de cadavres prussiens; on estime les pertes de l'ennemi à plus de 1800 hommes. La ville n'a pas été occupée, elle a été bombardée, incendiée, et les Prussiens ne se sont établis que sur des ruines. L'incendie dure encore.*

« *Ces détails ont été rapportés par M. de Thevenon, receveur des postes, qui a brillamment fait son devoir de citoyen.*

« *Le commandant de la garde sédentaire, M. Testanières, a été tué à la tête de son bataillon.*

« *La résistance de Châteaudun, ville ouverte, peut être mise à côté des pages les plus héroïques de notre histoire.*

« *La délégation du gouvernement ouvre un crédit pour subvenir aux besoins des familles de Châteaudun. Le décret porte que cette noble petite cité a bien mérité de la patrie.*

« Léon Gambetta. »

— Voilà qui nous permet d'espérer, s'écria M. Bardoux, cela prouve que la résistance s'organise en province, ah ! si toutes les villes en faisaient autant, si toutes résistaient avec la même énergie à la marche envahissante de l'ennemi, si les gardes nationales, tous ceux enfin qui ont une arme entre les mains apportaient pour la défense du sol de la Patrie le même courage, la même énergie sauvage, nous serions sauvés, les Prussiens seraient bientôt reconduits à la frontière, rien ne saurait résister à des hommes fermement décidés à vaincre ou à mourir.

— Alors, vous avez confiance dans l'avenir, demanda mon père.

— Certainement, répondit M. Bardoux ; à vous dire vrai, M. Marcel, je suis un peu comme vous, il y a des jours où j'espère et d'autres où je désespère, et cela selon les nouvelles, parfois selon l'impression du moment, mais en y réfléchissant bien je pense que nous avons raison d'espérer, c'est la province qui nous sauvera, notre devoir est de résister jusqu'au bout afin de retenir sous nos murs le plus d'ennemis possible et de lui donner le temps de venir à notre aide; l'armée de Bazaine tient toujours à Metz, elle est de 90000 hommes et ne cesse de combattre, paraît-il, c'est en cette armée que nous devons surtout avoir confiance; le général Bourbaki est à Tours et va prendre le commandement d'une armée actuellement en formation, enfin peu à peu, tout s'organise, voyez : nous avons maintenant des départs réguliers de ballons, la poste fonctionne comme de coutume et nous pouvons recevoir des nouvelles de nos parents de province. En un mot, j'espère et je suis comme vous, je veux espérer « quand même » !

Chateaudun. — Les ruines de la rue d'Orléans après l'incendie et le bombardement.

Et M. Bardoux est parti, nous laissant tout réconfortés par ces bonnes paroles; avant que la porte ne fût fermée il a encore dit à ma mère: C'est entendu, vous ne m'enverrez pas Louis cet après-midi.

Je suis donc resté à la maison cet après-midi et certes je ne demandais pas mieux que de me reposer, j'en avais bien besoin ; j'ai joué avec Juliette, avec Biribi ; Angèle et Mme Rousseau sont venues, comme de coutume, travailler auprès de ma mère; il a fallu que je recommence pour Mme Rousseau qui ne l'avait pas entendu le récit de notre fameuse excursion de la veille, et je voyais bien aussi que chaque fois que je parlais d'André, Angèle ne perdait pas une seule de mes paroles; quand j'arrivai au moment où André avait embrassé le gilet de laine Mme Rousseau se mit à rire, mais Angèle était très émue.

— Et puis, vous ne savez pas, Mme Rousseau, ajoutai-je, André m'a chargé d'embrasser Angèle de sa part et comme elle était là hier soir j'ai fait la commission.

Mme Rousseau ne répondit pas mais elle échangea avec ma mère un regard qui voulait dire bien des choses.

— Mais je l'ai dit à maman, s'écria Angèle.

Et je ne sais pourquoi Mme Rousseau répondit : Si ton pauvre père vivait encore il serait bien content.

— Je pensais en moi-même : voilà qui n'est pas déplaisant pour toi de servir de messager entre la belle et douce Angèle et ton bon frère André, tu en as tous les profits et ton vilain museau de bossu ne se trouvera pas souvent à pareille fête !

Ma mère força Mme Rousseau à accepter quelques légumes, surtout des pommes de terre qui étaient devenues très rares et que les fruitiers vendaient par conséquent fort cher, ainsi que quelques oignons pour faire la soupe.

Nous fîmes honneur à notre dîner, aux légumes d'André; les pommes de terre surtout me parurent délicieuses, et cependant nous les mangions avec du sel et sans beurre, car le beurre coûtait déjà dix francs la livre !

J'étais sur le point de me coucher, vers 9 heures, lorsque j'entendis parler avec animation dans la rue; pensant que quelque évènement était survenu je prévins mon père qui s'empressa d'ouvrir la fenêtre.

— C'est un incendie, s'écria-t-il.

— De quel côté, demanda ma mère avec anxiété.

— Je ne sais pas, le ciel est en feu.

Nous descendîmes alors dans la rue pour mieux voir et quand mon père eut examiné l'horizon il s'écria, rassuré : c'est une aurore boréale.

En effet le ciel était rose, d'un rose éclatant et lumineux.

— Une aurore « floréale », disait Mme Benoît, qu'est-ce que c'est que ça, est-ce que ça ne serait pas plutôt un incendie.

— Mais non, répondait mon père, une aurore boréale est un phénomène physique comme la pluie, le froid, la chaleur.

— Est-ce qu'il y a jamais eu de ces aurores-là à Paris, moi je n'en ai jamais vu, s'écriait Mme Benoît.

— C'est très rare, en effet, disait mon père.

— Eh bien si c'est ce que vous dites, c'est mauvais signe, c'est signe de sang, voilà ce que j'en pense, moi, de votre aurore « floréale. »

LUNDI, 31 OCTOBRE

La mauvaise humeur de M. Bardoux. — Je suis puni pour la première fois. — Prise et combats du Bourget. — Ce village est repris par l'ennemi. — Mon père est vivement affecté de la mauvaise tournure que prennent les événements. — L'opinion de M. Lauverjat le charcutier. — Encore une mauvaise nouvelle : Capitulation de Metz. — M. Risler.

— Jules Méténier, vous serez au piquet pendant la récréation.

C'est cependant un bon élève que Jules Méténier et d'habitude bien tranquille. Qu'a-t-il donc fait ? Il a ri. Et pourquoi a-t-il ri ? Il ne le sait pas lui-même, bien sûr ; quelquefois on rit sans savoir pourquoi.

Et après Jules Méténier c'est le petit Legrand qui attrape six pages de grammaire à copier ; décidément M. Bardoux est aujourd'hui de bien méchante humeur ; je ne l'ai jamais vu ainsi, et je m'empresse de fourrer le nez dans mes livres sans plus m'occuper de ce qui se passe autour de moi.

Bon ! c'est le tour de Gustiau, maintenant, en voilà un qui ne l'a probablement pas volé : à genoux, auprès du tableau.

Ça chauffe et ceux qui ne veulent rien attraper regardent leurs cahiers et leurs livres en se tenant bien tranquilles.

Mais voilà Charlot qui tousse d'une certaine façon, il a une manière si drôle de faire : hum ! que toutes les têtes se lèvent et on se regarde avec une furieuse envie de rire, je jette un coup d'œil du côté de Charlot, il se met à rire et, gagné par la contagion, j'en fais autant.

La voix sévère de M. Bardoux se fait entendre : Charles Benoît et Louis Marcel au piquet.

Charlot n'est pas content, ni moi non plus ; il a un si grand besoin de courir et de crier pendant la récréation que c'est pour lui un véritable supplice de rester immobile pendant une demi-heure, une interminable demi-heure, à regarder le mur ; quant à moi qui ne suis jamais puni, cela me fait quelque chose, j'éprouve comme une honte.

Enfin la classe se termine sans autres incidents, mais décidément M. Bardoux est de bien méchante humeur.

A dix heures et demie nous allons en récréation, j'avais le vague espoir que M. Bardoux lèverait ma punition, ainsi que celle de Charlot, mais il ne nous a rien dit et s'est mis à se promener dans la cour, marchant à grands pas, les mains derrière le dos ; il semblait très préoccupé, et pendant une demi-heure Charlot et moi, et aussi Jules Méténier, nous avons regardé le mur, sans bouger, cela n'était vraiment pas gai, et puis les autres qui ne m'avaient jamais vu au piquet, riaient, et en courant passaient auprès de moi pour me bousculer, sans en avoir l'air.

Ce fut avec une grande satisfaction qu'à onze heures et demie je rangeai mes livres et mes cahiers et fermai mon pupitre ; en sortant, Charlot me rejoignit comme de coutume, il était un peu rouge et tout à fait furieux, j'eus de la peine à le calmer et à lui faire comprendre qu'il s'était mis dans son tort en faisant hum !

pour faire rire les autres, le moment était mal choisi car M. Bardoux ne semblait pas avoir envie de rire.

— Mais qu'est-ce qu'il a donc aujourd'hui, le père Bardoux, disait Charlot, qu'est-ce qu'il a?

— Je n'en sais rien, répondis-je, mais c'est bien de ta faute si j'ai été puni.

— Bah! fit Charlot, d'un ton de profonde philosophie, pour une fois.

Nous pressions le pas, ayant hâte de rentrer, lorsque, arrivés auprès du marché Charlot s'écria: Voilà encore des affiches blanches sur les murs.

Il faut dire ici que les affiches sur papier blanc étaient des affiches officielles c'est-à-dire réservées aux communications du Gouvernement, voici ce que nous annonçait l'une d'entre elles, c'était un rapport militaire.

30 *octobre*, 5 *h.* 1/2 *du soir.*

Le Bourget, village en pointe en avant de nos lignes, qui avait été occupé par nos troupes (1), *a été canonné pendant toute la journée d'hier, sans succès, par l'ennemi.*

Le commandant Brasseur au Bourget.

Ce matin, de très bonne heure, des masses d'infanterie évaluées à plus de 15000 *hommes, se sont présentées de front, appuyées par une nombreuse artillerie, pendant que d'autres colonnes ont tourné le village, venant de Dugny et de Blanc-Mesnil.*

Un certain nombre d'hommes qui étaient dans la partie Nord du Bourget, ont été coupés du corps principal et sont restés entre les mains de l'ennemi. On n'en connaît pas exactement le nombre en ce moment, il sera précisé demain.

Le village de Drancy, occupé depuis vingt-quatre heures seulement, ne se trouvait

1. Voici quelques détails sur la prise du Bourget qui est un des événements militaires du siège de Paris.

Le Bourget, occupé depuis le 20 septembre 1870 par l'ennemi, est un petit village ou plutôt une grande rue de village, dont la situation est fort importante pour une armée qui veut investir Paris. Les forts de l'Est et d'Aubervilliers dominent, il est vrai, ce point; mais, si l'assiégé l'occupe, il peut par là rompre le point d'investissement de l'assiégeant. Dans le cas actuel, l'établissement des Français au Bourget leur permettait de menacer efficacement les batteries établies par les Prussiens à Pont-Iblon et à Blanc-Mesnil. Le 28 octobre, à trois heures du matin, le général de Bellemare, gouverneur de Saint-Denis, donna ordre à trois cents francs-tireurs, dits de *la Presse*, conduits par le commandant Rolland, d'exécuter sur le Bourget une pointe hardie, un coup de main qui réussit complètement. Surpris dans leur sommeil, les Prussiens furent délogés du village... pendant la journée, ils essayèrent de le reprendre à diverses reprises mais se heurtèrent chaque fois à une défense opiniâtre; deux demi-bataillons de régiments de marche, 34e et 28e, et les 12e, 14e et 16e bataillons des mobiles de la Seine étaient venus renforcer les francs-tireurs de la Presse...

La nuit du vendredi 28 au samedi 29, se passa à travailler à quelques fortifications, malheureuse-

plus appuyé à sa gauche, et le temps ayant manqué pour le mettre en état respectable de défense, l'évacuation en a été ordonnée pour ne pas compromettre les troupes qui s'y trouvaient.

Le village du Bourget ne faisait pas partie de notre système général de défense, son occupation était d'une importance secondaire, et les bruits qui attribuent de la gravité aux incidents qui viennent d'être exposés sont sans fondement.

Le gouverneur de Paris,
GÉNÉRAL TROCHU

ment insuffisantes. Les voltigeurs du 28e de marche et le 12e bataillon de mobiles prirent position dans le village, et le lendemain matin, vers huit heures, le feu de l'artillerie prussienne recommençait avec une violence nouvelle... Dans cette journée du 29, le Bourget reçut plus de 2000 projectiles. Ce jour-là, les Prussiens n'osèrent point se risquer à l'assaut des barricades. Ils nous écrasèrent à distance, mais inutilement. Les soldats et les mobiles décimés demeuraient à leur poste.

Le 30 octobre, à la faveur de la nuit, les Prussiens avaient massé aux alentours du Bourget des troupes considérables, appuyées par une artillerie encore plus nombreuse que la veille ; les forces de l'ennemi pouvaient s'élever à 15000 hommes au moins, il avait 48 canons. Les troupes françaises établies au Bourget le dimanche 30 octobre s'élevaient le matin à 3000 hommes lorsque, à sept heures, les deux pièces d'artillerie que nous avions pour nous appuyer furent attelées et emmenées au galop hors du Bourget. A cette vue, il y eut dans les rangs une véritable panique. La manœuvre des Prussiens étant bien évidemment de cerner le Bourget, 1500 hommes au moins s'échappèrent, avant tout combat, par la voie du chemin de fer. Ces malheureux, après une nuit de pluie glacée, pénétrés jusqu'aux os, n'avaient plus le sang-froid que demande la bataille. Mais, du moins, les 1600 hommes qui demeurèrent dans le village, fidèles à leur devoir, allaient montrer ce que peuvent des gens décidés à donner leur vie.

Les Prussiens, tandis que leurs batteries de Garges et de Blanc-Mesnil ouvraient sur le Bourget un feu réellement écrasant, faisaient avancer leurs colonnes sur la droite et la gauche du village, de façon à le cerner. Cinq batteries à la fois couvraient le Bourget d'obus et de mitraille et plus de 15000 hommes allaient attaquer les 1600 Français qui occupaient le village. A huit heures et demie, les Prussiens jugeant que leur furieuse canonnade devait avoir jeté le désordre parmi nos troupes, se hasardèrent à attaquer la première barricade, celle qui défendait le haut du Bourget. Repoussés, ils se replient derrière leurs canons et recommencent à nous mitrailler, lorsque, une heure après, le régiment de la garde prussienne, Reine-Elisabeth, musique en tête, drapeau déployé, s'avance pour enlever la barricade; le colonel de ce régiment, von Zaluskowski, le colonel du régiment Reine-Augusta, le comte de Waldersée sont tués à la tête de leurs soldats. Les morts s'amoncèlent au pied des barricades. Il fallut un effort désespéré, la vue de leur général brandissant leur drapeau, pour ramener à l'assaut ces colonnes formidables que fusillaient et faisaient reculer les centaines de vaillants combattants, soldats de la veille, qui tiraillaient derrière les créneaux.

On se battait en vérité, pied à pied, avec une colère sourde et un superbe acharnement. « J'ai vu, « dit un témoin, des mobiles debout, dépassant la crête du mur de la moitié du corps, frapper de droite et de gauche avec la crosse et balayer ainsi les baïonnettes ennemies »... Attaquées au nord, attaquées au sud, nos troupes allaient se trouver prises entre deux feux et n'en luttaient qu'avec plus de rage. Maison par maison, pendant de longues heures, le Bourget fut défendu par nos soldats et arraché aux efforts de l'ennemi... A midi, après une lutte de trois heures, nous avions déjà perdu, hors de combat, ou fait prisonniers, plus de 1200 hommes.

Alors, dans l'intérieur du village, eut lieu le dernier et le plus glorieux épisode de ce sanglant et inégal combat. Vers l'église, le commandant Brasseur, du 28e de marche, se tenait avec une centaine de soldats et résistait énergiquement. De l'autre côté du Bourget, à droite, le commandant Baroche, faisant le coup de feu lui-même, avait rallié autour de lui, une soixantaine d'hommes, décidés à tenir. Un lieutenant de franc-tireurs, M. Solon, avait encore dix de ses hommes avec lui. Un officier de mobiles, M. O. de Verrie, commandait à trente-six des siens. Cette poignée de combattants ne voulait point se rendre. Opiniâtres, acharnés, ils voulaient brûler leur dernière cartouche, tenter la résistance dernière. M. Baroche, atteint par un éclat d'obus, demandait à ses soldats de tenir encore une demi-heure; à ce moment, il veut donner un ordre, descend de la maison où il combat, près de la rue, devant la grille, une balle le frappe au cœur. Il tombe...

Cependant, l'héroïque commandant Brasseur ramassait dans les jardins les combattants épars, et voulait, dans une lutte suprême, les porter sur une barricade de la grande rue. Une décharge épouvantable foudroie à ses côtés les hommes qu'il a ralliés... lui, d'un pas lent, redescend la rue, sous la mitraille, le képi traversé à une ligne du crâne, et s'enferme dans l'église avec sept autres officiers français et une vingtaine de voltigeurs. Là, dit un écrit allemand, ces hommes se défendirent jusqu'à la dernière extrémité, et les grenadiers du régiment Kaiser-Franz durent grimper jusqu'aux

Parmi les personnes qui lisaient cette affiche, se trouvait M. Lauverjat, le charcutier de la rue des Missions, un homme gros et gras comme tous les charcutiers, il disait :

— Eh bien ! puisque le Bourget était d'une importance secondaire, comme ils disent dans leur rapport, ça n'était pas la peine de le prendre...

— Mais oui, disait une autre personne, on l'avait pris, il fallait le garder.

A côté de moi un petit homme disait, d'un ton rageur : C'est toujours la même chose, on avance et puis on recule...

Alors, ils se mirent à discuter entre eux M. Lauverjat avait « son plan » et il l'exposait avec animation, soufflant bruyamment après chaque phrase, et donnant des explications détaillées, on eût dit un général, la veille d'une bataille ; il est vrai qu'il était coiffé de son képi de garde civique, de même que ses interlocuteurs, cela suffisait sans doute à leur donner, aux uns et aux autres, la science infuse ; c'était le képi sur l'oreille, d'un air martial, que M. Lauverjat servait à ses clients ses boudins et ses saucisses.

— Viens-tu, me dit Charlot, en me tirant par la manche...

Je le suivis sans rien dire, en réfléchissant. Je ne comprends rien aux choses de la guerre et je m'abstiens fort sagement de discuter ou d'apprécier ce que je ne comprends pas ; mais ce qu'il me faut bien constater, c'est que cette évacuation du Bourget sembla aux Parisiens une cruelle défaite, cela tenait à cette opinion qui s'était répandue dans la population que, du côté du Nord, on pouvait faire la trouée ; « l'occupation du Bourget était le premier pas fait en dehors du cercle de fer qui nous étreignait et, à tort ou à raison, il nous semblait que, repris par l'ennemi, c'était la ruine de toutes nos espérances.

Lorsque mon père rentra pour déjeuner, il avait l'air sombre et préoccupé, il prit place à table et se plongea aussitôt dans la lecture de son journal, ce qu'il n'avait pas l'habitude de faire.

Comme je voyais bien que ma mère souffrait de ce silence, je dis brusquement, pour engager la conversation :

— Papa, j'ai été puni, M. Bardoux m'a mis au piquet.

— Ah ! fit mon père, d'un ton indifférent.

Je croyais qu'il allait s'écrier : Comment ! tu as été puni ! Pas du tout, il accueillait cette nouvelle sans le moindre étonnement.

Ce fut ma mère qui me dit, doucement, avec une nuance de reproche :

— C'est la première et la dernière fois, n'est-ce pas, petit Louis.

— Oh oui, maman, répondis-je, mais M. Bardoux était ce matin de bien mauvaise humeur, je ne sais pas ce qu'il avait...

— Il y a de quoi être de mauvaise humeur, dit mon père, et il se replongea dans la lecture de son journal.

Le déjeuner s'acheva silencieusement, mon père ne prêta aucune attention aux agaceries de Juliette qui s'efforçait de grimper sur ses genoux, disant de sa petite voix si fraîche, où il y avait comme une prière : papa, à dada, à dada ! il

hautes fenêtres de l'église et tirer de là sur l'ennemi, jusqu'à ce que le peu d'hommes de cette brave troupe qui restaient sans blessures, finissent par se rendre.

Les Prussiens avaient perdu dans ce combat deux colonels, un major, un porte-drapeau, trente-six officiers et plus de 3000 hommes, tués ou blessés. M. F. W. Heine écrivait dans le *Moniteur prussien* du 10 décembre que « quoique habitué à voir des combats horribles, jamais il n'y en a eu de plus terrible qu'au Bourget ; on peut sans mentir, ajoutait-il, dire que c'est là qu'a eu lieu un des plus sanglants combats qui aient été livrés sous les murs de Paris » (J. CLARETIE, *Histoire de la Révolution de* 1870-71).

allait retourner à son travail et avait déjà ouvert la porte lorsque ma mère lui fit observer :

— Eh bien tu ne nous dis pas adieu! tu n'embrasses pas Juliette.

Il eut l'air de sortir d'un rêve. C'est vrai, dit-il, excusez-moi ; alors il nous embrassa et serra ma mère dans ses bras, longuement, comme s'il trouvait dans cette étreinte une consolation à son chagrin.

Et, tout naturellement, je fis un rapprochement entre la mauvaise humeur de M. Bardoux et l'air soucieux et préoccupé de mon père ; ce changement survenu dans leur caractère et leur manière d'être habituelle ne pouvait avoir d'autre cause que les mauvaises nouvelles affichées en ce moment sur les murs de Paris, tous deux, ils avaient au cœur l'amour de la Patrie et ressentaient douloureusement tous les malheurs qui accablaient notre chère France, c'étaient des hommes d'élite, des bons citoyens, des vrais Français ; n'est-ce pas ainsi que nous devons être tous ?

Bazaine.

L'après-midi, M. Bardoux nous a fait sa classe d'un air ennuyé, découragé, il semblait avoir hâte de nous congédier, personne ne fut puni sauf Gustiau qui passa une heure à genoux, auprès du tableau, assis sur ses talons, continuant toujours à rire.

Au dîner, mon père s'est décidé à parler. Nos affaires vont bien mal, nous dit-il, d'un ton triste, le Bourget a été repris par l'ennemi.

Alors je racontai ce que j'avais entendu dire à M. Lauverjat, et à mon grand étonnement mon père lui donna raison ; mais ce qui est plus grave, reprit-il, en dépliant son journal, c'est que nous n'avons plus à compter sur l'armée de Bazaine, et il lut ce qui suit :

« Le gouvernement vient d'apprendre la douloureuse nouvelle de la reddition de Metz (1). Le maréchal Bazaine et son armée ont dû se rendre après d'héroïques efforts, que le manque de vivres et de munitions ne leur permettait pas de continuer. Ils sont prisonniers de guerre. Cette cruelle issue d'une lutte de près de trois mois, causera dans toute la France une pénible et profonde émotion, mais elle n'abattra pas notre courage. Pleine de reconnaissance pour la généreuse population qui a combattu pied à pied pour la Patrie, la ville de Paris voudra être digne d'elle. Elle sera soutenue par son exemple et par l'espoir de la venger.

« La nouvelle de la reddition de l'armée de Metz circulait dans le public. Le

1. Dans un but d'ambition personnelle, le maréchal Bazaine avait entamé des négociations avec l'ennemi, chargé des émissaires de missions politiques, et tenu dans l'inaction sa brave armée qui ne demandait qu'à combattre ; en outre, il s'était rendu sans avoir observé les conditions rigoureuses imposées par les règlements militaires pour la reddition d'une place forte. Traduit devant le conseil de guerre, il fut condamné à mort, sa peine ayant été commuée en celle de la détention perpétuelle, il fut interné à l'île Sainte-Marguerite, réussit à s'évader et se réfugia en Espagne.

Il eut la triste fin de tous les traîtres à la Patrie, abandonné de tous, il mourut misérablement à Madrid, le 23 septembre 1888.

gouverneur connaissait ces bruits, mais, comme il en savait l'origine exclusivement prussienne, il avait refusé d'y ajouter foi.

« La nouvelle officielle est venue de Londres au gouvernement de Tours par le télégraphe ; nous ne connaissons pas encore la date, d'ailleurs extrêmement récente, de ce grand désastre. Mais si l'on s'en rapporte aux déclarations des prisonniers prussiens interrogés à ce sujet, elle devrait être fixée au 27 octobre, c'est-à-dire à jeudi dernier. »

Mon père plia le journal, le jeta sur la table et resta silencieux.

M. Risler est venu, vers huit heures. Eh bien Metz a capitulé, dit-il aussitôt en entrant, d'une voix toute changée, ça va mal, ça va bien mal, je crois que cette fois nous sommes perdus.

Il s'assit auprès de la table et se mit à fumer sa pipe par petites bouffées d'un air songeur.

— C'est en effet un grand malheur, répondit mon père, rien ne pouvait nous arriver de plus funeste, mais pourquoi désespérer, un pays comme le nôtre a tant de ressources et une si grande vitalité.

— Moi je n'ai plus d'espoir, dit M. Risler, d'un ton profondément attristé, c'est fini, bien fini ; les 150000 hommes qui assiégeaient Metz et qui maintenant ne rencontreront plus aucune résistance sur leur passage, vont arriver à marches forcées sous les murs de Paris ou bien se dirigeront vers nos armées de la province, c'est donc contre un million de soldats aguerris, expérimentés, victorieux, que nos armées improvisées vont avoir à lutter, autant vaudrait traiter tout de suite, l'Alsace et la Lorraine sont perdues pour nous et les malheureux qui habitent ces deux provinces vont devenir Prussiens, c'est pour eux la honte et la ruine, il faudra quitter le pays, vendre pour rien sa maison et ses champs et s'en aller...

— Une nation courageuse, disait mon père, une nation comme la nôtre doit lutter tant qu'il lui reste une lueur d'espoir, non, M. Risler, je ne puis croire que nous soyons définitivement vaincus... On ne sait pas ce qui peut arriver. Souvenez-vous de Jeanne d'Arc.

Mais M. Risler n'écoutait plus mon père, il semblait perdu dans une rêverie douloureuse, il nous l'a dit depuis ; en ce moment il voyait sa ville natale, sa bonne ville de Schlestadt, puis le café Rothwill, près l'avenue de la Gare, où il allait autrefois faire sa partie de dominos, la vieille tour, coiffée de son toit pointu, dernier vestige des remparts primitifs de la vieille cité, puis auprès de l'usine à gaz, dans la petite rue qui conduit au Schiffgraben, près de la porte de Strasbourg, une petite maison avec son jardinet ; c'est tout cela que revoyait le vieux Risler en fermant les yeux..

Et mon père se tut pour ne pas troubler ses souvenirs.

JEUDI, 3 NOVEMBRE

Mon père se rend à la salle de vote, je l'accompagne. — Rencontre de M. Benoît et du joyeux Léon. — Le Gouvernement de la Défense nationale. — On doit voter selon sa conscience. — Léon a changé de cantonnement. — Une petite promenade avec Charlot dans les environs. — Un vilain métier. — Encore le cassis de l'exposition. — Bruits d'armistice. — Léon nous prouve qu'il connaît le maniement d'armes. — Plan de campagne du charcutier Lauverjat. — « Gloire immortelle de nos aïeux ! »

Après déjeuner, mon père a revêtu ses habits du dimanche, coiffé son képi de garde civique et a dit à ma mère, en se préparant à sortir : Je vais voter.

Comme c'était jour de congé, et que j'avais terminé mes devoirs et appris mes leçons pour le lendemain, je lui ai demandé de l'accompagner.

— C'est cela, dit ma mère, ce pauvre enfant ne sort pas souvent, si ce n'est pour aller à l'école, il fait beau temps et il prendra un peu l'air.

Mon père n'a pas fait d'objections. En descendant l'escalier je lui demandai ;

— Pourquoi vote-t-on, papa.

— Il y a eu des émeutes, me répondit-il et le Gouvernement de la Défense Nationale veut savoir si la majorité des citoyens est disposée à le soutenir.

La porte de M. Benoît était entr'ouverte, je la poussai tout à fait, et j'aperçus Charlot, le porte-plume à la main ; quand il nous vit, il jeta son porte-plume, se leva et accourut en demandant : Où allez-vous ?

— Nous n'allons pas nous promener, répondit mon père, je vais voter à la section de la rue de Vaugirard, est-ce que ton père est déjà parti ?

— Il vient de sortir à l'instant, répondit Charlot, il n'y a pas cinq minutes.

Je vis bien qu'il avait une demande sur le bout de la langue et je lisais dans ses yeux l'envie qu'il avait de venir avec nous, mais mon père lui dit : Tu ferais mieux de terminer tes devoirs, nous serons de retour dans une demi-heure et tu pourras alors sortir avec petit Louis si ta mère te le permet, cela vaudra mieux.

Il parut très content et alla se remettre au travail.

Mon père me prit la main et nous voilà partis. Au coin de la rue des Missions et de la rue de Vaugirard, plusieurs personnes étaient arrêtées sur le trottoir et semblaient discuter avec animation ; parmi ces personnes je distinguai le gros M. Benoît, il y avait aussi un garde mobile qui, en ce moment, nous tournait le dos.

— C'est Léon, dit mon père, je le reconnais à sa ceinture rouge.

Nous nous approchons, c'était bien Léon en effet, mon père lui frappe sur l'épaule, il se retourne et fait le salut militaire en disant : Bonjour M. Marcel.

— Ah ! dit mon père, en riant, on t'a appris à faire le salut militaire.

— Je salue la garde civique, répond Léon, avec un sérieux tout à fait comique.

— Mais comment se fait-il, demande mon père...

— Que je suis ici présent, achève Léon, je vais vous l'apprendre ; tous les guerriers qui sont inscrits sur les listes électorales ont obtenu la permission de venir à Paris pour voter, je suis un guerrier, je suis inscrit sur les listes électorales, donc... vous comprenez.

— Je comprends, dit mon père, en souriant.

— Et avant de passer à la maison embrasser maman Rousseau et petite sœur, sans oublier de vous souhaiter le bonjour, je me rendais à la section de vote, lorsque j'ai eu l'avantage de rencontrer cet excellent M. Benoît qui s'y rendait pareillement ; voilà !...

— Eh bien, nous irons donc de compagnie, dit mon père, et tout en marchant on se mit à causer de choses plus sérieuses, les personnes qui faisaient partie de notre petit groupe étaient des voisins pour la plupart, nous les connaissions de vue.

— Ce que je sais bien, disait Léon, c'est que je voterai pour le Gouvernement de la Défense nationale, on dira ce qu'on voudra...

— On doit toujours voter selon sa conscience, disait mon père, et cela, sérieusement, en citoyens libres et éclairés, responsables de leur vote. Comment ne pas soutenir par nos suffrages ce Gouvernement qui a su arrêter les Prussiens sous les murs de Paris, de sorte que ceux-ci qui se vantaient d'entrer dans la Babylone moderne comme on pénètre dans un mauvais lieu en enfonçant la porte d'un coup de pied sont tenus en respect, hésitants, et malgré tout inquiets devant cette capitale qui ne rêvait sous l'empire que luxe et plaisirs, et qui, devenue cité républicaine, donne l'exemple de toutes les vertus militaires et s'efforce de soutenir virilement l'honneur de la France et de sauver la Patrie !

— Voilà un fier langage, s'écria Léon, bravo ! M. Marcel.

— Et voyez ce qui a été fait depuis deux mois, continua mon père, par ce Gouvernement que l'on ose aujourd'hui mettre en question, il a concentré des vivres dans Paris, il lui a amené des défenseurs, il a improvisé la défense et forgé des armes, et tout cela au milieu du gâchis et du désarroi des derniers jours de l'Empire ; oui, il faut soutenir ce Gouvernement, c'est celui de tous les Français unis devant l'ennemi, la Patrie d'abord, la politique ensuite ; quand le dernier Prussien aura franchi la frontière, alors seulement nous pourrons nous occuper de politique, jusque-là sus à l'ennemi et vive le Gouvernement de la Défense nationale ! N'est-ce pas votre avis ?

— Oui, certes, répondirent plusieurs personnes, c'est notre avis et vous avez mille fois raison.

Tout en causant, nous étions arrivés à la salle de vote qui se trouvait à l'école communale de la rue de Vaugirard ; mon père me fit signe de l'attendre à la porte. Je fus tout étonné de voir les gardes nationaux et les soldats qui venaient voter, déposer leurs sabres avant d'entrer, je ne savais pas que la loi défendait d'entrer avec une arme dans une salle de vote, ils reprenaient leur sabre après avoir voté, en sortant, et rebouclaient leur ceinturon ; tout le monde faisait des vœux pour le maintien du Gouvernement de la Défense nationale.

Nous reprîmes ensemble le chemin de la maison, M. Benoît nous quitta et Charlot me cria en passant que ses devoirs seraient terminés dans dix minutes ; il avait dû joliment flâner pendant la matinée puisque je lui avais remis la solution des problèmes et qu'il ne lui restait plus grand'chose à faire.

Léon entra chez nous car sa mère et sa sœur s'y trouvaient, elles venaient presque tous les jours travailler auprès de ma mère ; Mme Rousseau tricotait avec acharnement car l'état de ses yeux ne lui permettait pas d'autre ouvrage, Angèle faisait de la broderie pour les magasins du Petit-Saint-Thomas, elle gagnait de bonnes journées, fort heureusement, car depuis le départ de Léon nos bons voisins ne roulaient pas précisément sur l'or.

— Te voilà, Léon, s'écria Mme Rousseau en se levant vivement, de sorte qu'elle laissa tomber sa pelote de laine qui se mit à rouler en se dévidant jusqu'au milieu de la chambre.

— Moi-même, chère maman, en personne naturelle, répondit Léon en embrassant sa mère. Bonjour, Mme Marcel, bonjour, petite sœur, et n'oublions pas Mlle Juliette, allons, Mademoiselle, faites une petite risette à Léon.

Il la prit dans ses bras et la mit sur ses genoux pendant que mon père demandait :

— Tu es toujours au château de Bagatelle, dans le Bois de Boulogne.

— Non, répondit Léon, nous sommes depuis douze jours cantonnés à Neuilly, je demeure au n° 77 de l'avenue, trois chambres à coucher, salon, salle à manger... Si l'envie vous prend de venir me voir je vous ferai les honneurs de mon appartement ; il y a des glaces sur toutes les cheminées.

— Comment, s'écria Angèle, en ouvrant de grands yeux, tu as un aussi grand appartement pour toi seul ?

— Nous sommes vingt-trois à loger là-dedans, dit Léon en riant, et nous couchons sur le parquet.

— C'est un peu dur, fit observer ma mère.

— Bah ! on s'y fait ; le matin quand je me réveille, je suis bien un peu courbaturé, mais une heure après il n'y paraît plus, cela vaut encore mieux que de coucher sous la tente, en plein air ; à Bagatelle nous étions tous les matins transpercés par l'humidité, il fallait bien un quart d'heure pour se mettre sur ses jambes qui étaient raides... comme la justice.

Il fut interrompu par Charlot qui criait même avant d'entrer : J'ai fini, petit Louis, est-ce que tu es prêt... et qui s'arrêta stupéfait en voyant Léon auquel il tendit la main comme un homme et en disant : Bonjour, messieurs et mesdames ; il n'avait pas oublié la leçon de politesse qui lui avait été donnée un jour par ma mère.

— Eh bien ! allez vous promener, dit mon père, profitez du beau temps et soyez rentrés à cinq heures, avant la nuit.

Il était déjà tard et nous ne pouvions aller bien loin, depuis que le jardin du Luxembourg était fermé (il était occupé maintenant par des batteries d'artillerie après avoir servi de parc aux bestiaux), nous ne savions où aller ; j'entraînai Charlot du côté de la rue du Cherche-Midi afin de contempler l'étalage de M. Chélu qui est toujours aussi séduisant que d'habitude et je lui achetai une gomme à effacer qu'il désirait depuis longtemps ; il y avait une grande animation dans les rues à cause du vote ; ensuite nous prîmes la rue de Sèvres, regardant les images exposées à la devanture des libraires, elles étaient pour la plupart ineptes ou grossières, nous venions alors de jouir seulement depuis quelques semaines de la liberté absolue de la presse, et c'était à qui, dans un intérêt de parti ou le plus souvent pour gagner de l'argent, attirerait les regards des passants ; heureusement que le peuple français a beaucoup de bon sens et d'honnêteté, on se contentait de hausser les épaules et on pensait à part soi que tous ces dessinateurs qui exploitaient le scandale, attisaient les haines ou répandaient la calomnie, faisaient un bien vilain métier.

Nous sommes revenus à la maison sans avoir rien vu de particulier si ce n'est que toutes les personnes que nous rencontrions paraissaient moins découragées, il y avait comme une détente à cause des propositions d'armistice et nous remarquâmes que par un phénomène inexplicable les magasins de comestibles, qui la veille semblaient ne plus avoir de marchandises, étalaient à leur devanture toutes sortes de victuailles.

— On dirait que Léon Rousseau est encore chez vous, me dit Charlot comme nous rentrions à la maison.

En effet, nous entendions la voix sonore du joyeux Léon. Charlot s'empressa donc de monter avec moi et nous trouvâmes toute la famille qui dégustait le fameux cassis de l'exposition ; Angèle s'empressa de nous en servir à chacun un verre et comme toujours elle me donna la bonne mesure en me regardant d'un petit air malin, elle savait bien que j'avais un faible pour le cassis, Charlot non plus ne se faisait pas prier, il le humait à petits coups en se passant la main sur l'estomac et en poussant des soupirs de satisfaction.

— Il paraît, disait mon père, que M. Thiers est arrivé lundi dernier à Paris ; vous savez qu'il avait entrepris un grand voyage diplomatique afin de plaider la cause de la France auprès des nations étrangères, il a réussi à obtenir, grâce à la forte impression produite en Europe par la résistance de Paris, que quatre grandes puissances neutres, l'Angleterre, la Russie, l'Autriche et l'Italie, proposassent aux belligérants la conclusion d'un armistice qui aurait pour objet la convocation d'une Assemblée Nationale et depuis plusieurs jours des pourparlers sont engagés à cet effet entre M. de Bismark et M. Jules Favre.

— Et ensuite ce serait la paix, demanda ma mère, il faut bien l'espérer.

— Sans doute, répondit mon père, si les Prussiens ne nous imposent pas des conditions inacceptables.

— Enfin on verra, dit Léon, quant aux moblots ils ne demandent pas mieux que de marcher, mais ce serait tout de même vexant pour le 6e bataillon de déposer les armes sans avoir vu un seul Prussien.

— Mais vous n'êtes pas des soldats, s'écria mon père, vous êtes des jeunes gens habillés en soldats, vous ne savez rien, vous n'êtes même pas allés au tir à la cible.

— Si, une fois, M. Marcel, et depuis trois semaines nous faisons l'exercice du matin au soir, autrement je serais venu plus souvent « embrasser maman et petite sœur ». Maintenant nous manœuvrons...

— Comme des pompiers, cela est certain.

— Quel dommage que je n'ai pas mon fusil, s'écria Léon d'un ton contrarié, je vous montrerais comment je fais l'exercice, on appelle cela le maniement d'armes, vous entendez, M. Marcel, le maniement d'arrrm...es ; passe-moi le balai, petit Louis.

Pendant cinq minutes le joyeux Léon fit l'exercice avec le balai : portez armes, présentez armes...

— Eh bien qu'est-ce que vous en dites, s'écria-t-il en déposant dans un coin cet instrument peu meurtrier.

— Je dis que c'est aux moblots que nous devons la conclusion de l'armistice, dit mon père en riant, si les Prussiens t'avaient vu manœuvrer ton balai ils se seraient sauvés sans demander leur reste.

— En attendant, demanda Léon, voilà les vivres qui apparaissent chez les marchands, la boutique de charcuterie de M. Lauverjat fait plaisir à voir, il y a huit jours lorsque je suis venu vous voir, sa boutique qui était presque vide présentait un aspect lamentable, eh bien maintenant je vous conseille d'y jeter un coup d'œil, vous serez émerveillés de la hauteur des piles de boudin, des pyramides de saucisson, des chapelets de saucisses, des montagnes de jambon et des régiments de pâtés qui s'étalent à sa devanture, alignés, parés, reluisants, réjouissants, appétissants ; allez il y a de la mangeaille plus que vous ne le croyez, je voudrais bien visiter les caves de tous ces commerçants... vous comprenez bien leur jeu, c'est bien simple.

— Voyons, explique-nous ça, demanda mon père en riant.

— Et bien, continua Léon, en bombant le ventre et en gonflant les joues, supposez que je sois M. Lauverjat.

— Alors mets ton képi sur l'oreille, et prends un air martial.

— C'est juste, dit Léon, qui fit ce que mon père lui disait... voilà une cliente qui entre dans ma boutique, elle a faim, la viande est rationnée, on ne peut s'en procurer, les légumes sont déjà hors de prix, la cliente demande à M. Lauverjat : Je voudrais un petit jambonneau, quelque chose de pas trop cher.

— Du jambonneau, s'écrie M. Lauverjat, introuvable, madame, des prix exhorbitants, il n'y en a plus !

La cliente est contrariée, elle a faim, sa famille a faim, elle demande autre chose.

— Autre chose, répond M. Lauverjat, c'est la même chose.

La cliente est sur le point de se retirer, lorsque M. Lauverjat se ravise et lui dit d'un ton mystérieux : parce que c'est vous je vous trouverai un jambonneau, mais vous savez, pour être cher, c'est cher.

— Combien? demande la cliente.

Le père Lauverjat fait son prix, il est le maître, il nous tient aussi bien que les Prussiens nous tiennent depuis la capitulation de Metz, si la cliente peut dépenser de l'argent elle achète 15 francs ce qui vaut vingt sous et dans la cave il y a d'autres jambonneaux qui augmentent de valeur à mesure que le siège se prolonge et qui seront placés de la même façon par le père Lauverjat à des prix exhorbitants. Mais s'il est question d'armistice, de paix, vous comprenez.

— Il y a longtemps que nous avons compris, s'écria mon père en riant.

— Alors je continue, dit Léon, sans se déconcerter, s'il est question d'armistice, toutes les victuailles sortent de la cave et le jambonneau qui valait 15 francs la livre n'en vaut plus que cinq, demain si l'armistice est conclu il ne vaudra plus que vingt sous, vous comprenez.

— C'est le commerce, fit observer mon père, c'est la loi économique de l'offre et de la demande, mais en tout cas, ce n'est pas du patriotisme.

— Bah ! dit Léon, le père Lauverjat achètera avec son argent une maison de campagne et il jouira de l'estime de ses concitoyens.

— Ce qui est mieux, dit mon père, c'est de savoir soi-même que l'on est estimable et que l'on a toujours fait son devoir.

— Allons, au revoir, s'écria Léon, je me sauve.

— Tu ne restes pas dîner avec nous, demanda mon père.

— Non, merci, je pense que ce n'est pas la peine de vous priver pour moi de votre nourriture car vous n'en avez pas trop, au prix où est le beurre.

— Je crois bien, 25 francs la livre.

— Justement et comme je trouverai ma gamelle en rentrant... Au revoir C'est bien dommage que l'on ne vote pas tous les jours !

— En voilà un qui n'engendre pas la mélancolie, fit remarquer mon père, quel heureux caractère.

— C'est tout le caractère de mon pauvre défunt, disait Mme Rousseau, en reprenant son tricot, le pauvre homme était gài comme un pinson. Angèle est de mon côté, elle est très sérieuse.

Dans l'escalier on entendait la voix du joyeux Léon qui chantait, en s'en allant :

Gloire immortelle de nos aïeux !......

SAMEDI, 12 NOVEMBRE

Les pourparlers pour l'armistice sont rompus. — Circulaire de M. Jules Favre. — Disparition des victuailles. — Le boudin de cheval. — Les dessins de Charlot. — Voici la neige ! — La bataille. — La queue à la porte des boucheries. — La garde civique. — « Enlevez, c'est pesé ! »

Mardi dernier, Mme Benoît est arrivée chez nous vers onze heures. Je viens de la boucherie, nous dit-elle, et vous ne savez pas ce que j'ai appris, c'est une mauvaise nouvelle, il n'y en a plus de bonnes à apprendre maintenant ; eh bien il n'y aura pas d'armistice, les Prussiens n'en veulent pas.

Oui, certes, c'était une mauvaise nouvelle car depuis huit jours, comme il y avait entre les forts et l'ennemi une suspension d'armes tacite, la conclusion d'un armistice paraissait certaine ; ma mère voyait déjà André de retour à la maison, elle était devenue presque joyeuse, comme autrefois, elle n'était plus en proie à ces deux sentiments qui l'agitaient : l'amour maternel et le sentiment qu'elle éprouvait qu'en s'engageant André n'avait fait que son devoir de Français. Mais on ne discute pas avec le cœur d'une mère, surtout d'une mère comme la mienne qui était bonne et sensible à l'excès.

Mme Benoît s'est retirée après avoir gémi sur la situation et s'être emportée contre les Prussiens, contre les commerçants et un peu contre tout le monde. Je plains le pauvre M. Benoît.

Cette possibilité d'armistice, qui même à un certain moment semblait une certitude, a tenu Paris en haleine pendant plus de huit jours ; on pensait que la résistance imprévue de la capitale et ses formidables moyens de défense feraient réfléchir nos ennemis, aussi la nouvelle de la rupture des négociations que M. Thiers vint annoncer à M. Jules Favre samedi dernier, dans l'entrevue facilitée par l'ennemi, qu'ils eurent au pont de Sèvres, sur la berge même du fleuve, M. Thiers devant repartir aussitôt pour Versailles, a-t-elle surpris tout le monde, elle a eu du moins pour conséquence d'exalter les courages.

Je dois exposer ici la circulaire de M. Jules Favre à nos agents diplomatiques à l'étranger, au sujet de cet armistice, c'est un document qui a trait à l'un des principaux évènements du siège et je ne puis le passer sous silence :

« Monsieur, disait M. Jules Favre, la Prusse vient de rejeter l'armistice proposé par les quatre grandes puissances neutres, l'Angleterre, la Russie, l'Autriche et l'Italie, ayant pour objet la convocation d'une assemblée nationale. Elle a ainsi prouvé, une fois de plus, qu'elle continuait la guerre dans un but étroitement personnel, sans se préoccuper du véritable intérêt de ses sujets et surtout de celui des Allemands qu'elle entraîne à sa suite. Elle prétend, il est vrai, y être contrainte par notre refus de lui céder deux de nos provinces. Mais ces provinces, que nous ne voulons ni ne pouvons lui abandonner, et dont les habitants la repoussent énergiquement, elle les occupe, et ce n'est pas pour les conquérir qu'elle ravage nos campagnes, chasse devant ses armées nos familles ruinées, et tient, depuis près de cinquante jours, Paris enfermé sous le feu des batteries derrière lesquelles elle se retranche. Non : elle veut nous détruire pour satisfaire l'ambition des hommes qui la gouvernent. Le sacrifice de la nation française est utile à la conservation de leur puissance. Ils le consomment froidement, s'étonnant que nous ne soyons pas leurs complices en nous abandonnant aux défaillances que leur diplomatie nous conseille.

« Engagée dans cette voie, la Prusse ferme l'oreille à l'opinion du monde. Sachant qu'elle froisse tous les sentiments justes, qu'elle alarme tous les intérêts conservateurs, elle se fait un système de l'isolement, et se dérobe ainsi à la condamnation que l'Europe, si elle était admise à discuter sa conduite, ne manquerait pas de lui infliger. Cependant, malgré ses refus, quatre grandes puissances neutres sont intervenues et lui ont proposé une suspension d'armes dans le but défini de permettre à la France de se consulter elle-même en réunissant une assemblée. Quoi de plus rationnel, de plus équitable, de plus nécessaire? C'est sous l'effort de la Prusse que le gouvernement impérial s'est abîmé. Le lendemain, les hommes que la nécessité a investis du pouvoir lui ont proposé la paix, et, pour en régler les conditions, réclamé une trêve indispensable à la constitution d'une représentation nationale.

« La Prusse a repoussé l'idée d'une trêve en la subordonnant à des exigences inacceptables, et ses armées ont entouré Paris. On leur en avait dit la soumission facile. Le siège dure depuis cinquante jours, la population ne faiblit pas. La sédition promise s'est fait attendre longtemps, elle est venue à une heure propice au négociateur prussien qui l'a annoncée au nôtre comme un auxiliaire prévu ; mais, en éclatant, elle a permis au peuple de Paris de légitimer par un vote imposant le Gouvernement de la Défense nationale, qui acquiert par là aux yeux de l'Europe la consécration du droit.

« Il lui appartenait donc de conférer sur la proposition d'armistice des quatre puissances; il pouvait, sans témérité, en espérer le succès. Désireux avant tout de s'effacer devant les mandataires du pays et d'arriver par eux à une paix honorable, il a accepté la négociation et l'a engagée dans les termes ordinaires du droit des gens.

« L'armistice devait comporter :

L'élection des députés sur tout le territoire de la République, même celui envahi ;

Une durée de vingt-cinq jours;

Le ravitaillement proportionnel à cette durée.

La Prusse n'a pas contesté les deux premières conditions. Cependant elle a fait à propos du vote de l'Alsace et de la Lorraine quelques réserves que nous mentionnons sans les examiner davantage, parce que son refus absolu d'admettre le ravitaillement a rendu toute discussion inutile.

« En effet, le ravitaillement est la conséquence forcée d'une suspension d'armes s'appliquant à une ville investie. Les vivres y sont un élément de défense. Les lui enlever sans compensation, c'est lui créer une inégalité contraire à la justice. La Prusse oserait-elle nous demander d'abattre chaque jour, par son canon, un pan de nos murailles sans nous permettre de lui résister? Elle nous mettrait dans une situation plus mauvaise encore en nous obligeant à consommer un mois sans nous battre, alors que, vivant sur notre sol, elle attendrait, pour reprendre la guerre, que nous fussions harcelés par la famine. L'armistice sans ravitaillement ce serait la capitulation à terme fixe sans honneur et sans espoir.

« En refusant le ravitaillement, la Prusse refuse donc l'armistice. Et, cette fois, ce n'est pas l'armée seulement, c'est la nation française qu'elle prétend anéantir en réduisant Paris aux horreurs de la faim. Il s'agit, en effet, de savoir si la France pourra réunir ses députés pour délibérer sur la paix. L'Europe demande cette réunion. La Prusse la repousse en la soumettant à une condition inique et contraire au droit commun. Et cependant, s'il faut en croire un document publié sans être démenti, et qui émanerait de sa chancellerie, elle ose accuser le Gouvernement de la Défense nationale de livrer Paris à une famine certaine! Elle se plaint d'être forcée par lui de nous investir et de nous affamer!

« L'Europe jugera ce que valent de telles imputations. Elles sont le dernier trait de cette politique qui débute par engager la parole du souverain en faveur de la nation française et se termine par le rejet systématique de toutes les combinaisons pouvant permettre à la France d'exprimer sa volonté! Nous ignorons ce qu'en penseront les quatre grandes puissances neutres, dont les propositions sont écartées avec tant de hauteur : peut-être devineront-elles enfin ce que leur réservait la Prusse, devenue, par la victoire, maîtresse d'accomplir tous ses desseins.

« Quant à nous, nous obéissons à un devoir impérieux et simple en persistant à maintenir la proposition d'armistice comme le seul moyen de faire résoudre par une assemblée les questions redoutables que les crimes du gouvernement impérial ont permis à l'ennemi de nous poser. La Prusse, qui sent l'odieux de son refus, le dissimule sous un déguisement qui ne peut tromper personne. Elle nous demande un mois de nos vivres, c'est nous demander nos armes. Nous les tenons d'une main résolue et nous ne les déposerons pas sans combattre. Nous avons fait tout ce que peuvent des hommes d'honneur pour arrêter la lutte. On nous ferme l'issue; nous n'avons plus à prendre conseil que de notre courage, en renvoyant la responsabilité du sang versé à ceux qui systématiquement repoussent toute transaction.

« C'est à leur ambition personnelle que peuvent être immolés encore des milliers d'hommes : et quand l'Europe émue veut arrêter les combattants sur la frontière de ce champ de carnage pour y appeler les représentants de la nation et essayer la paix, oui, disent-ils, mais à la condition que cette population qui souffre, ces femmes, ces enfants, ces vieillards, qui sont les victimes innocentes de la guerre, ne recevront aucun secours, afin que, la trêve expirée, il ne soit plus possible à leurs défenseurs de nous combattre sans les faire mourir de faim.

« Voilà ce que les chefs prussiens ne craignent pas de répondre à la proposition des quatre puissances. Nous prenons à témoin contre eux le droit et la justice, et nous sommes convaincus que si, comme les nôtres, leur nation et leur armée pouvaient voter, elles condamneraient cette politique inhumaine.

« Qu'au moins il soit bien établi que jusqu'à la dernière heure, préoccupé des immenses et précieux intérêts qui lui sont confiés, le Gouvernement de la Défense nationale a tout fait pour rendre possible une paix qui soit digne.

« On lui refuse les moyens de consulter la France. Il interroge Paris, et Paris tout entier se lève en armes pour montrer au pays et au monde ce que peut un grand peuple quand il défend son honneur, son foyer et l'indépendance de la patrie.

« Vous n'aurez pas de peine, Monsieur, à faire comprendre des vérités si simples et à en faire le point de départ des observations que vous aurez à présenter lorsque l'occasion vous en sera fournie.

« Agréez, etc.

« Le ministre des affaires étrangères.

« JULES FAVRE. »

Entre la brutalité correcte de M. de Bismark et la politique philosophique de M. Jules Favre, la postérité jugera. Pour nous qui sommes étreints par le fait, par la supériorité du canon prussien, nous ne cherchons pas à juger, si la Prusse a tort ou raison d'user et d'abuser de la victoire, si les puissances veulent ou ne veulent pas intervenir en notre faveur, ce que nous comprenons aujourd'hui, c'est que tous les raisonnements, toutes les négociations n'amèneront rien, nous ne tomberons jamais d'accord.

— Il résulte de tout cela, disait mon père, que les Prussiens veulent abuser de leur victoire et en tirer tout le parti possible, sans le moindre ménagement, personne ne s'en étonnera car c'est bien dans leur caractère, ils ont contre nous une haine féroce ; quand ils nous auront mis le pied sur la gorge nous serons bien obligés d'accepter leurs conditions, c'est là où ils veulent en venir. Eh bien maintenant, plus de négociations, plus d'armistices, reprenons la lutte avec une nouvelle énergie, nous irons jusqu'au bout et ils verront bien qu'il n'y a rien à gagner en désespérant un ennemi décidé à tous les sacrifices et en le réduisant aux dernières extrémités.

Voilà ce que disait mon père, et tous les gens de cœur pensaient comme lui ; puisqu'il en est ainsi, s'écriait-on dans les rues, dans les réunions, nous nous battrons jusqu'à notre dernière cartouche et nous irons jusqu'à notre dernier morceau de pain.

Il faut bien dire aussi que l'on fondait de grandes espérances sur nos armées de province, surtout sur l'armée de la Loire qui nous avait donné des preuves de son existence par la nouvelle des combats qu'elle avait soutenus, elle n'était sans doute pas encore entièrement organisée et se trouvait dans la période des tâtonnements, cela ne pouvait durer plus longtemps et nous ne pouvions tarder à être secourus.

En attendant, les prévisions de Léon se sont réalisées. Dès que la nouvelle se fut répandue qu'il n'y avait plus à compter sur un armistice et que la population de Paris eut pris la résolution de résister jusqu'au bout de ses provisions et de ses forces, les vivres de toute sorte étalés à la devanture des commerçants et qui semblaient solliciter les acheteurs, ont disparu comme par enchantement : maintenant M. Lauverjat répond, d'un air navré, à chaque cliente :

— Plus rien, ma petite dame, plus rien.

Pour les bonnes clientes, c'est-à-dire pour celles qui ne regardent pas à l'argent, il y a toujours quelques petites provisions de derrière les fagots que le gros M. Lauverjat consent à vendre à un prix exhorbitant en disant toujours qu'il ne lui en reste plus. C'est mon dernier jambon, ma petite dame ; voilà ma dernière terrine de pâté de foie.

— Du jambon ! du pâté de foie ! en voilà des bonnes choses !

C'est à cela que je pensais ce matin en classe, tout en mâchonnant mon porte-plume ; comme plusieurs élèves manquaient car il y avait beaucoup de malades, Charlot n'était pas à sa place habituelle et se trouvait à côté de moi.

Après avoir corrigé la dictée, comme nous avions eu déjà une heure de classe, M. Bardoux nous permit de causer pendant cinq minutes.

J'en profitai pour demander à Charlot :

— Il y a longtemps que tu as mangé du jambon ?

— Oh oui ! gémit-il, si longtemps que je ne m'en souviens plus.

— Et du pâté de foie ?

— La même chose... et c'est si bon du pâté de foie, ça vous fond dans la bouche, et en disant cela il poussait des soupirs de convoitise, tout en mâchonnant furieusement le manche de son porte-plume dont le bois craquait sous ses dents solides et pointues.

— Et du boudin, répondit-il, du boudin bien grillé, c'est ça qui est bon.

— Oui, répondis-je, mais c'est cher, M. Lauverjat...

— Il en vend, s'écria-t-il, et pas cher du tout, nous en avons mangé avant-hier, seulement c'est du boudin de cheval.

Je fis un geste de répulsion... du boudin de cheval!

— C'est bon, tout de même, fit observer Charlot, quand on a faim.

Et nous avions toujours faim, nous autres enfants, c'était pitié que de nous voir tortiller des morceaux de pain sec en regardant les plats vides, car il n'y avait jamais grand'chose dedans; quand ma mère avait fait bouillir le morceau de cheval qui devait représenter la nourriture de trois personnes pendant trois jours, il ne restait presque plus rien, nous n'osions vraiment pas y toucher, ma mère voulait toujours nous laisser sa part et nous avions toutes les peines du monde à la décider à manger; quant à la viande de bœuf il n'y fallait pas songer, elle était rationnée à raison de 40 grammes pour trois jours. On avait déjà mangé 30000 chevaux, il en restait 45000.

Mais c'était le moyen de nourrir Juliette qui était le principal objet de nos préoccupations, cette enfant si délicate et si chétive ne pouvait cependant toujours boire du bouillon de cheval ou bien manger des panades dans lesquelles ma mère versait un peu de lait, tous les jours grâce à une carte que lui avait procuré M. Risler, elle réussissait à se procurer un litre de lait qu'elle payait soixante-quinze centimes, et encore contenait-il un demi litre d'eau.

Voilà des explications qui pourront paraître bien superflues à ceux qui ne se sont jamais trouvés réduits à de pareilles extrémités; mais est-ce qu'il ne faut pas manger pour vivre, et cela au moins une fois par jour, de sorte que tous les jours il faut y penser car l'estomac se charge de vous rafraîchir la mémoire, c'est un tyran auquel il faut obéir; en prolongeant le siège afin de nous prendre par la famine, les Prussiens savaient bien ce qu'ils faisaient.

Tout en suivant le cours de mes pensées, je regardais machinalement Charlot qui dessinait sur une feuille de papier blanc toutes sortes de victuailles; ça, disait-il, c'est un jambon; voilà un saucisson de Lyon; ce que tu vois là, à côté, me disait-il, ce sont des petites saucisses et ces machins ronds, c'est du boudin! Je m'expliquais maintenant pourquoi Charlot semblait toujours loucher en passant devant la boutique de M. Lauverjat, il avait un faible pour la charcuterie et cela très-probablement parce qu'elle était hors de prix et que ses parents ne pouvaient en acheter; on désire toujours ce qu'on ne peut avoir.

M. Bardoux avait déjà depuis quelques minutes frappé avec sa règle sur son pupitre afin de rétablir le silence et j'étais encore perdu dans mes réflexions, pensant à ma mère, aux privations qu'elle s'imposait; je me sentais envahi par une grande tristesse, lorsque Charlot me poussa le coude, disant en désignant des yeux a fenêtre:

— La neige!

En effet, à travers les vitres on voyait la neige tomber lentement, à gros flocons, le ciel s'était assombri, on sentait que des masses épaisses de nuages glacés passaient au-dessus de nos têtes, la salle se trouva bientôt presque dans l'obscurité.

Gustiau en profita pour allonger sournoisement un coup de pied au petit Legrand qui ne lui avait rien fait et cela lui valut de reprendre sa place habituelle auprès du tableau, à genoux, assis sur ses talons.

La queue à la porte des boucheries.

Tout à l'heure la neige descendait lentement, en épais flocons, maintenant plus serrée et plus fine elle tourbillonnait poussée par le vent d'Est qui nous apportait les détonations lointaines et assourdies de l'artillerie des forts de Nogent et de Rosny.

Depuis quelques jours le temps s'était mis au froid, subitement, il gelait pendant la nuit, la terre était dure et résonnait sous les pas. Charlot et moi, de notre place, nous voyions la neige s'accumuler peu à peu sur le toit du hangar, elle formait maintenant une couche assez épaisse.

— Pourvu qu'elle ne fonde pas, murmura Charlot, en faisant semblant d'écrire afin de tromper l'œil exercé de M. Bardoux qui exigeait de nous tous, et avec raison, le silence le plus rigoureux, il y en aura une bataille en sortant, il faudra se diviser en deux camps, les Français et les Prussiens...

— Personne ne voudra être Prussien, répondis-je, pas même Gustiau.

Charlot avait encore envie de bavarder, mais le meilleur moyen de le faire taire c'était de ne pas lui répondre et c'est ce que je fis.

Il lui tardait bien que la classe fût finie ; lorsque M. Bardoux donna le signal du départ, il fut un des premiers à s'élancer dehors, et il lança la première boule de neige qui vint s'écraser sur le nez de Gustiau qui riposta aussitôt, bientôt la bataille devint générale et acharnée.

Je me hâtai de m'esquiver, ne voulant pas que ma bosse fût prise comme cible, ce qui était déjà arrivé plusieurs fois l'hiver dernier, par quelque camarade trop espiègle et peu généreux puisque je ne pouvais me défendre ; je revins donc seul à la maison laissant Charlot se livrer avec fureur à cet amusement dont il fit bien de profiter, car dans l'après-midi la neige se mit à fondre. Sur le point de tourner le coin du marché, j'aperçus ma mère qui, les pieds dans la neige, faisait la queue à la porte de la boucherie de M. Jolivet, elle semblait avoir froid et ce qui m'inquiéta surtout ce fut de l'entendre tousser, une mauvaise toux qui n'annonçait rien de bon, je courus aussitôt vers elle, je lui pris son panier et notre carte qu'elle tenait à la main et la suppliai de rentrer en lui remettant ma gibecière, elle était au premier rang et son tour ne pouvait tarder car elle attendait depuis plus d'un quart d'heure ; M. Jolivet n'en finissait pas de servir.

Ma mère se retira donc et je pris sa place, parmi toutes ces personnes, femmes et enfants qui, les pieds dans la neige, attendaient patiemment leur tour, pas une plainte, pas une réclamation ne s'élevait, les grilles de la boucherie étaient entr'ouvertes, ménageant seulement un étroit passage, un garde civique, vieillard à cheveux blancs qui portait sur sa vareuse la croix de la Légion d'honneur, veillait à ce que chacun fût servi à son tour, un autre, dans l'intérieur de la boucherie surveillait le pesage de la viande et contrôlait les cartes remises afin que la ration fût strictement donnée et que personne ne reçût davantage. Où est le temps, pensais-je, tout en prenant patience, où ma mère que j'accompagnais souvent, afin de lui porter son panier, entrait dans cette même boucherie et disait à M. Jolivet :

— Je voudrais un bon petit morceau de veau, bien tendre et pas trop gras, c'est pour rôtir.

Alors M. Jolivet décrochait un quartier de veau, taillait à même et disait : Voilà votre affaire, Mme Marcel, vous m'en direz des nouvelles, c'est tendre comme de la rosée; c'était le bon temps, on mangeait alors à sa faim et on était libre d'acheter ce que l'on voulait. Aujourd'hui M. Jolivet va et vient d'un air de mauvaise humeur dans sa boucherie dégarnie, il n'y a plus de mouton suspendu par les pattes, le ventre ouvert, ni veau paré de sa graisse découpée en fine dentelle, ni gigots enveloppés d'un papier blanc tuyauté suspendus au plafond, il faut se contenter de la ration que M. Jolivet jette dans le plateau de la balance, disant : Enlevez, c'est pesé. — Mais vous ne me donnez que du gras, dit une ménagère. — Vous n'en voulez pas, répond M. Jolivet, laissez-le. A qui le tour !

LUNDI, 14 NOVEMBRE

Encore le joyeux Léon. — Avec armes et bagages. — Pour se remettre ! — Observations justifiées d'Angèle. — Est-il chargé ? — En omnibus. — Une vengeance aussi féroce qu'ingénieuse. — Il était tricolore ! — Les reproches de mon père. — Il nous faudra désormais mieux élever nos enfants. — Nouvelle de la victoire de Coulmiers. — Physionomie de Paris la nuit. — Sur les boulevards. — Enthousiasme des Parisiens. — Les théâtres.

Comme je regardais par la fenêtre (à travers la vitre bien entendu car la température s'abaisse chaque jour davantage), je fus tout surpris d'apercevoir un garde mobile qui, le sac au dos, le fusil sur l'épaule, se dirigeait vers la maison ; il me vint aussitôt à l'esprit que ce devait être Léon, bientôt en effet je le reconnus à sa large ceinture rouge.

— Voilà Léon, m'écriai-je, il arrive avec son sac et son fusil.

Mon père qui se trouvait là, car nous venions d'achever notre déjeuner, ne put s'empêcher de rire en disant : Comment ! C'est encore Léon et cette fois avec armes et bagages !

Je l'entendis monter l'escalier et j'ouvris alors notre porte : Bonjour, petit Louis, me dit-il, tout essoufflé et n'en pouvant plus, est-ce que ma mère est chez vous.

— Non, répondis-je, après lui avoir à mon tour souhaité le bonjour, tout en considérant avec étonnement son sac volumineux surmonté d'un moulin à café et avec des yeux d'envie son fusil qu'il tenait par le canon, s'en servant comme d'une canne pour gravir les dernières marches de l'escalier.

— J'irai tout à l'heure vous dire bonjour, me dit-il, en frappant à la porte de sa mère, j'ai hâte de me débarrasser de mon armoire à glace et de mon flingot.

Mais oui, ajouta-t-il, en voyant mon air stupéfait, tu ne comprends pas, eh bien mon armoire à glace c'est mon sac, et mon flingot c'est mon fusil !

— Montre-le moi, lui demandai-je.

— Tiens, le voilà, mais prends garde, malheureux enfant, s'écria-t-il en roulant des yeux féroces, il est chargé !

— C'est vrai, demandai-je, très effrayé...

— Que tu es naïf, petit Louis, s'il était chargé est-ce que je remettrais en tes mains innocentes cette arme meurtrière, non, dit-il, d'un ton tragique, il ne l'a jamais été, il ne le sera peut-être jamais !

Sur ces entrefaites, Angèle ouvrait la porte et se mit à battre des mains, toute joyeuse, en voyant son frère. Eh bien entres-tu, petit Louis, me demanda-t-elle, tu as l'air bien embarrassé avec ce fusil, il n'est pas chargé au moins ?

Léon se contenta de hausser les épaules autant que le pouvait permettre le poids qu'elles supportaient, il entra et se laissa tomber sur une chaise : Bonjour, maman, c'est encore moi ! Ouf ! Je n'en puis plus, petite sœur, tu serais bien gentille de m'enlever ce que j'ai dans le dos, tu n'as qu'à défaire la courroie. Bon... c'est cela.

— Comme c'est lourd, s'écria Angèle qui faillit être renversée par le poids du sac.

— Je te crois, petite sœur, et qu'est-ce que tu dirais si tu l'avais sur le dos depuis bientôt deux heures !

La bonne madame Rousseau, qui avait relevé ses lunettes sur son front, considérait comme toujours son fils avec attendrissement, disant: pauvre chéri !

— Ah mais oui je suis à plaindre, s'écria Léon, et si vous ne m'offrez pas un petit verre de cassis pour me remettre...

— Va chercher la bouteille, Angèle, dit madame Rousseau, du 1867.

— Angèle me regarda en clignant de l'œil et mit deux petits verres sur la table en compagnie de la précieuse bouteille contenant le cassis de l'exposition : Léon trinquera avec petit Louis, dit-elle.

— Et vous autres, demanda Léon.

— Oh ! nous autres, dit Angèle, nous n'avons pas besoin de nous « remettre ».

— Alors à votre santé à tous, dit Léon en trinquant avec moi.

Il vida lentement son petit verre, fit claquer sa langue et dit: Ça va mieux maintenant, ça réchauffe, il est très bon, maman, ton cassis.

— Alors tu vas nous expliquer... demanda Mme Rousseau.

— Comment il se fait, continua Léon, que je sois ici présent, tout heureux de vous voir et de déguster du bon cassis de 1867, eh bien voilà, maman, nous changeons de garnison, je quitte mes appartements de l'avenue de Neuilly, pour aller... vous ne devineriez jamais où... dans un affreux pays... à Pantin ; si cela continue, je donnerai ma démission au gouvernement et, pour aller à Pantin, qui se trouve au nord-est alors que Neuilly se trouve à l'ouest, et en disant cela le joyeux Léon faisait de grands gestes drôles, le bataillon a traversé Paris. En traversant Paris, un de mes camarades qui se trouvait dans le rang, fait par le flanc droit et file, sans rien dire, il voulait embrasser sa mère, un autre s'esquive de la même manière, il voulait embrasser son père, moi j'en ai fait autant, je voulais embrasser ma mère et ma petite sœur...

— Ce n'est pas bien ce que tu as fait là, dit Angèle avec son petit air décidé, un soldat ne doit jamais quitter son rang sans la permission de ses chefs.

— Tiens, tu sais cela, toi.

— Oui, je sais cela, j'entends parler d'un soldat qui se respecte, qui a du cœur. Si M. Marcel t'entendait...

— Petite sœur, tu m'accables, gémit Léon ; mais si je te disais que les chefs ont fermé les yeux et qu'il est convenu que l'on se retrouvera à la porte de Pantin où le bataillon doit faire halte.

— Parbleu ! ils ont sans doute bien été obligés de fermer les yeux devant une débandade semblable. Au lieu de traverser Paris, clairons sonnants, tambours battants, bien alignés, la tête haute, en vrais soldats...

— Oui, c'est vrai, dit Léon devenu sérieux, tu as toujours raison, petite sœur, et c'est plaisir de t'entendre parler fièrement, comme tu le fais.

— Ce n'est pas André qui aurait fait une chose pareille, dit Angèle.

— Voyons, Angèle, dit Mme Rousseau, ne le tourmente pas ce pauvre chéri, il va partir tout de suite pour rejoindre son bataillon... quand il se sera bien reposé.

— Et quand vous m'aurez mis du linge propre dans mon sac ; ah et puis j'oubliais, j'ai bien un porte-monnaie dans ma poche, mais il est vide, vide ! Tenez, dit-il, en frappant dessus, il ne rend plus hélas !... le moindre son métallique... Prends-le, petite sœur, et sois généreuse; je vais aller maintenant souhaiter le bonjour à M. Marcel.

Léon entra chez nous en faisant le salut militaire, j'étais si heureux d'avoir un fusil, de pouvoir y toucher que je n'avais pu me résoudre à le quitter, je le portais à la bretelle, la crosse traînant à terre.

— Bonjour, Léon, dit mon père.

— Ce fusil n'est pas chargé, au moins, s'écria ma mère.

— Voyons, Mme Marcel, répondit Léon... s'il était chargé... tenez, vous êtes la quatrième personne y compris Angèle qui m'avez adressé cette question un peu... naïve.

— Un malheur est si vite arrivé, fit observer ma mère.

— Seulement, continua Léon, dans l'omnibus il était chargé.

— Comment, s'écria mon père, tu as pris l'omnibus.

— Oui, M. Marcel... un omnibus qui se traînait à peine, un omnibus-escargot, on voyait bien que les pauvres bêtes qui le remorquaient n'avaient pas mangé leur content, donc, dans l'omnibus...

— Un soldat qui prend l'omnibus avec armes et bagages, s'écria mon père, de mon temps on se flattait d'aller à pied, par tous les temps, et ce n'était pas la distance qui nous effrayait, au contraire, on s'endurcissait à la fatigue.

— Vous étiez des lapins, de votre temps, vous autres, de rudes lapins, dit Léon, donc, dans l'omnibus...

— Nous étions des hommes, voilà tout, interrompit mon père, mais, dans l'omnibus tu devais bien gêner les voisins.

— Justement, je vais vous raconter çà... donc, dans l'omnibus, il n'y avait qu'une place à l'intérieur, à côté d'un gros monsieur, à pattes de lapin, soigneusement rasé quant au reste, qui se met à faire la grimace en me voyant monter dans le véhicule, c'était un de ces gros bonshommes qui prennent leurs aises partout, se carrent dans leur place et dans celle des autres et ne peuvent supporter la moindre gêne, un de ces bourgeois égoïstes, durs au pauvre monde, cela se voyait bien, vous savez, j'ai l'œil, moi, M. Marcel, et puis vous m'accorderez bien qu'il y a de bons bourgeois et de mauvais bourgeois.

— Sans doute, répondit mon père en souriant, comme il y a de bons et de mauvais soldats.

— Merci, dit Léon, si c'est pour moi que vous dites cela, mais je continue, donc, mon gros bourgeois fait la grimace; il ne se recule pas d'un centimètre, il ne fait même pas semblant de se reculer et me toise d'un air suffisant, je vais pour m'asseoir et... je lui effleure le bout du nez avec mon sac.

— Oh! oh! fait mon père en riant.

— Non, je ne l'ai pas fait exprès (et Léon se met à lever la main en faisant semblant de cracher par terre), alors mon bonhomme se met à crier : Faites donc attention, espèce de maladroit et cela d'un ton tellement insolent que je me retourne et cette fois v'lan, je lui colle mon sac dans l'œil.

— Ce mauvais bourgeois n'était pas content, dit mon père, que le récit de Léon semblait énormément amuser.

— Comme de juste, il se met à glapir : Conducteur ! conducteur ! on ne laisse pas monter des militaires harnachés dans les omnibus.

— Harnaché vous-même, répondis-je du même ton.

Tant bien que mal je réussis à m'asseoir de trois quarts; je voyais bien à la physionomie des autres voyageurs que toutes leurs sympathies m'étaient acquises, le sans gêne de ce gros monsieur était par trop excessif, on a coutume d'être indulgent pour les militaires et de leur manifester de la bonne volonté, ça n'est pas pour leur plaisir qu'ils portent sur leur dos leur armoire à glace. Mon bonhomme ne disait plus rien, je lui avais répondu sur le même ton et il ne jugeait pas à propos de poursuivre l'entretien, mais il grognait en dedans et semblait se gonfler pour occuper plus de place.

— C'est très drôle, dit mon père, il se gonflait !

— Oui, M. Marcel, moi de mon côté je commençais à rager, il m'avait appelé maladroit, militaire harnaché ! quand une idée me vient, une idée lumineuse, vous allez en juger : je mis mon fusil entre nous deux en lui disant doucement mais très sérieusement : ne remuez pas trop, prenez garde, il est chargé ! pendant que, d'un clin d'œil, je rassurais les autres voyageurs.

Il fit un haut-le-corps et se mit à reglapir, cette fois d'une voix étranglée : Conducteur ! faites descendre ce voyageur...

Le conducteur s'amusait beaucoup, il répondit : Mais, monsieur...

— On ne monte pas dans les omnibus avec des fusils chargés, glapissait mon bonhomme qui était rouge comme une tomate, il y a des règlements.

— Ça n'est pas prévu dans le règlement, répondit le conducteur d'un ton si drôle que tous les voyageurs...

— Sauf ton bonhomme, interrompit mon père.

— Oui, sauf mon bonhomme, éclatèrent de rire ; alors je lui expliquai avec un grand sérieux que mon fusil n'avait pu être déchargé, qu'il s'y trouvait une cartouche et que le moindre mouvement... enfin, on ne pouvait pas savoir, un malheur est bien vite arrivé, je lui racontai que de ce pas j'allais chez l'armurier du bataillon.

— Mettez-le de l'autre côté au moins, disait-il.

— Je refusai et je prenais un malin plaisir à diriger le canon de son côté.

— De sorte, dit mon père, qu'il se reculait et te faisait de la place.

— Justement, dit Léon, et il avait peur ! il était blanc comme un linge, il était sur le point de descendre, de me céder la place et j'allais rendre grâce aux dieux immortels, mais il se ravisa, il craignait sans doute d'user ses chaussures et ne voulait pas perdre ses six sous. Ce ne fut seulement qu'à la fin du parcours, en voyant les autres voyageurs échanger, entre eux des sourires d'intelligence, qu'il finit par comprendre que je m'étais moqué de lui, il était bleu de rage.

— Bon ! s'écria mon père en riant : rouge comme une tomate, blanc comme linge et bleu de rage.

— Tricolore ! s'écria Léon, en levant les bras en l'air dans un accès de gaieté folle, il était tricolore !

Quand nos rires se furent calmés mon père demanda à Léon : Tu es donc en permission, comment se fait-il...

— Que je sois ici présent, continua-il, et tout heureux de vous voir, voilà, je vais vous l'expliquer.

Et sans le moindre détour, Léon raconta comment il avait « lâché » le bataillon.

— C'est joli, dit mon père, se levant pour ne pas en entendre davantage, je te fais mon compliment.

— Voyons, M. Marcel, écoutez-moi, dit Léon, bien sérieux cette fois, si jamais nous abordons l'ennemi nous ferons honneur à notre uniforme, soyez tranquille, ça n'est pas la bonne volonté ni l'entrain qui nous manque, quant à l'instruction militaire, à la discipline, dame ! qu'est-ce que vous voulez, ça n'est pas quand le navire est sur le point de sombrer que l'on apprend la manœuvre aux matelots ; on s'y est pris trop tard, voilà tout ! Et André ?

— Il va bien, je suppose, répondit ma mère, mais voilà déjà plusieurs jours que nous n'avons eu de ses nouvelles.

— En voilà un qui a du mérite, dit Léon.

— Qu'est-ce qui t'empêche d'en avoir aussi du mérite, demanda mon père.

— Rien... aussi je tâcherai, papa Marcel, voyons ne m'en veuillez pas.

Sur ces entrefaites, Angèle est arrivée avec sa mère, portant ou plutôt traînant à elles deux le sac de Léon, Angèle nous a fait la révérence puis elle a jeté en l'air le porte-monnaie de son frère en lui disant :

— Attrape, vilain.

— Merci, petite sœur, répondit Léon en le saisissant au vol ; et maintenant je vais reprendre l'omnibus, celui de l'Avenue du Maine, gare du Nord, qui passe dans la rue du Cherche-Midi. J'arriverai peut-être à la porte de Pantin avant le bataillon.

— Commence à avoir du mérite, dit mon père en souriant, vas-y à pied.

— Tenez, pesez-moi ça, M. Marcel, répondit Léon en présentant son sac à mon père.

— C'est un peu lourd, sans doute, mais avec du courage.

— Je ne puis pas, M. Marcel, je ne puis pas, les courroies me coupent les épaules, j'étouffe, je ne puis plus respirer, je suis étranglé, qu'est-ce que vous voulez, je n'en ai pas l'habitude et il faudrait commencer avec des poids moins écrasants. J'ai quatre-vingt-dix cartouches dans mon sac, du linge, une couverture, une toile de tente, grande gamelle, petite gamelle et moulin à café, sans compter les piquets de tente.

— Pauvre chéri, gémissait Mme Rousseau, pauvre chéri !

— Et le chocolat, demanda Léon, tu n'as pas oublié le chocolat, petite sœur.

— Non, grand frère, ni le gilet de flanelle.

— Tu es un ange, petite sœur, n'est-ce, pas maman, Angèle est un ange ; rends-moi mon fusil, petit Louis, et maintenant en route, au revoir tout le monde, s'écria Léon en embrassant sa mère tout attendrie ; vous ne me donnez pas la main, M. Marcel, demanda-t-il d'un ton très affecté.

— Mais si, répondit mon père, avec un certain ton de bonhomie.

Et le joyeux Léon, pliant déjà sous le poids de son sac, descendit l'escalier en sifflant l'air à la mode :

As-tu vu Bismark
A la porte de Châtillon,
Qui battait sa femme
Avec un bâton.

— C'est égal, dit mon père, pendant que Mme Rousseau et Angèle se précipitaient à la fenêtre pour faire un dernier signe à Léon, l'omnibus, le chocolat, la flanelle, tout cela n'est pas viril, il faudra désormais mieux élever nos enfants !

Quand je suis revenu de la classe, vers cinq heures et demie, j'ai trouvé mon père à la maison, il était rentré depuis quelques instants.

— Eh bien, petit Louis, s'écria-t-il en me voyant, quand M. Bardoux connaîtra la bonne nouvelle il ne sera plus de mauvaise humeur et ne te mettra plus en pénitence, et, s'adressant à ma mère : Je t'apprendrai, dit-il, l'air radieux, que l'armée de la Loire a remporté une grande victoire à Coulmiers.

— Ah ! s'écria ma mère, si c'était vrai.

— Comment, si c'était vrai ! comme tu dis cela.

— C'est que, nous espérons pendant huit jours, nous désespérons pendant huit autres jours et avec cela le temps passe et nous sommes toujours assiégés.

— Cette fois, dit mon père, c'est officiel, l'affiche est sur les murs depuis une demi-heure à peine.

Voici, en effet, ce que nous annonçait cette affiche :

Le général d'Aurelles de Paladines.

« *Aux habitants et aux défenseurs de Paris.*

« *Paris, 14 novembre 1870.*

Mes chers concitoyens,

« *C'est avec une joie indicible que je porte à votre connaissance la bonne nouvelle que vous allez lire. Grâce à la valeur de nos soldats, la fortune nous revient ; votre courage la fixera bientôt. Nous allons donner la main à nos frères des départements et, avec eux, délivrer le sol de la patrie.*

« *Vive la République !*

« *Vive la France !*

« J. Favre. »

GAMBETTA A TROCHU.

« *L'armée de la Loire, sous les ordres du général d'Aurelles de Paladines, s'est emparée hier d'Orléans, après une lutte de deux jours. Nos pertes, tant en tués qu'en blessés, n'atteignent pas 2000 hommes. Celles de l'ennemi sont plus considérables. Nous avons fait plus d'un millier de prisonniers, et le nombre augmente par la poursuite. Nous nous sommes emparés de deux canons, modèle prussien, de plus de vingt caissons de munitions attelés, et d'une grande quantité de fourgons et voitures d'approvisionnements.*

« *La principale action s'est concentrée autour de Coulmiers, dans la journée du 9.*

« *L'élan des troupes a été remarquable, malgré le mauvais temps.*

« *Tours*, 11 *novembre* 1870. »

Cette bataille de Coulmiers avait été précédée, quelques jours auparavant, de combats dans lesquels nous avions eu l'avantage, à Saint-Laurent-des-Bois, à Vallières, et qui avaient eu pour résultat de relever le moral de l'armée et de lui don-

Bataille de Coulmiers.

ner confiance ; le 9 novembre les troupes du général d'Aurelles de Paladines avaient devant elles deux divisions d'infanterie bavaroise, la division prussienne du comte de Solberg et neuf régiments de cavalerie, en tout 30000 hommes. Nos jeunes troupes avaient abordé l'ennemi à la baïonnette et l'avaient successivement chassé de trois positions fortifiées, de Bacon, village bâti sur une hauteur, crénelé, percé de meurtrières, barricadé, une véritable forteresse, du château et du parc de la Renardière et enfin de Coulmiers, elles lui avaient fait plus de 2000 prisonniers et s'étaient emparé devant Saint-Péravy d'un convoi de munitions et de deux pièces d'artillerie.

— Je suis revenu ce soir un peu plus tôt, dit mon père, pour vous annoncer cette bonne nouvelle et aussi, parce que j'ai l'intention, si tu nous fais dîner de suite, d'aller sur les boulevards...

— Par un temps pareil, s'écria ma mère, il tombe de la neige fondue.

— Non, plus maintenant; c'est vrai qu'il ne fait pas beau temps, mais les boulevards seront animés quand même, voilà une nouvelle qui va secouer les Parisiens.

— Qui sont les gens les plus curieux du monde, des badauds...

— Mais oui, j'en conviens, mais penses-tu que ces boulevards autrefois inondés de lumières, et maintenant plongés dans une demi-obscurité, ces cafés éclairés à la bougie et au pétrole, ne présentent pas un aspect curieux et intéressant; il y a tant à voir à Paris, tant à observer et à étudier, que la curiosité du Parisien, je ne dis pas sa badauderie, est bien excusable, du reste je ne serai pas longtemps dehors et si petit Louis veut venir avec moi...

— Tu n'y penses pas, s'écria ma mère, cet enfant pourra prendre froid.

— Oh ! petite mère, m'écriai-je, laisse-moi aller avec papa, je me couvrirai bien et je ferai bien attention.

L'approbation de mon père, et le vif désir que j'avais de l'accompagner, fléchirent l'opposition de ma mère, elle nous fit dîner beaucoup plus tôt; ce fut une véritable joie pour nous, de manger une excellente soupe aux choux, ma mère avait réussi à s'en procurer un, pas bien gros, pour 1 fr. 25 et toutes les feuilles avaient été mises dans la marmite, même les plus vertes, le beurre avait été remplacé par un peu de graisse, ce n'était pas du saindoux bien certainement, car M. Lauverjat vendait le vrai saindoux un prix exhorbitant, mais enfin c'était de la graisse, je lui trouvais un goût très appétissant sans vouloir trop approfondir de quel animal elle pouvait bien provenir, enfin c'était délicieux, et mon père que la nouvelle de la victoire de Coulmiers avait transporté de joie était maintenant tout à fait content, il voyait l'avenir tout en rose; il y avait bien longtemps que nous ne l'avions vu ainsi.

— Maintenant en route, petit Louis, dit-il, quand nous fûmes prêts.

Il y avait longtemps que je n'étais sorti le soir, aussi les moindres choses frappaient-elles vivement ma curiosité; l'étalage de M. Lauverjat, le charcutier, était éclairé par des lampes au pétrole munies de réflecteurs qui projetaient une vive lumière sur toutes ces victuailles à l'aspect tout à fait réjouissant, les pâtés surtout avaient l'air très appétissants, mais il eût peut-être été très difficile d'avouer quels genres de bêtes entraient dans leur confection, car les chiens, les chats, les gros rats d'égoût, savamment préparés, suffisamment salés, poivrés et pimentés, entraient déjà pour beaucoup dans l'alimentation et faisaient réaliser aux commerçants, surtout aux charcutiers qui se livraient dans le mystère du laboratoire aux mixtures les plus étranges, de jolis bénéfices, mais enfin tout cela avait bonne apparence, pouvait se manger et se vendait un bon prix.

M. Lauverjat avait un luxe de luminaire que pouvaient lui envier les autres commerçants du quartier qui semblaient vouloir faire des économies, et depuis la suppression du gaz, s'éclairaient chichement avec quelques bougies ou lampes à pétrole, placées sur le comptoir, de sorte que les boutiques se trouvaient, de même que les rues, maintenant éclairées à de longs intervalles par un bec de gaz dont la flamme était parcimonieusement ménagée, presqu'entièrement plongés dans l'obscurité.

Mais après avoir franchi la Seine, car nous habitions sur la rive gauche, et à mesure que nous parvenions au centre de la ville la circulation devenait plus active, des groupes se formaient autour des affiches, et la victoire de Coulmiers était commentée avec enthousiasme; arrivé sur les boulevards je fus surpris de l'animation qui y régnait bien qu'ils ne fussent pas mieux éclairés que les rues avoisinantes; il semblait que toute la vie de Paris se fût concentrée en cet endroit, les cafés regorgeaient de monde, on apercevait à travers les vitres, humides de buée, toutes les tables occupées, sur chacune d'elles se trouvaient une bougie ou une lampe, c'était un éclairage bien mesquin pour ces cafés somptueux et splendidement décorés.

Une foule énorme encombrait les abords de la mairie de la rue Drouot; comme de juste la nouvelle de la victoire de Coulmiers donnée par le gouvernement et qui n'avait été affichée que vers 5 heures, n'avait pas paru suffisante, on cherchait à se procurer quelques renseignements; on disait dans la foule que dans 15 jours l'armée de la Loire serait sous les murs de Paris, ce serait alors le moment de lui tendre la main et de faire un vigoureux effort, on proposerait ensuite la paix à des conditions acceptables, car au fond il était bien facile de voir que tout le monde en avait assez, mais on ne voulait traiter qu'en sauvant l'honneur et les deux provinces.

Mon père qui marchait un peu vite, me tenant par la main, comme de coutume, ne disait rien, mais je voyais bien qu'il était heureux de savoir la bonne nouvelle confirmée et reçue avec tant d'enthousiasme par les Parisiens ; malgré le mauvais temps et malgré le froid qui commençait à se faire sentir, des officiers de mobiles et des régiments de marche de la garde nationale se promenaient, le col de la capote relevé et discutaient avec animation, de leurs conversations que nous entendions en passant il en ressortait que notre délivrance était prochaine, mais à part moi, je pensais en réfléchissant un peu que notre délivrance n'était pas si prochaine que cela et que d'ici là beaucoup de sang serait encore répandu.

Mon père sembla répondre à mes propres pensées en disant: c'est une bonne nouvelle mais il ne faut pas l'exagérer.

En ce moment nous passions devant le théâtre de l'Opéra, de larges affiches placées aux portes d'entrée annonçaient un grand concert; des fiacres ne cessaient de déverser leur contenu sur les trottoirs et la foule s'engouffrait dans le vaste monument.

— Les Parisiens sont insatiables de divertissements dit mon père, qui semblait réfléchir tout haut ; plusieurs théâtres ont commencé, dès le début du siège, par donner des représentations au profit des blessés et maintenant la vie théâtrale a repris son cours, on ne pourrait jamais croire, en voyant tout ce monde qui s'empresse de se rendre au spectacle que nous sommes assiégés, étreints dans un cercle de fer, isolés, que personne ne peut entrer dans Paris et que personne ne peut en sortir, mais les Parisiens ne changeront jamais, ce sont des gens qui danseraient sur un volcan.

LUNDI, 21 NOVEMBRE

Le budget d'une famille : les recettes, les dépenses, l'épargne. — Prix des denrées. — Boucheries de viande de chien, de chat et de rat. — Le mulet et l'âne. — On mange les animaux du Jardin d'acclimatation. — Les explications de M. de Bismark sur ses entretiens avec M. Thiers au sujet de l'armistice.

Dans toutes les familles où règnent l'ordre et l'économie, on a soin d'établir son petit budget au commencement de chaque mois ou bien par quinzaine, selon l'époque de la paye, on sait toujours bien d'avance quel sera le chiffre de la recette et aussi, à moins d'imprévu, à peu près celui de la dépense ; à la fin de chaque mois mon père remettait ses appointements à ma mère en laquelle il avait toute confiance, André lui remettait aussi sa quinzaine, nous laissions une petite part pour les dépenses imprévues et nous faisions en sorte de prélever la plus large part possible pour l'épargne, on y parvenait grâce à des économies de toutes sortes ; cependant nous vivions bien, ayant le nécessaire, car il vaut mieux aller chez le boulanger que chez le pharmacien, disait mon père en nous contraignant à bien manger ; le reliquat de chaque mois, je veux dire l'excédent des recettes sur les dépenses, était porté à la Caisse d'épargne, et quand, après plusieurs mois, la somme était suffisante on achetait de la rente française ou bien des obligations de chemins de fer ; c'est ainsi que nous avions pu économiser quelque argent.

Mais les temps sont bien changés, maintenant mon père est seul à gagner, ma mère reçoit donc moins d'argent, et comme les vivres sont hors de prix, elle dépense davantage ; jusqu'à présent cependant, nous avons eu suffisamment à manger, car le cheval entre pour beaucoup dans notre alimentation, mais les choses les plus ordinaires et qui sont par cela même les plus nécessaires et les plus indispensables comme certains légumes, les pommes de terre par exemple qui en temps ordinaire valaient 12 sous le boisseau, coûtent maintenant 6 fr. 50. Ce n'est que pour donner le prix de certaines denrées afin que l'on puisse se faire une idée des prix déjà atteints par celle-ci que j'indique les prix suivants car depuis longtemps ces choses nous sont inconnues, elles dépassent de beaucoup nos moyens : un poulet se paie 20 francs, une oie 50 francs, un lapin, un vulgaire lapin qui valait autrefois 3 francs, se paie 30 francs, la livre de beurre salé coûte 16 francs, et le lait vaut en ce moment de 70 à 80 centimes le litre, je veux dire, bien entendu, du lait additionné d'eau.

De sorte que, bien loin de mettre de l'argent de côté, comme autrefois, ma mère est obligée d'entamer nos petites économies et mon père a dû déjà, plusieurs fois, aller à la Caisse d'épargne. Angèle et Mme Rousseau se trouvent aussi bien embarrassées car elles ne reçoivent que la moitié des appointements de Léon, encore peuvent-elles s'estimer bien heureuses de la générosité de M. Desmasures, l'architecte chez lequel ce dernier travaillait, il est vrai que nos amies ne sont pas difficiles et qu'elles ne mangent pas plus qu'un oiseau, mais enfin ! tout est si cher. Aussi Mme Rousseau tricote toute la journée et je suis bien sûr qu'Angèle travaille une partie de la nuit, quand sa mère est couchée, à ses broderies pour le magasin du Petit-Saint-Thomas qui continue à lui donner de l'ouvrage. Je lui vois souvent

Angèle travaille tout le jour et une partie de la nuit à ses broderies pour les magasins.

les yeux rouges, fatigués et les traits tirés. Cependant cette aimable jeune fille est toujours empressée auprès de ma mère et de Juliette qui toutes deux ne vont pas très bien depuis quelque temps, ma mère ne cesse de tousser ; Juliette a perdu avec ses belles couleurs la gaieté et l'appétit, elle ne semble pas malade cependant. Ce matin, comme ma mère voulait aller à la boucherie et qu'il tombe une petite pluie fine et glaciale, Angèle s'y est opposée : je ne veux pas, a-t-elle dit, que vous attendiez pendant un quart d'heure au moins les pieds dans la boue, elle nous a pris notre carte et y est allée elle-même.

Angèle est revenue toute consternée, elle nous rapportait 40 grammes de bœuf par personne et cela pour trois jours, c'est-à-dire à peine une bouchée par jour, aussi fallut-il se rabattre sur la viande de cheval que l'on peut encore se procurer assez facilement mais par petites quantités, Angèle et sa mère se résignent maintenant à en manger, quant à Mme Benoît, elle ne veut même pas en entendre parler et se nourrit de légumes secs et de viandes salées, à ce compte-là elle aura bientôt épuisé ses provisions.

Du reste, on en est arrivé à manger de tout, il y a des boucheries de viandes de chat, de chien et de rat, ces animaux sont exposés sur l'étal, écorchés, vidés, parés de même qu'autrefois dans des temps meilleurs, les fruitiers exposaient leurs innocents lapins de chou. Eh bien, toutes ces bêtes sont loin de présenter un aspect répugnant, la viande est fraîche et rosée, celle du rat surtout et c'est le cas de dire qu'on « en mangerait » ; quant au chat c'est un animal qui mérite les honneurs de la casserole. Je puis en parler en toute connaissance de cause puisque nous en avons mangé chez les zouaves, Charlot et moi, on peut dire que c'était tellement bon que l'on s'en serait léché les doigts ; le chien et le rat se mangent de préférence en pâté, cependant un gigot de chien n'est pas à dédaigner ; le mulet et l'âne coûtent très cher et on peut très difficilement s'en procurer, ce qui prouve que cette viande est recherchée. M. Risler qui en a mangé dit que c'est une excellente viande bien supérieure à celle du cheval, elle est surtout plus fine et bien moins dure.

Les animaux du Jardin d'acclimatation qui étaient venus demander l'hospitalité à leurs confrères du Jardin des Plantes ont été vendus ces jours-ci, sauf les chameaux et les deux éléphants qui se nomment Castor et Pollux, les zèbres, les rennes, les cerfs, les antilopes ont figuré à l'étalage de la boucherie anglaise de l'Avenue Friedland et se sont débités à des prix exhorbitants.

Nous en sommes donc arrivés à manger tout ce qui est mangeable ou à peu près ; cette situation nouvelle a eu pour résultats de créer une profession nouvelle, (si l'on peut appeler cela une profession), celle de chasseur de chiens, de chats et de rats, je ferais mieux de dire voleur de chiens et de chats et chasseurs de rats ; maintenant Biribi ne sort plus seul dans la rue, je l'accompagne, et quand je ne le tiens pas en laisse je ne le perds pas de vue ; de son côté Mlle Célina Bardoux surveille son gros chat Mustapha ; en voilà un qui ferait un bon civet !

Maintenant, afin que l'on sache bien comment les choses se sont passées au sujet de cet armistice qui avait été proposé par les quatre puissances neutres et qui pendant plusieurs jours nous a laissé espérer la fin de toutes nos misères, je reproduis, d'après le *Journal officiel* qui tient lui-même ce document du *Moniteur de Versailles*, parvenu jusqu'à nous aujourd'hui 21 novembre, la circulaire adressée aux ambassadeurs de la Confédération de l'Allemagne du Nord, par le chancelier fédéral, comte de Bismark, sur ses entretiens avec M. Thiers à Versailles. Pour se faire une opinion il faut tout entendre, surtout les raisons de l'ennemi ; d'autant plus qu'elles sont mauvaises.

Il y a des boucheries de viande de chien, de chat, de rat.

Versailles, le 8 *Novembre* 1870.

« Il est à votre connaissance que M. Thiers avait exprimé le désir de pouvoir se rendre, pour négocier, au quartier général, après qu'il se serait mis en communication avec les différents membres du Gouvernement de la Défense Nationale à Tours et à Paris. Sur l'ordre de Sa Majesté le Roi, je me suis déclaré prêt à avoir cet entretien, et M. Thiers a obtenu de se rendre d'abord, le 30 du mois dernier à Paris, d'où il est revenu le 31 au quartier général.

Le fait qu'un homme d'État de l'importance de M. Thiers, et ayant son expérience des affaires, eût accepté les pleins pouvoirs du gouvernement parisien, me faisait espérer que des propositions nous seraient faites dont l'acceptation nous fût possible et aidât au rétablissement de la paix. J'accueillis M. Thiers avec les égards et la déférence auxquels sa personnalité éminente, abstraction faite même de nos relations antérieures, lui donnaient pleinement le droit de prétendre.

« M. Thiers déclara que la France, suivant le désir des puissances neutres, était prête à conclure un armistice.

« Sa Majesté le Roi, en présence de cette déclaration, avait à considérer qu'un armistice entraîne nécessairement pour l'Allemagne tous les désavantages qui résultent d'une prolongation de la campagne pour une armée dont l'entretien repose sur des centres de ressources fort éloignées. En outre, avec l'armistice, nous prenions l'obligation de faire rester stationnaires dans les positions qu'elles auraient eues au jour de la signature les masses de troupes allemandes rendues disponibles par la capitulation de Metz, et de renoncer ainsi à occuper de nouvelles portions du territoire ennemi, dont nous pouvons actuellement nous rendre maîtres sans coup férir ou du moins en n'ayant à vaincre qu'une résistance peu sérieuse. Les armées allemandes n'ont pas à attendre dans les prochaines semaines un accroissement essentiel de leurs forces ; au contraire, la France, grâce à l'armistice, se serait assuré la possibilité de développer ses propres ressources, de compléter l'organisation des troupes déjà en formation, et, — si les hostilités devaient recommencer à l'expiration de l'armistice, — de nous opposer des corps de troupes capables de résistance, qui aujourd'hui encore n'existent pas.

« Malgré ces considérations, le désir de faire le premier pas pour la paix prévalut chez Sa Majesté le Roi, et je fus autorisé à aller immédiatement au-devant de ce que souhaitait M. Thiers, en consentant à un armistice de 25 ou même, comme il le désira plus tard, de 28 jours, sur le pied du *statu quo* militaire pur et simple, — à partir du jour de la signature. Je lui proposai : qu'une ligne de démarcation, à tracer, arrêtât la situation des troupes allemandes et françaises, telle que, de part et d'autre, elle serait au jour de la signature ; que durant quatre semaines les hostilités restassent suspendues ; que, pendant ce temps, fût élue et constituée une représentation nationale. Pour les Français, — de cette suspension d'armes, il ne devait résulter militairement, pendant la durée de l'armistice, que l'obligation de renoncer à de faibles sorties, toujours malheureuses, et à un gaspillage inutile et incompréhensible des munitions d'artillerie par le tir des forts.

« Relativement aux élections en Alsace, je pus déclarer que nous n'insisterions sur aucune stipulation qui dût, avant la conclusion de la paix, mettre en question que les départements allemands fissent partie de la France, — et que nous ne demanderions pas compte à un de leurs habitants de ce qu'il eût figuré, comme représentant de ses compatriotes, dans une assemblée nationale française.

« Je fus étonné, lorsque le négociateur français rejeta ces propositions, qui étaient tout à l'avantage de la France, et déclara ne pouvoir accepter un armistice que si l'on y comprenait la faculté pour Paris de s'approvisionner sur une grande échelle. Je lui répondis que cette faculté contiendrait une concession militaire excédant à tel point le *statu quo* et toute exigence raisonnable, que je devais lui demander s'il était en situation de m'offrir un équivalent, et lequel. M. Thiers répondit qu'il n'avait pas pouvoir de faire aucune contre-proposition militaire, et qu'il devait poser la condition du ravitaillement de Paris, sans pouvoir offrir en compensation rien autre chose que le bon vouloir du Gouvernement parisien pour mettre à même la nation française d'élire une représentation d'où vraisemblablement sortirait une autorité avec laquelle il nous serait possible de négocier la paix.

« Dans cette situation, j'eus à soumettre au Roi et à ses conseillers militaires le résultat de nos négociations.

« Sa Majesté le Roi fut justement surpris des demandes militaires si excessives et déçu dans ce qu'il avait attendu des négociations avec M. Thiers. L'incroyable exigence d'après laquelle nous aurions dû renoncer au fruit de tous les efforts faits depuis deux mois, à tous les avantages acquis par nous, et remettre les choses au point où elles étaient lorsque nous commençâmes à investir Paris, — ne pouvait fournir qu'une nouvelle preuve qu'à Paris on cherchait les prétextes pour refuser à la France des élections, mais non pas une occasion de les faire sans empêchement.

« D'après le désir que j'exprimai d'essayer encore, avant la continuation des hostilités, de s'entendre sur d'autres bases, M. Thiers eut, le 5 de ce mois, aux avant-postes, un nouvel entretien avec les membres du Gouvernement de Paris, pour leur proposer ou un court armistice sur les bases du *statu quo*, ou la simple convocation des électeurs, sans armistice conclu par une convention ; — auquel cas je pouvais promettre que nous accorderions toute liberté et toute facilité compatibles avec la sûreté militaire.

« M. Thiers ne m'a point donné de détails sur son dernier entretien avec MM. Favre et Trochu ; il n'a pu que me communiquer, comme résultat de cette conférence, l'instruction qu'il avait reçue de rompre les négociations et de quitter Versailles, puisqu'un armistice avec ravitaillement de Paris ne pouvait être obtenu.

« Il est reparti pour Tours, le 7 au matin.

« Le cours des négociations n'a fait que de me convaincre d'une chose, c'est que les membres du Gouvernement actuel en France, dès leur avènement au pouvoir, n'ont pas voulu sérieusement laisser l'opinion du peuple français s'exprimer par la libre élection d'une représentation nationale, — qu'ils avaient tout aussi peu l'intention d'arriver à conclure un armistice, et qu'ils n'ont posé une condition dont l'inadmissibilité ne pouvait être mise en doute par eux que pour ne pas répondre par un refus aux puissances neutres, dont ils espèrent l'appui.

« Je vous prie de vouloir bien vous exprimer conformément au contenu de cette dépêche, dont vous êtes autorisé à donner lecture.

« DE BISMARK. »

Voilà ce que disait M. de Bismark qui a toujours excellé à mettre de son côté des apparences de raison et à charger ses adversaires de tous les péchés d'Israël, tout cela pour atteindre son but, c'est un vieux renard qui nous a déjà fait tomber dans le piège.

— Ah ! c'est une belle chose que la diplomatie, faisait observer mon père après la lecture de cette circulaire, c'est l'art de duper son adversaire en y mettant beaucoup de formes discrètes et courtoises ; les Prussiens qui nous tiennent ne seront pas assez naïfs que de nous permettre de nous ravitailler, et d'un autre côté, si nous ne pouvons le faire et si la paix n'est pas conclue à l'expiration de l'armistice, nous serons alors incapables de résister puisque nous aurons épuisé tous nos vivres ; c'est bien ce que veulent nos ennemis afin de nous obliger à signer la paix aux conditions qu'ils nous dicteront.

MARDI, 22 NOVEMBRE

La mortalité s'élève à 2000 personnes par semaine. — La réponse de M. Jules Favre. — C'est sur la Prusse que doit peser la responsabilité de la rupture des négociations.

Aujourd'hui les boucheries municipales ont vendu de la viande salée, cela ne fait plaisir à personne, car cette viande salée qui n'est autre chose que du bœuf conservé ou boucané de l'Amérique du Sud ou bien de l'Australie, est peu agréable au goût et ne semble pas être bien nourrissante; du reste, les effets de notre alimentation défectueuse et restreinte n'ont pas tardé à se faire sentir, il meurt maintenant à Paris 2000 personnes par semaine, et on prévoit, à mesure que nos ressources diminueront, un bien plus grand nombre de décès; mon père se garde de faire part de ces mauvaises nouvelles et de ces tristes prévisions à ma mère qui ne manquerait pas de s'en affecter beaucoup, cependant l'autre jour elle est allée, afin de prendre l'air, jusqu'au boulevard du Montparnasse, portant Juliette sur ses bras, et quand elle est revenue elle nous a raconté, d'un ton de voix très triste et paraissant préoccupée, qu'elle avait vu beaucoup d'enterrements car le boulevard du Montparnasse est le chemin suivi par les convois pour se rendre au cimetière de ce nom.

Mon père n'a pas voulu lui dire qu'il y avait en ce moment une épidémie de variole qui faisait les plus grands ravages dans la population et qu'elle sévissait surtout sur les enfants, il s'est efforcé de la rassurer mais sans y réussir.

La réponse à la circulaire de M. de Bismark et aux appréciations qu'elle renferme ne s'est pas fait attendre. M. Jules Favre a pris sa bonne plume et adresse à tous nos agents accrédités à l'étranger la circulaire suivante. Il s'efforce de rétablir les faits et je dois la reproduire ici pour les mêmes raisons qui m'ont déterminé à insérer celle de M. de Bismark. On appréciera.

Paris, 21 *novembre* 1870.

« Monsieur, vous avez eu certainement connaissance de la circulaire par laquelle M. le comte de Bismark explique le refus opposé par la Prusse aux conditions de ravitaillement proportionnel que comportait naturellement la proposition d'armistice émanée des puissances neutres. Ce document rend une rectification d'autant plus nécessaire, que, par une préoccupation très conforme, d'ailleurs, à toute sa politique antérieure, le représentant de la Prusse y a négligé des faits importants, dont l'omission ne pourrait manquer d'induire l'opinion publique en erreur.

« En lisant son travail, on doit croire que M. Thiers a demandé au nom du Gouvernement de la Défense nationale l'ouverture d'une négociation, et que la Prusse l'a acceptée par un sentiment d'égards pour le caractère de notre envoyé et par le désir d'arriver, s'il est possible, à une conciliation. Le chancelier de la Confédération du Nord paraît oublier, et il est indispensable de rappeler, que la proposition d'armistice sur laquelle M. Thiers est venu conférer appartient aux puissances neutres, et que l'une d'elles a bien voulu faire auprès de la Prusse la démarche qui a donné à notre négociateur l'occasion d'entrer en pourparlers. Ce bon office n'était point un fait isolé. Dès le 20 octobre, lord Granville adressait à lord Loftus une dépêche communiquée au cabinet de Berlin, et dans laquelle il exposait, avec une grande autorité, les raisons d'intérêt européen qui devaient amener la cessation de la guerre.

« Parlant de la continuation du siège et de l'éventualité de la prise de Paris, le chef du *Foreign Office* disait : « Il n'est pas déraisonnable de mettre dans la balance les avantages et les désavantages qui accompagneront un tel fait et ces avantages touchent tellement aux sentiments de l'humanité, que le gouvernement de la reine se croit obligé de les signaler au roi et à ses ministres. Le souvenir amer des trois derniers mois peut être un jour effacé par le temps et par le sentiment de la bravoure de l'ennemi sur les champs de bataille.

« Mais il y a des degrés dans l'amertume, et la probabilité d'une guerre nouvelle et irréconciliable sera considérablement augmentée si toute une génération de Français a devant les yeux le spectacle de la destruction d'une capitale accompagnée de la mort de personnes sans armes, de la destruction de trésors d'art et de science, de souvenirs historiques d'un prix inestimable, impossibles à remplacer. Une telle catastrophe sera terrible pour la France et dangereuse pour la paix future de l'Europe ; en même temps elle ne sera, comme le gouvernement de la reine le croit, à personne plus pénible qu'à l'Allemagne et à ses princes.

« Le Gouvernement français a décliné les négociations de paix depuis l'entrevue de M. de Bismark et de M. Jules Favre ; mais le gouvernement de la reine a pris sur lui d'insister auprès du Gouvernement provisoire pour qu'il consente à un armistice qui pourrait aboutir à la convocation d'une Assemblée constituante, et au rétablissement de la paix. Le gouvernement de la reine n'a pas omis de faire sentir à Paris la nécessité de faire toutes les concessions compatibles dans la situation actuelle avec l'honneur de la France.

« Le gouvernement de la reine ne se croit pas autorisé à l'affirmer, mais il ne peut pas croire que les représentations faites par lui resteront sans effet. Pendant cette guerre, deux causes morales ont, à un degré incalculable, servi l'immense puissance matérielle des Allemands : ils ont combattu pour repousser l'invasion étrangère et affirmer le droit d'une grande nation à se constituer de la manière la plus propre à développer ses aptitudes. La gloire de leurs efforts sera rehaussée si l'histoire peut dire que le roi a épuisé tous les moyens pour rétablir la paix, et que les conditions de la paix étaient justes, modérées, en harmonie avec la politique et les sentiments de notre époque. »

« Au moment où le ministre anglais tenait ce langage à la Prusse, son ambassadeur insistait à Tours sur les mêmes considérations, sans jamais mettre en doute que l'armistice ne dût être nécessairement accompagné de ravitaillement. Il m'est permis d'ajouter que, sur ce point, qui a été le seul objet du débat, l'opinion du chancelier de la Confédération du Nord ne pouvait être indifférente, puisqu'il avait eu connaissance de la mission officieuse du général Burnside, auquel il avait parlé d'un armistice sans ravitaillement, que le Gouvernement de la Défense nationale n'avait pu accepter.

« C'était donc dans les termes du droit commun, c'est-à-dire avec un ravitaillement proportionnel à la durée, que l'Angleterre conseillait l'armistice ; c'est aussi dans ces termes qu'il fut compris par les autres puissances, et directement proposé à la Prusse par une correspondance et des télégrammes auxquels elle adhéra. Dans sa conférence avec les membres du Gouvernement, le 30 octobre, M. Thiers n'admettait pas que cette condition pût être contestée en principe ;

seulement, il avait l'ordre, auquel il s'est certainement conformé, de ne point être rigoureux pour son application. Aussi est-ce par erreur que le chancelier de la Confédération du Nord affirme qu'il aurait déclaré : « ne pouvoir accepter « un armistice que si l'on y comprenait la faculté, pour Paris, de s'approvisionner sur une grande échelle. » Cette assertion est inexacte.

« Les chiffres d'une consommation journalière et modérée avaient été minutieusement arrêtés par le ministre du commerce, et seuls ils servaient de base à notre réclamation strictement limitée au nombre de jours de l'armistice. En cela, nous étions d'accord avec l'usage et l'équité, avec l'intention des puissances neutres, et, nous le croyons, avec le consentement de la Prusse elle-même. Peut-être n'eût-elle pas songé à le retirer sans la reddition de Metz et sans la funeste journée du 31 octobre, accueillie par elle avec une satisfaction mal dissimulée.

« Le chancelier de la Confédération du Nord insiste sur les inconvénients auxquels l'armistice exposait l'armée assiégeante. Mais il ne tient pas compte de ceux, bien autrement graves, du non ravitaillement pour la ville assiégée. Ces inconvénients sont tels, qu'ils rendraient dérisoire la convocation d'une assemblée réduite forcément à l'impuissance à l'heure de ses délibérations, et condamnée par la plus dure des nécessités à subir la loi du vainqueur. L'armistice sans ravitaillement pour faire statuer au bout d'un mois sur la paix ou sur la guerre, n'était donc, ni équitable, ni sérieux ; il n'était pour nous, qu'une déception et un péril.

« J'en dis autant de la convocation d'une Assemblée sans armistice. S'il avait cru une pareille combinaison compatible avec la défense, le Gouvernement l'aurait adoptée avec joie. La Prusse peut lui reprocher « de n'avoir pas voulu laisser « l'opinion du peuple français s'exprimer librement par l'élection d'une représen- « tation nationale. » Le besoin de diviser et d'affaiblir la résistance du pays explique suffisamment cette accusation. Mais quel homme de bonne foi voudra l'admettre? qui ne sent l'immense intérêt qu'ont les membres du Gouvernement à écarter la terrible responsabilité que les évènements et le vote de Paris font peser sur leur tête ?

« Ils ont constamment cherché, avec le désir évident de réussir, les moyens les plus efficaces d'amener la convocation d'une Assemblée qui était et qui est encore leur vœu le plus cher. C'est dans ce but que j'abordai M. le comte de Bismark à Ferrières. Je laisse à la conscience publique le soin de juger de quel côté ont été les obstacles, et si le Gouvernement doit être dénoncé au blâme de l'Europe pour n'avoir pas voulu placer les députés de la France sous le canon d'un fort livré à l'armée prussienne.

« Une convocation sans armistice nous aurait, il est vrai, épargné cette humiliation, mais elle nous en aurait encore réservé de cruelles.

« Les élections auraient été livrées au caprice de l'ennemi, aux hasards de la guerre, à des impossibilités matérielles énervant notre action militaire et ruinant à l'avance l'autorité morale des mandataires du pays. Et cependant nous sentions si énergiquement le besoin de nous effacer devant les représentants réguliers de la France, que nous eussions bravé ces difficultés inextricables, si en descendant au fond de nos consciences nous n'y avions trouvé, impérieux, inflexible, supérieur à tout intérêt personnel, ce grand et suprême devoir de l'honneur à sauvegarder et de la Défense à maintenir intacte.

« Nous avons maudit et condamné cette guerre ; quand des désastres inouïs dans l'histoire ont mis en poussière ses criminels instigateurs, nous avons invoqué, pour la faire cesser, les lois de l'humanité, les droits des peuples, la nécessité d'assurer le repos de l'Europe, offrant d'y concourir par de justes sacrifices. On a voulu nous imposer ceux que nous ne pouvions accepter, et la Prusse a continué la lutte, non pour défendre son territoire, mais pour conquérir le nôtre. Elle a porté dans plusieurs de nos départements le ravage et la mort; elle investit depuis plus de deux mois notre capitale, qu'elle menace de bombardement et de famine; et c'est pour couronner ce système scientifique de violence qu'elle nous convie à réunir une assemblée élue en partie dans ses camps, et appelée à discuter paisiblement quand gronde le canon de la bataille!

« Le Gouvernement n'a pas cru une telle combinaison réalisable. Elle le condamnait à discontinuer la défense : et discontinuer la défense sans armistice régulier, c'était y renoncer. Or, quel est le citoyen français qui ne s'indigne à cette idée? le pays tout entier proteste contre elle. On lui demande de voter, il fait mieux, il s'arme. Nos soldats, victorieux sur la Loire, effacent par leur généreux sang les hontes de l'empire. Paris, dont la Prusse devait forcer l'enceinte en quelques jours, résiste depuis plus de deux mois, et il demeure plus que jamais résolu, après l'avoir rendue inexpugnable. Ses chefs militaires, que la trahison de Sedan avait laissés sans ressources, ont dû improviser une armée et son matériel, former la garde mobile, organiser la garde nationale. Leurs travaux ne seront pas stériles; et dans cette crise suprême que nous avons essayé de conjurer par tous les moyens que l'honneur commandait, nous avons la certitude que chacun fera son devoir.

« Le Gouvernement n'a donc pas, comme l'accuse le chancelier de la Confédération du Nord, cherché à se concilier l'appui de l'Europe en paraissant se prêter à une négociation qu'il avait en réalité le dessein de rompre. Il repousse hautement une pareille imputation. Il a accepté avec reconnaissance l'intervention des puissances neutres, et s'est loyalement efforcé de la faire réussir dans les termes que l'une d'elles avait indiqués en rappelant son télégramme « les sentiments de justice et d'humanité auxquels la Prusse devait se conformer. » A cette heure suprême, il s'en remettrait volontiers au jugement de ceux dont la voix bienveillante n'a point été écoutée. Ce n'est pas d'eux que lui viendrait un conseil de défaillance.

« Après lui avoir donné leur appui moral, ils estimeront qu'il continue à le mériter en défendant énergiquement le principe qu'ils ont posé; il est prêt à convoquer une Assemblée, si un armistice avec ravitaillement le lui permet. Mais il faut qu'il soit bien entendu qu'en le refusant, la Prusse, malgré toutes ses déclarations contraires, cherche à augmenter nos embarras en nous empêchant de consulter la France; c'est donc à elle seule que doit être renvoyée la responsabilité d'une rupture démontrant une fois de plus qu'elle est déterminée à tout braver pour faire triompher sa politique de conquête violente et de domination européenne.

« Je crois, Monsieur, avoir exactement traduit les sentiments qui ont inspiré le Gouvernement, et je vous prie de vous en pénétrer lorsque vous serez appelé à vous en expliquer. »

Le ministre des affaires étrangères,

J. FAVRE.

JEUDI, 24 NOVEMBRE

Une dépêche de Gambetta. — Nous irons voir André. — Les recommandations de ma mère. — En route pour Bezons. — La commission d'Angèle. — Nouvelles des enfants du père Buteau. — Charlot voudrait voir les Prussiens. — Rencontre de mon frère sur la route. — La compagnie est partie en reconnaissance. — Mauvaise affaire! — Le récit de Jean Risler. — Dévouement de l'Africain. — Les morts. — Nous rentrons à Paris avec des provisions.

Ces derniers jours n'out été marqués par aucune opération militaire, il y a eu quelques escarmouches entre avant-postes et, dans la presqu'île de Gennevilliers un combat sans importance; les Prussiens nous observent silencieusement, de notre côté nous les tenons à distance.

La bonne impression produite sur les Parisiens par la nouvelle de la victoire de Coulmiers ne s'est pas affaiblie, nous avons maintenant bon espoir, M. Bardoux et mon père n'ont pas cessé d'être de bonne humeur, cela est un bon signe et veut dire que nos affaires vont bien; ma mère, elle-même, gagnée par la confiance et la foi robuste de mon père a chassé ses tristes pressentiments.

Un pigeon est arrivé hier soir au colombier du boulevard du Montparnasse et ce matin l'*Officiel* nous donne connaissance de son message, ce sont de bonnes nouvelles:

GAMBETTA A JULES FAVRE.

« Au dedans, l'ordre le plus parfait règne sur tous les points du pays, et nos ressources militaires prennent une tournure tout à fait satisfaisante. Outre les 200000 hommes qui sont en ligne sur la Loire et dont le point culminant est Orléans, nous aurons le 1er décembre une nouvelle armée parfaitement organisée et munie de tout, qui comptera 100000 hommes, sans compter près de 200000 hommes mobilisés, prêts à marcher au feu à la même époque, mais tout à fait en seconde ligne. Nous occupons Orléans fortement, sur les deux rives de la Loire, à droite et à gauche, prêts à résister vigoureusement à un retour offensif. Notre succès à Orléans a excité au plus haut degré les sentiments patriotiques de la nation, et les préparatifs de défense sont poussés avec une prodigieuse activité de tous côtés; les plus faibles sont entraînés.

« Au dehors, l'Europe a manifesté au sujet de notre récent succès autant de sympathie que d'étonnement. Ses doutes sur l'existence de nos forces sont dissipés, ses sympathies nous sont reconnues, nous en recevons le témoignage irrécusable aussi bien par la voix des journaux que par la conversation de ses représentants autorisés. Tout le monde s'accorde à reconnaître que notre situation diplomatique s'est considérablement améliorée. Sauf de rares exceptions, on ne parle plus d'élections ni d'armistice. Le refus de ravitailler Paris a été unanimement blâmé et attribué à M. de Bismark; on n'a voulu voir dans ce refus qu'un stratagème pour affamer Paris et donner aux troupes prussiennes dégagées de Metz le temps d'arriver et de faire échec à notre armée de la Loire. »

Voilà, en effet, ce qui est à craindre et il faut bien dire que M. Risler, qui a un bon raisonnement sur toutes les choses de la guerre, ne partage pas la confiance générale, mais c'est si bon d'espérer !

Nous avons reçu hier une lettre d'André, il va bien et souhaite qu'il en soit de même pour nous, il nous demande du linge et un peu d'argent : « Petit Louis, disait-il, accompagné de Charlot, pourrait m'apporter cela, nous sommes cantonnés près du pont de Bezons, c'est un peu loin, mais s'il venait jeudi dans l'après-midi (c'est aujourd'hui) j'irais à sa rencontre jusqu'à Courbevoie.

Puisque nous n'avons pas d'autre moyen de lui faire parvenir ce qu'il nous demande, a dit mon père après avoir lu la lettre d'André, petit Louis et Charlot seront nos messagers, ils pourront profiter de la journée de demain jeudi, mais cette fois vous ne dînerez pas avec les zouaves, vous ne vous laisserez pas tenter par les rats goût de mouton, vous savez du reste que vous avez été indisposés pendant quelques jours, vous serez donc rentrés à la maison avant la nuit, à cinq heures au plus tard.

Alors, ma mère est descendue avec moi chez Mme Benoît afin de lui demander de permettre à Charlot de m'accompagner, celui-ci ne nous avait pas entendus entrer, il était dans la pièce voisine occupé à clouer je ne sais trop quoi, car il avait depuis quelque temps la manie de construire toutes sortes d'instruments aussi bizarres les uns que les autres, les premiers flocons de neige lui avaient donné l'idée de construire un traîneau, il clouait avec acharnement et faisait tellement de bruit que l'on ne s'entendait pas causer. Sa mère fut obligée de l'appeler, il fut tout étonné de nous voir là, ma mère et moi.

— Veux-tu accompagner petit Louis demain ? demanda sa mère.

— Mais oui, où cela ?

— Du côté de Courbevoie, vous irez porter un paquet à André.

Il se mit à gambader en faisant claquer ses doigts.

— Ils partiront de bonne heure, dit ma mère, nous les ferons déjeuner à onze heures car ils doivent être rentrés avant la nuit.

— C'est cela, répondit Mme Benoît, et puis vous savez la dernière fois Charlot a été malade.

— Louis aussi ; les zouaves leur avaient fait manger et boire toutes sortes de choses, mais cette fois défense expresse de rien accepter.

Charlot a pris ses livres et ses cahiers, abandonnant la construction de son traîneau, et il est venu avec moi pour faire ses devoirs, nous les avons faits ensemble, de sorte que nous étions tranquilles pour toute la journée.

Donc, nous voilà partis, Charlot me donnant la main et moi portant le paquet ; mon père m'avait remis cinq francs pour André, une pièce de cinq francs en argent, qu'il appelait une roue de derrière, ma mère lui avait bien fait observer que les roues ne vont jamais seules et qu'il en faut au moins deux à une voiture, mais il ne m'en avait pas remis une seconde ; ce fut ma mère qui me la glissa dans la main quand la porte fut ouverte en me disant à l'oreille : tu ne diras rien et tu l'embrasseras pour moi.

Angèle était là aussi, elle hésita un instant, regarda ma mère qui souriait et me prenant dans ses bras elle me donna un bon baiser en disant : tu lui porteras cela de ma part, je n'ai rien autre chose à lui donner..... Moi, je ne demandais pas mieux que d'être le bon messager entre Angèle et mon frère et ce fut avec plaisir que je reçus ce bon baiser qui était donné de tout cœur et je me dis en moi-même : voilà qui fera encore bien plus de plaisir à André, que les pièces de cent sous, mais j'ai tort de dire cela parce qu'il n'y a pas de comparaison possible entre ces deux choses.

Nous avions à suivre, pour sortir de Paris, à peu près le même chemin que celui que nous avions parcouru quelques semaines auparavant. Il ne faisait pas beau temps comme ce jour-là, mais enfin il ne pleuvait pas, et comme nous étions bien vêtus, nous n'avions pas à redouter le froid, déjà vif et pénétrant.

Cette fois, nous n'aperçûmes pas le père Buteau à la fenêtre de son hôtel du boulevard des Invalides.

— Il n'y est peut-être plus, dit Charlot, si j'allais voir, j'ai envie de lui demander des nouvelles de ses porcs.

— De ses enfants, rectifiai-je, en riant.

Je voulus retenir Charlot, mais il était déjà entré et montait l'escalier malgré mes remontrances, je fus donc contraint de le suivre.

Le père Buteau occupait toujours ses appartements, il nous reçut d'un air embarrassé, ayant l'air de se demander ce que nous lui voulions, aussi Charlot lui demanda-t-il brusquement :

— Et vos enfants, comment vont-ils ?

— Je les avons vendus, nous répondit-il, avec un regard fuyant.

— Il nous chargea de bien des compliments pour mes parents, et il eut l'air de nous dire : maintenant vous pouvez vous en aller, ce que nous fîmes sans tarder, d'autant plus que nous n'avions pas de temps à perdre.

— As-tu vu comme il avait l'air gêné, le père Buteau, me dit Charlot en descendant l'escalier, je suis sûr que ses enfants sont encore là, il m'a semblé entendre un petit grognement, mais pourquoi se cache-t-il, comme cela.

J'expliquai à Charlot que depuis longtemps le gouvernement avait réquisitionné les porcs, les bœufs, les moutons, c'est-à-dire que les propriétaires de ces animaux avaient été tenus de les déclarer et obligés de les vendre aux boucheries municipales, qui les distribuaient par rations, et d'après un tarif déterminé, à la population qui, de cette manière ne se trouvait pas exploitée pour la viande comme elle l'était pour d'autres denrées.

— C'est une bonne idée, disait Charlot, si on savait qu'il a des porcs on viendrait les lui prendre.

— Oui, répondis-je, et on ne lui en payerait pas la valeur, ils seraient confisqués au profit de tous, tandis que s'il réussit à les garder, comme le prix de tous les vivres augmente chaque jour, il les vendra dans quelque temps d'ici, au poids de l'or; il ne manquera pas de gens pour les lui acheter, des gens riches, qui ne regardent pas à l'argent.

— Je comprends, dit Charlot, il n'est pas bête le père Buteau.

Ce que nous ne savions pas, c'est que toute la famille Buteau ne s'occupait plus que d'une seule chose, trouver de la nourriture pour les enfants, le matin, au point du jour, ils allaient explorer toutes les boîtes à ordures du quartier et ramassaient tous les détritus de légumes, enfin tout ce que les porcs peuvent manger et on sait qu'ils ne sont pas bien difficiles.

Comme nous marchions d'un bon pas, nous atteignîmes bientôt l'esplanade des Invalides, des gardes nationaux occupaient ce vaste espace et faisaient l'exercice, tandis que d'autres, moins zélés sans doute, se livraient dans les contre-allées à de furieuses parties de bouchon; une demi-heure après nous franchissions le pont-levis des fortifications à la porte Maillot et, après avoir suivi l'avenue de Neuilly nous arrivions à Courbevoie; j'étais assez bon marcheur, c'était hélas! ma seule aptitude physique, mais Charlot qui prenait toujours avec moi des airs protecteurs m'avait depuis longtemps débarrassé de mon paquet.

En arrivant à Courbevoie, notre premier soin fut de demander quelle était la route qui conduisait à Bezons, on nous l'indiqua et, sans nous arrêter afin de ne pas perdre de temps, nous montâmes cette rue escarpée qui est la grand'rue de Paris et nous parvînmes bientôt devant la caserne, nous étions un peu essoufflés, et nous nous assîmes sur le rebord du trottoir afin de nous reposer.

Mais Charlot ne tarda pas à se lever en disant : dépêchons-nous, nous sommes en retard. J'eus beau lui dire qu'André devait venir au-devant de nous et qu'il valait mieux l'attendre en cet endroit car il fallait songer au retour il ne voulut rien entendre, il voulait continuer sa route, il était possédé du désir d'aller en avant, le plus loin possible dans la campagne.

— Je voudrais bien voir les Prussiens, disait-il, alors je dirai à la maison que je les ai vus et il semblait très fier à cette pensée.

— Mais ils tireront peut-être sur nous, répliquai-je, peu rassuré, tu te souviens bien à Nogent, quand notre glace a été trouée par une balle.

— Bah ! en se cachant bien derrière les murs.

Enfin c'était une idée qui ne pouvait venir qu'à l'esprit de ce grand fou de Charlot et qui prouvait combien il était inconscient du danger.

Je ne voulus pas cependant le contrarier et nous nous remîmes en route, le village de Courbevoie était encore habité, car protégé par les canons du fort du Mont-Valérien il se trouvait à l'abri des surprises et des incursions de l'ennemi ; mais à mesure que nous avancions dans la campagne la solitude se faisait autour de nous, les quelques maisons qui bordaient la route, à de larges intervalles, étaient closes et inhabitées, et, par ce temps gris et froid tout le paysage semblait empreint d'une grande tristesse. Après avoir marché pendant une demi-heure, nous atteignîmes la route de Pontoise qui se déroulait devant nous, en ligne droite, à perte de vue. Aussi, aperçûmes-nous aussitôt en débouchant sur cette route une personne qui semblait se diriger vers nous.

A mesure que la distance se rapprochait nous distinguâmes un uniforme militaire, c'était un zouave et bientôt les signaux qui nous furent faits ne nous laissèrent plus aucun doute, ce zouave était André. Il s'avançait rapidement vers nous et portait son fusil en bandoulière.

— Je suis en retard, s'écria-t-il quand nous fûmes à portée de la voix.

Ensuite, nous ayant rejoints, il m'enleva de terre et m'embrassa, je lui remis les deux pièces de cent sous en lui disant que maman lui en envoyait une et Charlot qu'il embrassa aussi, lui remit le paquet de linge.

— Vous êtes bien gentils tous les deux, dit-il, maintenant vous allez vous en retourner car vous devez être bien fatigués.

— Mais pas du tout, s'écria Charlot, et si tu veux, nous irons avec toi jusqu'à Bezons, je voudrais voir ce monsieur, tu sais bien... le grand.

— De Bricourt, dit André.

— Oui, c'est cela, M. de Bricourt, et puis aussi l'autre, Coquelet, celui qui est si drôle et qui nous a tant fait rire la dernière fois.

— Tu ne verras pas de Bricourt, dit André, il est parti en reconnaissance avec ma compagnie, je suis resté de garde et c'est pour cela que je n'ai pu vous éviter un bon bout de chemin en allant à votre rencontre jusqu'à Courbevoie.

— Cela ne fait rien, répondit Charlot, ils reviendront peut-être bientôt ; enfin il insista et comme je ne disais rien, car la curiosité était mon moindre défaut, André qui ne savait rien refuser nous permit de l'accompagner.

— Du reste, dit-il, cela vaut mieux, vous pourrez vous reposer et vous prendrez du vin chaud sucré pour réparer vos forces, et puis si vous voulez manger il y a de quoi.

Tout en marchant, Charlot demandait :

— Alors vous êtes de ce côté-ci de la Seine et les Prussiens sont de l'autre côté.

— Oui, répondait André avec beaucoup de complaisance, ils ont là un poste avancé, et quand on en trouve l'occasion on échange des politesses.

— Des politesses, répéta Charlot, tout étonné.

— Mais oui, reprit André, on s'envoie quelques balles quand on s'aperçoit, ce qui n'arrive pas souvent, car nous avons comme eux l'ordre de ne pas nous montrer, il y a quelques jours nous avons enlevé leur poste, douze hommes et un sous-officier, trois ont été tués ou blessés et les autres faits prisonniers, de temps à autre nous leur faisons comme cela des petites surprises, il y a dans la compagnie une demi-douzaine d'Africains qui connaissent toutes les ruses de guerre.

— Oh ! raconte-nous cela, disait Charlot.

— Une autre fois, répondit André, car nous sommes arrivés.

Les quelques maisons occupées par la compagnie se trouvaient sur le bord de la route, c'étaient des maisons de cultivateurs qui s'étaient groupées en cet endroit, non loin de la tête du pont de Bezons, et comme la route avait une pente très accentuée afin de se trouver au niveau du pont, elles ne pouvaient être aperçues de l'autre rive de la Seine et se trouvaient à l'abri des projectiles.

— C'est ici, nous dit André, en pénétrant dans l'une de ces maisons.

— Mais il n'y a personne, s'écria Charlot.

— Je t'ai déjà dit que ma compagnie était en reconnaissance, c'est-à-dire qu'elle était allée du côté de l'ennemi afin de savoir ce qui s'y passe, comme cela nous savons où les Prussiens placent leurs avant-postes et leurs grand'gardes et nous en rendons compte au gouverneur. Les camarades ne vont pas tarder à rentrer, nous sommes restés une dizaine non compris les cuisiniers pour garder le cantonnement, asseyez-vous sur ce banc et reposez-vous pendant que je vais vous faire chauffer du vin.

Charlot était un peu dépité, il espérait voir les Prussiens, rencontrer M. de Bricourt et rire un peu avec l'Africain, et au lieu de cela il n'avait d'autre distraction que de voir André verser du vin dans sa gamelle et rallumer en soufflant dessus quelques tisons enfouis dans la cendre du foyer !

Quand mon frère eut placé la gamelle sur le feu il nous regarda d'un air content avec son bon sourire, disant :

— Cela vous fera du bien, puis, après un instant de silence, il eut comme une inspiration subite et sortit, il revint bientôt après rapportant un quartier de viande et deux boîtes de conserves, puis ouvrant son couteau, il fit trois parts de viande, il y en aura une part, dit-il, pour Mme Benoît, c'est pour remercier Charlot de t'avoir accompagné car je suis bien sûr que c'est lui qui a porté le paquet, une autre part pour Mme Rousseau et pour Angèle.

— Écoute, lui dis-je, j'ai quelque chose à te dire et je ne sais pas vraiment comment je n'y ai pas pensé plus tôt.

André se pencha vers moi et je l'embrassai.

— Voilà, c'est de la part d'Angèle, dis-je, parce que tu es soldat, autrement tu n'aurais rien du tout.

Alors André me répondit, le cœur tout épanoui : Rien ne pouvait me faire un plus grand plaisir et il ajouta me parlant à l'oreille : Dis-lui que je pense à elle, souvent, bien souvent, et prie-la de ne pas m'oublier.

— Oh cela, m'écriai-je, je crois que c'est impossible et tu peux être bien tranquille, depuis ton départ, elle ne cesse de parler de toi.

Il sourit, d'un air content : voici les trois parts, dit-il, la dernière est pour maman.

— C'est du cheval, demandai-je.

— Mais pas du tout, c'est du bœuf, du bon bœuf, nous avons fait une razzia du côté de l'ennemi et ce que vous voyez là c'est ma part de butin, il y en a douze livres, et c'est l'Africain, qui est rusé comme un renard, qui nous a procuré cette bonne aubaine.

— L'Africain, demanda Charlot, c'est celui-là que le cuisinier faisait enrager.

— Oui, et auquel il a donné la tête du chat ; on peut le plaisanter parce qu'il a ses idées à lui, c'est ce que l'on appelle un vieux briscard, mais il nous en faudrait quelques-uns comme celui-là, cela vaudrait mieux que tous les moblots et les gardes nationaux qui malgré leur bonne volonté ne savent pas encore leur métier, mais votre vin est chaud, il est bien sucré et vous m'en direz des nouvelles.

— C'est joliment bon, disait Charlot, ça réchauffe.

Pendant que nous humions notre vin chaud, par petites gorgées, André rapporta d'une pièce voisine un chou, des carottes, quelques pommes de terre et aussi des poireaux ; voilà pour votre pot-au-feu, dit-il en les plaçant ainsi que la viande dans un morceau de toile, je paierai la goutte aux camarades pour les dédommager de ce qui manque.

Notre paquet était préparé, nous pouvions songer au retour.

Nous étions donc sur le point de sortir lorsqu'André prêta l'oreille et dit : voici la compagnie qui rentre.

En effet, le pas cadencé d'une troupe en marche se faisait entendre sur la route durcie par la gelée, en arrivant aux maisons les zouaves s'éparpillèrent, chacun rejoignait son escouade, ce fut Jean Risler qui entra le premier, son fusil à la main, l'uniforme couvert de poussière.

— Tiens, vous voilà, s'écria-t-il en nous donnant une petite tape sur la joue.

— Eh bien, demanda mon frère.

— Mauvaise affaire, répondit M. Jean Risler, les gredins nous attendaient, nous avons des tués et des blessés.

— Lesquels, demanda aussitôt mon frère.

— Le caporal de Bricourt, d'abord.

— De Bricourt ! s'écria mon frère, avec une douloureuse stupéfaction.

— Oui, tué raide, une balle au cœur, trois autres tués, ce sont des zouaves de la 1re section. Je ne sais pas leurs noms, cinq blessés, Daubray a le bras cassé.

Charlot et moi nous étions aussi très émus de savoir que M. de Bricourt avait été tué, mon frère nous parlait si souvent de lui dans ses lettres et puis nous le connaissions.

— Voilà comment c'est arrivé, dit Jean Risler en s'asseyant sur le rebord de la croisée, nous débouchions du petit chemin de la Garenne, lorsque tout à coup, à 500 mètres à peine, de la lisière du petit bois, s'élèvent des flocons de fumée et les balles se mettent à siffler autour de nous, les Prussiens avaient été prévenus sans doute et nous attendaient ; alors on s'est déployé, de Bricourt marchait en tête guidant son escouade, les gredins nous tiraient toujours dessus, complètement abrités, ils avaient dû creuser une tranchée car on ne voyait que la fumée de leurs coups de feu, à ras de terre, on s'avançait donc vers eux, par petits bonds, en se défilant comme on pouvait, lorsque nous nous sommes trouvés en face d'une carrière que les accidents du terrain nous avaient empêchés d'apercevoir, le lieutenant commandait par le flanc gauche et de Bricourt transmettait l'ordre à son escouade lorsque je l'ai vu battre l'air des mains et disparaître, trois autres sont tombés, il n'y avait pas moyen de tenir là sur ce terrain découvert où l'on servait inutilement de cible à l'ennemi, on a donné le signal de la retraite et nous avons fait comme si nous partions ; mais quand ils nous eurent perdus de vue nous avons fait un grand détour par Bezons et nous les avons pris de flanc, en rampant comme des chacals, l'Africain était devenu enragé à cause de la mort du caporal de Bricourt et il a rudement travaillé de la fourchette, enfin bref nous avons enlevé le poste, une vingtaine d'hommes dont trois prisonniers qu'on envoie à Paris puisque le général en avait demandé pour avoir des renseignements, et cela si rapidement que les autres Prussiens qui se trouvaient près de là n'ont pas eu le temps de leur venir en aide.

— Vous avez rapporté de Bricourt, demanda mon frère.

— C'est-à-dire... voilà, répondit Jean Risler, quand nous sommes revenus à 600 mètres de l'endroit où il était tombé avec trois autres, l'Africain a demandé au lieutenant la permission d'aller le chercher, le lieutenant non plus ne voulait pas laisser ses zouaves aux corbeaux, il a encouragé le vieux chacal qui est parti avec cinq hommes de bonne volonté, nous les avons attendus assez longtemps, derrière un mur de parc afin de les soutenir dans le cas où il leur arriverait quelque chose, nous avons entendu des coups de feu mais nous n'avons rien vu, enfin bref nous sommes rentrés sans eux, le lieutenant ayant confiance dans son vieux chacal. Voilà, dit Jean Risler, maintenant j'ai rudement faim, je pense que la soupe est prête.

— C'est prêt, répondit mon frère, Coquelet vous attend depuis longtemps.

— Dame, dit Jean Risler, c'est à cause de cela que nous sommes en retard.

Pendant qu'il parlait, les autres zouaves retiraient leurs ceinturons ou bien démontaient leurs fusils afin de les nettoyer sans retard, ils restaient tous silencieux, quant à moi j'étais encore sous l'impression du récit de Jean Risler, je pensais tout attristé à ce beau et grand garçon à l'allure distinguée, doué de toutes les faveurs de la fortune et devant lequel s'ouvrait sans doute un avenir heureux et brillant, qui avait ainsi trouvé une mort obscure mais non moins glorieuse, dans une escarmouche d'avant-postes, je pensais à la douleur de cette mère aux cheveux blancs que j'avais vue quelques semaines auparavant s'appuyer sur son bras.

— Voilà, s'écria Coquelet en entrant, ces messieurs sont servis.

Il plaçait auprès de la cheminée un bidon rempli de soupe lorsqu'un des zouaves lui dit :

— Tu sais, de Bricourt.

— Eh bien, demanda Coquelet.

— Nettoyé, dit le zouave.

Coquelet prit sa chechia à pleines mains et la jeta violemment à terre en criant toutes sortes de choses que je ne puis reproduire, ah les canailles, criait-il (et encore me faut-il atténuer ses expressions), un si bon bougre...

Des cris se firent entendre sur le chemin, plusieurs zouaves sortirent précipitamment, l'Africain et ses camarades revenaient, portant sur leur dos et pliant sous le poids les zouaves qui avaient été tués, d'autres portaient les fusils et les ceinturons avec le sabre et la cartouchière.

Charlot me prit la main, très effrayé, regardant avec des yeux hagards ces corps dont les bras pendaient et dont la tête ballottait, inerte.

Ils entrèrent dans une maison voisine de la nôtre et j'entendis l'Africain dire à un zouave qui se trouvait près de lui : enlève-le, j'ai une balle dans l'épaule, je ne peux pas me baisser ; c'était vrai, l'Africain après être allé chercher le corps de de Bricourt qui était tombé dans la carrière et l'avoir remonté avec beaucoup de peine avait dû essuyer, au sortir de la carrière, ainsi que ses camarades, les coups de feu du poste prussien qui avait été réoccupé par des troupes fraîches ; comme il savait bien n'avoir plus sur le dos qu'un cadavre il s'en était servi comme d'un matelas pour se protéger des balles, mais l'une d'elles tirée à 400 mètres avait traversé le corps de M. de Bricourt et était entrée dans l'épaule de l'Africain ; il lui avait fallu un rude courage pour ne pas tomber et ne pas abandonner son fardeau. Nous le vîmes passer, il avait retiré sa veste, et sa chemise était rouge de sang. Je suis mordu, disait-il en faisant une vraie grimace de singe.

Les corps furent déposés dans une petite salle, au rez-de-chaussée ; les officiers venaient les voir et se découvraient en entrant, les zouaves qui passaient devant la maison faisaient le salut militaire, il me faut bien avouer que poussés par je ne sais quelle curiosité maladive, Charlot voulut les voir et je le suivis, il leva la toile de tente qui les recouvrait et nous aperçûmes M. de Bricourt, le visage encore souriant, il avait été tué raide, d'une balle au cœur.

Mon frère s'étonna de notre curiosité et nous gronda disant que ce n'était pas un spectacle pour des enfants ; pendant que les camarades déjeuneront, dit-il, et comme je ne prévois rien pour cet après-midi, je vous accompagnerai jusqu'à Courbevoie.

Il nous accompagna en effet jusqu'à Courbevoie portant le sac qui contenait la viande et les légumes ; il ne faut pas raconter à maman ce que tu as vu, dit-il en nous quittant, cela la rendrait inquiète, d'ailleurs c'est inutile ; je le lui promis d'autant plus facilement que c'était aussi mon intention.

Charlot chargea le sac sur son dos et nous reprimes le chemin parcouru quelques heures auparavant ; nous marchions silencieusement, ayant hâte d'être rentrés. Enfin vers cinq heures nous étions de retour à la maison.

MARDI, 29 NOVEMBRE

Visite de M. Risler, Juliette n'est pas oubliée. — Mme de Bricourt a ramené dans sa voiture le corps de son fils. — Mon père est en retard pour le dîner. — Les cornichons et la soupe au vin. — Les vivres sont hors de prix. — On dit qu'un immense effort va être tenté. — Ce sont des infirmes ou des lâches. — L'action est engagée, 200000 hommes se ruent à l'assaut des positions de l'ennemi !

J'oubliais de dire que ces deux derniers dimanches se sont passés sans incidents dignes d'être notés ; le 20 novembre il faisait mauvais temps, avant-hier 27 il faisait froid, de sorte que nous sommes restés à la maison Charlot et moi, nous avons passé agréablement notre journée à lire et à dessiner, du reste nous sommes beaucoup moins ardents qu'autrefois pour courir à droite et à gauche, notre curiosité est maintenant émoussée.

M. Risler est venu passer l'après-midi avec nous, il a apporté comme de coutume un petit sac de bonbons pour Juliette et il a remis à ma mère, en s'invitant à dîner, une boîte entière de thon mariné qu'il avait réussi à se procurer à la mairie en échange de sa ration de viande plusieurs fois abandonnée, de sorte que nous avons dîné avec bonne humeur, nous avons encore fort heureusement du vin à la cave et pour longtemps.

J'ai donné à M. Risler des nouvelles de son fils que j'avais trouvé jeudi bien portant et qui m'avait chargé de le dire à son père : il ne m'a encore écrit qu'une fois, disait M. Risler, c'est un paresseux pour prendre la plume, mais je sais bien aussi que c'est un bon garçon et qu'il se conduit bien. Après dîner, Juliette a grimpé sur les genoux de son grand ami Risler et s'est endormie dans ses bras, le vieux n'osait pas bouger de peur de la réveiller de sorte que ma mère l'a prise comme un paquet et l'a mise au lit, Juliette ne s'est pas même réveillée pendant que ma mère la déshabillait, elle a maintenant un peu meilleure mine ; Angèle et sa mère sont venues comme de coutume passer la journée auprès de nous ; Léon a écrit quelques lignes vendredi dernier nous annonçant qu'il était maintenant cantonné à Montereau, près du fort de Nogent, il se désolait de ne pouvoir venir embrasser maman et petite sœur.

Aujourd'hui, vers une heure, notre concierge nous a remis une lettre d'André, il commence par nous annoncer qu'il est nommé caporal, cette bonne nouvelle a rendu mon père tout joyeux, cela prouve, nous a-t-il dit, que l'on est satisfait de lui, ensuite oubliant la recommandation qu'il m'avait faite de ne rien dire à ma mère de la mort de M. de Bricourt, mon frère nous raconte... mais il est bien préférable que je reproduise cette partie de sa lettre.

. . . .

« ... un de nos officiers, nous dit-il, qui connaissait la famille de Bricourt s'est aussitôt rendu rue de Verneuil où demeure, paraît-il, la mère de notre pauvre camarade et l'a prévenue avec toutes sortes de ménagements de la mort de son fils ; cette dame a fait atteler aussitôt et a prié l'officier de monter dans sa voiture et de la conduire à l'endroit où se trouvait le corps, la voiture est arrivée vers huit heures du soir, il faisait un superbe clair de lune à cause du froid ; je me souviendrai toute ma vie du spectacle que j'ai eu sous les yeux, quatre zouaves sont allés chercher le corps du caporal de Bricourt et l'ont placé dans la voiture, en travers sur les coussins. En voyant son fils la figure de Mme de Bricourt n'a pas changé, elle était toujours calme et fière, mais malgré ses efforts pour se contenir on voyait bien que son cœur était brisé et comme j'étais à côté d'elle, prêt à l'aider, à la secourir si elle venait à défaillir devant ce cruel spectacle, je vis deux grosses larmes jaillir de ses yeux, elle donna l'ordre au valet de pied qui pleurait de rentrer à Paris lentement, au pas, elle nous remercia tous, je ne sais trop pourquoi, et prit place dans la voiture auprès du corps de son fils ; lorsque la portière fut fermée et les vitres levées à cause du froid je la vis encore, à la lueur de la lanterne qui avait été accrochée dans la voiture, embrasser son fils au front et jeter ensuite vers le ciel un regard empreint d'une résignation sublime ; la voiture s'ébranla lentement, nous avions tous la main levée, c'était notre dernier salut au meilleur des camarades, à un grand et noble cœur. »

Cette lettre eut pour résultat d'attrister ma mère, et je vis bien, pendant tout le reste de la journée, qu'elle pensait à Mme de Bricourt et à la douleur de cette pauvre mère, elle semblait agitée, inquiète, et me dit d'un ton qui ne lui était pas habituel en regardant le coucou qui marquait sept heures et demie ; voilà ton père qui se dérange maintenant, il est encore en retard.

— D'un quart d'heure seulement, fis-je observer.

— Il était autrefois si exact, continua ma mère, d'un ton contrarié.

— C'est que, vois-tu, maman, nous ne sommes pas en temps ordinaire, tu sais bien que papa a besoin de voir et de savoir.

Huit heures sonnèrent, mon père n'était pas encore rentré, ma mère allait et venait dans la pièce, un peu impatientée et très inquiète, lorsque nous entendons dans l'escalier un pas bien connu et mon père entra, l'air satisfait ;

— Qu'as-tu donc, Louise, demanda-t-il en voyant ma mère mécontente.

— Mais il est huit heures et demie, répondit ma mère, tu n'as pas l'air de t'en douter.

— C'est vrai, je suis en retard, dit mon père, d'un ton de voix dégagé que je ne lui connaissais pas, je te fais mes excuses, mais en sortant de mon travail, comme des nouvelles circulaient dans l'air, je n'ai pu résister au désir d'aller sur les boulevards, j'y suis allé avec M. Alexandre, tu connais bien M. Alexandre.

— Oui, répondit ma mère, mais si nous dînions en attendant, tu nous raconteras cela à table.

— Est-ce que le rôti est brûlé, demanda mon père, d'un ton plaisant.

Le rôti ! quelle amère ironie, il y avait plus de deux mois que nous ne savions ce que c'était, notre dîner, déjà depuis plus d'un mois ; se composait de bouillon de cheval, de cheval bouilli, de riz cuit à l'eau ; heureusement que nous avions deux grands bocaux de cornichons et de petits oignons, car tous les ans ma mère faisait elle-même ces conserves, quand on débouchait le bocal toute la pièce était embaumée par la bonne odeur du vinaigre et de l'estragon, cela nous remettait le cœur et nous aidait à avaler le cheval et le reste, les cornichons nous ont rendu de grands services et je trouvais qu'ils n'étaient pas bêtes du tout !

Et puis il ne faut pas oublier de mentionner notre provision de confitures ; ma mère disait hier que nous en avions encore pour quinze jours, de sorte que comme nous étions rationnés pour la viande de cheval, — ce que nous recevions pour trois jours environ était à peine suffisant pour un repas ! — la confiture, le chocolat et le café à l'eau, et surtout la soupe au vin étaient devenus la base de notre nourriture; vive la soupe au vin, disait mon père quand il était de bonne humeur, c'est-à-dire quand tout allait bien. Il est certain que nous aimions beaucoup cela, du vin bien chaud, bien sucré, avec une tartine grillée, ça n'est pas à dédaigner, il est vrai que c'était la suprême ressource dont nous usions tous les jours et cela devenait fastidieux, pour des repas comme nous les faisions autrefois il nous eût fallu dépenser vingt francs, un œuf coûtait 2 francs, un lapin 25 francs; une botte de carottes 3 francs et le reste à l'avenant. Enfin nous avons du pain et du vin, c'est le principal, avec cela on peut vivre.

— Tu as donc une bonne nouvelle à nous annoncer, demanda ma mère, car elle avait de suite remarqué l'air joyeux de mon père.

Général Ducrot.

— Mais oui, répondit-il..

— On va faire la paix s'écria ma mère, transportée de joie.

— Cela serait préférable si elle pouvait se faire à de bonnes conditions, mais comme l'ennemi ne veut pas y consentir afin de nous réduire à toute extrémité pour nous arracher l'Alsace et la Lorraine, nous allons l'attaquer, et cette fois..... du reste il n'y a qu'à lire la proclamation du général Ducrot, cela vous fait passer un frisson d'enthousiasme et de colère dans les veines ; les Prussiens vont être culbutés et nous allons donner la main à l'armée de la Loire qui est à Montargis, à douze lieues de Paris, dans quelques jours peut-être, nous serons délivrés.

— Dieu le veuille, dit ma mère et que tout cela finisse le plus tôt possible.

— Mon père considéra ma mère avec une nuance de pitié, murmurant : le plus tôt possible, encore faudra-t-il s'en tirer honorablement.

Et insensiblement sous l'effet des bonnes paroles de mon père nous reprenions confiance, il y avait si longtemps que nous ne l'avions vu de bonne humeur ! Oui, tous ces jours de misère et de deuil allaient finir, un effort immense nous donnerait la victoire et ensuite viendrait la paix, les Prussiens s'en retourneraient chez eux, les poches pleines d'or, mais ils n'auraient pas un pouce de terrain, pas une pierre de nos forteresses, M. Jules Favre avait raison.

— Alors, demanda ma mère, tu crois que d'ici quelques jours...

— Oui, on saura à quoi s'en tenir.

— Et André reviendra peut-être.

— Sans doute puisqu'il est engagé pour la durée de la guerre, il reviendra si la guerre est finie.

— C'est trop beau, disait ma mère, je n'y crois pas.

Ma mère n'était pas comme tous les Parisiens, car tous les Parisiens « y croyaient », un immense espoir dilatait tous les cœurs, on comprenait bien que le moment décisif était arrivé, la proclamation du général Ducrot montrait bien que cette fois, c'était sérieux.

— J'ai confiance, dit mon père, si l'armée de la Loire est à Montargis.... mais à propos, je vous ai annoncé que j'étais allé sur les boulevards avec M. Alexandre, nous sommes entrés au café aussi bien pour lire les nouvelles du jour que pour entendre la conversation de nos voisins, à cela il n'y a pas d'indiscrétion puisque toutes les conversations roulent toujours sur le même sujet : la guerre, et encore la guerre ; nous étions à peine attablés que je remarquai plusieurs jeunes gens, des civils, qui jouaient bruyamment aux cartes, il faut vous dire que le café était rempli de gardes nationaux, et d'officiers de garde mobile, enfin de militaires.

Sans doute l'insouciante gaieté et l'exubérance toute méridionale de ces jeunes gens qui attiraient sur eux l'attention, agacèrent des officiers de mobiles qui se trouvaient auprès d'eux car une discussion s'éleva.

Les têtes étaient échauffées par la proclamation du général Ducrot, on était à la veille d'une action décisive, tous ceux qui portaient l'uniforme pouvaient y prendre part et risquer leur vie, de sorte que la gaieté et l'insouciance de ces jeunes gens qui, on ne sait pour quel motif, n'étaient pas des soldats et ne semblaient songer qu'à jouer aux cartes et à s'amuser, étaient irritantes et vraiment déplacées.

Ce fut sans doute une observation qui leur fut faite au sujet de leur attitude et à laquelle ils répondirent avec insolence qui mit le feu aux poudres car ils devinrent l'objet des plaisanteries et des remarques désobligeantes de tous les militaires qui se trouvaient là ; comme l'un de ces jeunes gens toisait un officier de mobiles, celui-ci lui dit, avec beaucoup de calme et une grande dignité : vous pouvez me regarder, moi je suis un soldat, et ripostant aussitôt il demanda : et vous, qui êtes-vous donc ? Ils répondirent que cela ne regardait personne et comme quelques-uns d'entre eux, excités par la boisson, devenaient insolents et étaient sur le point de recevoir une correction bien méritée, le patron qui craignait pour sa vaisselle et ses glaces les contraignit à sortir, poursuivis par les huées de tous les assistants.

— C'étaient peut-être bien des infirmes, fit observer ma mère, des gens qui avaient des maladies et qui ne pouvaient être soldats.

— J'en doute, répondit mon père, car ils n'en avaient pas les apparences, mais après tout il vaut encore mieux être un infirme qu'un lâche.

Pendant que mon père parlait, une furieuse canonade se répercutait dans notre cheminée ; en prêtant l'oreille on percevait distinctement, dans l'air sec et froid, les feux de pelotons lointains et les décharges stridentes des mitrailleuses qui dominaient, comme un ricanement infernal, le roulement sourd et continu du canon ; sur tous les points de l'immense périmètre, deux cent mille hommes montaient à l'assaut des positions fortifiées de l'ennemi, se heurtant aux murs crénelés, percés de meurtrières, défendus par des pièces de canon en batterie à ras de terre dont la mitraille couchait les assaillants sur la terre ensanglantée comme tombent les épis sous la faux du moissonneur, enlevant dans des combats corps à corps les maisons devenues de véritables forteresses, cherchant enfin à se frayer un passage, à faire une trouée !

Dans les rues silencieuses, presque désertes, on ne rencontre plus que des femmes et des enfants, tous les défenseurs sont au combat ou aux remparts, l'effort suprême est tenté, en avant ! en avant !

JEUDI, 1er DÉCEMBRE

M. Thiers rend compte aux puissances neutres des négociations qu'il a entamées pour la conclusion d'un armistice. — La Prusse refuse le ravitaillement à moins que Paris ne livre un ou plusieurs forts. — Le parti militaire l'emporte. — Rupture des négociations.

L'important document diplomatique ci-dessous est emprunté aux journaux qui l'ont eux-mêmes traduit des feuilles anglaises et complète, avec l'autorité qui s'attache à son auteur, l'exposé des négociations relatives à l'armistice repoussé par la Prusse. Il établit clairement que les ministres de cette puissance avaient d'abord accepté le ravitaillement que comporte de droit tout armistice et qu'ils ont retiré leur consentement parce qu'ils ont cru pouvoir tirer parti contre nous de faits imprévus. L'Europe appréciera de quel côté ont été les torts et sur qui doit retomber la responsabilité de la continuation de la guerre.

Monsieur l'ambassadeur,

« Je crois devoir aux quatre grandes puissances qui ont fait ou appuyé la proposition d'un armistice entre la France et la Prusse de rendre un compte fidèle et concis de la grave et délicate négociation dont j'ai consenti à me charger. Avec un sauf-conduit que S. M. l'empereur de Russie et le cabinet britannique ont bien voulu demander pour moi à S. M. le roi de Prusse, j'ai quitté Tours le 28 octobre, et, après avoir franchi la ligne qui séparait les deux armées, je me suis rendu à Orléans et de là à Versailles, accompagné par un officier bavarois dont le général Von der Tann avait eu l'obligeance de me faire accompagner, afin de lever les difficultés que je pouvais rencontrer sur la route. Pendant ce voyage difficile, j'ai pu me convaincre moi-même par mes propres yeux, malheureusement dans une province française, des horreurs de la guerre.

« Forcé, par le manque de chevaux, de m'arrêter à Arpajon, la nuit, pendant trois ou quatre heures, j'ai atteint Versailles dimanche matin, 30 octobre. Je n'y suis resté que peu d'instants, car il était bien convenu avec le comte de Bismark que je n'aurais pas d'entrevue avec lui jusqu'à ce que j'aie pu faire compléter à Paris les pouvoirs nécessairement incomplets que j'avais reçus de la délégation de Tours.

« Accompagné d'officiers comme parlementaires qui devaient faciliter mon passage à travers les avant-postes, j'ai traversé la Seine au pont de Sèvres, aujourd'hui coupé, et je suis descendu au ministère des affaires étrangères pour communiquer plus aisément et plus vite avec les membres du Gouvernement. La nuit fut employée en délibérations, et, après une résolution prise à l'unanimité, j'ai reçu les pouvoirs nécessaires pour négocier et conclure l'armistice dont l'idée avait été conçue et l'initiative prise par les puissances neutres.

« Dans le désir ardent de ne perdre aucun moment dont chaque minute était marquée par l'effusion du sang humain, j'ai traversé de nouveau les avant-postes le lundi soir 31 octobre, et le jour suivant, 1er novembre, à midi, j'entrai en conférence avec le chancelier de la Confédération du Nord.

« L'objet de ma mission était parfaitement connu du comte de Bismarck, de même que la France avait été avertie des propositions des puissances neutres. Après quelques réserves sur l'intervention des neutres dans cette négociation, réserves que j'ai écoutées sans les admettre, l'objet de ma mission a été exposé et défini par M. le comte de Bismark et par moi-même avec une précision parfaitement claire : elle avait pour objet de conclure un armistice pour mettre fin à l'effusion du sang entre deux des nations les plus civilisées du monde, et pour permettre à la France de constituer, au moyen d'élections libres, un gouvernement régulier avec lequel il serait possible de traiter dans une forme valable.

« Cet objet a été clairement indiqué, parce que dans plusieurs occasions la diplomatie prussienne avait prétendu que, dans l'état actuel des affaires en France, on ne savait à qui s'adresser pour entamer des négociations.

« A ce propos, le comte de Bismarck m'a fait remarquer, sans toutefois insister sur ce point, que quelques débris d'un gouvernement, jusqu'à présent seul gouvernement français reconnu en Europe, était en ce moment à Cassel, cherchant à se reconstituer, mais qu'il me faisait cette observation simplement pour préciser nettement la situation diplomatique et point du tout pour intervenir, à quelque degré que ce soit, dans le gouvernement intérieur de la France.

« J'ai à mon tour répondu au comte de Bismarck que nous le comprenions ainsi, ajoutant toutefois que le gouvernement qui venait de précipiter la France dans les abîmes d'une guerre décidée avec folie et conduite avec absurdité avait pour toujours terminé à Sedan sa fatale existence et ne resterait dans la nation française que comme un souvenir honteux et pénible. Sans faire d'objection à ce que je disais, le comte de Bismarck a protesté de nouveau contre toute idée d'intervenir dans nos affaires intérieures ; il voulut bien ajouter que ma présence au quartier général prussien et la réception que l'on m'y avait faite étaient une preuve de la sincérité de ce qu'il me disait, puisque, sans s'arrêter à ce qui se faisait à Cassel, le chancelier de la Confédération du Nord était tout prêt à traiter avec l'envoyé extraordinaire de la République française. Après ces observations préliminaires, nous avons fait une première revue sommaire des questions soulevées par la proposition des puissances neutres.

1° Le principe de l'armistice ayant pour objet essentiel d'arrêter l'effusion du sang et de donner à la France les moyens de constituer un gouvernement fondé sur l'expression de la volonté de la nation ;

2° La durée de l'armistice en raison des délais nécessaires pour la formation d'une assemblée souveraine ;

« 3° La liberté des élections pleinement assurées dans les provinces maintenant occupées par les troupes prussiennes ;

« 4° La conduite des armées belligérantes pendant l'interruption des hostilités ;

« 5° Enfin le ravitaillement des forteresses assiégées et spécialement de Paris pendant l'armistice.

« Sur ces cinq points, et spécialement sur le principe même de l'armistice, le comte de Bismarck ne m'a pas paru avoir des objections insurmontables, et à la fin de cette première conférence, qui a duré au moins quatre heures, je croyais que nous pourrions nous mettre d'accord sur tous les points, et conclure une convention qui serait le premier pas vers un arrangement pacifique si vivement désiré dans les deux hémisphères.

« Les conférences ce sont succédé l'une à l'autre, et, le plus souvent, deux fois par jour, car je désirais ardemment arriver à un résultat qui pût mettre fin au bruit du canon que nous entendions constamment, et dont chaque éclat me faisait craindre de nouvelles dévastations et de nouveaux sacrifices de victimes humaines. Les objections faites et les solutions proposées sur les différents points mentionnés ci-dessus ont été, dans ces conférences, les suivantes :

« En ce qui touche le principe de l'armistice, le comte de Bismarck a déclaré qu'il était aussi désireux que les puissances neutres pouvaient l'être elles-mêmes de terminer ou du moins de suspendre les hostilités, et qu'il désirait la constitution en France d'un pouvoir avec lequel il pût contracter des engagements tout à la fois valables et durables. Il y avait en conséquence accord complet sur ce point essentiel et toute discussion était superflue.

« En ce qui touche la durée de l'armistice, j'ai demandé au chancelier de la Confédération du Nord qu'elle fût fixée à vingt-cinq ou trente jours, vingt-cinq au moins. Douze jours au moins étaient nécessaires, lui ai-je dit, pour permettre aux électeurs de se consulter et de se mettre d'accord sur les choix à faire. Un jour de plus pour voter, quatre ou cinq jours de plus pour donner aux candidats élus le temps, dans l'état actuel des routes, de s'assembler dans un lieu déterminé, et enfin huit ou dix jours pour une vérification sommaire des pouvoirs et la constitution de la future assemblée nationale. Le comte de Bismarck ne contestait pas ces calculs, il faisait seulement remarquer que plus courte serait la durée, moins il serait difficile de conclure l'armistice proposé ; il semblait toutefois incliner, comme moi-même, pour une durée de vingt-cinq jours.

« Vint ensuite la grave question des élections. Le comte de Bismarck voulut bien m'assurer que, dans les districts occupés par l'armée prussienne, les élections seraient aussi libres qu'elles l'aient jamais été en France. Je le remerciai de cette assurance, qui me paraissait satisfaisante, si le comte de Bismarck, qui d'abord avait demandé qu'il n'y eût aucune exception à cette liberté des élections, n'avait fait quelques réserves relatives à certaines portions du territoire français, le long de notre frontière, et qui, disait-il, étaient allemandes d'origine et de langage. Je repris que l'armistice, si on voulait le conclure rapidement selon le désir général, ne devait préjuger aucune des questions qui pouvaient être agitées à l'occasion d'un traité de paix nettement déterminé ; que, pour ma part, je refusais en ce moment d'entrer dans aucune discussion de ce genre, et qu'en agissant ainsi j'obéissais à mes instructions et à mes sentiments personnels.

« Le comte de Bismarck répliqua que c'était aussi son opinion qu'aucune de ces questions ne fût touchée, et il me proposa de rien insérer sur ce sujet dans le traité d'armistice, de manière à ne rien préjuger sur ce point, que, quoiqu'il ne voulût permettre aucune agitation électorale dans les provinces en question, il ne ferait aucune objection à ce qu'elles fussent représentées dans l'assemblée nationale par des notables qui seraient désignés comme nous le désirerions, sans aucune intervention de sa part, et qui jouiraient d'une liberté d'opinion aussi complète que tous les autres représentants de la France.

« Cette question, la plus importante de toutes, étant en bonne voie de solution, nous avons procédé à l'examen de la conduite que devraient tenir les armées belligérantes pendant la suspension des hostilités. Le comte de Bismarck devait en référer aux généraux prussiens assemblés sous la présidence de S. M. le roi. Et, tout bien considéré, voici ce qui nous a paru équitable des deux côtés, et en conformité avec les usages adoptés dans tous les cas semblables.

« Les armées belligérantes resteraient dans les positions même occupées le jour de la signature de l'armistice ; une ligne réunissant tous les points où elles se seraient arrêtées formerait la ligne de démarcation qu'elles ne pourraient pas franchir, mais dans les limites de laquelle elles pourraient se mouvoir, sans cependant engager aucun acte d'hostilité.

« Nous étions, je puis le dire, d'accord sur les divers points de cette négociation difficile quand la dernière question s'est présentée : à savoir le ravitaillement des forteresses assiégées, et principalement de Paris.

« Le comte de Bismarck n'avait soulevé aucune objection fondamentale à ce sujet ; il semblait seulement contester l'importance des quantités réclamées aussi bien que la difficulté de les réunir et de les introduire dans Paris (ce qui, toutefois, nous concernait seuls), et en ce qui concerne les quantités, je lui avais positivement déclaré qu'elles seraient l'objet d'une discussion amiable et même de concessions importantes de notre part. Cette fois encore, le chancelier de la Confédération du Nord désira en référer aux autorités militaires auxquelles plusieurs autres questions avaient déjà été soumises, et nous convînmes de nous ajourner au jeudi 3 novembre pour la solution définitive de ce point.

« Le jeudi 3 novembre, le comte de Bismarck, que j'avais trouvé inquiet et préoccupé, me demanda si j'avais des nouvelles de Paris ; je lui répondis que je n'en avais pas depuis le lundi soir, jour de mon départ de cette ville. Le comte de Bismarck était dans la même situation ; il me tendit alors les rapports des avant-postes qui parlaient d'une révolution à Paris et d'un nouveau gouvernement. Était-ce là ce Paris dont les nouvelles les plus insignifiantes étaient naguère expédiées avec la rapidité de l'éclair et répandues en quelques minutes dans le monde entier ? Pouvait-il avoir été la scène d'une révolution dont pendant trois jours rien n'avait transpiré à ses propres portes ?

« Profondément affligé par ce phénomène historique, je répliquai au comte de Bismarck que le désordre eût-il été un moment triomphant à Paris, la tranquillité troublée serait promptement rétablie, grâce au profond amour de la population parisienne pour l'ordre, amour qui n'était égalé que par son patriotisme. Toutefois mes pouvoirs n'étaient plus valables si ces rapports étaient bien fondés. Je fus ainsi obligé de suspendre mes négociations jusqu'à ce que des informations me fussent parvenues.

« Ayant obtenu du comte de Bismarck les moyens de correspondre avec Paris, je pus, le même jour, jeudi, m'assurer de ce qui s'était passé le lundi, et apprendre que je ne m'étais pas trompé en affirmant que le triomphe du désordre n'avait pu être que momentané.

« Le même soir, je me rendis chez le comte de Bismarck, et nous pûmes reprendre et continuer pendant une partie de la nuit la négociation qui avait été interrompue le matin. La question du ravitaillement de la capitale fut vivement débattue entre nous, et, pour ma part, j'ai maintenu fermement que toute demande relative aux quantités pourrait être modifiée après une discussion détaillée. Je pus bientôt m'apercevoir que ce n'était pas une question de détail, mais bien une question fondamentale qui avait été soulevée.

« J'ai vainement insisté auprès du comte de Bismarck sur ce grand principe des armistices qui veut que chaque belligérant se trouve, au terme de la suspension des hostilités, dans la même situation qu'au commencement ; que de ce principe, fondé en justice et en raison, était dérivé cet usage du ravitaillement des forteresses assiégées et leur approvisionnement jour par jour de la nourriture d'un jour ; autrement, disais-je au comte de Bismarck, un armistice suffirait à amener la reddition de la plus forte forteresse du monde. Aucune réponse ne pouvait être faite, du moins le pensais-je, à cet exposé de principes et d'usages incontestés et incontestables.

« Le chancelier de la Confédération du Nord, parlant alors, non en son propre nom, mais au nom des autorités militaires, m'a déclaré que l'armistice était absolument contraire aux intérêts prussiens : que nous donner un mois de répit était nous accorder le temps d'organiser nos armées ; qu'introduire dans Paris une certaine quantité de vivres difficile à déterminer était donner à cette ville le moyen de prolonger indéfiniment son existence ; que de tels avantages ne pourraient nous être accordés sans des équivalents militaires (c'est l'expression même du comte de Bismarck).

« Je me hâtai de répliquer que sans doute l'armistice pouvait nous apporter quelques avantages matériels, mais que le cabinet prussien devait l'avoir prévu, puisqu'il en avait admis le principe ; que, toutefois, avoir calmé le sentiment national, avoir ainsi préparé la paix, en avoir rapproché le terme, avoir par-dessus tout montré une juste déférence aux vœux déclarés de l'Europe, constituait pour la Prusse des avantages politiques tout à fait équivalents aux avantages matériels qu'elle pouvait nous concéder.

« Je demandai ensuite au comte de Bismarck quels pouvaient être les équivalents militaires qu'il pouvait nous demander, mais le comte de Bismarck mettait une grande circonspection à ne pas les préciser ; il les fit connaître à la fin, mais avec une certaine réserve.

« C'était, dit-il, une position militaire sous Paris, et, comme j'insistais davantage : Un fort, ajouta-t-il, plus d'un peut-être. J'arrêtai immédiatement le chancelier de la Confédération du Nord :

« C'est Paris, lui dis-je, que vous nous demandez, car nous refuser le ravitaillement pendant l'armistice, c'est nous prendre un mois de notre résistance ; exiger de nous un ou plusieurs de nos forts, c'est nous demander nos remparts. C'est, en fait, demander Paris, puisque nous vous donnerions le moyen de l'affamer ou de le bombarder. En traitant avec nous d'un armistice, vous ne pouviez jamais supposer que la condition serait de vous abandonner Paris même, Paris notre force suprême, notre grande espérance, et pour vous la grosse difficulté qu'après cinquante jours de siège vous n'avez encore pu surmonter.

« Arrivés à ce point, nous ne pouvions plus continuer.

« Je fis remarquer à M. le comte de Bismarck qu'il était facile de s'apercevoir qu'à ce moment l'esprit militaire prévalait dans les résolutions de la Prusse sur l'esprit politique qui avait dernièrement conseillé la paix et tout ce qui pouvait y conduire ; je demandai au comte de Bismarck de faciliter encore une fois de plus mon voyage aux avant-postes, afin de me consulter sur la situation avec M. Jules Favre ; il y consentit avec cette courtoisie que j'ai toujours rencontrée en lui en ce qui concerne les relations personnelles.

« En prenant congé de moi, le comte de Bismarck m'a chargé de déclarer au Gouvernement français que, si le Gouvernement avait le désir de faire les élections sans armistice, il permettrait qu'on les fît avec une parfaite liberté dans tous les lieux occupés par les armées prussiennes, et qu'il faciliterait toute communication entre Paris et Tours pour toute chose qui aurait rapport aux élections.

« J'ai conservé le souvenir de cette déclaration dans mon esprit. Le lendemain, 5 novembre, je me dirigeai vers les avant-postes français ; je les traversai afin de conférer avec M. Jules Favre dans une maison abandonnée ; je lui ai fait un exposé complet de toute la situation, tant au point de vue politique qu'au point de vue militaire, lui donnant jusqu'au lendemain pour m'envoyer la réponse officielle du Gouvernement et lui indiquant le moyen de me la faire parvenir à Versailles. Je ja reçus le jour suivant, dimanche, 6 novembre. On m'y ordonnait de rompre les négociations sur la question du ravitaillement, de quitter immédiatement le quartier général prussien et de me rendre à Tours pour y rester, si j'y consentais, à la disposition du Gouvernement, en cas que mon intervention pût être utile dans les négociations futures.

« Je communiquai cette résolution au comte de Bismarck, et je lui répétai que je ne pouvais abandonner ni la question des subsistances, ni aucune des défenses de Paris et que je regrettais amèrement de n'avoir pu conclure un arrangement qui pourrait avoir été le premier pas vers la paix.

« Tel est le compte-rendu fidèle des négociations que j'adresse aux quatre puissances neutres qui ont eu la louable intention de désirer et de proposer une suspension d'armes qui nous aurait rapprochés du moment où toute l'Europe aurait respiré de nouveau, aurait repris les travaux de la civilisation, et aurait cessé de se laisser aller à un sommeil sans cesse troublé par la frayeur que quelque accident lamentable ne surgisse et n'étende la conflagration de la guerre sur tout le continent.

« Il appartient maintenant aux puissances neutres de juger si une attention suffisante a été donnée à leur conseil ; je suis sûr que ce n'est pas à nous qu'on peut faire le reproche de ne l'avoir pas estimé aussi haut qu'il le méritait. Après tout, nous les faisons juges des deux puissances belligérantes, et, pour ma part, comme homme et comme Français, je les remercie de l'appui qu'elles m'ont accordé dans mes efforts pour rendre à mon pays les bienfaits de la paix, de la paix qu'il a perdue, non par sa faute, mais par celle d'un gouvernement dont l'existence a été la seule erreur de la France. Çà été une grande et irrémédiable erreur pour la France que de s'être choisi un pareil gouvernement et de lui avoir, sans contrôle, confié ses destinées. »

THIERS

Tours, le 9 novembre 1870.

SAMEDI, 3 DÉCEMBRE

Bataille de Champigny (journées des 30 novembre et 2 décembre). — La proclamation du général Ducrot. —Les dépêches. — Mon frère est blessé. — A l'ambulance du Théâtre Français. — Angèle nous accompagne. — Les dames infirmières. — Mlle Reichemberg. — « Je suis sa fiancée! » — Pauvre André! — Le chirurgien. — Est-ce que tu m'entends? — Le langage des yeux. — L'ardoise. — Angèle est approuvée par sa mère.

La grande bataille est engagée depuis le 30 novembre (1). Paris est dans l'anxiété et attend fiévreusement des nouvelles; nous ne savons pas encore

1. Bataille de Champigny. — La fin du mois de novembre s'était passée à préparer cette sortie décisive, et il faut reconnaître que l'armée avait été mise sur un excellent pied. Paris eut confiance lorsqu'il vit défiler, par la rue de Rivoli et les quais, le dimanche 27 novembre, ces longues files de caissons, de canons, de mulets chargés de bagages, et que précédaient ou suivaient des soldats à l'air résolu, fantassins, mobiles, soldats du génie, fusiliers-marins, etc. Le lendemain, la ville trouvait affichées sur ses murailles les proclamations du gouvernement de la Défense nationale, du général Trochu, gouverneur de Paris et celle du général Ducrot, cette dernière proclamation provoque littéralement l'enthousiasme :

Soldats de la 2e armée de Paris!

Le moment est venu de rompre le cercle de fer qui nous enserre depuis trop longtemps et menace de nous étouffer dans une lente et douloureuse agonie! A vous est dévolu l'honneur de tenter cette grande entreprise : vous vous en montrerez dignes, j'en ai la certitude.

Sans doute, nos débuts seront difficiles; nous aurons à surmonter de sérieux obstacles ; il faut les envisager avec calme et résolution, sans exagération comme sans faiblesse.

La vérité, la voici : dès nos premiers pas, touchant nos avant-postes, nous trouverons d'implacables ennemis, rendus audacieux et confiants par de trop nombreux succès. Il y aura donc là à faire un vigoureux effort, mais il n'est pas au-dessus de vos forces : pour préparer votre action, la prévoyance de celui qui nous commande en chef a accumulé plus de 400 bouches à feu, dont deux tiers au moins du plus gros calibre ; aucun obstacle matériel ne saurait y résister, et, pour vous élancer dans cette trouée, vous serez plus de 150000, tous bien armés, bien équipés, abondamment pourvus de munitions, et, j'en ai l'espoir, tous animés d'une ardeur irrésistible.

Vainqueurs dans cette première période de la lutte, votre succès est assuré, car l'ennemi a envoyé sur les bords de la Loire ses plus nombreux et ses meilleurs soldats ; les efforts héroïques et heureux de nos frères les y retiennent.

Courage donc et confiance ! songez que dans cette lutte suprême nous combattrons pour notre honneur, pour notre liberté, pour le salut de notre chère et malheureuse Patrie, et, si ce mobile n'est pas suffisant pour enflammer vos cœurs, pensez à vos champs dévastés, à vos familles ruinées, à vos sœurs, à vos femmes, à vos mères désolées!

Puisse cette pensée vous faire partager la soif de vengeance, la sourde rage qui m'animent, et vous inspirer le mépris du danger.

Pour moi, j'y suis bien résolu, j'en fais le serment devant vous, devant la nation tout entière : Je ne rentrerai dans Paris que mort ou victorieux ; vous pourrez me voir tomber, mais vous ne me verrez pas reculer. Alors, ne vous arrêtez pas, mais vengez-moi.

En avant donc! en avant, et que Dieu nous protège!

Paris, 28 *novembre* 1870.

Le Général en chef de la 2e armée de Paris,
DUCROT.

On s'imagine ce que ce mâle et fier langage dut faire passer l'énergie dans le cœur des soldats. Depuis, ces mots qu'on trouva sublimes alors, « mort ou victorieux », ont été durement retournés, comme une ironie, contre le général Ducrot ; mais alors ils retentirent comme un présage et un prélude de victoire. Cette proclamation, lue aux soldats, à la flamme des torches, en pleine campagne, les rendit plus sûrs d'eux-mêmes et en quelque sorte certains de vaincre.

Plusieurs des positions de l'ennemi furent attaquées simultanément, c'est ainsi que l'attaque du

aujourd'hui 3 décembre, ce qui se passe exactement du côté de la Marne, ce que l'on n'ignore pas, c'est que l'ennemi n'a pas été surpris ainsi qu'il devait l'être et que nos jeunes troupes luttent avec un superbe acharnement.

Général Vinoy contre L'Hay et Thiais avait pour but de faire croire aux Prussiens que l'objectif de l'armée française était de s'emparer de Choisy-le-Roi, de cette façon, on faisait se concentrer l'ennemi sur ce point, tandis qu'à Nogent on pouvait passer la Marne presque sans combat ou du moins avec plus de facilité. Malheureusement l'opération, d'une audace très heureuse, ne réussit point, à cause d'une crue subite des eaux, dit la rumeur publique, il fallut ajourner l'attaque jusqu'au lendemain, si bien que l'ennemi eut vingt-quatre heures pour préparer sa défense avec la certitude d'être attaqué dans la presqu'île de Joinville-le-Pont, puisqu'il voyait les troupes se masser dans le champ de manœuvres de Vincennes et qu'il avait pu entendre toute la nuit les trains de chemins de fer de ceinture et le bruit de l'artillerie défilant sur les routes.

Le mercredi, 30 novembre, par un temps clair, sous un ciel limpide, l'action s'engagea dès le matin. Les deux premières divisions, Blanchard et Renault, passèrent les ponts et chassèrent l'ennemi jusqu'aux premières pentes de Champigny, tandis que la redoute de la Faisanderie et les batteries établies près de la boucle de la Marne envoyaient leurs obus dans les lignes allemandes.

Les hauteurs de Villiers, de Cœuilly et de Chennevières, où les Allemands repoussés nous attendaient, étaient dures à enlever. Ces positions dominent sur ces coteaux boisés, la plaine et les villages étagés au versant, Bry-sur-Marne et Champigny. Neuilly-sur-Marne et le village de Bry avaient été emportés par nos troupes, à Bry-sur-Marne un combat acharné nous livrait, maison par maison, le terrain, et les zouaves se montrant cette fois à la hauteur de leur réputation, allaient effacer le souvenir de Châtillon en luttant avec une bravoure admirable sur les coteaux et dans les vignes. Champigny était enlevé, on gagnait du terrain de minute en minute, lorsque vers quatre heures et demie, au moment où nos bataillons arrivèrent sous les murs du parc de Villiers, lorsque les mobiles et la troupe attaquèrent en face la première maison blanche de Cœuilly, à droite de la route, sur la hauteur, et se portèrent à l'entrée de Chennevières, une fusillade tellement furieuse, écrasante, éclata sur ces crêtes, qu'il fallut s'arrêter.

D'ailleurs la nuit venait, on passa la nuit à Bry et à Champigny, dans les maisons dont l'ennemi avait fait son logis.

La journée du lendemain (1er décembre), se passa sans combat, l'ennemi eut donc tout le loisir de masser devant nous des forces considérables et il résolut de rejeter le 2 décembre l'armée de Ducrot sur la rive droite de la Marne.

Vers sept heures du matin, le 2 décembre, par un froid très vif, les Saxons marchèrent sur Bry, tandis que les Wurtembergeois attaquaient rapidement Champigny. Nos troupes, qui avaient passé la journée du 1er à enterrer les morts, à se fortifier dans Champigny, se croyaient à l'abri d'un coup de main et furent tout d'abord surprises. Tandis que les mobiles se retiraient avec quelque désordre vers la plaine, quelques compagnies du 35e défendaient le terrain avec un magnifique acharnement et permettaient aux renforts d'arriver bientôt. Une autre colonne allemande, sortant des bois de Villiers, essayait, au même moment, de repousser nos troupes sur Bry et de les précipiter dans la Marne. Nos troupes devant cette trombe humaine pliaient. Mais le général Ducrot accourait bientôt au galop, Trochu arrivait, l'artillerie du plateau d'Avron qu'on occupait depuis deux jours, tonnait, formidable, écrasant l'ennemi, qui, à quatre heures était repoussé et battu, forcé à se retrancher de nouveau. On mettait à profit l'expérience, on crénelait aussitôt Champigny, dont on n'avait, il est vrai, emporté, repris maison par maison et barricade par barricade que la moitié; les prisonniers saxons disaient que 150000 Prussiens se massaient à cette heure dans les bois de Cœuilly. On donne ordre à nos troupes d'allumer de grands feux pour faire croire à l'ennemi que nos forces étaient plus considérables encore. On avait vu au premier rang le général Ducrot poussant son cheval vers les Allemands, briser son épée dans la poitrine d'un soldat saxon; si le général ne mourut pas il fit tout du moins pour mourir.

Partis sans couvertures pour être plus agiles, après avoir passé dans le froid la journée du 1er décembre et la nuit du 1er au 2 il fallut que nos soldats supportassent l'horrible et dure gelée de la nuit du 2 au 3 décembre. La retraite était du reste déjà commencée. L'ordre officiel fut donné par le général Trochu dans la journée du 3. Ainsi on repassait la Marne. On était vaincu après deux jours de victoire, et le général Ducrot exposait dans un ordre lu aux troupes que de nouveaux efforts, dans une direction où l'ennemi avait eu le temps de concentrer toutes ses forces et de préparer ses moyens d'action seraient stériles.

Tous les efforts avaient donc échoué? L'armée française avait perdu 6030 hommes dont 414 officiers (environ 1 officier pour 14 hommes), parmi lesquels l'intrépide général de division Renault, celui que sa bravoure avait fait surnommer en Afrique Renault *l'arrière-garde*, le général de brigade Ladreit de la Charrière, tombé à trente mètres des Prussiens en criant : *en Avant!* les lieutenants-colonels de la Monneraye, Dupuy de Padis, Sanguinetti, le commandant Franchetti des éclaireurs de la Seine, etc., etc... Les Allemands avaient éprouvé des pertes plus considérables encore; 10000 cadavres des deux races allaient reposer dans cette terre gelée, et rien n'était changé dans le sort de Paris (JULES CLARETIE, *Histoire de la Révolution de* 1870-1871).

Hier soir, la dépêche suivante était affichée sur tous les murs et on en faisait la lecture à l'aide de lanternes et d'allumettes :

« Gouverneur à général Schmitz — 2 décembre, 1 h. 45 du soir. Entre Champigny et Villiers.

« Attaqués ce matin par des forces énormes à la pointe du jour, nous sommes au combat depuis plus de sept heures. Au moment où je vous écris, l'ennemi placé sur toute la ligne nous cède encore les hauteurs. Parcourant nos lignes de tirailleurs jusqu'à Bry, j'ai recueilli l'indicible joie des acclamations des troupes soumises au feu le plus violent. Nous aurons sans doute des retours offensifs et cette bataille durera, comme la première, toute une journée. Je ne sais quel avenir est réservé à ces généreux efforts des troupes de la République, mais je leur dois cette justice, qu'au milieu des épreuves de toutes sortes elles ont bien mérité du pays. J'ajoute que c'est au général Ducrot qu'appartient l'honneur de ces deux journées. »

TROCHU.

Et mon père qui, tout en déjeunant, lisait cette dépêche dans son journal, disait : Tout cela ne veut pas dire grand'chose, est-ce que l'on aurait encore échoué, par hasard, nos troupes devraient être maintenant à vingt kilomètres de Paris après avoir bousculé les Prussiens, si c'est comme cela que nous donnons la main à l'armée de la Loire !

Il était furieux, je le voyais bien à ses regards et à sa manière de parler.

— Et André? demanda ma mère.

— Eh bien, mais il a dû se battre commes les autres, il n'a encore eu ni le temps ni l'occasion de t'écrire, sois tranquille.

Comme il achevait ces mots, un coup fut frappé à notre porte, un petit coup sec, c'était la concierge, Mme Brunet, qui avait coutume de frapper ainsi.

Et, la porte ouverte, elle tendit le bras, disant : une lettre pour vous.

— Voilà une écriture que je ne connais pas, fit observer ma mère en jetant les yeux sur l'enveloppe.

— Voyons cela, dit mon père, et il lut sur le timbre : Place du Théâtre-Français; je ne connais pas non plus cette écriture, on dirait l'écriture d'un enfant.

Il fit sauter le cachet, passa de suite à la signature et devint un peu pâle.

— C'est André qui écrit, s'écria ma mère aussitôt, c'est une mauvaise nouvelle !

— Mais non, disait mon père, tout en parcourant la lettre rapidement, ce n'est rien... il ne faut pas t'effrayer comme cela.

— Il est blessé, s'écria ma mère qui se laissa tomber sur une chaise, tremblante d'émotion.

— Eh bien oui, répondit mon père, il est blessé à la tête et, comme ma mère ne pouvait parvenir à maîtriser son émotion, il ajouta : Puisqu'il écrit lui-même tu vois bien que ce n'est pas grave.

— C'est vrai ; mais je n'ai pas reconnu son écriture.

— Il est à l'ambulance du Théâtre-Français.

— J'y vais de suite, s'écria ma mère, qui avait recouvré tout à coup ses forces et son énergie, j'y vais de suite ; le Théâtre-Français, c'est au Palais-Royal.

— Oui, du reste j'irai avec toi.

Je jetai vers mon père un regard éploré, il me comprit et dit : Toi aussi, petit Louis, tu viendras avec nous.

Tout cela s'était passé rapidement et je restai là ne trouvant rien à dire, comme anéanti sous le coup de cette affreuse nouvelle; André blessé ! gravement peut-être, il avait écrit, c'est vrai, mais je le savais si courageux, c'était pour ne pas effrayer ma mère, bien sûr, pauvre mère, je la regardai, elle était toute pâle et je me jetai à son cou en disant: Ce n'est rien, petite mère, j'en suis sûr, puisqu'il a écrit; et je me mis à fondre en larmes.

— Les blessures à la tête, fit observer mon père qui s'efforçait de garder tout son calme, ne sont jamais dangereuses.

— Tu crois, papa?

— Oui, petit Louis, et il ne faut pas pleurer comme cela.

Ma mère s'habillait à la hâte, fiévreusement; alors je n'eus plus qu'une idée, prévenir Angèle afin qu'elle vînt avec nous, comme cela je serais plus tranquille; je savais quelle douce et bonne influence elle avait sur ma mère, et puis André serait si heureux de la voir!

Justement, ma mère me dit: Conduis Juliette chez Mme Rousseau, elle aura la complaisance de la garder jusqu'à mon retour.

Je ne me le fis pas dire deux fois, je pris Juliette dans mes bras, et comme Angèle m'ouvrait la porte, je lui dis, bien vite: André est blessé!

Elle devint pâle, pâle comme un linge, et me regarda sans pouvoir parler.

— Oh! ce n'est pas grave, m'empressais-je d'ajouter, car je compris bien que j'aurais dû user de plus de ménagements, ce n'est pas grave, il a écrit lui-même, il est blessé à la tête... nous allons le voir à l'ambulance, et si Mme Rousseau veut bien garder Juliette...

Elle retrouva la parole pour me demander d'une voix toute changée:

— A quelle ambulance est-il?

— A celle du Théâtre-Français.

Elle s'efforçait de cacher son émotion, ne voulant pas sans doute que sa mère s'aperçut combien André lui tenait au cœur, et ce fut avec calme qu'elle dit à Mme Rousseau: Voilà petit Louis qui nous amène Juliette pour la garder. André a été blessé, il est à l'ambulance...

— O mon Dieu! s'écria Mme Rousseau en se levant, le pauvre enfant! et elle se dirigea rapidement vers la porte pour se rendre auprès de ma mère.

Mais je l'arrêtai au passage et je lui demandai: N'est-ce pas, vous permettez qu'Angèle nous accompagne.

— Certainement, répondit Mme Rousseau, certainement.

Angèle se précipita vers moi, maintenant les larmes perlaient dans ses yeux bleus, elle me prit dans ses bras et m'embrassa furieusement, murmurant à mon oreille: bon petit Louis! bon petit Louis! J'entendais son cœur qui battait bien fort!

— Habille-toi vite, Angèle, dit Mme Rousseau.

Et alors, en rentrant chez nous, avec Mme Rousseau, je m'écriai: J'ai demandé à Angèle de nous accompagner et Mme Rousseau le lui a permis.

Mon père comprit bien et eût un bon sourire. Cela me fait bien plaisir, répondit ma mère.

Pendant que ma mère achevait de s'habiller, Mme Rousseau lui demandait des détails que nous ne pouvions lui donner puisque nous ne savions rien nous-mêmes car André se bornait à dire dans sa lettre: J'ai été blessé à la tête, à Champigny, et je suis à l'ambulance du Théâtre-Français, venez tous me voir, et il avait souligné le mot *tous*. Deux lignes seulement, d'une écriture tremblée, méconnaissable.

Nous fûmes bientôt prêts, Angèle nous attendait déjà.

— Soyez tranquille, disait Mme Rousseau, j'aurai soin de Juliette, et rapportez-moi une bonne nouvelle.

Je suis sa fiancée, répondit Angèle de cet air décidé qu'elle prenait dans les grandes circonstances.

Une demi-heure après nous étions au Théâtre-Français.

Le drapeau de la convention de Genève, un grand drapeau blanc au milieu duquel se trouvait une croix rouge, flottait au-dessus de la porte d'entrée, sur la place du Palais-Royal. Mon père s'adressa au concierge :

— Vous avez reçu un blessé de la bataille de Champigny, du nom de André Marcel, un zouave du 4e régiment.

Sans trop se presser, le concierge consulta un gros registre et répondit :

— En effet, il est au foyer.

— Nous désirons le voir, dit mon père, nous sommes ses parents.

Le concierge ferma son registre et nous fit signe de le suivre.

En montant le grand escalier, qui mène au foyer, ma mère se sentit défaillir et dut s'appuyer sur le bras de mon père, un peu ému lui-même, malgré ses efforts pour n'en rien laisser paraître ; Angèle me donnait la main ; sur le palier du premier étage, auprès des bustes qui se trouvent placés sur des gaines, entre les portes, plusieurs médecins ou chirurgiens militaires causaient entre eux, à voix basse.

— Attendez-moi un instant, nous dit le concierge.

Il revint bientôt accompagné d'une jeune fille vêtue de noir qui portait au bras gauche le brassard d'ambulancière, blanc à croix rouge ; la simplicité de son costume faisait encore mieux ressortir sa distinction naturelle et le charme de sa démarche et de ses gestes empreints de je ne sais quelle grâce naïve ; blonde, la physionomie très mobile, éclairée par de grands yeux bleus, très expressifs et très doux, elle était séduisante au possible.

— Vous désirez voir un blessé, demanda-t-elle, aimablement, en inclinant légèrement la tête devant le salut de mon père.

— Oui, mademoiselle, répondit ma mère, il se nomme André Marcel.

— Je suis son infirmière, vous pouvez vous tranquilliser, il n'a pas été gravement atteint ; mais, dit-elle, en nous comptant d'un coup d'œil, vous êtes bien nombreux, si nous autorisions toutes les visites nos salles seraient bientôt encombrées et le service en souffrirait, nos blessés d'ailleurs ont besoin de repos, nous ne devons admettre que les parents, une personne, deux tout au plus, et pour une courte visite ; vous êtes le père, vous, Monsieur, Madame est la mère, et ce petit garçon ?

— Son frère, répondit ma mère,

— Et Mademoiselle.

— Sa fiancée ! répondit Angèle de cet air décidé qu'elle prenait dans les grandes circonstances.

Ma mère lui tendit les bras et Angèle s'y précipita : Oh merci, Angèle, murmurait ma mère à son oreille, tu combles le plus cher de mes vœux, mais je t'en prie, réfléchis, peut-être mon pauvre André est-il défiguré pour toujours.

— Eh bien, répondit Angèle, est-ce que je l'aime seulement pour sa figure, et, se tournant vers Mlle Reichemberg qui ne dut sans doute pas comprendre grand'-chose à cette scène rapide, dont elle fut distraite d'ailleurs par l'arrivée d'un autre visiteur, elle répéta : Je suis sa fiancée !

— Vous allez me faire gronder, dit Mlle Reichemberg avec une moue charmante, venez... et quelques minutes seulement...

Notre gracieuse infirmière nous guida dans la galerie et nous introduisit dans une grande salle, aux larges et hautes fenêtres, garnies de rideaux blancs, dans laquelle, de chaque côté de la muraille, auprès des bustes des maîtres de la scène française, se trouvaient des lits en fer, tous semblables, bien blancs et bien alignés, et également espacés les uns des autres.

Dès les premiers pas, nous parcourûmes d'un coup d'œil toute la salle, cherchant à reconnaître André parmi tous ces blessés dont quelques-uns se soulevaient péniblement à notre approche, espérant ou attendant la visite d'un parent ou d'un ami ; le voici, dit Mlle Reichemberg en s'arrêtant auprès d'un lit.

Ma mère étouffa un cri ; c'était André dont la partie inférieure du visage était entouré d'un bandage, et qui, la tête soulevée par plusieurs oreillers était là immobile, les yeux fermés, comme un mort !

Elle allait se précipiter sur lui, l'entourer de ses bras lorsque notre infirmière l'arrêta d'un geste, disant : prenez garde.

André ouvrit alors les yeux, nous reconnut, une expression de joie passa dans son regard, et il leva les bras, sa tête restant immobile soulevée par l'oreiller.

Mon père lui prit la main et la lui serra gravement, ma mère l'embrassa doucement sur le front, pendant qu'Angèle, pâle, le cœur brisé, gardait son autre main entre les siennes et le considérait, essayant de lui sourire ; quant à moi, en voyant André dans cet état, mon cœur se mit à fondre et mon père dut me dire d'un ton de reproche : Voyons, petit Louis, tais-toi.

Et André eut un long regard qui voulait dire : oh ! merci, merci d'être venus, combien je suis heureux de vous voir, vous tous que j'aime tant ; il n'avait pas besoin de parler, nos cœurs comprenaient bien ce que ses yeux voulaient dire.

Mlle Reichemberg qui voyait notre trouble et notre émotion, se dirigea vers un chirurgien qui, en ce moment traversait la salle et le prenant par le bras, elle l'entraîna vers nous en lui disant : Mon cher docteur, rassurez donc ces braves gens.

C'était un vieillard à cheveux blancs, la figure correctement rasée, portant à sa boutonnière la rosette d'officier de la Légion d'honneur, il s'avança vers nous d'un air jovial, bon enfant ; le zouave Marcel, dit-il, belle blessure, pas de complications, et il nous expliqua rapidement en des termes techniques dont je ne me souviens plus, que la balle avait traversé les deux joues et que fort heureusement la langue et le palais n'avaient pas été gravement atteints ; la meilleure preuve, ajouta-t-il, que cette blessure est sans gravité c'est que j'espère ne pas garder longtemps ce blessé, dans quelques jours sans doute je l'enverrai dans une autre ambulance.

Mon père et ma mère se confondirent en remerciements, nous étions maintenant pleinement rassurés.

— Mais ne le fatiguez pas, recommanda le chirurgien en s'éloignant, quelques minutes de visite seulement, on va vous apporter une ardoise.

Mlle Reichemberg s'était retirée, discrètement, après nous avoir encore priés d'abréger autant que possible notre visite, dans l'intérêt de « son blessé », alors ma mère, se penchant sur André, lui demanda, car il avait la tête enveloppée d'un épais bandage : Est-ce que tu m'entends.

André ferma plusieurs fois vivement les paupières, cela signifiait : Oui, je vous entends.

— Est-ce que tu souffres, demanda ma mère.

André écrivit sur l'ardoise que tenait Angèle : Non, pas trop.

— Tu as entendu M. le chirurgien, il a dit que tu serais bientôt guéri.

—Oui, fit André avec les yeux.

— Je vais te donner une bonne nouvelle, mon André, Angèle vient de dire à l'instant...

Mais elle s'arrêta, consultant Angèle.

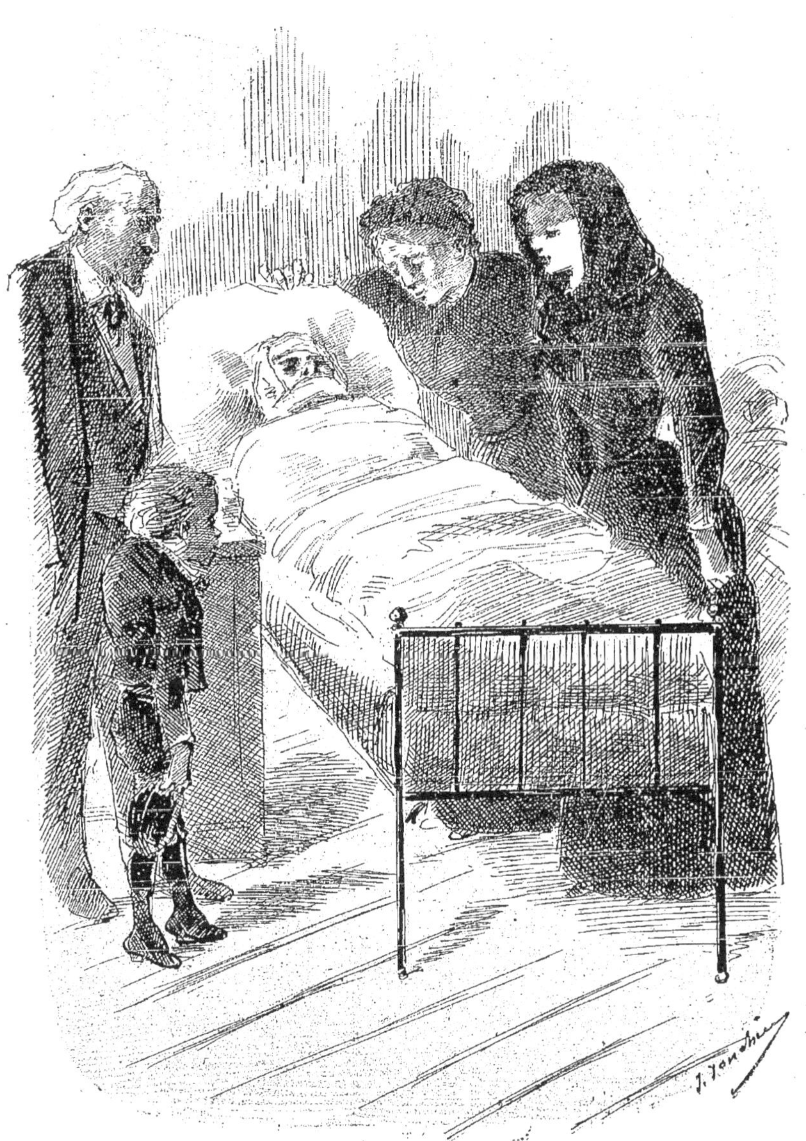

La tête soulevée par plusieurs oreillers, André était là, immobile, les yeux fermés, comme un mort.

— Dites, fit Angèle.

— Elle vient de dire, continua ma mère, qu'elle était ta fiancée!

Les yeux d'André se tournèrent vers Angèle, l'interrogeant, et comme elle baissait la tête en souriant, faisant un signe d'acquiescement, les yeux d'André, grands ouverts, exprimèrent un immense bonheur et deux grosses larmes de joie roulèrent sur son bandage.

Alors, gravement, Angèle tenant sa main entre les siennes, se pencha vers lui et l'embrassa sur le front.

André voulut prendre l'ardoise mais les yeux brouillés par les larmes, la main tremblante il écrivit en lettres informes: Angèle, Angèle, Angèle!

Nous sommes rentrés à la maison, émus et silencieux, mais le cœur épanoui comme si quelque heureux évènement nous était survenu, du moins nous étions rassurés à l'égard d'André, mon père nous a quittés en route pour retourner à son imprimerie, et en rentrant nous avons trouvé chez nous Mme Rousseau, assise auprès de la fenêtre, elle tricotait tout en surveillant Juliette qui jouait avec sa poupée; ma mère ne prit même pas le temps de retirer son chapeau, et dit aussitôt en embrassant Angèle: Mme Rousseau, j'embrasse ma fille...

— Mais oui, interrompit Mme Rousseau, Angèle est aussi votre fille, vous l'avez connue tout enfant et vous m'avez aidée à la soigner quand elle a été malade.

— C'est maintenant ma fille, continua ma mère, de même que mon fils André est votre fils.

Du coup Mme Rousseau cessa de tricoter et retira ses lunettes.

Alors ma mère lui raconta ce qui s'était passé à l'ambulance du Théâtre-Français et Mme Rousseau souriait, très heureuse, et disait: Allons, c'est bien, et cela nous fait bien plaisir à toutes deux, n'est-ce pas, Louise. Angèle a eu là une bonne inspiration, et il y a longtemps que je lui ai dit: c'est comme tu voudras, tu as mon consentement, car je connais bien André, c'est un brave cœur, un garçon loyal et courageux, mais Mademoiselle était toujours très réservée, et pendant ce temps-là son petit cœur brûlait, brûlait...

— Oh maman, murmura doucement Angèle, qui était confuse et rougissante.

— Ta, ta, ta, je sais bien ce que je dis, avec cela, Mademoiselle, que je ne vous ai pas vu pleurer plus d'une fois depuis qu'André est parti, si vous croyez que j'ai les yeux dans ma poche; pendant que je tricote je regarde en dessous, comme ça, et je vois tout; enfin je te l'ai dit, Angèle, quand je me suis aperçue qu'André te recherchait, c'est comme tu voudras et quand tu voudras.

— Je n'ai pas voulu parce que j'étais trop jeune, mon devoir était de rester auprès de toi, maman.

— Oh! s'écria Mme Rousseau, comme ton père serait heureux s'il t'entendait parler ainsi, lui qui t'aimait tant.

— Et puis André est blessé, ajouta Angèle.

— Défiguré, peut-être, fit observer ma mère.

— Cela m'est égal, continua Angèle, maintenant qu'il est blessé, il aura sans doute besoin de soins pendant longtemps, eh bien, j'ai consenti...

— Et puis parce qu'il était blessé, fit remarquer Mme Rousseau en souriant, ton petit cœur a éclaté, dis-le donc tout de suite.

— Oui, s'écria Angèle, en se jetant au cou de sa mère, mais je t'en prie, maman, ne dis plus rien.

— Tu es une brave fille, dit Mme Rousseau, tout émue, et comme je vois bien que vous êtes maintenant rassurés sur le sort d'André, — de mon fils André, — je vais vous offrir un petit verre de mon cassis de l'Exposition, et nous le boirons à sa guérison, à la fin de toutes nos misères et au bonheur de nos enfants. Et puis, ajouta-t-elle en tirant une lettre de sa poche, j'ai reçu pendant votre absence une lettre de Léon, il va bien et n'a pas pris part à la bataille, le pauvre chéri, je vous demande un peu ce qu'il y aurait fait ; son bataillon n'a pas quitté le plateau d'Avron.

Après les émotions de la journée le cassis de l'exposition ne pouvait que nous réconforter ; vous verrez comme ça ravigote le cœur, disait Mme Rousseau, c'est ça qui fait fuir les tristes pensées, Léon dit que mon cassis ressemble au soleil, parce qu'il dissipe les nuages de l'esprit.

Et la bonne Mme Rousseau me donna ses clefs, et j'allai chercher la bouteille de l'Exposition.

DIMANCHE, 4 DÉCEMBRE

Visite de M. Bardoux et de Mlle Célina. — M. Risler et son fils ont quelque chose à nous annoncer. — Le 4e régiment de zouaves à Bry-sur-Marne et à Villiers. — Le suffrage des compagnons d'armes. — M. Risler reste à déjeûner. — Un morceau de saucisson. — En retraite. — Le n° 23.

Je ne sais comment cela s'est fait, mais la maison tout entière a eu connaissance de la blessure d'André et presque tous nos voisins qui l'aimaient et l'estimaient sont venus nous demander de ses nouvelles; Mme Benoît était furieuse contre les Prussiens qui l'avaient mis dans cet état et leur montrait le poing; M. Bardoux est ensuite arrivé avec Mlle Célina, c'était de la part de cette demoiselle une grande preuve d'intérêt, car elle ne se dérangeait pas facilement ; mon père causait avec eux et leur racontait notre visite à l'ambulance du Théâtre-Français lorsqu'un petit coup discret fut frappé à notre porte, j'allai ouvrir, pensant que c'était Angèle, quel fut mon étonnement de me trouver en présence d'un zouave, c'était M. Jean Risler ; derrière lui venait son père, ils avaient tous deux l'air grave et embarrassé, mon père s'en aperçut bien et pour les mettre à l'aise, il leur dit aussitôt en leur serrant la main lorsqu'ils eurent échangé quelques paroles de politesse avec M. Bardoux.

— Nous connaissons la nouvelle, ce n'est pas grave heureusement.

— Ah ! vous savez cela, s'écria M. Risler, qui respira une bonne fois comme s'il venait d'être déchargé d'un grand poids, précisément nous venions pour vous dire...

— Je l'ai bien compris tout suite, interrompit mon père, oui, il est blessé, une balle lui a traversé les joues, nous l'avons déjà vu, il est à l'ambulance du Théâtre-Français.

— C'est heureux, dit M. Risler dont la physionomie exprima la plus vive satisfaction, d'après ce que Jean m'avait raconté, je craignais...

— Mais oui, interrompit Jean Risler, j'étais à côté de lui, il est tombé comme une masse et n'a plus bougé, nous étions emportés en avant par la fureur de l'attaque et je ne savais ce qu'il était devenu, j'ai pensé qu'il avait été tué et j'ai obtenu une permission de quelques heures afin de venir vous préparer à une mauvaise nouvelle ; je suis bien content d'apprendre qu'il en est quitte à bon compte : oui, je suis bien content, il a eu une rude chance !

— C'est une blessure qui n'est pas grave, paraît-il, dit mon père, mais elle est bien gênante et il en a pour longtemps.

— Le voilà hors de combat pour la durée de la guerre, fit observer M. Risler, c'est bien dommage car il nous en faudrait beaucoup comme votre fils.

— S'est-il bravement conduit ? demanda vivement mon père.

— Vous allez en juger, répondit M. Risler, raconte donc, Jean, ce qui s'est passé.

— Permettez-moi d'abord, interrompit mon père, de vous remercier de la pensée qui vous a amené ici et faites-moi le plaisir de vous asseoir car nous restons là debout je ne sais trop pourquoi.

Juliette vint aussitôt prendre place sur les genoux de son bon ami M. Risler, regardant avec de grands yeux l'uniforme de Jean Risler, un véritable uniforme de combattant, usé, défraîchi, noirci par la poudre.

— Oui, M. Marcel, reprit Jean Risler, j'étais à côté de votre fils quand il est tombé ; nous nous trouvions à deux cents mètres à peine du mur du parc de Villiers, c'est ce mur maudit qui a arrêté notre marche en avant, il avait été crénelé et percé de meurtrières et les Saxons bien abrités tiraient sur nous comme sur des alouettes. Il faut vous dire, pour commencer par le commencement, que la bataille était engagée depuis le matin, nous apercevions à notre droite nos troupes qui gagnaient du terrain du côté de Champigny, cela se voyait bien à la fumée, il était deux heures de l'après-midi et nous étions encore sur la rive droite de la Marne, au lieu de donner un coup de main aux camarades en prenant l'ennemi par le flanc du côté de Noisy-le-Grand, ce qui aurait été d'un grand secours. On s'impatientait, les pontonniers venaient de jeter deux ponts sur la Marne et on ne passait pas ; notre commandant arriva et je l'entendis qui disait à mon capitaine qui se trouvait devant nous : C'est à cause de l'écluse de Neuilly, si ces gredins-là (il parlait des Prussiens) avaient la mauvaise idée de l'ouvrir, comme il y a une différence de niveau de près de trois mètres entre le canal et la rivière nous aurions une crue subite qui emporterait nos ponts, il fallait d'abord s'en emparer. Enfin nous passons et nous voilà dans le village de Bry où il n'y avait pas une âme, le 3e bataillon s'arrête et garde la route de Bry à Noisy-le-Grand, nous autres, deux bataillons, nous nous rassemblons près de l'église et nous commençons à grimper une route tortueuse, encaissée, qui conduit sur le plateau ; la première compagnie était devant nous, on causait le fusil à la main, tout à coup, au tournant de cette route : pan, pan... ça été comme un signal aussitôt au-dessus de nos têtes de chaque côté, mais surtout d'un petit mur qui faisait face au chemin qui tournait à cet endroit et débouchait sur le plateau, partent des coups de feu, les Saxons tiraient dans le tas, mais ça n'a pas duré longtemps, nous étions devenus enragés de voir tomber les camarades, on grimpe les talus et on les culbute à la baïonnette, ils s'enfuient du côté de Villiers à travers les vignes, alors nous apercevons le mur du parc de Villiers, notre commandant M. Noellat le désigne de son sabre et nous crie : « en avant mes braves ! » Nous courons dessus, baïonnette en avant comme des furieux, quand arrivés à 400 mètres à peine une décharge terrible partie du mur crénelé et percé de meurtrières, couche plus de quarante hommes par terre, ça ne fait rien, les officiers en tête, nous avançons quand même, sautant les sillons, empêtrés dans les échalas, à chaque pas un camarade tombait, arrivés à deux cents mètres du mur, un dernier élan, ah bien oui, les vingt-cinq premiers ont été fauchés, impossible d'aller plus loin, nous avons été ramenés en arrière et derrière un pli de terrain, on s'est reformé ; puis tout d'un coup nos officiers nous ont enlevés, et encore une fois on s'est rué à l'assaut du mur, comme un ouragan, à 200 mètres nous avons été arrêtés net, nous avions déjà, à ce moment, hors de combat, tués ou blessés comme je l'ai su depuis, après l'appel, 311 hommes sur 600 et 16 officiers sur 18, nous nous sommes couchés entre les sillons haletants, désespérés, et nous avons attendu le canon qui devait démolir ce mur de malheur, sans cela il n'y avait rien à faire. Enfin deux batteries accourent et s'avancent hardiment jusqu'à environ 400 mètres du parc, mais nos pièces n'étaient pas plutôt en position que les artilleurs étaient démolis les uns après les autres, les Saxons avaient aussi amené du canon et, bien abrités, nous mitraillaient à leur aise, non décidément il n'y avait rien à faire ; la nuit est venue et nous avons battu en retraite.

Mais ce n'est pas tout, dit Jean Risler, j'ai à vous annoncer une nouvelle qui vous fera plaisir, M. Marcel, je l'ai gardée pour la bonne bouche.

Le vieux Risler fumait sa pipe par petites bouffées et, les yeux mi-clos, regardait mon père en dessous, d'un air malin.

— Depuis hier, continua son fils, nous sommes cantonnés dans le bois de Vincennes, il y a des vides à combler, sur 98 hommes dans ma compagnie, il en reste juste quarante, le lieutenant et le sous-lieutenant et presque tous les sous-officiers, des vieux d'Afrique qui n'ont pas ménagé leur peau, ont été tués, et si notre capitaine s'en est tiré, ça n'est pas de sa faute, c'est que ça ne devait pas être son tour ce jour-là.

— Et Coquelet, demandai-je.

— Coquelet, répondit Jean Risler, ne nous fera plus manger de cheval à la mode, il y est resté. Donc hier soir notre capitaine nous fait former le cercle et dit : J'ai deux médailles militaires pour la compagnie, il ne faut pas oublier ceux qui sont restés là-haut, qui ne sont peut-être que blessés, ils ne sont pas là, et on dit que les absents ont toujours tort; je connais bien les braves à trois poils de la compagnie mais je n'ai pu tout voir et je puis me tromper, quels ont été les deux plus braves?

— Bravo, s'écria M. Bardoux, voilà un capitaine qui est un homme de cœur, c'est ainsi que l'on procédait dans les armées du premier empire, le plus brave était désigné par le suffrage de ses camarades et j'ai lu qu'à la bataille d'Eylau les croix de la Légion d'honneur, placées dans un casque, furent ainsi distribuées sous le feu de l'ennemi.

— Oui, dit mon père, il n'y a pas de meilleur suffrage que celui de ses camarades et quelle joie d'être reconnu et désigné par eux comme étant le plus brave.

— Alors, continua Jean Risler, on désigna plusieurs noms. Courtès, d'abord, un sergent, un Africain qui avait fait des choses impossibles ; ensuite votre fils, M. Marcel, on l'avait vu escalader le premier le petit mur derrière lequel les Saxons nous canardaient dans le chemin creux, enfin il était toujours le premier à marcher en avant et le dernier à s'abriter, nous le suivions, il nous entraînait, dans le combat il y en a qui prennent comme cela une autorité...

— Un ascendant moral sur les autres, dit M. Bardoux.

— Oui, c'est ce que je voulais dire ; il y eut encore d'autres noms de prononcés : Curot, de Clairbois.

— Et le tien aussi, fit observer M. Risler.

— Oui, répondit Jean Risler, mais mon tour viendra plus tard, en attendant je suis caporal, mais je n'ai pas encore eu le temps de faire coudre mes galons.

Si M. Risler était content, et cela se voyait bien à la manière dont il regardait son fils, mon père l'était encore bien davantage, il fut obligé de retirer ses lunettes pour les essuyer, il avait les yeux humides, cela ne lui était jamais arrivé et ma mère ne put s'empêcher de s'écrier :

— Oh ! si Angèle était là comme elle serait heureuse!

— Enfin, dit Jean Risler, notre capitaine a pris les noms désignés et il nous a dit : c'est bien. Je vois que vous vous y connaissez; quand les ambulances nous auront envoyé la liste de nos blessés je ferai mes propositions, je voudrais pouvoir tous vous récompenser, mais votre tour viendra. Et voilà ! ajouta Jean Risler, en souriant.

Notre coucou se mit à sonner onze heures, M. Risler se leva vivement et dit :

— Jean doit être de retour à Vincennes avant midi, je regrette de vous quitter si vite.

— Et vous aussi, M. Risler, demanda mon père, vous allez à Vincennes?

— Non, répondit celui-ci.

— Eh bien, restez à déjeuner avec nous, vous voyez bien que Juliette ne veut pas vous laisser partir.

M. Risler accepta sans façon. Comme son fils se retirait, et que mon père le remerciait encore une fois de la bonne pensée qui l'avait amené, il répondit : Mais, M. Marcel, entre camarades, ça se doit, André eût fait pour moi la même chose.

M. Bardoux et Mlle Célina ne tardèrent pas non plus à se retirer, ils étaient très heureux, car ils aimaient beaucoup André; mon père les reconduisit jusqu'à la porte, alors ma mère lui dit, comme il revenait :

— Tu invites M. Risler, et nous n'avons rien à lui donner à déjeuner.

— Comment nous n'avons rien, s'écria mon père.

— Je compte pour rien notre petit morceau de cheval bouilli, j'aurais voulu quelque chose de mieux.

— Mais il y a des cornichons, et des confitures, et puis nous avons du bon vin.

— Je vous prie de ne pas vous formaliser, fit M. Risler, en tirant de sa poche de sa redingote un petit paquet ; nous ne sommes pas en temps ordinaire, en venant j'avais acheté pour mon déjeuner un morceau de saucisson, permetttez-moi de le mettre sur votre table, ce sera un premier plat.

— Eh bien! mais voilà notre déjeuner, s'écria mon père : 1° une bonne soupe au vin ; 2° le saucisson ; 3° le cheval avec le cornichon; 4° les confitures. Avec cela nous ne risquons pas de mourir de faim.

Comme nous n'avions qu'un petit morceau de cheval, car il était rationné depuis longtemps, ce fut le saucisson de M. Risler qui fit les frais du repas, il était dur, fortement épicé, il avait un goût étrange, on n'a jamais su quelles sortes de bêtes entraient dans sa composition, et je crois qu'il valait mieux ne pas le savoir, mais il se laissait manger, c'était tout de même nourrissant.

Il y avait longtemps que nous n'avions déjeuné d'aussi bon appétit, nous savions que la blessure d'André n'était pas grave, il s'était vaillamment conduit, il avait mérité le ruban des braves, et mon père, toujours si soucieux de la chose publique et de tout ce qui intéressait la Patrie, croyait encore à la possibilité d'une trouée, car ce matin nous avions lu dans le journal le rapport militaire suivant :

Dimanche matin. — L'armée du général Ducrot bivaque cette nuit dans le bois de Vincennes, elle a repassé la Marne dans la journée et elle a été concentrée sur ce point pour donner suite à ses opérations. Environ 400 prisonniers, dont un groupe d'officiers, ont été amenés aujourd'hui dans Paris.

P. O. SCHMITZ.

— Vous voyez bien, disait mon père, en mâchant avec rage son saucisson, que nous devons avoir encore de l'espoir, on va « donner sutie à ses opérations », ça n'est pas fini, allez M. Risler, moi j'ai dans l'idée que l'armée de la Loire est à Montargis.

— Dieu vous entende, M. Marcel, répondait le vieux Risler, d'un ton grave, mais je ne suis pas de votre avis, nos chances ont encore diminué ; je le voudrais bien, mais je ne puis pas partager votre confiance.

En ce moment on criait dans la rue : Demandez *Le Moniteur du siège*, la proclamation du général Ducrot.

— Mon père me fit un signe et je courus l'acheter.

Voyons cette proclamation, dit mon père en ouvrant le journal, et il lut :

« *Vincennes, 4 décembre* 1870. — Soldats, après deux journées de glorieux combats, je vous ai fait repasser la Marne, parce que j'étais convaincu que de nouveaux efforts, dans une direction où l'ennemi avait eu le temps de concentrer toutes ses forces et de préparer tous ses moyens, seraient stériles.

« En nous obstinant dans cette voie, je sacrifiais inutilement des milliers de braves, et loin de servir l'œuvre de la délivrance, je la compromettais sérieusement, et je pouvais même vous conduire à un désastre irréparable. Mais, vous l'avez compris, la lutte n'est suspendue que pour un instant ; nous allons la reprendre avec résolution. Soyons donc prêts complétez en toute hâte vos munitions, vos vivres, et surtout élevez vos cœurs à la hauteur des sacrifices qu'exige la sainte cause pour laquelle nous ne devons pas hésiter à donner notre vie.

GÉNÉRAL DUCROT.

— Cela signifie, dit M. Risler, que nous battons en retraite, comme toujours nous n'avons pas eu de chance ; le 29 nous devions passer la Marne, une crue subite de la rivière a fait manquer cette opération qui ne s'est effectuée que le 30 dans de très mauvaises conditions, alors que l'ennemi était averti de notre marche et là où nous ne devions rencontrer que 15 ou 20000 hommes, on en a rencontré 100000. On s'est battu pendant deux jours sans avancer, c'est à recommencer.

— A recommencer, s'écria ma mère et il n'y a plus de place dans les ambulances pour les blessés ; on m'a raconté qu'ils avaient été amenés dans des voitures de déménagement réquisitionnées tout exprès, entassés dans les bateaux-mouches, on ne sait plus où les mettre, on fait un appel à la population pour demander encore des lits et vous voulez recommencer !

— On recommencera tant qu'il le faudra, dit mon père d'un ton farouche.

— Oui, dit M. Risler, il le faut bien, les femmes ne raisonnent pas comme les hommes ; du reste nous avons eu 5022 blessés, c'est le chiffre officiel.

La nouvelle de la retraite de l'armée du général Ducrot avait cependant porté une rude atteinte à la foi robuste de mon père et quand M. Risler fut parti, après avoir pris son café, car il devait aller à la mairie, il resta pensif et silencieux.

— Je vais à l'ambulance avec Angèle, lui dit ma mère en mettant son chapeau.

— C'est bien, répondit-il.

Je descendis chez Charlot occupé à clouer je ne sais trop quoi, je l'aidais dans son travail car j'aimais aussi beaucoup à clouer et à tailler du bois, nous étions dans tout le feu de la construction d'un bateau, lorsque je vis rentrer ma mère et Angèle. On avait refusé à l'ambulance de leur laisser voir André en disant que les visites étaient provisoirement interdites parce qu'elles gênaient le service et fatiguaient les blessés ; le concierge était chargé de donner des nouvelles aux personnes qui se présentaient, et il avait répondu qu'André Marcel, n° 23, était en bonne voie de guérison.

MERCREDI, 7 DÉCEMBRE

L'ennemi se donne la peine de nous apprendre qu'Orléans a été réoccupé par ses troupes et que l'armée de la Loire a été défaite. — Un voleur de chiens. — Arrivée de Léon, il est mis au courant des derniers évènements. — Les chiens à la sauce au vin. — Occupation du plateau d'Avron. — L'artillerie servie par les marins. — C'est paré... envoyez! — La bataille de Champigny vue du plateau d'Avron. — L'amiral Saisset. — Les feux de bivouac.

Je crois bien que depuis le commencement du siège, M. Bardoux n'a pas encore été de si méchante humeur, aussi, pendant la classe, personne ne bronche, on entendrait voler une mouche... s'il y avait des mouches au mois de décembre ; ce qu'on entend bien c'est le canon qui résonne au loin pour ainsi dire sans discontinuer.

J'ai eu, en sortant de classe, l'explication de la mauvaise humeur de notre vieux maître, nos affaires vont de mal en pis, la bataille de Champigny n'a produit aucun résultat et maintenant la ville d'Orléans, la ville délivrée autrefois des Anglais par Jeanne d'Arc, est reprise par les Prussiens, et c'est l'ennemi lui-même qui, nous sachant privés de nouvelles, se fait un plaisir de nous l'annoncer, voici en effet ce que je lis sur le mur du marché:

« Le Gouvernement de la Défense nationale porte à la connaissance de la population les faits suivants:

« Hier au soir le gouverneur a reçu une lettre. Voici le texte :

« *Versailles*, 5 *décembre* 1870. — Il pourrait être utile d'informer Votre Excellence que l'armée de la Loire a été défaite hier près d'Orléans et que cette ville est réoccupée par les troupes allemandes.

« Si toutefois Votre Excellence juge à propos de s'en convaincre par un de ses officiers, je ne manquerai pas de le munir d'un sauf-conduit pour aller et venir.

« Agréez, mon général, l'expression de la haute considération avec laquelle j'ai l'honneur d'être votre très humble et très obéissant serviteur.

« *Le Chef d'état-major :* Comte DE MOLTKE.

« Le gouverneur a répondu :

« *Paris, le* 6 *décembre* 1870. — Votre Excellence a pensé qu'il pourrait être utile de m'informer que l'armée de la Loire a été défaite près d'Orléans et que cette ville a été réoccupée par les troupes allemandes.

« J'ai l'honneur de vous accuser réception de cette communication, que je ne crois pas devoir faire vérifier par les moyens que Votre Excellence m'indique.

« Agréez, mon général, l'expression de ma haute considération, avec laquelle j'ai l'honneur d'être votre très humble et très obéissant serviteur.

« *Le Gouverneur de Paris :* Général TROCHU.

Mon père est consterné, cependant il n'est pas encore découragé, mais quand on laisse entrevoir devant lui la défaite finale, la reddition à merci lorsque le dernier cheval et le dernier morceau de pain seront mangés, il ne proteste plus avec la même énergie, enfin il veut espérer quand même et malgré tout, il compte, comme tant d'autres Parisiens, sur un secours inespéré, et même sur quelque diabolique invention qui nous débarrassera des Prussiens, ne parle-t-on pas de bombes asphyxiantes que l'on jetterait sur leurs campements au moyen de ballons, ne veut-on pas ressusciter le terrible feu grégeois, sans réfléchir que tous ces moyens, en admettant, ce qui est impossible, qu'ils fussent applicables, sont condamnés par le droit des gens et que l'art de s'entre-tuer a des règles précises et formelles.

Il faut bien dire aussi que notre situation s'aggrave de jour en jour, et que tous ces projets fantastiques éclos dans des cerveaux affolés sont la conséquence maladive de la situation qui nous est faite et qui se résume en quelques mots, isolement, défaite et famine. Ensuite il fait froid, la neige couvre la terre, le ciel bas et sombre prédispose à la tristesse.

En rentrant de classe, et après avoir lu l'affiche qui nous annonçait, d'après les Prussiens, la reprise d'Orléans, je rencontrai ma mère et Angèle dans la rue, cette fois on leur avait permis de voir André pendant quelques minutes, il allait de mieux en mieux.

Angèle me prit la main et nous rentrions ensemble à la maison, lorsque je m'écriai en désignant un homme de mauvaise mine qui tenait un chien attaché par une ficelle et l'entraînait : Maman, c'est Biribi, regarde, cet homme emmène Biribi !

Alors je me mis à appeler Biribi, Biribi ; mon petit chien m'entendit et se mit à aboyer furieusement, tirant sur la corde qui cependant l'étranglait et cherchant à s'échapper, l'homme tenait bon, mais ma mère l'avait déjà rejoint et lui disait : Vous allez laisser ce chien-là, il n'est pas à vous.

— Il n'est pas à vous non plus, répondait l'homme, mêlez-vous donc de ce qui vous regarde.

C'était vraiment trop d'audace, mais avec ces sortes de gens il ne faut s'étonner de rien ; Biribi protestait cependant à sa manière, mais nous n'aurions jamais pu l'arracher des mains de son ravisseur, si un garde civique, qui passait et que nous connaissions bien de vue, ainsi que M. Benoît qui revenait de son travail, n'avaient pris fait et cause pour nous ; l'homme s'éloigna en grognant pendant que je prenais mon pauvre Biribi dans mes bras, vous me croirez si vous voulez, mais il avait des larmes dans les yeux et je le fis observer à ma mère.

— C'est sans doute, répondit ma mère, parce qu'il était à moitié étranglé, on pleurerait à moins.

Je me disais en moi-même : il était temps que tu arrives sans cela le pauvre Biribi, qui n'est cependant pas bien gras, aurait eu l'honneur de figurer à l'étalage du père Lauverjat sous forme appétissante de pâté ou de saucisson.

Nous étions rentrés depuis quelques minutes à peine et nous racontions à Mme Rousseau, qui avait gardé Juliette pendant notre absence, ce qui était arrivé à Biribi, lorsque la porte s'ouvrit et le joyeux Léon apparut, toujours souriant, il embrassa « maman et petite sœur » nous souhaita le bonjour et se laissa tomber sur une chaise en disant : Ouf ! Je n'en puis plus.

Ma mère lui versa un verre de vin qu'il avala avec une satisfaction évidente, et il demanda, en posant le verre sur la table : Vous allez bien vous tous, et André ?

— André est blessé, répondit ma mère, et en quelques mots elle le mit au courant de ce qui s'était passé.

— Pauvre garçon, s'écria Léon qui avait perdu son air joyeux, car il aimait beaucoup André, c'était son meilleur ami et il le considérait comme un frère.

— Ce n'est pas grave, dit ma mère, nous sommes complètement rassurés et puis il aura la médaille militaire.

— Bravo ! Voilà qui guérira sa blessure, et il pourra porter fièrement son ruban, car je sais bien qu'il l'a bravement gagné.

— Il y a quelque chose qui guérira encore mieux sa blessure que la médaille militaire, dit ma mère en souriant.

Angèle rougit et prit Juliette sur son bras.

— Oui, dit Mme Rousseau, quand le cœur est content le corps est bientôt guéri.

— Ah ça, qu'est-ce que vous voulez dire, s'écria Léon, très intrigué.

— Je veux dire, continua ma mère, qu'André et Angèle sont fiancés, et elle lui raconta ce qui s'était passé à l'ambulance.

— Voilà une bonne fille, s'écria Léon, en prenant à pleines mains les joues d'Angèle, rougissante et un peu troublée, hein, qu'est-ce que je vous disais que c'était un ange.

Sur ces entrefaites mon père entrait et Léon l'accueillit en lui disant : Bonjour, beau-papa.

— Ah ! s'écria mon père, en souriant, vous lui avez donc déjà tout raconté ! mais comment se fait-il...

— Que je me trouve ici, acheva Léon, eh bien je vais vous le dire, beau-papa et cette fois vous ne me gronderez pas, j'ai réussi à me faire donner par mon capitaine une commission pour Madame la capitaine qui est presque notre voisine car elle demeure à deux pas d'ici, dans la rue de Vaugirard ; la commission faite je suis venu vous voir.

— Alors c'est différent, dit mon père, si tu as une permission... et tu restes diner avec nous.

— Je mangerai un morceau de pain et quelque chose avec, répondit Léon, car je dois repartir dans un quart d'heure, c'est loin d'ici le plateau d'Avron et je dois être rentré pour l'appel de neuf heures.

— C'est bien dommage que tu ne puisses rester davantage, fit observer ma mère, car j'ai réussi à me procurer deux gros oignons et une pomme de terre et je vais faire une bonne soupe.

— Combien les as-tu payés, demanda mon père.

— Quinze sous, mais cela nous changera de notre soupe au vin, ensuite j'ai acheté de la graisse chez M. Lauverjat, elle sent bon et a tout à fait bon aspect, on dirait du saindoux.

— Il vaut mieux ne pas en parler, dit mon père, en souriant ; donne à Léon du pain et des confitures, avec quelques verres de bon vin il sera en état de faire la route.

Alors, tout en mangeant une énorme tartine de confitures qu'il arrosait largement de temps à autre, Léon disait :

— C'est maintenant que nous en avons de la misère, il y a trois semaines que je ne me suis pas déshabillé pour me coucher, ça n'a l'air de rien, mais vous savez... et Léon se mit à se gratter.

— Pauvre chéri, disait Mme Rousseau, tout attendrie, pauvre chéri !

— Qu'est-ce que vous avez fait à Champigny, demanda mon père.

— Rien, papa Marcel, nous étions au plateau d'Avron, du reste je vais vous raconter cela.

Vous savez que depuis le 17 novembre nous étions cantonnés à Montereau, près du fort de Rosny, dans une tannerie, c'était encore le bon temps, nous dormions sur une couche épaisse de tan, nous n'avions pas autre chose à faire que de monter la garde le long des talus de la ligne du chemin de fer de Mulhouse et d'aller à la chasse aux chiens que nous mangions à la sauce au vin.

— Quelle horreur, s'écria Mme Rousseau, vous êtes donc des sauvages.

— La faim rend sauvage, chère maman, répondit Léon, et notre ration ne nous suffisait pas, il n'y a rien qui donne de l'appétit comme la bonne odeur d'une tannerie et je vous assure qu'une côtelette de chien n'est pas à dédaigner. Ah! nous en avons sacrifié des caniches, des bulls-dogs, des épagneuls, voire même des terre-neuves, je vois encore d'ici les têtes de ces infortunés toutous qui étaient, aussitôt pris, dépécés et mangés, alignées sur la crête d'un petit mur; mais il était écrit que nous ne resterions pas longtemps dans ce pays de cocagne, le 28, dans l'après-midi, notre chef de bataillon fait former le cercle aux compagnies et nous tient un petit discours : Le moment est venu pour le 6e bataillon d'entrer en campagne... il faudra se distinguer... on compte sur nous, etc., etc... A 9 heures du soir, nous mettons sac au dos, à 10 heures nous étions sur la route du fort de Rosny, l'arme au pied, à 11 heures le bataillon s'ébranla, descendit une côte qui n'en finissait pas et arriva à Rosny-sous-Bois, c'est un village qui se trouve entre le fort de Rosny et le versant ouest du plateau d'Avron ; il y faisait noir comme dans un four, tous les habitants l'avaient abandonné dès le début du siège et s'étaient réfugiés à Paris, c'était un village mort. Arrivés à un carrefour nous marquons le pas pendant une demi-heure afin de laisser passer devant nous les autres troupes de la division d'Hugues dont nous faisions partie, nous nous remettons en marche et nous dépassons les dernières maisons du village, nous gravissons lentement un chemin étroit, escarpé, nous sommes maintenant en pleine campagne, défense est faite de parler et de fumer, on évite que le pommeau du sabre ne frappe le bidon en marchant, toute cette masse d'hommes se glisse dans l'obscurité comme un serpent gigantesque ; devant nous, à quelques centaines de mètres à peine, devait se trouver l'ennemi, il me semblait, car on se rend difficilement compte pendant la nuit du chemin parcouru, que nous avions dépassé ses avant-postes et que nous nous trouvions dans un pays inexploré.

Enfin l'ordre est donné de faire halte et se transmet à voix basse de compagnie en compagnie, il y avait trois heures que nous avions le sac au dos, pour ma part je commençais à en avoir assez. Comme il paraît que nous restons à cette place jusqu'au matin, je défais mon sac, je le place sous ma tête comme oreiller, je m'enroule dans ma couverture, les camarades en font autant, la terre était dure et glacée, mais nous n'avions pas le choix ; enfin j'ai dormi jusqu'au matin comme le grand Condé la veille de la bataille de Rocroi. Le lendemain, c'est-à-dire le 29, il n'y a pas eu de bataille, la journée tout entière s'est passée à s'installer sur le plateau, les marins que nous avons aidés plus d'une fois avaient amené à bras des grosses pièces de marine qu'ils mettaient en batterie sur la pointe du plateau du côté de l'Est ; en une journée dix pièces pouvant lancer des obus à 8 kilomètres étaient installées avec leurs épaulements, et les projectiles étaient empilés auprès d'elles, maintenant on pouvait causer.

La conversation a commencé le lendemain matin 30 novembre, nous avions installé nos tentes et nous dormions encore lorsque un bruit de tonnerre se fait entendre auquel répond dans le lointain des détonations continues; le fort de Rosny se met de la partie, le soleil se levait rouge à l'horizon, il faisait un froid sec, nous courons aux batteries de marine, un officier de vaisseau d'une tenue irréprochable, ganté, rasé de frais, se promenait de long en large, un chronomètre à la

Le plateau d'Avron.

Noisy-le-Grand. Avron. Villemonble. Fort de Rosny.

main ; quand le quartier-maître qui servait la pièce avait dit : C'est paré, il répondait bien posément en regardant son chronomètre : Envoyez... un marin tirait la ficelle et l'obus partait, déchirant l'air. Le but visé était en ce moment le pont de Chelles sur lequel passaient des troupes prussiennes qui gagnaient la rive droite de la Marne pour renforcer les troupes de Champigny et de Villiers, toutes les trois minutes on « envoyait » un obus qui devait sûrement arriver à son adresse, car les marins sont d'excellents pointeurs. Nous avions sous les yeux le panorama de la bataille, à nos pieds Neuilly-sur-Marne, Ville-Evrard, puis de l'autre côté de la Marne, Bry-sur-Marne, et les coteaux de Villiers et de Champigny dont les crêtes étaient à une altitude à peu près égale à la nôtre, ce jour-là, nous n'avons pas songé à faire la soupe, nous avons vécu de pain et de chocolat car nous étions captivés par cet épouvantable spectacle ; Champigny, et les hauteurs qui dominent ce village semblaient une fournaise d'où sortaient à chaque instant des lueurs sinistres, la lutte d'artillerie était tellement violente que toutes les détonations se confondaient en une seule, c'était un roulement sourd, ininterrompu, constamment traversé par les décharges stridentes des mitrailleuses ; le flux et le reflux de la fumée blanche qui marquaient nos lignes indiquaient d'une manière certaine la marche de nos soldats, le crépitement continu de la fusillade, suivant qu'il s'éloignait ou se rapprochait, exprimait les phases diverses de la lutte. Sur le plateau une batterie servie par des artilleurs volontaires sous les ordres du commandant Pothier tirait à toute volée sur Champigny avec ses pièces de cuivre se chargeant par la culasse ; on disait alors que nous étions vainqueurs, que les Allemands étaient culbutés, et dans notre enthousiasme nous ne craignîmes pas d'entourer l'amiral Saisset, qui se promenait sur le plateau, accompagné de quelques officiers d'état-major, enfoui dans une grande capote, sa casquette galonnée enfoncée jusqu'aux oreilles, un parapluie sous le bras, et de l'interroger, il nous répondit avec une grande bienveillance que tout allait bien.

Vers deux heures, les troupes qui se trouvaient concentrées depuis le matin à Neuilly-sur-Marne, se décident à passer la Marne, s'emparent de Bry-sur-Marne et attaquent Villiers, la bataille s'étend alors sur un front de 10 kilomètres et redouble d'intensité ; à mesure que le jour tombait c'était par la lueur des coups de feu et des pièces de canon que nous pouvions suivre le mouvement de nos troupes ; la nuit mit fin à la bataille.

Le lendemain, calme le plus complet, notre artillerie en profite pour renouveler ses munitions, et rendus cette fois à la réalité nous cherchons à nous installer le plus confortablement possible ; le bruit court qu'il y a de la paille dans Villemonble, j'y vais avec plusieurs camarades. Ce village qui se trouve au pied du plateau, du côté du Nord, avait été pillé, les habitants l'avaient sans doute précipitamment abandonné car les portes des maisons étaient encore ouvertes, dans une salle à manger sur la table se trouvaient encore un morceau de pain et des assiettes ; dans les chambres, des lits défaits ; mille objets traînaient çà et là ; nous rapportâmes plusieurs bottes de paille, trouvées dans une écurie, d'autres moins scrupuleux rapportaient des matelas.

Le lendemain 2 décembre la bataille reprend de plus belle, cette fois ce sont les Allemands qui nous attaquent avant même qu'il ne fasse jour, notre artillerie commence le feu aussitôt pour ne plus l'interrompre de toute la journée, elle envoie ses obus sur Villiers et Bry-sur-Marne. Par les nuages de fumée blanche qui s'élevaient des bois, presque toujours au même endroit, nous pouvions nous rendre compte que la lutte restait stationnaire, les Allemands qui nous avaient furieusement attaqués le matin avaient été repoussés avec vigueur une fois le premier moment de surprise passé, mais de notre côté nous ne pouvions avancer, nos troupes devaient être épuisées de fatigue et avaient dû souffrir comme nous d'un froid de six degrés. Vers le soir, un peu avant la nuit, le combat cessa, peu à peu et bientôt nous eûmes sous les yeux un spectacle grandiose, inoubliable, sur toutes les positions occupées par nos troupes brillaient des feux de bivouac qui embrasaient l'horizon.

Et maintenant, ajouta Léon en fourrant dans sa bouche sa dernière bouchée de pain, je vais me débarbouiller, me peigner, changer de linge et retourner au plateau que je suis chargé de défendre. Écrivez-moi souvent et donnez-moi des nouvelles d'André.

VENDREDI, 9 DÉCEMBRE

Arrivée d'un infirmier militaire. — Le cousin Étienne a été mortellement blessé. — La prière d'un mourant. — Hâtons-nous ! — L'hôpital militaire du Gros-Caillou.

Je descendais l'escalier, j'allais à l'école, lorsque sur le palier du premier étage je rencontre un infirmier militaire qui, en me voyant me demande : A quel étage demeure M. Marcel ?

— Vous venez chez nous, m'écriai-je, tout épouvanté, est-ce que mon frère ne va pas bien.

— Ah ! c'est votre frère, eh bien, vous savez... c'est fini... il n'en a pas pour longtemps.

Je me sentis défaillir, mais tout mon courage revint en pensant que cet infirmier qui avait l'habitude de voir mourir les gens et annonçait cela comme une chose toute naturelle, pourrait peut-être, brutalement, faire part à ma mère de cette affreuse nouvelle, et je le suppliai en disant : Oh ! Monsieur, attendez un peu que je voie ma mère d'abord.

— J'ai un petit papier à lui remettre, dit-il... le voilà ; le pauvre garçon a fait ce qu'il a pu pour écrire... et il en a eu du mal !...

C'était une feuille de calepin, couverte d'une écriture informe, de suite j'allai à la signature et je lus : Étienne Dubois.

L'angoisse qui me serrait le cœur se dissipa et je pus respirer. Ce n'est pas mon frère, dis-je, c'est mon cousin-germain, un mobile de la Côte-d'Or, un sergent.

— C'est bien cela, dit l'infirmier.

— Si vous voulez venir avec moi, lui dis-je ; alors aussitôt entrés chez nous, je dis à ma mère qui, en voyant l'infirmier était déjà toute tremblante : c'est Étienne... il est bien mal.

— Étienne aussi ! s'écria ma mère, il a été blessé !

— Oui, Madame, dit l'infirmier qui semblait être très loquace, il a reçu une balle dans la poitrine, on croyait d'abord qu'il en réchapperait, comme tant d'autres, mais la fièvre l'a pris, et vous savez, nous avons l'habitude de ces choses-là, ça se voit tout de suite, il n'en a pas pour longtemps.

— Il a été aussi blessé à Champigny, demanda ma mère qui s'était laissée tomber sur une chaise.

— Oui, à Champigny, sur le plateau du Signal, près de la Plâtrière, c'est là où les mobiles de la Côte-d'Or ont été le plus éprouvés, en un instant ils ont perdu 800 hommes, leur colonel, le comte de Grancey, qui marchait à leur tête a été tué ; je sais tout cela parce que j'ai aidé à les relever, ah ! il y en avait par terre ! on ne savait plus où poser le pied, quelquefois ils étaient tombés les uns sur les autres, trois ou quatre, un monceau...

— Ah ! quelle horreur, s'écria ma mère, se cachant la tête dans les mains, quelle horreur... pauvres mères...

— C'est que je suis pressé, dit l'infirmier, et il y a une réponse.

Je tendis le billet à ma mère qui eut de la peine à le lire, car les larmes lui brouillaient la vue et puis c'était si mal écrit !

Voici ce que contenait le billet : « Ma tante, j'ai été blessé, je sais bien que je vais mourir ; venez vite, si Mlle Angèle voulait vous accompagner... Ensuite il avait écrit autre chose, mais ce n'était pas lisible, et il avait signé : Étienne.

— Nous irons, dit ma mère, voilà notre réponse.

— Ça lui fera plaisir, dit l'infirmier, seulement vous ferez bien de vous dépêcher, et il se retira en saluant, la main au képi.

— Mon Dieu, s'écria ma mère, voilà que la mort s'abat sur notre famille, et on dit qu'un malheur ne vient jamais seul ! préviens vite Angèle, petit Louis, ou plutôt prie-la de venir.

Justement, Angèle ouvrait sa porte, elle venait chez nous ; je lui pris les deux mains en lui demandant : Angèle, promets-moi que tu viendras avec nous.

— Je t'aime bien, petit Louis, répondit Angèle toujours sérieuse, mais je ne promets jamais rien sans savoir.

— Alors maman te le dira, lui dis-je, viens vite.

Elle entra et ma mère lui dit aussitôt : C'est Étienne, tu sais bien, Angèle, le cousin Étienne, il est blessé, il a reçu une balle dans la poitrine, nous a dit l'infirmier, il est mourant et il demande que nous allions auprès de lui.

— Pauvre jeune homme, s'écria Angèle tout émue, et moi dois-je vous accompagner.

— Toi surtout, tiens, lis ce billet, et elle ajouta tristement : je crois que tu lui as passé bien près du cœur !

— Vous croyez ! dit Angèle en rougissant, il me semble bien, oui... j'ai cru m'apercevoir...

Il est mourant, fit observer ma mère, c'est un soldat qui a fait son devoir Oh ! le pauvre garçon ! lui refuseras-tu, Angèle, cette suprême consolation.

— Non, répondit Angèle, je ne puis pas lui refuser cela, maman Marcel, je vous accompagnerai.

Comme toutes les jeunes filles qui ont le cœur haut placé, elle aimait les hommes courageux, ceux qui ne redoutent pas l'ennemi et savent faire leur devoir. Celui-là n'était non plus pas un « fricoteur ».

— Hâte-toi alors, dit ma mère, afin que nous arrivions encore à temps... et toi petit Louis tu n'iras pas à l'école cet après-midi ; tu viendras avec nous.

Angèle fut bientôt prête, elle n'avait apporté aucune recherche dans sa toilette, une robe noire toute simple, et son petit manteau de tous les jours. Mme Rousseau vint garder Juliette qui se mit à pleurer en nous voyant partir ; nous nous mîmes en route, Angèle donnait le bras à maman et me tenait par la main, nous ne disions rien, marchant très vite, absorbés par nos tristes pensées ; et Angèle un peu troublée se serrait contre ma mère, réfléchissant sans doute à ce qu'elle venait de lui dire. Oui, en effet, il lui avait bien semblé que souvent le cousin Étienne l'avait regardée avec complaisance, elle avait lu dans son regard, et les jeunes filles ne s'y trompent pas, une affection profonde, une admiration muette, si bien qu'un jour ma mère s'en était aperçue, et avait pris à part le cousin Étienne et lui avait dit très simplement avec franchise (elle nous l'a raconté depuis, c'était le jour où il était venu nous voir alors qu'il était à Saint-Maur) : « Étienne, « il ne faut pas songer à Angèle, elle est promise à André, ils s'aiment tous les « deux, et elle sera ma fille, j'aime mieux te dire cela tout de suite ; » alors Étienne était devenu très pâle et avait dit : « C'est bien, ma tante, je vous remercie, oui il vaut mieux me dire cela toute de suite », et il n'était plus venu nous voir, il y avait huit jours qu'il était blessé, il ne nous avait rien fait savoir.

— A quoi penses-tu, Angèle, demanda ma mère.

— Je pense à ce pauvre garçon, répondit Angèle, si robuste et qui avait l'air si heureux de vivre.

— C'était aussi un garçon sérieux, dit ma mère, très sérieux, très loyal, il était franc comme l'or, il tenait de son grand-père Dubois, qui allait toujours droit son chemin et était laborieux et tenace, il s'est bien aperçu aussi que ton cœur n'était pas de son côté, et je suis sûre qu'il était très malheureux, car il n'était pas homme à se consoler facilement.

La route s'acheva silencieusement; arrivés à l'hôpital du Gros-Caillou, il fallut parlementer avec le concierge, il refusait de nous laisser franchir la grille, lorsque le soldat infirmier, que nous avions vu quelques instants auparavant, arriva avec un laissez-passer à notre nom signé du médecin en chef et nous pria de le suivre.

C'était véritablement l'asile de la souffrance cet hôpital aux murs blanchis à la chaux, aux larges escaliers de pierre, aux interminables corridors sur lesquels s'ouvraient de larges baies donnant accès dans de vastes salles où l'on apercevait des lits alignés garnis de rideaux blancs; rien ne venait réjouir la vue et tout respirait la tristesse ; enfin après avoir monté plusieurs escaliers et enfilé bon nombre de corridors nous parvînmes dans un pavillon isolé, qui avait été transformé en ambulance, car l'aménagement n'était pas semblable à celui que nous avions aperçu dans les autres salles, les lits en fer n'étaient pas garnis de rideaux et semblaient avoir été placés un peu au hasard, selon les besoins du moment.

Un infirmier nous désigna un lit auprès duquel se tenait une sœur de charité. Il est là, nous dit-il, et il se retira en nous saluant. Ma mère et Angèle s'approchèrent aussitôt du lit, Étienne était méconnaissable, il avait les yeux fermés et respirait faiblement, par saccades.

— Il est bien bas, dit la sœur.

— Prends-lui la main, Angèle, dit ma mère qui avait les larmes aux yeux.

Angèle, douloureusement émue, lui prit la main et la garda dans les siennes, elle avait compris qu'elle pouvait adoucir les derniers moments de ce soldat blessé, de ce pauvre garçon qui s'était épris de sa beauté et de sa grâce, elle eut la rapide intuition de ce qui était arrivé. Étienne n'avait peut-être pas cherché la mort, mais il n'avait sans doute rien fait pour l'éviter. Les larmes aux yeux, douloureusement émue, elle le considérait avec une tendre compassion. Quel navrant spectacle que celui de cet homme jeune aux prises avec la mort qui déjà l'avait terrassé.

Au contact de la main d'Angèle, les yeux d'Étienne s'ouvrirent lentement, déjà ternis par la mort ils semblèrent d'abord ne rien voir, mais bientôt ils se fixèrent sur Angèle grands ouverts comme perdus dans la contemplation d'une vision céleste et peu à peu une expression de bonheur infini éclaira le visage du moribond.

Les yeux bleus d'Angèle, rendus encore plus bleus par les larmes, ne quittaient pas les yeux d'Étienne qui, insensiblement, semblait renaître à la vie, il respirait maintenant plus régulièrement et certainement il ne souffrait plus !

Angèle entoura sa main de ses deux mains comme pour la réchauffer, la serrant faiblement.

Étienne ! appela ma mère.

— Laissez-le, dit la sœur, ne le troublez pas, il est très heureux comme cela, du reste il ne vous entend plus.

Oh oui, le pauvre Étienne semblait très heureux, ses yeux ne quittaient pas les yeux d'Angèle, et toujours se lisait sur son visage cette expression de béatitude infinie qui le transfiguraït.

Un moment il voulut se lever comme pour aller au-devant de cette vision, objet de son extase, je vis bien qu'il rassemblait ce qui lui restait de force, mais cet effort qui dut lui sembler immense aboutit à peine à soulever sa tête sur l'oreiller, et il murmura faiblement : Angèle !

Puis ses yeux peu à peu se voilèrent, semblant lutter pour garder encore et toujours retenir la chère image, il poussa un grand soupir... c'était fini...

DIMANCHE, 11 DÉCEMBRE

L'enterrement d'Étienne. — Une lettre touchante. — Il n'y a plus de pain! — Le Gouvernement dément les bruits de rationnement. — M. Risler vient nous tenir compagnie. — Une ruse de guerre. — Les fausses dépêches.

Nous sommes tous partis ce matin de bonne heure afin de nous trouver à l'hôpital militaire à l'heure où l'on devait rendre les derniers devoirs au soldat mort pour la patrie; la cérémonie a été extrêmement simple et touchante, puis le cortège s'est mis en marche, nous avons pris place derrière le corbillard, je marchais au premier rang à côté de mon père, et bien que Charlot ne fût pas de la famille il se trouvait à mes côtés, mon père et lui me tenant chacun par la main; ensuite venait M. Bardoux qui avait tenu à assister à l'enterrement d'un soldat, puis ma mère, Angèle, Mme Rousseau (c'était Mme Benoît qui gardait Juliette) et nous avons ainsi conduit le pauvre Étienne au cimetière; sur son passage, les passants se découvraient respectueusement, les sentinelles portaient les armes, on avait placé sur la bière la capote et le képi du sergent de mobile.

Et, tout en marchant derrière ce cercueil, je pensais à ce beau garçon, si plein de vie, dans toute la force et l'épanouissement de la jeunesse, qui était venu, quelques semaines auparavant, nous faire part de ses projets d'avenir; il viendrait à Paris, disait-il, il y ferait fortune, c'était peut-être la présence d'Angèle qui lui faisait tenir ce langage, car c'était bien facile de voir combien notre belle voisine lui avait fait impression et je comprenais bien que, dans ces cas-là, rien ne paraît impossible et qu'on est prêt à tout entreprendre.

Quand je relevai la tête nous étions arrivés au cimetière du Montparnasse, le convoi s'arrêta devant une fosse, les croque-morts se hâtaient, et ce fut avec un douloureux serrement de cœur que nous entendîmes les premières pelletées de terre tomber sur le cercueil, avec un bruit sourd et lugubre qu'on ne peut jamais oublier. Mon père avait acheté une croix sur laquelle il avait fait inscrire le nom de mon cousin et la date de sa mort afin que l'on pût retrouver l'endroit de sa sépulture.

J'ai dit que les croque-morts se hâtaient, et cela se conçoit, car d'autres morts attendaient leur tour; ce n'était pas l'ouvrage qui manquait, la mortalité s'accroissait, en effet, de jour en jour, en temps ordinaire alors qu'il y avait dans Paris 600 décès en moyenne par semaine, maintenant il y en avait 2455, on avait dû faire des corbillards et ils n'étaient plus traînés que par un seul cheval au lieu de deux comme c'était la coutume; les convois se succédaient sans interruption, c'était lugubre avec ce ciel bas et triste, ce linceul de neige qui couvrait la terre.

En rentrant, notre concierge nous remit une lettre qui portait le timbre de l'hôpital militaire du Gros-Caillou, mon père la décacheta aussitôt et la lut, tout en montant l'escalier; parvenus dans notre logement il nous dit :

— Étienne était un noble cœur, voici ce qu'il m'écrit :

Mon Oncle,

Je n'en ai pas pour longtemps, je sens bien que je suis un homme mort, j'ai fait appeler monsieur l'Officier d'administration principal et je lui ai exprimé ma volonté de vous léguer tout mon argent, une dizaine de mille francs environ, c'est de l'argent à moi que j'ai bien gagné, car pour les terres de Cherizy, la ferme et les bâtiments, c'est du bien de famille qui doit revenir à mon frère, mais l'argent je peux en disposer comme ça me fera plaisir.

Cet argent, mon Oncle, c'est un dépôt que je vous confie pour que vous le remettiez à Angèle et à André, le jour de leur mariage.

Monsieur l'officier d'administration a fait ça dans les règles, j'ai écrit et puis j'ai signé.

Cet argent-là leur sera utile dans leur ménage, ils seront bien contents de l'avoir, que mademoiselle Angèle soit heureuse, oui qu'elle soit heureuse, voilà ce que je souhaite.

Je vous embrasse, mon oncle, et aussi ma tante et vous tous.

Votre neveu,
ÉTIENNE DUBOIS.

— Oui, voilà un grand cœur, s'écria mon père après avoir achevé cette lecture.

Nous restions tous silencieux, profondément émus par cet acte touchant de générosité et de sublime désintéressement.

Nous avons appris depuis qu'Étienne avait écrit cette lettre et pris ces dispositions la veille de sa mort, il avait bien recommandé à la sœur qui le soignait de ne mettre cette lettre à la poste qu'après son enterrement ; le soir même le grand combat entre la mort et lui commençait, mais il n'avait pas souffert et s'était éteint doucement avec la vision céleste de la bien-aimée dans le regard.

Cette journée de dimanche s'est passée tristement bien qu'elle ait été bien employée et qu'elle se fût écoulée rapidement, mais la tristesse était dans notre cœur et on avait beau faire, sous l'influence du temps et des circonstances, elle ne pouvait se dissiper. Ma mère qui voyait Angèle péniblement affectée, lui remit notre carte en la priant de prendre notre ration de viande de cheval à la boucherie en même temps que pour elle-même, puisqu'elle devait y aller pour le déjeuner. Après un quart d'heure passé à faire la queue, les pieds dans la neige, Angèle revint en nous annonçant que l'on exigeait maintenant pour délivrer la ration que chaque famille fût représentée ; il y avait eu des abus, paraît-il ; cependant M. Jolivet nous connaissait bien, mais il avait refusé même avec rudesse disant : Il faut que Mme Marcel vienne elle-même. Mme Marcel est malade, avait fait observer Angèle, et c'est précisément pour cela que je viens à sa place, elle tousse et ne peut faire la queue par un froid pareil. Mais M. Jolivet n'a rien voulu entendre, il devient du reste de jour en jour plus désagréable et en y réfléchissant bien je pense qu'il est furieux de ne pas gagner d'argent à cause du rationnement et de la taxe, alors que son voisin, le père Lauverjat, est en train de faire fortune avec son boudin de cheval et son saucisson de chien.

— Alors, dit ma mère en prenant son manteau, je vais y aller.

Mais je fis signe à Angèle de me remettre la carte puis, prenant ma casquette et mon cache-nez, je m'élançai dans l'escalier en disant : C'est moi maintenant qui irai faire la queue tous les jours à la place d'Angèle.

Je pris donc place parmi les derniers arrivants, attendant patiemment mon tour; je n'avais rien de mieux à faire que d'écouter la conversation de deux bonnes femmes, qui les mains sous leur tablier et le panier au bras, piétinaient sur place pour se réchauffer, les autres personnes étaient silencieuses, mais celles-là savaient se servir de leur langue.

— Eh ben, qu'est-ce que vous en dites de ce temps là, m'ame Dupont.

— C'est ben malheureux, v'là c' que j'en dis, m'ame Charpentier.

— Avez-vous passé devant la boutique du boulanger de la rue Saint-Placide.

— Ma foi non, m'ame Charpentier.

— Eh ben, elle est fermée, et il y a écrit sur les volets: y a pus de pain.

— C'est t'y possible! d'quoi qui vont nous donner à manger alors?

— En v'là une existence, on vit déjà bien assez de privations.

— C'est la vraie misère qui va commencer, vous verrez ça, m'ame Charpentier.

En ce moment « m'ame » Charpentier donna une tape sur le couvercle de son panier en disant: voyons, Mimi, veux-tu te tenir tranquille.

— C'est vot' chat que vous avez dans votre panier, M'ame Charpentier.

— Ben sûr, m'ame Dupont, comme ça on ne me le volera pas, la pauvre bête! quand je pense qu'elle servirait à faire des pâtés et que je pourrais en manger, ça me révolutionne le cœur.

C'était au tour des deux commères d'entrer dans la boucherie, et leur conversation en resta là, je n'en retins que cette mauvaise nouvelle de la fermeture des boulangeries, car la mesure devait être générale. M. Jolivet, quand mon tour fut arrivé, ne refusa pas de me servir et je le prévins que je viendrais maintenant à la place de ma mère qui était malade, puis je fis, pour rentrer, le tour par la rue Saint-Placide, je vis en effet la boulangerie fermée et je lus sur les volets cette inscription à la craie: Il n'y a plus de pain! Plusieurs personnes étaient rassemblées devant la boutique et commentaient cette nouvelle avec animation.

Il me fallut bien, en rentrant, mettre mon père au courant de la situation, d'autant plus que nous avions besoin de pain.

— C'est parce que le Gouvernement vient de réquisitionner les farines, dit-il, on a cru que les farines manquaient et tout le monde s'est précipité dès la première heure chez les boulangers pour acheter du pain, c'est pour cela qu'il n'en restait plus à dix heures, mais cela ne va pas durer et il ne faut pas en parler à ta mère.

En effet, le Gouvernement s'empressait de mettre fin à cette panique qui pouvait avoir les plus graves conséquences en faisant publier l'avis suivant:

Aux habitants de Paris.

« *Hier, des bruits inquiétants répandus dans la population ont fait affluer les consommateurs dans certaines boulangeries.*

On craignait le rationnement du pain.

Cette crainte est absolument dénuée de fondement.

La consommation du pain ne sera pas rationnée.

Le Gouvernement a le devoir de veiller à la subsistance de la population; c'est un devoir qu'il remplit avec la plus grande vigilance. Nous sommes encore fort éloignés du terme où les approvisionnements deviendraient insuffisants.

La plupart des sièges ont été troublés par des paniques. La population de Paris est trop intelligente pour que ce fléau ne nous soit pas épargné. »

Angèle qui savait que nous n'avions pas de pain nous a apporté la moitié de celui qu'elle était allée chercher le matin et nous avons déjeuné comme de coutume avec peu de chose ; pour la première fois nous avons mangé du boudin de cheval eh bien ! me croira qui voudra, cela n'est pas mauvais du tout, et nous le préférons aux saucisses et aux pâtés dans la confection desquels entrent toutes sortes d'animaux et qui coûtent d'ailleurs fort cher.

M. Risler est venu dans l'après-midi nous demander des nouvelles d'André, elles ne peuvent pas être meilleures ; on a laissé espérer à ma mère qui est allé le voir hier samedi avec Angèle (car mon frère a demandé en écrivant sur son ardoise qu'Angèle voulût bien chaque fois accompagner ma mère parce qu'il était si heureux de la voir, à quoi Angèle a répondu qu'elle était aussi heureuse que lui), donc on a laissé espérer à ma mère qu'il serait « évacué » (c'est le mot) sur une ambulance de convalescents, car l'ambulance du Théâtre-Français qui a à sa tête les premiers chirurgiens de Paris ne garde que les blessés qui ont besoin d'être opérés, pour ceux qui sont en bonne voie de guérison on s'en débarrasse afin de faire de la place aux autres, mais André sera encore pour bien longtemps dans l'impossibilité d'ouvrir la bouche et de pouvoir parler, on le nourrit avec du lait au moyen d'une sonde. Il paraît que sa blessure se cicatrise rapidement, le chirurgien a dit à ma mère que c'était un garçon solide qui avait du bon sang dans les veines, et qu'avec ceux-là il n'y avait pas de complications à redouter, voilà ce que c'est que d'avoir une bonne conduite et de ne pas boire d'alcool.

Bien entendu M. Risler a apporté des friandises pour Juliette qui ne le quitte plus et se met à pleurer lorsque ma mère, craignant que ce bon M. Risler ne soit fatigué, veut l'enlever de ses genoux. Quel touchant tableau que celui de ce vieux brave homme à la moustache blanche, qui redoute de faire le moindre mouvement de peur de déranger cette mignonne petite fille aux yeux bleus et aux cheveux blonds bouclés assise sur ses genoux, et qui se pelotonne contre lui et reste là bien tranquille, tout à fait heureuse, disait M. Risler ; quand j'étais au bureau du recrutement de Mulhouse j'ai perdu une petite fille de l'âge de celle-ci, elle lui ressemble un peu, c'est pour cela que je l'aime tant, enfin M. Risler et Juliette étaient deux bons amis, si bien que ma mère disait en riant : Vous savez, M. Risler, je vais devenir jalouse.

Nous avons profité de l'absence d'Angèle pour raconter à M. Risler ce qui était arrivé au sujet d'Étienne, il a beaucoup regretté de n'avoir pas été prévenu parce que, disait-il, il se serait fait un devoir d'accompagner à sa dernière demeure ce brave soldat et cet homme de cœur. Ensuite nous avons parlé de la situation qui devient de jour en jour plus critique, M. Risler dit que maintenant c'est fini, bien fini, qu'il n'y a plus rien à espérer, que tout dépendait de Bazaine et que l'armée de la Loire qui était une armée de conscrits ne pourrait jamais venir à bout d'une armée composée de soldats aguerris et victorieux devant laquelle les vieux soldats de Bazaine avaient été obligés de capituler.

Parce qu'ils ont été pris par la famine, fit observer mon père.

— C'est vrai, M. Marcel, du reste nous saurons plus tard ce qui s'est passé à Metz, en attendant, je vous le répète, je n'ai plus confiance.

— Moi, disait mon père, je veux espérer quand même, c'est la foi qui sauve, dit-on, eh bien j'ai foi dans notre patriotisme, il nous sauvera.

— Oui, M. Marcel, répondait M. Risler, si tout le monde était comme vous; notre résistance poussée jusqu'au bout fera certainement l'admiration du monde entier, mais elle ne servira à rien. Est-ce que vous n'avez pas entendu parler de mauvaises nouvelles apportées par les pigeons.

— Mais vous n'avez donc pas lu votre journal ce matin, s'écria mon père, ce sont de fausses dépêches, tenez, lisez ceci :

« Le 12 novembre dernier, le ballon Daguerre, parti de Paris, tombait, à Ferrières au pouvoir des Prussiens. Ce ballon contenait un certain nombre de pigeons dont la plupart sont restés entre leurs mains.

« Le 9 décembre, à cinq heures du soir, un de ces pigeons rentrait au colombier auquel il appartenait. Il était porteur d'une dépêche datée de Rouen, 7 décembre.

« Le même jour, 9 décembre, à sept heures et demie du soir, un second pigeon rentrait au même colombier, porteur d'une dépêche datée de Tours, 8 décembre.

« Aucun doute n'existe sur l'identité des pigeons recueillis avec deux des pigeons pris à Ferrières par les Prussiens. Les agents de l'administration l'attestent avec toute certitude.

« Les deux dépêches étaient attachées de la même manière, suivant un mode différent de celui qu'emploient les agents français.

« Elles trahissent d'ailleurs leur origine germanique autant par le style que par la forme de l'écriture.

« L'origine prussienne des deux dépêches est donc incontestable. »

Bien entendu, les Prussiens nous racontaient toutes sortes d'histoires. Armée de la Loire complètement défaite. Résistance n'offre plus aucune chance de salut. Cherbourg menacé. Partout la faim, le deuil ; à la rigueur tout cela pouvait être encore vraisemblable, en mettant encore de côté certaines maladresses de style et de rédaction, si l'une de ces fameuses dépêches n'avait pas été signée du nom de M. A. Lavertujon que les Prussiens croyaient à Rouen et qui était présent à son poste à Paris comme l'un des secrétaires du Gouvernement. C'était bien germanique en effet, quelque peu naïf et même grotesque. Ces « diables-là » nous auraient offert l'occasion de rire à leurs dépens si nous n'avions pas encore été sous l'impression de la triste cérémonie à laquelle nous avions assisté dans la matinée.

VENDREDI, 16 DÉCEMBRE

Il n'y a plus d'ouvrage. — Visite à l'ambulance. — Remise à André de la médaille militaire. — Le montage d'un poêle. — Le combustible devient rare. — Avis du Gouvernement au sujet du pain. — Quelques boulangeries envahies. — Enfin! nous avons des nouvelles de la province. — Les dépêches de Tours. — Nous avons encore de l'espoir.

Aujourd'hui en rentrant de classe, vers onze heures et demie, j'ai trouvé chez nous Mme Rousseau qui gardait Juliette.

— Puisque te voilà, petit Louis, me dit-elle, je te laisse Juliette et je vais m'occuper de mon déjeuner, ta mère et Angèle sont allées voir André.

Mme Rousseau rentra chez elle, et je m'empressai de suppléer à l'absence de ma mère en préparant ce qu'il fallait pour notre déjeuner, car mon père revenait vers midi, il n'aimait pas à attendre longtemps parce que cela le mettait en retard pour son retour à l'imprimerie.

Il arriva très exactement à midi et fut tout étonné de me trouver seul à la maison avec Juliette.

— Où donc est ta mère? me demanda-t-il.

— Elle est allée voir André avec Angèle, répondis-je, elle ne peut tarder à rentrer.

Il ne répondit rien et s'assit dans son fauteuil, près de la fenêtre qui donne sur le jardin de M. Bardoux, l'air préoccupé.

Comme je me dépêchais de mettre le couvert, il me dit : Ne te presse pas, petit Louis, j'ai le temps, je ne retourne pas à l'imprimerie cet après-midi.

Et comme je le regardais un peu étonné, il ajouta : il n'y a plus d'ouvrage, déjà depuis plusieurs jours on n'imprime plus rien.

Il prit Juliette sur ses genoux et, tout songeur, se mit à regarder par la fenêtre.

Tout en achevant de mettre le couvert, ces mots : il n'y a plus d'ouvrage, me trottaient par la tête; mais alors, me disais-je, mon père ne gagnera plus rien, et nous qui avons déjà tant de peine pour vivre, qu'est-ce que nous allons devenir, heureusement que le souvenir des économies que nous avions faites dans des jours meilleurs me vint aussitôt à l'esprit, et je me sentis rassuré par cette pensée que nous avions un peu d'argent de côté, je reconnus combien mes parents avaient eu raison d'être prévoyants.

Il faut croire que mon père surprit mes pensées car il me dit : Surtout ne parle pas de cela à ta mère, je trouverai bien des prétextes pour lui expliquer ma présence à la maison, elle s'inquièterait inutilement, c'est une situation que nous devons subir et ce ne sont pas ses regrets ou ses inquiétudes qui feront marcher les affaires; par conséquent ne lui en parlons pas.

Je venais de mettre sur le feu la casserole à demi remplie d'eau avec quelques morceaux de sucre pour notre soupe au vin, lorsque ma mère et Angèle entrèrent, un peu essoufflées, elles avaient marché très vite, cela se voyait bien, afin de ne pas se trouver en retard.

— J'espérais arriver avant toi, dit ma mère, en apercevant mon père, nous nous sommes cependant bien dépêchées, nous venons de voir André.

Elle dut s'asseoir, prise d'une quinte de toux.

— Repose-toi d'abord, lui répondit mon père qui parut inquiet en l'entendant tousser de la sorte, tu me raconteras cela après.

— Voilà, c'est déjà passé, c'est parce que j'ai marché trop vite ; oui, nous avons vu André, il n'est plus dans la salle où nous l'avons vu la première fois, on l'a transporté dans une autre salle, plus petite, ainsi que quelques autres blessés qui sont en bonne voie de guérison, il ne tardera pas à être envoyé ailleurs ; j'ai demandé et obtenu qu'on le transportât à l'ambulance qui est la plus proche de chez nous, c'est celle des frères, rue Oudinot, on leur envoie les convalescents ; voilà déjà une bonne nouvelle.

— Oui, dit mon père, mais je vois Angèle qui essaie de prendre un petit air mystérieux, tu as sans doute une autre bonne nouvelle à m'annoncer.

— Nous avons été bien inspirées en allant le voir ce matin, continua ma mère en souriant, figure-toi qu'en arrivant à l'ambulance nous trouvons un capitaine de zouaves qui demandait au concierge : Vous avez un zouave, du nom d'André Marcel, je désire le voir.

— Certainement, mon capitaine, répondit le concierge qui est un ancien militaire, voilà des personnes, ajouta-t-il en nous désignant qui se rendent auprès de lui, si vous voulez bien les suivre elles connaissent bien le chemin.

— Eh bien, mesdames, dit le capitaine en nous saluant, vous me servirez de guide, je vous suis.

Nous précédions le capitaine ; quand André nous vit entrer avec Angèle, ses yeux qui parlent depuis qu'il ne peut plus parler exprimèrent un vif contentement, et lorsqu'il aperçut le capitaine qui venait derrière nous il porta la main à sa tête, faisant le salut militaire.

— Eh bien, Marcel, dit le capitaine en lui serrant la main, comment cela va-t-il ?

André me fit signe des yeux de répondre pour lui.

— Merci, monsieur, répondis-je, il va de mieux en mieux.

Et comme le capitaine me regardait, un peu étonné de mon intervention.

— Je suis sa mère, lui dis-je, et je viens le voir souvent.

Il s'inclina en disant : Madame, je vous félicite d'avoir un tel fils, c'est tout simplement un héros ; alors, déboutonnant sa tunique, il prit son portefeuille et en retira une grande enveloppe cachetée de cire rouge sur laquelle se trouvait épinglée la médaille militaire...

Mon père se leva brusquement, les yeux brillants de joie, en s'écriant : André est décoré ! C'est un honneur qui rejaillit sur toute la famille.

— Et alors, continua ma mère, le capitaine a placé la médaille militaire sur le lit à la hauteur de la poitrine d'André, puis il s'est penché vers lui et l'a embrassé en lui serrant la main. André pleurait, il a pris son ardoise et a écrit : Vive la France !

— Et ajouta Angèle, à la fois émue et souriante, toutes ces dames qui soignent les blessés avec tant de dévouement et qui se trouvaient là se sont approchées et lui ont serré la main en le félicitant.

— Voici sa médaille militaire, dit ma mère en la retirant de son corsage et voici son diplôme, il les a placés sur son ardoise et me l'a tendue après avoir écrit : Pour papa et pour toi, mais je dois avouer que ses yeux regardaient Angèle.

— Eh bien, répondit mon père très ému, en prenant des mains de ma mère la médaille et le diplôme, quand il pourra se lever ce sera Angèle qui lui attachera cette médaille sur son uniforme ; vous ne lui avez rien dit à propos d'Étienne ?

— Non, répondit ma mère, je n'ai pas voulu troubler sa joie par cette triste nouvelle, il l'apprendra plus tard.

Mon père épingla la médaille militaire à la muraille au-dessus du portrait d'André, et, tout en déjeunant, il ne cessait de la contempler, que ce ruban jaune tout neuf et cette médaille reluisante semblaient absorber toute la lumière qui éclairait notre pièce et attiraient nos regards.

Notre « déjeuner » fut bientôt terminé car le menu en était des plus modestes : une soupe au vin et un petit bifteck de cheval (à peine une bouchée pour chacun de nous), cuit dans de la graisse de chien ou de chat, ensuite, pour terminer une tartine de confitures. Malheureusement nos confitures diminuent à vue d'œil ainsi que nos cornichons, ce sont de précieuses ressources qui ne tarderont pas à nous manquer.

Après le déjeuner, mon père prit Juliette sur ses genoux, elle se plaignait doucement ; depuis plusieurs jours elle avait mauvaise mine et ma mère l'attribuait à la qualité défectueuse du lait et à l'insuffisance de la nourriture ; mon père lui demanda où as-tu mal ma petite fille, et Juliette répondit en allongeant ses deux petites lèvres et en le regardant de côté avec un petit air câlin et triste à la fois : papa bobo à tête !

— Ces pauvres petits êtres sont pourtant bien innocents de ce qui nous arrive, dit ma mère, et cependant ils souffrent comme nous et même davantage, car ils ne peuvent supporter les privations ; je crois que M. Risler a raison, nous n'avons plus rien à espérer et dans ce cas on ferait bien mieux de traiter tout de suite.

— Vraiment, s'écria mon père, voilà que tu en sais plus long que le Gouvernement, moi je dis qu'il faut résister tant qu'on aura encore des vivres, nous pouvons rencontrer une chance de succès inespéré, on ne sait pas...

Ma mère ne semblait pas convaincue, assise auprès de la fenêtre, elle raccommodait une robe à Juliette, je pris mes livres et mes cahiers et m'avançai vers elle afin de l'embrasser comme de coutume avant de partir en classe ; elle regarda le coucou et s'écria : il est déjà une heure et demie, puis s'adressant à mon père : il me semble que tu oublies l'heure.

— Non, répondit mon père, mais je ne vais pas travailler cet après-midi il y a moins d'ouvrage que de coutume.

— Que dis-tu, s'écria ma mère.

— Oh ! tu peux être tranquille, il y a moins d'ouvrage, mais je pense qu'il y en aura toujours ; d'ailleurs si je reste à la maison cet après-midi, c'est afin de monter le poêle que j'ai acheté ce matin.

A ce moment, on frappa à notre porte, j'allai ouvrir aussitôt, c'était le poêle en question qui arrivait accompagné de quelques mètres de tuyaux.

Quand il fut placé dans la salle à manger, mon père fit remarquer à ma mère combien ce poêle était avantageux ; tu pourras t'en servir, disait-il, pour faire la cuisine, et en même temps il nous chauffera, le combustible ne va pas tarder à devenir rare...

— Le bois est déjà rare, interrompit ma mère, pour en avoir il faut faire maintenant la queue à la porte des charbonniers, et ils le vendent un prix exorbitant ; quant au charbon de terre il n'y faut plus penser ; le charbon de bois est introuvable.

— Mais alors, demanda mon père, comment fais-tu cuire ton déjeuner ?

— Sur une lampe à esprit de vin, répondit ma mère, c'est pour cela que si tu m'avais consulté je t'aurais dissuadé d'acheter un poêle.

— Il faut cependant bien nous chauffer, dit mon père, le froid va devenir de jour en jour plus rigoureux, on prévoit un rude hiver comme on n'en a pas eu depuis longtemps, tu ne cesses de tousser et sans feu par une température semblable tu pourrais tomber malade, ainsi que Juliette, sans compter petit Louis qui est bien délicat.

Quand je revins de classe je trouvai le poêle mis en place au milieu de la salle à manger et déjà monté ; il avait fallu percer une imposte afin de faire communiquer le tuyau avec la cheminée de la cuisine ; grâce à son emplacement et à la longueur des tuyaux, nous ne pouvions rien perdre de sa bonne chaleur, il ne nous manquait plus maintenant que le combustible.

Mon père mit son képi de garde civique et sortit pour s'en procurer. Il revint une demi-heure après, rapportant quelques morceaux de bois qu'il avait dû payer très cher ; les charbonniers ainsi que les charcutiers faisaient de bonnes affaires ; il s'empressa d'allumer le poêle qui ne tarda pas à ronfler joyeusement, et à répandre dans la pièce une douce chaleur il s'assit alors dans son fauteuil en disant : Je veillerai maintenant à ce que notre logement soit bien chauffé, car le froid est la cause de bien des maladies ; ensuite mon père retira de sa poche le journal qu'il venait d'acheter, et il nous lut l'avis suivant relatif à la grave question du jour, celle du pain.

Le Gouvernement de la Défense nationale aux habitants de Paris.

« L'avis publié il y a deux jours par le Gouvernement paraît avoir dissipé les inquiétudes de la population relativement au pain. Il importe qu'il n'en reste aucune trace.

« Il est clair que s'il y a quatre pains pour quatre consommateurs, et que l'un d'eux en achète trois, il condamne tous les autres à se contenter d'un tiers de ration. Voilà les effets de la peur.

« Nous répétons qu'il n'y a aucun sujet de préoccupation et que le pain ne sera pas rationné.

« Assurément, s'il fallait se résigner à des privations dans un moment comme celui-ci, Paris n'hésiterait pas. Il n'est aucun sacrifice qu'il ne soit prêt à faire pour l'honneur et pour la patrie. Mais les approvisionnements existants permettent de lui épargner cette nécessité. La quantité de pain vendue quotidiennement n'a pas varié depuis le commencement du siège, et rien ne fait prévoir qu'elle doive être diminuée. Il n'y aura de différence que pour la qualité.

« Le plus grand intérêt de la défense étant de prolonger autant que possible la résistance de Paris, le Gouvernement, sûr de répondre en cela à la volonté de tous les citoyens, a résolu qu'aussitôt après le délai nécessaire pour écouler les quantités existantes, il ne serait plus vendu ni distribué dans la ville que du pain bis. Ce pain est nourrissant, agréable au goût et sans aucun inconvénient pour la santé. Nos paysans n'en mangent pas d'autre, même dans les départements les plus favorisés. Il va sans dire que le pain sera de qualité uniforme pour tous les consommateurs, et qu'aucune exception ne sera tolérée.

« La viande ne nous manque pas. Il en sera distribué tous les jours dans les boucheries municipales, sans réduction d'aucune sorte sur les quantités actuellement distribuées. On a eu d'abord quelque difficulté pour organiser le service ; maintenant tout est en ordre. Le pain et la viande, c'est-à-dire la double base de l'alimentation sont assurés. La situation est donc satisfaisante. On peut dire qu'elle est inespérée après trois mois de siège.

« Ces résultats sont dus en majeure partie à la sagesse et au patriotisme de la population, aussi résignée devant les privations qu'elle est héroïque devant le péril. Nous avons tous juré que rien ne nous coûterait pour sauver notre pays, et nous y parviendrons à force de calme, de vigilance et de courage. »

Il était temps que la population fût rassurée car la panique du pain menaçait de prendre de graves et de sérieuses proportions, des troubles avaient eu lieu à ce sujet à Batignolles, à Belleville, à Ménilmontant, au Gros-Caillou et à Montrouge, chez quelques boulangers le pain avait été pris de force.

Chanzy.

Depuis quinze jours nous étions sans nouvelles de la province ; des pigeons sont enfin arrivés porteurs des dépêches suivantes :

Gambetta à Trochu.

« *Tours, 5 décembre* 1870. — Vos dépêches nous sont parvenues. Elles ont provoqué l'admiration pour la grandeur des efforts de l'armée et des citoyens. Nous nous associons à vos vues et nous les servirons.

Orléans a été évacué devant les masses de l'armée de Frédéric-Charles. Nous avons dû reprendre sur notre gauche avec le 16e, le 17e, le 21e, et la moitié du 19e corps en formation, les positions par nous occupées avant la reprise d'Orléans le général Chanzy commandant toutes les forces réunies.

« Le 15e corps, commandant des Pallières, est prêt à se porter à droite ou à gauche, selon les exigences de l'action. Bourbaki commande le 18e et le 20e corps auxquels on envoie incessamment des renforts pour couvrir Bourges et Nevers. Nous sommes donc exactement dans les vues de votre dépêche du 20 novembre.

« A la suite de l'évacuation d'Amiens, l'ennemi a marché sur Rouen qu'il menace d'occuper aujourd'hui ou demain. Le général Brilland couvre le Havre. Le général Faidherbe qui a remplacé Bourbaki dans le nord est en action.

Faidherbe.

« Les Prussiens ont levé le siège de Montmédy et Mézières. Ils sont tenus vigoureusement en échec par Garibaldi entre Autun et Dijon. — GAMBETTA. »

Gambetta à Trochu et Jules Favre.

« *Tours, le* 11 *décembre* 1870. — Je vous écris tous les jours, mais le temps est si contraire ! Nous sommes également sans nouvelles depuis le 6 ; ici les choses sont moins graves que ne le répandent les Prussiens à vos avant-postes. Après l'évacuation d'Orléans, l'armée de la Loire a été divisée en deux parties, l'une sous le commandement de Chanzy, l'autre de Bourbaki.

« Le premier tient avec un courage et une ténacité indomptables contre l'armée de Mecklembourg et du prince Frédéric-Charles, depuis 6 jours, sans perdre un pouce de terrain, entre Josnes et Beaugency. Les Prussiens tentent un mouvement tournant par la Sologne. Bourbaki s'est retiré sur Bourges et Nevers.

« Le Gouvernement s'est transporté à Bordeaux pour ne pas gêner les mouvements stratégiques des armées. Faidherbe opère dans le nord et Manteuffel a rebroussé chemin de Honfleur sur Paris. Nous tenons ferme ; l'armée malgré sa retraite est intacte et n'a besoin que de quelques jours de repos.

« Les mobilisés sont prêts et entrent en ligne sur plusieurs points. Bressole, à Lyon, se dispose à se jeter avec 30000 hommes dans l'Est appuyé sur les forces de Garibaldi et les garnisons de Besançon et Langres. Je suis à Tours et je me rends dans une heure à Bourges pour voir Bourbaki.

La France entière applaudit à la réponse que vous avez faite au piège de Moltke.

Salut fraternel.

L. Gambetta.

En outre, le journal donne les détails suivants sur le combat de Beaune-la-Rolande :

« *Orléans*, 28 *novembre* 1870. — Durant toute la journée d'hier le canon a tonné à l'est de la forêt d'Orléans. Des dépêches arrivées plus tard annoncent que les Prussiens ont été battus et que Beaune-la-Rolande a été le prix de la victoire. Le combat a commencé à six heures un quart du matin, dans le voisinage de Bellegarde. L'ennemi, repoussé, essaya de retenir nos soldats dans le parc du château de Ladon. Les mobiles du Loiret s'y étaient mis en embuscade pendant la nuit et reçurent l'ennemi avec un feu meurtrier qui le contraignit à la fuite.

« Le combat s'étendit jusqu'à Beaune-la-Rolande, et les Prussiens reculèrent sur toute la ligne. Le 77e régiment de ligne s'empara de la ville. Les Prussiens furent repoussés jusqu'au delà des dernières maisons. Il était neuf heures et demie du matin. L'ennemi, qui abandonnait toutes ses positions l'une après l'autre, essaya de résister aux alentours, et le combat dura jusque vers le soir. Les Prussiens battirent en retraite sur un espace de 16 kilomètres.

« Les pigeons qui ont apporté les dépêches du gouvernement étaient chargés de 700 dépêches privées, les destinataires attendront encore quelques jours avant d'en connaître le contenu, car on ne doit pas oublier qu'elles sont réduites par la photographie et que c'est au moyen d'un fort grossissement qu'on peut les déchiffrer. »

Ces nouvelles qui sont bonnes parce qu'elles nous annoncent que la lutte ne faiblit pas en province, le poêle qui ronfle joyeusement et a fini par triompher du froid, Juliette qui ne se plaint plus et a recouvré sa gaieté, ma mère dont les quintes de toux ont cessé, et puis cette médaille militaire, témoignage de la bravoure de mon grand frère, tout cela nous fait voir l'avenir sous de moins sombres couleurs, et mon père, qui n'a jamais désespéré, désespère moins que jamais.

Il est vrai que les nouvelles données par les journaux prussiens qui nous parviennent par extraits, je ne sais de quelle façon, représentent nos armées comme battues, dispersées et hors d'état de tenir la campagne. Nous ajoutons plus de créance à *nos* dépêches, on est toujours porté à croire ce qui vous fait plaisir.

DIMANCHE, 18 DÉCEMBRE

Le chat de Mlle Célina. — Qu'est devenu Mustapha ? — La grande colère de Mme Benoît. — « Ça sent bon dans l'escalier. » — Un matou pris à l'hameçon. — Une bonne journée. — Lettre de Léon : une capture ! — On mange les prisonniers ! — Nouvelle dépêche de Gambetta. — Nous persistons à toujours espérer.

C'est la mère Michel qu'a perdu son chat
Qui crie par la fenêtre qu'est-ce qui lui rendra
Le père Lustucru
Qui l'a entendue
Lui dit: la mère Michel vot'chat n'est pas perdu.

Ce n'est pas la mère Michel qui réclame son chat, c'est Mlle Célina. Je n'ai jamais vu désespoir pareil, s'il y avait des échos aux alentours ils retentiraient de ses plaintes et de ses lamentations: mon pauvre Mustapha, mon loulou, mon gros chéri, où es-tu? Une mère ne pleurerait pas davantage l'enfant qu'on lui aurait pris; ces vieilles filles qui n'ont pas d'enfants à aimer aiment les bêtes, ce qui prouve bien qu'il faut toujours aimer quelque chose, Mustapha était soigné, dorloté.

C'était un chat vivant comme un dévot ermite
Un chat faisant la chattemite,
Un saint homme de chat, bien fourré, gros et gras.

A tous nos voisins Mlle Célina répète la même question: Vous n'avez pas vu mon chat; toute la matinée s'est passée dans des recherches infructueuses, hélas ! le pauvre Mustapha a dû être depuis longtemps guetté par quelque terrible chasseur de chats, attiré dans un guet-apens et traîtreusement, lâchement assassiné, toujours est-il que le « gros chéri » a bel et bien disparu; hélas! c'est peut-être lui qui figure sur l'étal de la boucherie de chiens et de chats de la rue de Sèvres, montrant aux Parisiens affamés sa chair tendre et rosée et sollicitant un acheteur pour le prix de 15 fr. 95 !

Afin d'épargner à Biribi un aussi triste sort, je le surveille de près et ne le laisse plus sortir seul, le pauvre petit chien, du reste, depuis sa dernière aventure, semble se douter que certains hommes ont des intentions canicides, il est devenu craintif, méfiant et se tient toujours sur mes talons. Il a raison.

Donc, nous parlions du chat de Mlle Célina, car c'était l'évènement capital de la matinée, lorsque Mme Benoît entre chez nous comme une furie et nous crie, les poings sur les hanches, ce qui était un mauvais signe :

— Comprenez-vous ça? Voilà trois fois, oui trois fois que Mlle Célina vient chez moi pour me réclamer son chat, est-ce que je l'ai vu son matou, son *angola !*

— Cela prouve qu'elle y tient beaucoup, fit observer ma mère.

— Et moi je tiens à ce qu'on me... laisse tranquille, savez-vous ce qu'elle dit maintenant, elle prétend qu'elle l'a vu auprès de ma fenêtre, on lui a même affirmé qu'il était entré chez moi, avec ça que son Mustapha, son pacha...

— Un chat pacha ! exclama mon père, que les colères de Mme Benoît avaient toujours le don de mettre de bonne humeur.

Avec ça que ce sultan qui était fier comme Artaban daignait mettre les pieds chez nous.

— Les pattes, rectifia mon père.

Les pieds, les pattes, tout ce que vous voudrez, ça m'est égal, voyons M. Marcel « c'est t'y du bon sens » de venir trois fois me réclamer cette affreuse bête et cela sur un ton pas poli du tout, elle a pris ses grands airs, cette demoiselle Célina, conçoit-on cette impudence, venir me dire que j'ai son chat. Je lui réponds, non, je ne l'ai pas ; elle insiste : Si, vous l'avez, enfin elle est partie et elle a bien fait, qu'elle y revienne je lui ferme la porte au nez malgré tout le respect que j'ai pour M. Bardoux.

Mon père a calmé Mme Benoît, de même que M. Bardoux calmait, paraît-il, Mlle Célina ; puis Charlot est arrivé clignant de l'œil, essayant de prendre un air malin, — ce qui ne sied pas du tout à sa physionomie franche et ouverte, — pendant qu'il disait, d'un ton convaincu : Ça sent joliment bon dans l'escalier, ça sent le fricot.

En effet, une bonne odeur de cuisine s'infiltrait jusqu'à nous et nous chatouillait agréablement les narines.

— Mais j'y suis, s'écria Mme Benoît en frappant dans ses mains, prise d'une inspiration subite, c'est Gustiau qui l'a volé.

Mon père n'aimait pas les accusations vagues, ce qu'il appelait « des coups de langue », et ce fut d'un ton un peu contrarié qu'il fit observer à Mme Benoît que Gustiau demeurait au 4e étage, qu'il n'avait sûrement pas trouvé Mustapha dans la rue, car c'était un chat sérieux, rangé, un vrai philosophe qui ne sortait jamais du jardin, celui-là n'était pas un coureur.

— Mais laissez-moi vous expliquer M. Marcel, disait Mme Benoît, en prenant un air mystérieux, j'y suis maintenant, ça me revient, hier j'ai vu passer quelque chose devant ma fenêtre, quelque chose que je n'ai pu remarquer, mais c'était noir, je n'y ai pas attaché d'importance, je me suis dit, c'est Mme Marcel qui secoue son chiffon ; vous n'avez pas l'air de comprendre, eh bien attendez, vous savez que ces Gustiau ont mauvaise réputation, on ne sait pas ce que c'est que ces gens-là.

— Oui, répondit mon père, cependant il ne faudrait pas juger d'après les apparences.

— Ils sont dans tous les cas bien capables de voler un chat, ça j'en réponds, eh bien voulez-vous que je vous dise, M. Marcel, on prétend avoir vu Mustapha devant ma fenêtre, précisément à l'heure où j'ai vu passer quelque chose de noir, qui remuait, oui, maintenant je m'en souviens, ça remuait, et même je dirais que ça gigotait.

— C'était le chat, s'écria mon père, en riant.

— Oui, c'était le chat de Mlle Célina, répéta Mme Benoît d'un ton convaincu, j'en suis sûre maintenant, il grimaçait horriblement et avait tiré ses griffes essayant de se raccrocher quelque part.

— Voyez-vous, s'écria mon père, comme vos souvenirs deviennent de plus en plus précis !

— C'est ce Gustiau, continua Mme Benoît qui l'avait attiré auprès de ma fenêtre, il lui a passé un nœud coulant au moyen d'une longue corde et crac, il a tiré, ça n'est pas bien malin...

— Je croirais plutôt qu'il l'a pris avec un hameçon, insinua ma mère, en souriant d'un air incrédule.

— Ça serait encore bien possible, s'exclama Mme Benoît, ce Gustiau est capable de tout, il a piqué un morceau de viande sur un hameçon, au bout de sa corde, le chat avait faim, il s'est mis d'abord à flairer, puis il a mordu dans la viande, c'est alors que Gustiau a tiré un bon coup...

On n'a jamais su au juste comment les choses s'étaient passées, ce mystère n'a jamais été éclairci ; ce qui est certain c'est que Mustapha est introuvable et ce qui est non moins certain c'est qu'une bonne odeur de cuisine s'échappe du logement des Gustiau. Charlot a pris la peine de monter au 4e étage et s'en est assuré.

M. Risler est arrivé sur ces entrefaites, et Juliette a couru aussitôt vers lui de toute la vitesse de ses petites jambes, et il lui a donné, après l'avoir embrassée, un bâton de sucre de pomme enveloppé dans un magnifique papier argenté, puis il a tiré des vastes poches de sa redingote plusieurs objets soigneusement enveloppés et ficelés, en nous disant d'un air content : Je vous apporte de quoi déjeuner et il montra à nos yeux émerveillés un bon morceau de lard, un morceau de morue et une boîte de conserves de haricots verts, c'était l'abondance, ma mère nous fit une soupe délicieuse et nous eûmes trois convives, M. Risler, bien entendu, puis Mme Rousseau et Angèle.

Il y avait dix degrés de froid.

Quelle bonne journée nous avons passée, auprès du poêle qui ronflait joyeusement. Mme Rousseau avait reçu le matin même une longue lettre de Léon écrite au crayon sur des bouts de papier numérotés 1, 2, 3... il y en avait comme cela dix-sept ! heureusement que les soldats ainsi d'ailleurs que les personnes qui leur écrivaient n'avaient pas de port à payer et qu'on ne tenait plus compte du poids des lettres ; Léon racontait ses misères au plateau d'Avron, il couchait sous la tente par dix degrés de froid ; pas d'eau pour faire la soupe, on était obligé d'aller la chercher à Villemonble, au bas du plateau, et comme les 5 ou 6000 hommes qui l'occupaient allaient tous se procurer de l'eau au même endroit, ce n'était plus que de la boue à force de râcler le fond des puits avec des bidons attachés au bout de fils de fer enlevés aux clôtures des jardins, il se débarbouillait chaque matin avec de la neige et aurait donné sans hésitation... dix ans de la vie de Bismarck pour prendre un bain parce que... enfin... quand on ne s'est pas déshabillé depuis six semaines !

— Pauvre chéri, s'est écrié, Mme Rousseau à ce passage de la lettre que lisait Angèle, lui qui était si propre, si soigneux de sa personne.

Le « pauvre chéri » racontait encore comment les moblots avaient fait un prisonnier, je reproduis textuellement son récit, sans rien omettre :

... Nous partons, le caporal Delahaye et huit hommes parmi lesquels moi, Léon Rousseau, le chéri à sa maman ; il était cinq heures du matin, nous devions pousser jusqu'à l'extrémité du parc de Villemonble, et la grand'garde dont nous étions détachés contournait le mur de ce parc, il s'agissait de savoir si les Saxons qui se trouvaient en face de nous n'avaient pas placé de petit-poste de ce côté. Nous pénétrons dans le parc, à la file indienne, nous défilant derrière les arbres, évitant les endroits découverts car, malgré l'obscurité, la neige pouvait trahir notre présence ; après avoir marché un quart d'heure, dans le plus grand silence, nous arrivons à l'extrémité du parc, lorsqu'un bruit singulier frappe nos oreilles ; Delahaye nous donne le signal de halte en frappant deux coups sur la crosse du fusil, nous écoutons, le même bruit persiste, régulier, il n'y a pas à s'y tromper, quelqu'un est là, couché, à quelques mètres de nous et ronfle bruyamment ; nous avançons alors doucement, je marchais derrière Delahaye, lorsqu'il est sur le point de tomber dans un trou, je le retiens, un pas de plus et il tombait sur une sentinelle ennemie, qui, un mouchoir noué autour de la tête pour se garantir du froid et le béret rabattu sur les yeux, ronflait bruyamment, accroupie au fond du trou et tenant son fusil serré entre ses deux bras, avec tous les signes de la plus profonde tendresse. Delahaye prit le fusil par le canon, tandis que je frappais sur l'épaule du dormeur, il fallut fortement le secouer, il se mit à grogner. Delahaye lui arracha son fusil, alors il se redressa tout d'une pièce, releva son béret, nous considéra d'un air tellement ahuri, car nos yeux s'étaient habitués à l'obscurité, que je fus pris d'une folle envie de rire, il fut un instant avant de bien se rendre compte de ce qui lui arrivait et alors se mit à jurer avec une fureur comique, Delahaye le fit taire car quelqu'autre sentinelle ne devait pas être bien éloignée et lui fit signe de sortir de son trou, il obéit docilement, on lui enleva son sabre, et son casque retenu à son ceinturon par la jugulaire, et nous reprîmes le chemin déjà parcouru, hâtant le pas, de peur d'une surprise. A l'entrée du parc, nous retrouvâmes les camarades qui nous attendaient et nous rentrâmes tous au poste de la grand'garde, nous avons gardé notre prisonnier jusqu'au jour et quand on est venu nous relever, au lieu de prendre le chemin habituel pour retourner au campement, nous l'avons promené sur le plateau afin de faire loucher les marsouins (infanterie de marine) qui prétendent que les moblots ne sont bons à rien. Un d'entre nous portait son sabre, un autre son fusil, le troisième son casque, le

Bourbaki.

quatrième, comme dans Malborough ne portait rien du tout. C'était un bon gros père, un Saxon aux yeux bleus faïence, aux cheveux roux, qui pendant cette promenade regardait tout le monde d'un air étonné et quelque peu naïf; tout d'abord il n'avait pas été rassuré, car Worms qui parlait l'allemand lui avait dit que Paris était à bout de vivre depuis longtemps et qu'on en était réduit à manger les prisonniers, il le complimentait sur son embonpoint, l'autre l'avait cru, et tout le long du chemin répétait d'un air désolé, « nicht capout » ; sur le point de le remettre entre les mains du poste de police pour qu'il fut conduit à Paris, je priai Worms de cesser cette plaisanterie un peu cruelle et de lui raconter que loin de manger nos prisonniers nous faisions en sorte de leur procurer tous les agréments de la capitale, on les conduisait tous les jours aux Champs-Elysées en voiture découverte, tous les soirs au Cirque, à l'Opéra...

Léon terminait sa lettre en disant que le caporal Delahaye et ses hommes avaient été complimentés pour cette capture et qu'il espérait bien que mon père lui adresserait ses félicitations.

Frédéric Charles.

— Certainement, s'écria mon père, en riant, mais vraiment ces enfants de Paris qui sont cependant capables de tous les héroïsmes, sont bien peu sérieux.

— C'est dans le caractère, dit M. Risler, je me souviens qu'au régiment, dans ma compagnie nous avions un Parisien, c'était un véritable boute-en-train, un loustic, même au milieu du danger il ne cessait de plaisanter.

Oui, nous avons passé une bonne journée, M. Risler avait reçu de bonnes nouvelles de son fils, nous étions heureux d'être réunis et notre situation paraissait s'améliorer, voici en effet la dépêche que contenait notre journal :

Gambetta à Jules Favre et Trochu. — Bourges, 14 décembre.

« Depuis quatre jours je suis à Bourges occupé, avec Bourbaki, à réorganiser les trois corps, 15e, 18e, 20e de la première armée de la Loire, que les marches forcées, sous les pluies affreuses qui ont suivi l'évacuation d'Orléans, avaient mis en fort mauvais état.

« Ce travail demande encore quatre à cinq jours pour être complet.

« Les positions occupées par Bourbaki couvrent à la fois Nevers et Bourges.

« L'autre partie de l'armée de la Loire, après l'évacuation d'Orléans, s'est repliée sur Beaugency et Marchenoir, positions dans lesquelles elle a soutenu tous les efforts de Frédéric-Charles, grâce à l'indomptable énergie du général Chanzy qui paraît être le véritable homme de guerre révélé par les derniers évènements.

« Cette armée, composée des 16e, 17e et 21e corps, et appuyée, selon les prescriptions du général Trochu, de toutes les forces de l'Ouest, a exécuté une admirable retraite et causé aux Prussiens les pertes les plus considérables.

« Chanzy s'est dérobé à un grand mouvement tournant de Frédéric-Charles sur la rive gauche de la Loire. Frédéric-Charles a vainement essayé de passer la Loire à Blois et à Amboise et menace Tours. Chanzy est aujourd'hui en parfaite sécurité dans le Perche, prêt à prendre l'offensive sur... lorsqu'il aura fait reposer ses troupes, qui n'ont cessé de se battre admirablement contre des forces supérieures, depuis le 30 novembre jusqu'au 12 décembre.

« Vous voyez que l'armée de la Loire est loin d'être anéantie, selon les mensonges prussiens. Elle est séparée en deux armées d'égale force, prêtes à opérer : l'une... ; l'autre,... pour marcher sur...

« Faidherbe, dans le Nord, aurait repris La Fère avec beaucoup de munitions, artillerie, approvisionnements. Mais nous sommes fort inquiets de votre sort. Voilà plus de huit jours que nous n'avons aucune nouvelle de vous, ni par vous, ni par les Prussiens, ni par l'étranger. Le câble avec l'Angleterre est interrompu. Que se passe-t-il ? Tirez-nous de nos angoisses, en profitant, pour envoyer un ballon, du vent sud-ouest, qui le portera en Belgique.

« Le mouvement de retraite des Prussiens s'est accentué. Ils paraissent las de la guerre. Si nous pouvons durer, et nous le pouvons si nous le voulons énergiquement, nous triompherons d'eux. Ils ont déjà éprouvé des pertes énormes suivant des rapports certains qui m'ont été faits ; ils se ravitaillent difficilement. Mais il faut se résigner aux suprêmes sacrifices, ne pas se lamenter et lutter jusqu'à la mort.

« A l'intérieur, l'ordre le plus admirable règne partout.

« Le Gouvernement de la Défense nationale est partout respecté et obéi ».

GAMBETTA.

JEUDI, 22 DÉCEMBRE

Un grand effort est tenté vers le nord. — Pour la première fois les bataillons de marche de la garde nationale entrent en ligne. — Nouvelle affaire du Bourget. — Les combats au nord et à l'est de Paris. — Prix fantastiques atteints par certaines denrées. — Notre détresse. — Mon père ne veut rien devoir à personne.

Au milieu de l'obscurité, car il n'y a plus de gaz depuis longtemps, et les quelques lampes à pétrole, placées aux carrefours ne peuvent percer les ténèbres, les bataillons de marche de la garde nationale défilent silencieusement, il est deux heures du matin, ils ont été réunis par le rappel dans leurs quartiers respectifs et ils gagnent les boulevards où ils doivent rejoindre, paraît-il, les bataillons des autres quartiers; une action décisive se prépare et un nouvel et immense effort est

Les gardes nationaux des bataillons de marche vont rejoindre les bataillons des autres quartiers.

sur le point d'être tenté; pour la première fois la garde nationale combattra aux côtés des troupes de ligne et de la garde mobile.

La journée d'hier a été pour ainsi dire comme le prélude de cette grande action; le canon a tonné furieusement toute la journée et le vent d'Est qui soufflait très violent nous apportait très distinctement, vers deux heures de l'après-midi, le roulement des feux de peloton et le crépitement sinistre des mitrailleuses.

A deux heures et demie, le Gouvernement faisait placarder l'affiche suivante:

« 21 *décembre*, 2 *heures, soir*. — L'attaque a commencé ce matin sur un grand développement, depuis le Mont-Valérien jusqu'à Nogent.

« Le combat est engagé et continue avec des chances favorables pour nous sur tous les points.

« Cent prisonniers prussiens provenant du Bourget viennent d'être amenés à Saint-Denis.

« Le gouverneur est à la tête des troupes.

Le général chef d'état-major général : SCHMITZ. »

Tout l'après-midi, la ville a été très animée et anxieuse, qu'allait-il résulter de ce nouvel effort, avions-nous cette fois des chances de réussir ? Depuis le début du siège on s'était occupé avec une activité fiévreuse de l'habillement et de l'armement des gardes nationaux de marche, on les avait organisés en bataillons et pour la première fois on faisait entrer en ligne cette force nouvelle ; encore une fois qu'allait-il en résulter ?

Vers dix heures du soir le rapport militaire suivant était affiché à la mairie du 6e arrondissement.

« 21 *décembre* 1870, 10 *h. soir.* — Les opérations militaires engagées aujourd'hui ont été interrompues par la nuit.

« Sur notre droite les généraux de Marloy et Blaise, sous les ordres du général Vinoy, ont occupé heureusement Neuilly-sur-Marne, Ville-Évrard et la Maison-Blanche. Le feu de l'ennemi a été éteint sur tous les points où il avait établi ses batteries pour arrêter notre action : à la suite d'un combat d'artillerie très vif.

« Le général Favé, commandant l'artillerie de la 3e armée, a été blessé.

« Le plateau d'Avron et le fort de Nogent ont appuyé l'opération.

« Dès le matin, les troupes de l'amiral de la Roncière ont attaqué le Bourget. Elles étaient composées de marins, de troupes de ligne et de gardes mobiles de la Seine.

Vinoy.

« La première colonne qui avait pénétré dans le village n'a pu s'y maintenir, elle s'est retirée après avoir fait une centaine de prisonniers qui ont été dirigés sur Paris. Le général Ducrot fit alors avancer une partie de son artillerie qui engagea une action très violente contre les batteries de Pont-Iblon et de Blancmesnil. Il occupe ce soir la ferme de Groslay et Drancy.

« Du côté du Mont-Valérien, le général Noël, vers 7 heures du matin, a fait une forte démonstration à gauche sur Montretout, au centre sur Buzenval et Longboyau, en même temps que sur sa droite le chef de bataillon Faure, commandant du génie du Mont-Valérien, s'emparait de l'île du Chiard. Au moment où cet officier supérieur y pénétrait à la tête d'une compagnie de francs-tireurs de Paris, il fut blessé très grièvement. Le capitaine Haas, qui commandait cette compagnie, fut tué raide.

« La garde nationale mobilisée a été engagée avec les troupes ; tous ont montré une grande ardeur.

« Le chiffre de nos blessés n'est pas encore connu ; il n'est pas très considérable, eu égard au vaste périmètre sur lequel se sont développées les opérations. Cependant les marins et la garnison de Saint-Denis ont fait des pertes assez sérieuses dans l'attaque du Bourget qui, d'ailleurs, a été fort contrariée par une brume intense, très gênante pour l'action de notre artillerie.

« Le Gouverneur passe la nuit avec les troupes sur le lieu de l'action. »

« Paris, le 21 décembre 1870.

« Par ordre : *Le général chef d'état-major général.*

« SCHMITZ. »

Enfin, aujourd'hui 22 décembre, on affiche à 5 heures l'avis suivant :

« La journée d'hier n'est que le commencement d'une série d'opérations. Elle n'a pas eu et ne pouvait guère avoir de résultats définitifs ; elle peut servir à établir deux points importants :

« L'excellente tenue de nos bataillons de marche, engagés pour la première

Le bataillon des marins, sous l'énergique direction du capitaine de frégate Lamothe, enlève la partie nord du Bourget.

fois, qui se sont montrés dignes de leurs camarades de l'armée et de la mobile ;

« Et la supériorité de notre nouvelle artillerie, qui a éteint complètement les feux de l'ennemi.

« Si nous n'avions pas été contrariés par l'état de l'atmosphère, il n'est pas douteux que le village du Bourget serait resté entre nos mains.

« A l'heure où nous écrivons, le général gouverneur de Paris a réuni les chefs de corps pour se concerter avec eux sur les opérations ultérieures. »

Et dans la journée, le gouverneur de Paris recevait au fort d'Aubervilliers d'où il dirigeait les opérations, le bulletin suivant :

« *Le vice-amiral commandant en chef au gouverneur de Paris, au fort d'Aubervilliers.*

« Ce 22 *décembre*, 3 *h.* 1/2. — Conformément à vos ordres, nous avons attaqué le Bourget ce matin,

« Le bataillon des marins et le 138e, sous l'énergique direction du capitaine de frégate Lamothe, ont enlevé la partie nord du village, et en même temps qu'une attaque menée vigoureusement par le général Lavoinet dans la partie sud se voyait arrêtée, malgré ses efforts, par de fortes barricades et des murs crénelés qui l'empêchaient de dépasser les premières maisons dont on s'était emparé.

« Pendant près de trois heures, les troupes se sont maintenues dans le nord du Bourget, jusqu'au delà de l'église, luttant pour conquérir les maisons une à une ; sous les feux tirés des caves et des fenêtres, et sous une grêle de projectiles, ils se sont retirés; leur retraite s'est faite avec calme.

« Simultanément une diversion importante était effectuée par les 10e 12e, 14e bataillons des gardes mobiles de la Seine et une partie du 62e bataillon de la garde nationale mobilisée de Saint-Denis, sous le commandement du colonel Dautreman.

Enfin, au même moment, le 68e bataillon mobilisé de Saint-Denis se présentait devant Épinay, tandis que les deux batteries flottantes numéro 1 et 4 canonnaient le village, ainsi qu'Orgemont et la ligne d'Enghien, qui ripostaient vigoureusement.

« Nos pertes sont sérieuses, surtout parmi le 134e et le 138e.

« Bien que notre but n'ait pas été atteint, je ne saurais assez louer la brillante énergie dont nos troupes ont fait preuve.

« Cent prisonniers prussiens ont été ramenés du Bourget.

« DE LA RONCIÈRE. »

Ce n'est pas ce que les Parisiens attendaient, aussi ont-ils été désappointés. L'effort avait encore eu lieu vers le Nord, et aussi vers l'Est, c'était plutôt une démonstration qu'une attaque menée avec la dernière énergie dans l'intention de faire la trouée et de toujours marcher en avant, mais alors, disait mon père, pourquoi cette mise en scène, ces proclamations, tout cela pour arriver à un aussi mince résultat, il vaudrait bien mieux ne rien afficher et agir plus rigoureusement, sans tambours ni trompettes. Voilà des choses qu'il n'aurait pas voulu dire et penser quelques semaines auparavant.

Comme toujours l'artillerie avait commencé la journée dès l'aube; les forts d'Aubervilliers, de l'Est, de la Briche, les batteries de Saint-Ouen et de la Couronne, les locomotives blindées sur le chemin de fer de Soissons, dix batteries de campagne et sept de siège, avaient pris à l'action une large et puissante part.

Au jour, les marins de la garnison de Saint-Denis et le 134e de ligne avaient commencé l'attaque, c'est avec la hache que les marins ont abordé l'ennemi. Dans la suifferie, en avant du Bourget, ils ont fait une centaine de prisonniers. Quatre officiers de marine ont été tués.

A Stains l'élan fut pareil et la position resta entre nos mains. La ferme de Groslay fortement défendue par l'ennemi, devint la conquête de la division Berthaut ; Drancy et Romainville furent occupés par la division Ducrot. Pendant ce temps l'artillerie du plateau d'Avron faisait merveille en empêchant l'ennemi de passer la Marne et d'opérer sa jonction avec les troupes de Drancy et du Bourget. A Neuilly-sur-Marne, les Prussiens étaient vivement délogés de leurs avant-postes.

Malgré toutes les forces déployées, malgré l'entrain des soldats, malgré leur valeur, malgré les sacrifices, la lutte a encore été inutile ; les Allemands démasquant leurs batteries du Bourget, de Drancy, de Noisy-le-Sec et du Pont-Iblon, nous ont encore une fois forcés à la retraite et nos troupes fatiguées furent obligées de se replier à l'abri des forts.

La nuit dernière, des soldats ennemis restés dans les caves de Ville-Evrard ont fait une attaque sur les postes occupés par nos troupes, ils ont été pour la plupart tués ou faits prisonniers, le général Blaise qui s'était porté en toute hâte à la tête de ses hommes a été mortellement atteint.

En résumé, nos pertes sont sérieuses, celles de l'ennemi le sont aussi, mais nous n'avons pas vaincu ; partout les Prussiens sont retranchés derrière de solides barricades, protégés par des murs crénelés, percés de plusieurs rangs de meurtrières, par des terrassements gigantesques, ainsi que nous avons pu le constater lors de l'occupation du plateau d'Avron ; les routes sont barrées par des abatis d'arbres et coupées, de distance en distance, par de profondes tranchées qui les rendent impraticables et sans trop savoir pourquoi, car je ne connais rien aux choses de la guerre, mais seulement il me semble bien que M. Risler a raison de penser que nos jeunes troupes n'arriveront jamais à franchir tous les obstacles qu'elles rencontreront après avoir repoussé les avant-postes de l'ennemi, c'est ce qui est arrivé à Champigny.

Cependant il serait bien temps de profiter utilement de tous ces canons, de toutes ces mitrailleuses fondues par nos usines, de tous ces bataillons maintenant organisés, équipés et armés, car le découragement commence à gagner de proche en proche, et notre situation devient de plus en plus critique. Je veux parler de celle des personnes qui, comme nous (et c'est la grande majorité), n'ont pas fait de provisions et ne sont pas assez riches pour payer un prix exorbitant même les choses les plus nécessaires ; les personnes riches, et qui ne regardent pas à l'argent, trouvent encore le moyen de vivre et de conserver leurs habitudes de bonne chère, elles peuvent payer un poulet 30 fr., un lapin 35 fr., une oie 70 fr., une livre de beurre 25 fr. et une livre de fromage de gruyère 18 fr., mais ma mère ne peut acheter un poireau pour faire la soupe, car il lui coûterait 1 fr. 25, il lui en faudrait même plusieurs ; enfin toutes les choses de première nécessité autrefois abordables pour notre bourse, ne sont plus achetables, tout ce qui se mange, a, depuis plusieurs jours, subi une hausse de 50 pour 100, sur les prix excessifs déjà demandés. J'en donnerai une faible idée en disant qu'un moineau, un vulgaire moineau, est vendu 2 fr. Aussi mon père qui était allé une première fois à la Caisse d'épargne a dû y retourner hier, et nos économies de six mois seront bientôt mangées.

Ce sera toujours la même chose, disait-il, non sans une certaine amertume, en remettant à ma mère les deux cents francs qu'il venait de retirer, ce sont les riches et les pauvres qui sont les moins à plaindre au milieu de tous ces désastres, les riches peuvent, s'ils le veulent, dépenser cent francs par jour pour leur déjeuner, leur fortune ne s'en trouvera pas gravement compromise pour cela, quant aux pauvres, la charité ne cesse de leur venir en aide, l'argent affecté aux secours à domicile monte, paraît-il, à la somme de cinq millions ; il a été alloué pour les fourneaux économiques un crédit de 300000 fr. qui vient d'être augmenté de 200000 fr., cent quatre-vingt-dix établissements divers fournissent des aliments à la population pauvre, en moyenne, il y a distribution de 180 à 190000 rations par jour.

Quant à nous autres, ouvriers, employés ou commerçants, qui appartenons à la petite bourgeoisie, et qui ne sommes ni pauvres, ni riches, il nous faudra épuiser nos dernières économies, si nous en avons, et faire quand même honneur à nos affaires malgré tout, malgré les circonstances ; c'est donc nous qui souffrons réellement, car nous sommes trop fiers puisque nous ne sommes pas des pauvres pour aller chercher notre ration au fourneau économique ; nous supportons les plus dures privations.

— J'aime encore mieux cela plutôt que de tendre la main, s'est écriée ma mère.

— Oh certes, moi aussi, continua mon père, j'ai le cœur trop haut pour demander assistance, je supporterai plutôt la misère jusqu'à ses dernières limites, car je veux toute ma vie marcher la tête haute et ne rien devoir à personne.

L'après-midi, mon père n'est pas allé travailler à son imprimerie, et il a réussi, tant bien que mal, à rassurer ma mère qui s'inquiète de ce changement dans ses habitudes, il a toujours quelque bonne raison à donner, aujourd'hui, disait-il, il pensait être appelé pour faire son service de garde civique. Je crois qu'en réalité il voulait rester à la maison à cause de Juliette qui a perdu toute sa gaieté et ne cesse de pleurer doucement, elle a des frissons et parfois cependant elle est rouge, et sa figure et ses petites mains sont brûlantes; elle demande constamment à boire et mon père a constaté qu'elle avait une forte fièvre.

— Elle a pris froid, fit observer ma mère, et voilà que nous n'avons plus de bois.

Je suis allé aussitôt chez le charbonnier, afin de m'en procurer à tout prix. J'en ai rapporté ma charge et je me suis empressé de rallumer le poêle pendant que mon père tenait Juliette sur ses genoux.

— Il vaut mieux la coucher, dit mon père, elle se tiendra plus chaudement dans son lit, demain si elle ne va pas mieux nous ferons venir le médecin.

DIMANCHE, 25 DÉCEMBRE. NOEL !

Est-ce une hallucination ? — La peur. — La maladie de Juliette. — Ma mère vaincue par la fatigue s'est assoupie. — Le berceau de ma petite sœur. — Comme elle dort bien. — P'tit azeau ! Maman ! Maman ! — Le désespoir. — Va chercher Angèle. — La funèbre toilette. — André voulait nous faire une surprise. — Visite de M. Risler. — Le polichinelle.

Cette nuit de Noël, je me suis réveillé en sursaut, la tête lourde, le cœur serré par une angoisse indéfinissable, j'étais sans doute le jouet de quelque étrange hallucination car il me sembla *entendre* une clef grincer dans la serrure de la porte d'entrée et *voir* la porte s'ouvrir toute grande, lentement, doucement, sous une poussée mystérieuse... il n'y avait personne !

Alors le front baigné d'une sueur froide, je me sentis glacé comme par un grand souffle, une épouvante folle s'empara de moi, je cherchais à rassembler mes idées sans pouvoir y réussir, j'entendais toujours ce bruit de serrure dans le grand silence de la nuit, je voyais encore la porte s'ouvrir mystérieusement, d'elle-même, je voulais crier et le son expira sur mes lèvres et, chose étrange, j'en vins à me demander si je dormais, ou bien si j'étais réellement éveillé.

A ce moment, ma couverture et mon édredon, glissant insensiblement, tombèrent à terre, je m'efforçais de surmonter l'épouvante qui me clouait, immobile, dans mon lit, et de secouer la torpeur qui peu à peu m'envahissait, afin de me lever pour les ramasser, car le froid commençait à me gagner, je vais compter jusqu'à douze, me dis-je, et je sauterai hors du lit.

Je commençai donc à compter un... deux... trois... espaçant davantage les intervalles à mesure que j'approchais du chiffre final, parvenu à six, je prêtai l'oreille, au loin j'entendais des détonations sourdes, régulièrement espacées, le duel d'artillerie se poursuivait implacable entre l'ennemi et nous et la solennité de Noël ne l'interrompait pas ; je me sentis alors revenu dans le monde de la réalité et toutes mes terreurs s'évanouirent complètement lorsque j'entendis notre coucou chanter quatre heures du matin.

Je ne prends même pas la peine de compter jusqu'à douze, je me lève très rassuré, riant de ma frayeur, la porte n'est pas ouverte, me dis-je, non elle ne l'est pas, j'en suis sûr puisque, hier soir, ma mère m'a bien recommandé de la fermer ; alors tout en tâtonnant, je cherche les allumettes et voilà que la frayeur me prend à cette pensée : si cependant elle était ouverte.

Il faut en finir, je frotte l'allumette, elle s'enflamme peu à peu perçant à peine l'obscurité, puis elle éclaire vivement la chambre, je me retourne brusquement... la porte est grande ouverte ! un courant d'air froid éteint mon allumette entre mes doigts tremblants, tout retombe dans l'obscurité, et Biribi qui couche dans un coin de la pièce se met à gémir et à hurler lamentablement, je n'ai jamais entendu mon petit chien pleurer ainsi, qu'est-ce que cela veut dire ?

Un effort de volonté me remet en possession de moi-même, je rassemble toute mon énergie, et à tâtons je ferme la porte, puis je caresse Biribi qui tremble de frayeur, je réussis à le calmer, il se tait, j'allume la bougie et je me hâte de me vêtir car je suis glacé jusqu'aux os mais auparavant, oserai-je l'avouer, j'ai eu soin de me baisser et de regarder sous mon lit, il n'y a rien, bien entendu.

J'ouvre doucement ma porte qui met en communication ma chambre qui est aussi celle de mon frère et la salle à manger; depuis trois jours Juliette est malade, gravement malade, le médecin n'a pu encore se prononcer, il craint la variole et doit venir ce matin de bonne heure, cette fois nous saurons alors à quoi nous en tenir, la maladie se sera déclarée; à la lueur pâle et tremblottante de la veilleuse qui achève de se consumer, je vois ma mère terrassée par la fatigue assoupie dans le fauteuil auprès du berceau de Juliette, depuis trois jours elle n'a pas eu un instant de repos, elle tient à veiller elle-même la petite malade et ne veut même pas se reposer de ce soin sur mon père et même sur Angèle qui le lui a proposé avec insistance, elle sait bien cependant qu'elle peut compter sur le dévouement d'Angèle; mais lorsque les mères ne soignent pas elles-mêmes leurs enfants elles les croient mal soignés. Juliette a une fièvre violente, tantôt elle est brûlante, tantôt glacée, elle est agitée par des frissons, par des tressaillements, cependant elle allait mieux hier soir; toutes les nuits ma mère lui donne ses médicaments aux intervalles fixés par l'ordonnance et ne cesse de la surveiller, maintenant, accablée, ma bonne mère dort de ce mauvais et lourd sommeil que cause une fatigue excessive.

Comme il fait froid! sûrement le poêle s'est éteint, je prends la résolution de le rallumer, sans faire de bruit, j'y parviens avec les plus grandes précautions, et bientôt il se met doucement à ronfler, il ne tardera pas à chasser le froid qui s'est glissé sournoisement par les interstices des fenêtres et des portes et peu à peu a envahi le logis. Satisfait de mon ouvrage, je reste un moment immobile au milieu de la pièce, prêtant l'oreille aux ronflements du poêle et au tic-tac monotone du balancier du coucou; sur le point de me retirer, je jette un coup d'œil sur ma mère endormie et sur le berceau de Juliette, elle doit reposer maintenant la chère mignonne, après trois jours d'insomnies, d'agitation et de fièvre, l'envie me prend de voir si elle est bien couverte, le médecin a bien recommandé d'éviter qu'elle ne prenne froid; tout doucement, bien doucement, je m'approche de son berceau, j'écarte avec précaution les petits rideaux de mousseline blanche et je la vois la tête passée sur son bras replié comme un oiseau qui cache la tête sous son aile, l'autre bras sur la couverture; comme elle dort bien, me disais-je, et j'étais tout joyeux, n'était-ce pas bon signe ce sommeil, et puis hier soir elle était presque gaie, elle essayait de sourire, la pauvre enfant, toute affaiblie qu'elle était, et quelle joie quand le bon Charlot, auquel nous avions défendu de venir depuis que le médecin redoutait la petite vérole, lui avait prêté son serin, je l'avais apporté et j'avais placé la cage sur la table près de son berceau, afin de la distraire, cela l'amusait de voir le serin qui sautait d'un barreau à l'autre, redressant la tête, faisant le beau et poussant de temps à autre un petit cri d'appel; Juliette aurait bien voulu le prendre, le tenir dans sa main et elle me le désignait en disant: Lili... pt'it azeau!...

Comme elle dort bien maintenant! J'admirais sa pose si gracieuse, ses boucles blondes qui cachaient sa jolie petite figure... pet'it azeau! pet'it azeau!... ô la chère et mignonne créature! Dors bien chère petite sœur!

J'allais me retirer lorsque je songeais que le poêle serait encore quelque temps avant de faire sentir sa vivifiante chaleur et qu'il valait mieux que Juliette eût les bras couverts, je pris donc sa petite main pour la glisser tout doucement sous la couverture et je m'applaudissais de cette pensée car sa main était déjà froide, puis j'essayais de dégager son bras replié; tout à coup, l'expression de sa figure

Mon père resta longtemps immobile auprès du berceau de Juliette.

qui tout à l'heure était cachée par ses boucles blondes me frappa, je touche sa joue, elle est froide, je lui prends la tête entre mes mains, ses yeux semblaient éteints, épouvanté je me penche sur elle, j'écoute... elle ne respire plus... alors l'affreuse vérité éclate comme un coup de foudre et je pousse un grand cri : maman !

Ma mère, réveillée en sursaut se redresse vivement et demande effarée : quoi... qu'y a-t-il ?

Alors aussitôt cette pensée me vient à l'esprit, comme un éclair : pourquoi as-tu crié, il fallait d'abord réveiller ton père et le prévenir, ta pauvre mère, si affaiblie, ne peut sans ménagements apprendre l'affreuse nouvelle, mais en des moments semblables, on perd la tête, on ne sait plus ce que l'on fait, les larmes me jaillirent des yeux et, me cachant la tête dans les mains je me pris à sangloter en disant : ô maman ! maman !

— Qu'as-tu donc, petit Louis, me cria-t-elle, avec angoisse.

Alors, tout tremblant, je lui avais à peine montré, d'un geste ébauché, le berceau de Juliette en disant : Juliette... qu'elle s'était déjà précipitée et arrachait les rideaux du berceau, elle prit Juliette dans ses bras, la considéra d'un air épouvanté, sa petite tête vacillait, inerte, sur ses épaules, alors elle comprit et poussa un cri, un grand cri, c'était son cœur de mère qui se déchirait, elle se mit à crier et à appeler : mon enfant ! mon enfant !

J'entendis mon père se lever précipitamment, ma mère s'était affaissée sur le fauteuil, elle était comme folle et regardait sans voir, avec des yeux fixes, hagards, tenant Juliette serrée contre elle.

Mon père entra aussitôt, en demandant d'une voix grave et comme prévoyant un malheur : qu'y a-t-il ? Juliette est morte, lui répondis-je à voix basse ; il resta un instant atterré, me regardant, deux grosses larmes jaillirent de ses yeux, il aimait tant sa petite-fille ! Il prit l'enfant des bras de sa mère anéantie, la coucha dans son berceau et faisant appel à toute sa volonté pour ne pas fléchir sous cette rude épreuve il s'efforça de calmer ma mère, de la consoler, mais elle s'échappa de ses bras et tomba, des deux genoux, sur le parquet en s'écriant : mon Dieu, mon enfant est morte, vous m'avez pris mon enfant, et elle se cachait la tête dans les mains et de grosses larmes coulaient à travers ses doigts pendant que des sanglots déchirants soulevaient sa poitrine.

— C'est un petit ange, disait mon père, ne te désoles pas...

Mais elle ne voulait rien entendre, elle pleura abondamment, cela lui fit du bien, car elle ne tarda pas, vaincue par la fatigue et par l'excès de sa douleur à tomber dans une sorte d'assoupissement, mon père la porta avec précautions sur son lit, elle gémissait encore doucement.

Alors mon père laissa un libre cours à sa douleur, Juliette c'était l'enfant de sa vieillesse, l'espoir de ses vieux jours, il resta longtemps immobile auprès du berceau, la tête basse, abîmé dans un muet désespoir, je fus obligé de lui prendre la main afin de le tirer de cette immobilité, de cette sombre rêverie qui m'effrayait. Il se réveilla en effet comme d'un rêve et me dit : C'est maintenant sur ta mère qu'il faut veiller.

Elle ne dormait pas, elle était plutôt envahie par une sorte de torpeur maladive.

— Va chercher Angèle, me dit mon père.

Malgré l'heure matinale j'allais frapper à la porte de Mme Rousseau, Angèle était éveillée, elle vint bientôt m'ouvrir et me demanda avec anxiété, il me semble que j'ai entendu ta mère pleurer, est-ce vrai.

— Oui, lui répondis-je, Juliette est morte.

Elle répéta, épouvantée : Juliette est morte! Alors, sans prendre la peine de se mieux vêtir, elle s'élança chez nous et courut au berceau de Juliette, et elle la contemplait, épouvantée, des larmes plein les yeux.

— Je te prie, Angèle, lui demanda mon père, de te trouver auprès de ma femme lorsqu'elle se réveillera de son assoupissement... elle est si faible... et puis quand l'idée que Juliette n'est plus lui reviendra à l'esprit je redoute une crise que ta présence contribuera à apaiser, tu sais combien elle t'aime...

Nous pouvions toujours compter sur le dévouement d'Angèle, elle revint quelques instants après s'installer sans bruit au chevet de ma mère, et quand celle-ci se réveilla et vit la douce figure de la jeune fille se pencher vers elle, prête à lui prodiguer toutes les consolations que pouvait lui suggérer la bonté de son cœur, afin de calmer sa douleur, la crise que redoutait mon père n'eût pas lieu, ma mère se leva et voulut procéder avec Angèle à la dernière toilette de sa petite fille, elle lui passa sa plus fine chemisette, lui mit sa plus belle petite robe et la coucha dans son berceau garni de draps bien blancs.

Pendant que ma mère s'occupait de ces funèbres apprêts qui me serraient le cœur, je regardais vaguement dans la rue, ne voyant rien ou presque rien à travers mes larmes et les vitres couvertes de buée ; cependant tout à coup il me sembla apercevoir au coin de notre rue un soldat, un zouave, j'enlevai vivement la buée qui recouvrait la vitre et je reconnus aussitôt André dont la silhouette se détachait sur la blancheur de la neige, c'était bien lui, il avançait d'un pas rapide et avait toujours le bas de la figure entouré d'un bandage. Il me vint aussitôt à l'esprit qu'il ne savait rien de la mort de Juliette et je m'écriai, très effrayé : voilà André qui vient!

Alors mon père se leva vivement, regarda aussitôt par la fenêtre, et s'étant ainsi assuré que je ne m'étais pas trompé, il descendit au devant de mon frère, ils restèrent quelque temps ensemble, j'entendais mon père causer dans l'escalier, il le préparait sans doute peu à peu à la fatale nouvelle.

En entrant, André tendit les deux mains à ma mère, c'était la seule marque de tendresse qu'il put lui donner car il était obligé de tenir la tête droite à cause de sa blessure, il voulut voir Juliette et la contempla longuement, deux grosses larmes roulaient sur son bandage, il avait une grande affection pour cette enfant qui elle aussi l'aimait beaucoup. Ensuite il me fit signe qu'il voulait écrire et quand je lui eus donné ce qu'il fallait pour cela il écrivit : C'est aujourd'hui le jour de Noël, c'est ma première sortie et moi qui voulais vous faire une surprise!

Vers onze heures M. Risler qui avait coutume de venir nous voir les dimanches et jours de fête, arriva ; il avait l'air content je vis cela tout de suite lorsqu'il entra ; lui aussi sans doute ménageait quelque surprise à Juliette, mon père lui prit la main sur le seuil de la porte et lui dit : M. Risler, il nous est arrivé un grand malheur, notre petite Juliette est morte ce matin.

Il fit un haut le corps et regarda mon père ne pouvant croire ce qu'il lui annonçait car trois jours auparavant il avait quitté Juliette assez bien portante, lorsqu'il s'avança dans la chambre, je vis un polichinelle qui sortait son bras de la poche de sa redingote, tenant à la main une cymbale, il l'avait apporté pour Juliette car en Alsace on échange beaucoup plus de cadeaux au jour de Noël qu'au jour de l'an, c'est pour cela que ce bon M. Risler avait l'air content car il aimait tant faire plaisir à Juliette. Il témoigna bien qu'il prenait une large part à notre douleur et contint difficilement son émotion quand il vit sa petite amie couchée dans son berceau, les yeux fermés pour toujours ; il trouva quelques bonnes paroles de consolation pour ma mère, ensuite il fit remarquer qu'il fallait aller à la mairie donner avis du décès, il s'offrit pour accomplir cette formalité, mais il devait être accompagné par quelqu'un de la famille qui pût fournir les renseignements nécessaires.

— André vous accompagnera, répondit mon père, ainsi que Louis.

M. Risler se retira en nous souhaitant bon courage, je descendais l'escalier derrière lui et je voyais le polichinelle qui sortait toujours son bras de la poche de la redingote, tout en marchant à côté de mon frère notre ami lui exprimait le plaisir qu'il ressentait en le voyant bientôt guéri de sa blessure, malheureusement mon frère ne pouvait lui répondre; nous étions arrivés au carrefour de la rue de Rennes lorsque, au coin de la rue Saint-Placide, M. Risler s'arrêta, regardant un petit garçon de quatre ans environ, tête nue, mal vêtu, qui sortait de chez le boulanger, il tenait d'une main, serré contre sa poitrine, un pain de quatre livres qui était presque aussi grand que lui et de l'autre main le morceau « pour faire le poids » dans lequel il mordait à belles dents, il avait un petit air éveillé et bon enfant qui faisait plaisir à voir.

Quand il passa devant nous, M. Risler le retint par le bras et, tirant de sa poche le polichinelle qu'il destinait à Juliette il le lui donna, mais le petit garçon qui avait du reste les deux mains embarrassées n'osait le prendre et tout étonné regardait tantôt le polichinelle et tantôt M. Risler.

— Prends-donc lui dit M. Risler en lui mettant le polichinelle sous le bras, c'est Juliette Marcel qui te le donne.

Le petit garçon répéta, la bouche pleine, Juliette Marcel..., puis il se mit à courir, fou de joie, serrant entre ses bras, sur son cœur, son pain et son polichinelle!

MARDI, 27 ÉCEMBRE

L'enterrement de Juliette. — Il y a tant de morts ! — La proclamation de l'empire d'Allemagne. — Le berceau. — Nous n'avons plus de combustible. — La misère augmente tous les jours. — A propos du Bourget. — Une bonne nouvelle. — Le bombardement du plateau d'Avron.

Le médecin des morts qui est venu hier matin, envoyé par la mairie pour constater le décès de Juliette, a prescrit son inhumation immédiate parce qu'il attribuait sa mort à la variole ; c'est une maladie épidémique qui fait beaucoup de victimes en ce moment, surtout parmi les enfants, parce que ces pauvres petits êtres souffrent beaucoup de la faim et du froid ; cependant comme les pompes funèbres n'avaient pas été prévenues à temps et que le nombre des morts est considérable, l'enterrement n'a pu se faire que ce matin à la première heure.

Il ne faisait pas encore jour lorsque les croque-morts sont arrivés, je renonce à dépeindre les larmes et le désespoir de ma mère lorsqu'ils ont pris Juliette pour la mettre dans le cercueil. Angèle qui pleurait aussi s'efforçait de la consoler en lui prodiguant toutes les marques de sa tendresse, mon frère était sombre et une ride profonde lui barrait le front, quant à moi mon cœur se fondait et je pleurais silencieusement sans pouvoir m'arrêter ; les croque-morts habitués à ces scènes de douleur faisaient leur triste besogne sans y faire attention et se hâtaient.

Notre chagrin fut encore accru par une quinte de toux qui secoua ma pauvre mère de la nuque aux talons et la laissa ainsi toute tremblante. Angèle s'empressa de lui faire chauffer une tasse de tisane, et mon père lui fit observer, avec toutes sortes de ménagements, qu'il serait bien préférable dans l'intérêt de sa santé qu'elle restât à la maison plutôt que d'affronter une température de dix degrés de froid. Depuis plusieurs jours mon père s'était opposé à sa sortie, elle était absorbée d'ailleurs par les soins à donner à Juliette, c'était moi qui me chargeais de toute les commissions et qui faisais la queue à la boucherie. La maladie de Juliette l'avait beaucoup fatiguée parce qu'elle s'entêtait à vouloir tout faire elle-même, cependant elle savait bien qu'elle pouvait compter sur le dévouement d'Angèle.

— C'est cela, dit Angèle, qui approuvait mon père, restez dans cette chambre chaude et couchez-vous, maman vous tiendra compagnie.

— Non, non, répondit ma mère, laissez-moi accompagner mon enfant jusqu'au cimetière... Alors mon père s'est tu ne voulant pas la contrarier dans un pareil moment.

Quand l'ordonnateur que l'on attendait depuis quelques minutes fut arrivé et lorsque les croque-morts eurent pris le cercueil pour l'emporter, ma mère eut encore une terrible crise de larmes, elle pleurait comme un enfant et disait des mots sans suite... je regardai André et je vis qu'il avait bien de la peine à contenir son émotion.

L'ordonnateur demanda : la famille est-elle prête ? Nous sommes prêts, Monsieur, répondit mon père, et il confia ma mère aux soins d'Angèle et de Mme Benoît, car Mme Rousseau qui elle aussi tenait à être du cortège était tout au plus capable de marcher, à cause de son infirmité.

Les porteurs placèrent le cercueil sur le brancard et partirent d'un pas rapide, mon père, André et moi nous suivions immédiatement derrière, Charlot marchait à côté de moi et me tenait par la main, puis venaient M. Risler, M. Benoît (M. Bardoux s'était excusé à cause de sa classe), et quelques amis et voisins, il y avait aussi plusieurs dames, précédées par ma mère qui marchait entre Angèle et Mme Benoît.

La neige craquait sous nos pas, le froid était encore rendu plus vif et plus piquant par un vent du Nord-Est contre lequel il fallait lutter en marchant, le ciel était bas et sombre, nous étions entourés d'une atmosphère grise, d'une sorte de poussière de neige qui était bien en harmonie avec notre tristesse, d'autres

Le château de Versailles où le roi de Prusse fut proclamé empereur d'Allemagne.

convois se dirigeaient comme nous vers l'église et n'avançaient plus avec cette lenteur solennelle d'autrefois, les croque-morts se hâtaient, il y avait tant de morts à enterrer.

Et le désespoir de tout ce monde, de ces femmes, de ces enfants qui couraient presque derrière les corbillards, voulant quand même accompagner leurs morts jusqu'à leur dernière demeure, était navrant, je concevais bien par ma propre douleur tout ce que ces pauvres gens devaient souffrir, je compatissais à leur peine.

En ce moment, un homme qui portait des journaux se mit à crier afin d'appeler l'attention de quelques rares passants : « Demandez les dernières nouvelles, la proclamation de l'empire d'Allemagne à Versailles, le couronnement du roi de Prusse ! » J'entendis alors mon père murmurer : Ah ! l'empire d'Allemagne ! c'est toujours ainsi que naissent les empires, celui-là s'élève sur des cadavres il est cimenté avec des larmes et du sang, je ne l'envie pas à nos ennemis, il finira comme il a commencé, cela ne peut être autrement et ce sera justice.

A peine arrivions-nous au cimetière que la neige se mit à tomber à gros flocons chassée en tourbillons par le vent du nord qui nous cinglait le visage, nous avancions avec peine au milieu des fosses béantes, enfin on s'arrêta, le petit cercueil fut descendu, il résonna lugubrement sous les premières pelletées de terre durcie par la gelée, puis la terre s'amoncela, la fosse fut rapidement comblée, les fossoyeurs pressés par la besogne se hâtaient, et comme ma mère restait là, anéantie par la douleur, mon père lui prit le bras afin de l'emmener pendant qu'Angèle plaçait sur la tombe une croix en bois noir sur laquelle était écrit : « Juliette Marcel, décédée à l'âge de 16 mois. »

On a raison de dire qu'un petit enfant c'est la joie dans une famille, on s'en aperçoit bien lorsqu'il n'est plus là ; quand nous sommes rentrés, la maison nous a paru bien vide. Nous nous souvenions les larmes aux yeux que Juliette accueillait toujours notre arrivée par des manifestations de joie, il nous semblait entendre encore ses éclats de rire et son joyeux babil, j'aperçois par terre dans un coin sa poupée favorite, et je me baisse bien vite pour la ramasser afin de la soustraire aux regards de ma mère, le berceau en osier est toujours à sa place habituelle.

— Votre poêle s'est éteint, s'écrie Mme Benoît et il fait bien froid ici, venez vous chauffer chez moi, Mme Marcel, pendant que petit Louis et Charlot le rallumeront. J'ai eu soin de bourrer le mien avant de partir, mais on dirait que vous n'avez plus de bois.

— En effet, répondit mon père, nous n'en avons plus.

— Eh bien, Charlot vous en apportera.

Charlot revint quelques instants après apportant quelques planches qu'il fallut scier pour les faire entrer dans le poêle, la blessure d'André le condamnait à l'immobilité, et je voyais bien qu'il souffrait de ne pouvoir nous aider. Ma mère était descendue chez Mme Benoît qui l'avait installée près du poêle, malgré toutes ces précautions nous l'entendions continuellement tousser, elle avait encore dû prendre froid au cimetière.

Mme Benoît nous avait dit manquer de petit bois pour faire prendre le feu, nous n'en avions pas davantage, mon père avait beau bourrer le poêle de papier, le bois qui était mouillé ne s'allumait pas, je ne sais où Mme Benoît se l'était procuré, nous étions envahis par la fumée.

— Prends le berceau de Juliette, papa, lui dis-je, comme cela maman n'aura plus sous les yeux un objet qui tous les jours ravivera sa douleur.

— Tu as raison, petit Louis, dit mon père, en prenant le berceau avec des mains qui tremblaient, il eût vite fait de le mettre en pièces, cet osier qui était bien sec se mit aussitôt à flamber ; le malheur voulut que ma mère rentrât à ce moment, et en voyant le berceau brisé et dont les morceaux étaient épars sur le plancher, elle se mit à pleurer et son désespoir était si grand, ses larmes venaient si bien du fond de son cœur que nous restions là, attérés par cette grande douleur, ne trouvant rien à lui dire parce que nous comprenions bien l'inutilité de nos consolations. Si encore Angèle eût été là, mais elle était restée auprès de sa mère qui se désolait parce qu'elle avait entendu dire que ces violentes détonations qui nous arrivaient sans discontinuer, apportées par le vent du Nord-Est, étaient le prélude d'une attaque de l'ennemi contre les forts de l'Est et le plateau d'Avron, c'était la première fois, depuis le commencement du siège, que les batteries ennemies prenaient l'offensive, cela signifiait sans doute que, fatigué par cent jours de siège, l'assiégeant voulait en finir et tentait un grand coup. Angèle avait toutes les peines du monde à rassurer Mme Rousseau qui gémissait sur le sort de son Léon.

Enfin le feu finit par prendre et bientôt une douce chaleur se répandit dans la pièce, mon père contraignit alors ma mère à se coucher, car elle ne cessait de tousser, je lui préparai aussitôt une tasse de tisane et quand elle fut couchée, mon père s'assit auprès du lit, tenant sa main dans les siennes, elle ne tarda pas à s'assoupir, vaincue par l'insomnie et brisée par le chagrin.

Quand mon père vit qu'elle reposait, il s'éloigna sans faire de bruit, et fit signe à mon frère qui se tenait immobile auprès de la fenêtre, regardant dans la rue comme pour chercher une diversion à ses tristes pensées, il le prit par la main et le conduisit dans ma chambre, ensuite il lui dit :

— Tu sais qu'Étienne était dans les mobiles de la Côte-d'Or.

— Oui, fit André, avec les yeux.

— Eh bien, il a été blessé à Champigny et il est mort à l'ambulance.

André leva les bras en l'air et ses yeux exprimèrent un douloureux étonnement.

— Et voici, ajouta mon père, en tirant de son portefeuille la lettre d'Étienne, ce qu'il m'a fait parvenir.

André prit la lettre, la lut avec attention, et je vis bien qu'il était profondément ému.

J'étais allé la veille avec Charlot au carrefour de la Croix-Rouge et avec quelques sous pris dans ma tirelire j'avais acheté chez M. Chélu une ardoise et plusieurs crayons afin que mon frère put converser aisément avec nous, en la plaçant au même endroit, ainsi que les crayons, il était sûr de toujours avoir sous la main ce qui lui était nécessaire pour écrire, il me fit signe de lui apporter ces objets et écrivit aussitôt : Angèle sait-elle cela ?

— Non, répondit mon père, je n'ai pas jugé à propos de l'en informer, du reste nous aurons le temps de nous occuper de ces choses quand le siège sera fini et quand tu ne seras plus soldat.

Cette triste journée fut interminable, nous n'avions absolument rien à manger si ce n'est du pain, et il nous fallut recourir à notre suprême ressource : la soupe au vin sucré ; la misère augmente tous les jours et elle est encore compliquée par la rareté du combustible, il y a deux catégories de personnes qui ne souffrent pas du siège, ce sont les millionnaires et les indigents, mais jamais mon père n'aurait consenti à se faire inscrire au nombre des indigents, il était bien trop fier pour cela et il avait pour principe de ne rien devoir à personne. Le reste de la somme que nous avions à la Caisse d'épargne a été retiré et nous pouvons encore suffire à nos dépenses, grâce à nos économies. Les choses les plus nécessaires à la vie ont augmenté de 50 pour 100, la viande de cheval, d'âne ou de mulet, coûte maintenant 8 fr. la livre, un chat se vend couramment de 20 à 25 fr., le beurre 35 fr. la livre, un œuf 2 fr.

Il ne faut pas que nos malheurs privés, que notre tristesse me fasse oublier ce qui intéresse la chose publique, à propos du Bourget l'*Officiel* publie la note suivante concernant les opérations militaires :

« *Paris, 26 décembre* 1870. — L'exposé des évènements militaires qui ont eu lieu depuis le mois de novembre n'a pu être livré à la publicité en raison des circonstances au milieu desquelles ils s'accomplissaient. Il était d'intérêt public qu'à leur sujet aucune discussion ne s'ouvrit prématurément, alors que l'ennemi, on le sait, reçoit les journaux de Paris, qui lui portent les nouvelles quotidiennes du siège et les commentaires auxquels ils donnent lieu.

« Cet exposé, avec la raison et le but des opérations qui ont été faites, sera prochainement communiqué au public ; mais le gouvernement a le devoir de lui fournir, dès à présent, des informations générales sur la situation de l'armée.

« C'est le 20 décembre au soir, pendant la nuit suivante et le 21 au matin que l'armée et la garde nationale mobilisée s'établissaient sur les positions qui s'étendent des bords de la Marne, en avant du plateau d'Avron, jusqu'à Saint-Denis. Cette concentration, bien que partiellement opérée par le chemin de fer de ceinture, avait été fatigante pour les troupes. Le temps s'était mis au froid. Un vent glacial souffla pendant toute la journée du 21, qui fut consacrée à l'occupation de Neuilly-sur-Marne, de Ville-Évrard, de Maison-Blanche, de Bondy, de la ferme de Groslay et du Drancy.

« L'occupation du Bourget, bien qu'effectuée en partie dans la matinée, fut contrariée par des accidents de guerre imprévus et ne put avoir lieu. Un vif engagement d'artillerie dura jusqu'à la chute du jour. A la nuit, les têtes de colonne gardant les positions, les troupes furent repliées en arrière, dans les tranchées qui formaient les points d'appui du champ de bataille préparé. Les unes et les autres, à peu d'exceptions près, étaient sans abri, et cette première nuit de bivouac, par une gelée intense, les éprouva très péniblement ; il y eut quelques cas de congélation.

« Le lendemain, les troupes furent appliquées à des travaux de jour et de nuit nécessaires à la continuation des opérations. Il eût été à souhaiter que la journée du surlendemain fût consacrée au repos ; mais l'ennemi avait fait sur ses propres positions des concentrations considérables, qui semblaient indiquer des intentions offensives et pouvaient nous offrir l'occasion d'un engagement général.

« Cet espoir ne se réalisa pas ; les troupes, qui avaient marché pour reprendre leurs postes de combat, eurent encore une journée fatigante, pendant laquelle l'intensité du froid ne fit que s'accroître. A dater de ce moment, leur santé dut être considérée comme sérieusement atteinte. Les cas de congélation, contre lesquels l'activité des travaux entrepris ne put rien, se multiplièrent dans une proportion menaçante ; ces travaux eux-mêmes furent ralentis par suite de la dureté du sol, et dès le 24 ils devenaient impossibles.

« Assurément l'ennemi dans ses positions est assujetti aux mêmes sévices. Mais ses soldats sont des hommes du Nord ; les nôtres, originaires de contrées dont le climat est tempéré ou chaud, en éprouvent des effets plus caractérisés, et leur santé, dans une campagne de plein hiver, réclame des ménagements particuliers. Dans cette situation, et quelque douloureuse que pût être la suspension temporaire des opérations, le devoir de les continuer était primé par le devoir de donner aux troupes un repos et des soins devenus indispensables.

« Prolonger la résistance jusqu'aux dernières limites du possible, pour donner à la France le temps et les moyens de se soulever contre l'envahisseur et d'organiser la défense nationale, a été le but de tous les sacrifices que les citoyens de Paris ont faits ; constituer une armée dans Paris, combattre énergiquement sur le périmètre d'investissement fortifié par l'ennemi, pour chercher à percer ses lignes et l'obliger, dans tous les cas, à immobiliser autour de nous des forces considérables, a été le but de tous les efforts que la garde nationale et l'armée ont faits. L'esprit public s'associera à la continuation de ce double effort, et Paris remplira noblement envers la France son devoir de capitale. »

Vers midi, malgré la neige qui tombe sans discontinuer, mon frère est rentré à l'ambulance, on continue à le nourrir avec du lait et du bouillon ; avant de partir il s'est rendu auprès de ma mère tenant à la main son ardoise sur laquelle il avait écrit quelque chose, mais ma mère qui ne pouvait pas lire parce qu'elle avait les yeux fatigués par les larmes, m'appela et je lus : Demain je reviendrai tout à fait avec vous, je n'irai plus à l'ambulance que pour me faire panser. Cette bonne nouvelle rendit à ma mère un peu de forces, elle se leva pour préparer le lit d'André, mais elle ne parvint à faire cet ouvrage qu'avec l'aide d'Angèle. Nous étions tous bien contents du retour d'André parmi nous, mon père pensait avec raison que sa présence contribuerait à calmer peu à peu la douleur de ma mère.

Les journaux du soir ont publié les rapports militaires de la journée, il y est question du bombardement du plateau d'Avron qui cause de si vives alarmes à Mme Rousseau.

« 27 *décembre matin.* — L'ennemi a démasqué ce matin des batteries de siège contre les forts de l'Est, de Noisy à Nogent, et contre la partie nord du plateau d'Avron. Ces batteries se composent de pièces à longue portée.

« En ce moment, onze heures, le feu est très vif contre les points indiqués, et comme cette canonnade pourrait être le prélude d'un bombardement général de nos forts, toutes les dispositions sont prises dans le but de repousser les attaques et de protéger les défenseurs.

« Cette nuit, on a entendu du Mont-Valérien deux fortes détonations qui peuvent donner à penser que l'ennemi a fait sauter le pont du chemin de fer de Rouen. Le fait sera vérifié dans la journée.

« Dès ce matin, l'ennemi a fait sauter la Gare-aux-Bœufs de Choisy.

« Cet ensemble de faits tendrait à prouver que l'ennemi, fatigué d'une résistance de plus de cent jours, se dispose à employer contre nous les moyens d'attaque à grande distance qu'il a depuis longtemps rassemblés.

« *Gouverneur de Paris.*

« *P. O. Le général chef d'état-major général*, SCHMITZ. »

Ce rapport est accompagné des lignes suivantes :

« L'attaque de l'ennemi ne fera qu'augmenter le courage de la population de Paris. Elle prouve par sa constance qu'elle est résolue à une résistance inflexible : elle s'associera aux nobles efforts de ses défenseurs en redoublant de calme et de discipline. Prête à tous les sacrifices pour sauver la patrie, elle ne peut être surprise ou ébranlée par aucune épreuve,

« *Le ministre de l'intérieur par intérim*, J. FAVRE. »

1er JANVIER 1871

Une sortie matinale. — Le chantier du Moulin Rouge. — Une démarche couronnée de succès. — Le vieux zouave. — Deux surprises. — Le temps a changé! — Bonne année! Bonne année! — Du café au lait! — Les étrennes d'André et d'Angèle. — Trente grammes de viande de cheval par jour et par personne. — Le bon M. Risler. — L'abondance. — Quelques nouvelles.

Il ne fait pas encore jour, je me lève et je m'habille sans faire le moindre bruit, bien doucement, en marchant sur la pointe des pieds, je me dirige vers la porte, je l'ouvre et la ferme ensuite avec précaution, je prends le seau que j'ai eu soin de placer la veille sur le palier. Fort heureusement la porte cochère est déjà ouverte, me voici dans la rue, une bouffée d'air me glace le visage et le froid me pénètre jusqu'aux os, je relève le col de ma veste et je prends ma course dans la direction du boulevard du Montparnasse.

Au coin de ce boulevard et de la rue de Vaugirard se trouve un vaste chantier de bois et charbons, le chantier du « Moulin Rouge », quand ma petite sœur était malade c'était là que je venais chercher du charbon, déjà à cette époque il commençait à devenir rare et il fallait le payer un bon prix, mais enfin on était encore bien heureux d'en avoir. Depuis j'y étais retourné mais le gardien, un vieux militaire à barbiche blanche et qui ressemblait un peu à M. Risler m'avait répondu qu'il n'y avait plus ni bois ni charbon; en effet le terrain était nu, le charbon de terre avait été réquisitionné et les piles de bois qui s'élevaient jusqu'à la hauteur d'un quatrième étage avaient disparu comme par enchantement; j'avais insisté en disant que ma mère était malade et qu'elle ne pouvait supporter le moindre froid; mais le vieux gardien qui, tout d'abord, m'avait regardé avec intérêt, finit par hausser les épaules; sans doute bien des personnes afin de l'attendrir lui donnaient les mêmes raisons, et comme on lui répétait toujours la même chose il restait incrédule.

Hier matin je passais de nouveau devant le chantier, j'accompagnais mon frère qui allait se faire panser à l'ambulance de la rue Oudinot, et j'allais ensuite en reconnaissance avec Charlot dans l'intention de nous procurer du bois, le gardien se tenait auprès de la barrière fermée, fumant sa pipe, depuis que toutes ses marchandises avaient été enlevées il n'avait apparemment plus rien à faire; il nous regarda passer, je vis bien qu'il me reconnaissait, car mon infirmité me fait aisément reconnaître et surtout je remarquai qu'il considérait avec sympathie mon frère qui portait son uniforme de zouave, il le suivit longtemps des yeux.

Hier soir, après notre expédition infructueuse, pris d'une inspiration subite, je me rendis au chantier, à tout hasard, je ne pouvais supporter la vue de ma mère qui refusait de rester couchée afin de vaquer à ses occupations habituelles et qui grelottait, transie de froid. Le thermomètre marquait plus de dix degrés! Il n'est pas possible me disais-je en route, afin d'encourager ma démarche, que cet homme n'ait pas gardé pour son usage personnel un peu plus de charbon qu'il ne lui en faut, il y en avait de si grandes provisions dans ce chantier... je vais insister... le supplier...

Je n'eus pas besoin d'insister, dès qu'il me vit il cligna de l'œil et me dit : « Je sais ce que tu veux, mon garçon, il y en a pour toi, reviens demain matin au petit jour.

A cette réponse je me sentis transporté de joie, enfin, pensais-je, ma mère n'aura plus froid, elle ne toussera plus, et je me gardais bien de rien dire à mes parents car je voulais leur ménager une surprise pour le premier jour de l'année. Et voilà comment il se fait que je me dirige, un seau à la main, vers le chantier du Moulin Rouge, en faisant sonner dans ma poche les quelques francs qui restaient encore dans ma tirelire.

En y arrivant je vis une petite lumière dans la maison du gardien ; la barrière était entr'ouverte, j'entrai et j'allai frapper au carreau, il sortit, prit mon seau sans rien dire et me fit signe de le suivre ; comme je marchais à côté de lui, il me demanda :

— C'est ton frère ce zouave qui passe le matin devant le chantier ?

— Oui, monsieur, répondis-je, il est engagé volontaire.

— Il porte bien son uniforme, dit le vieux, c'est un beau mâle, et il s'est fait mordre ?

Comme je ne comprenais pas il ajouta : il a été blessé.

— Oui, monsieur, répondis-je, il a été blessé à Champigny.

— Moi aussi j'ai été zouave, dit le vieux,... dans le temps...

Nous étions parvenus au fond d'un hangar, dans un coin reculé se trouvait une petite provision de charbon de terre, il remplit le seau et me le remit en disant : hein, c'est lourd, tu ne pourras jamais porter ça, les bossus ne sont pas forts.

— Mais si, monsieur, répondis-je en soulevant le seau, j'en viendrai bien à bout, combien vous dois-je ?

Il répondit d'un ton presque indifférent : une dizaine de sous.

Je lui remis alors une pièce de cinquante centimes en le remerciant vivement, il prit encore la peine de porter le seau jusqu'à la barrière et en le posant à terre il me demanda :

— Tu vas loin d'ici ?

— Au coin de la rue des Missions, répondis-je, près du marché.

Il hocha la tête en disant : je vais te le porter un bout de chemin mon garçon, autrement tu n'arriveras jamais, il ferma la barrière, et comme je le remerciais de sa complaisance il répondit : c'est bon... tu me remercieras une autre fois ; je me demandais pourquoi cet homme était si bien disposé pour moi, alors que, quelques jours auparavant, il me répondait qu'il n'avait pas de charbon, c'est sans doute à cause de mon infirmité me disais-je, ou bien parce que je lui ai dit que ma mère était malade, ce nom de mère remue toujours profondément le cœur, cependant j'avais pu constater qu'il avait été peu sensible à cette dernière considération, une autre pensée me vint à l'esprit : c'est que, comme il avait été zouave, la vue de l'uniforme avait éveillé ses souvenirs et fait naître ses sympathies en vertu de ce lien de camaraderie qui existe toujours et persiste, malgré les années, entre soldats d'un même régiment ; ainsi il avait voulu obliger un camarade.

A mi-chemin il posa le seau par terre et me dit : « En te reposant de temps en temps tu y arriveras. » Je le remerciai avec effusion mais il était déjà loin ; je pris le seau et je vis bien en effet après quelques pas que j'avais trop présumé de mes forces et que le vieux zouave avait raison, je fus bien souvent contraint de m'arrêter pour faire le court trajet qui me séparait encore de la maison, mais avec quelle joie, quel battement de cœur je me trouvai enfin sur le palier, les doigts raidis par le froid, à bout de forces; le jour commençait à poindre et dans notre logement tout était silencieux.

La porte eut la bonne idée de ne pas grincer lorsque je l'ouvris et, avec des précautions infinies pour ne faire aucun bruit, je parvins à allumer le poêle, il prit rapidement, le froid activait le tirage et il se mit bientôt à ronfler si bruyamment que je craignis qu'il ne réveillât mes parents ; alors dans ma joie folle (ceux qui n'ont jamais eu froid et qui ne se sont jamais trouvés réduits à des extrémités pareilles auront de la peine à me comprendre), je me mis à parler au poêle, lui disant : Tais-toi, commence d'abord par bien chauffer la pièce, rougis, mais ne fais pas tant de bruit; j'en étais là de ma conversation un peu baroque lorsque la porte de ma chambre s'ouvrit avec précaution et je vis mon frère s'avancer, il vint s'asseoir auprès du poêle, ses yeux brillaient de joie, je me précipitai dans ses bras en disant : bonne année, bonne année; il me prit les mains dans les siennes et me les serra, de tout son cœur, il n'avait pas besoin de parler; ensuite après s'être chauffé un instant il me fit signe de le suivre, me conduisit dans la cuisine et montant sur une chaise il atteignit avec bien des précautions une boîte en fer blanc qu'il avait apportée la veille et qui se trouvait dissimulée derrière une pile d'assiettes, il prit une grande casserole dans laquelle il versa le contenu de la boîte, c'était du lait, du bon lait, il y en avait au moins un litre.

Et aussitôt je pensai à la joie de ma mère, depuis si longtemps privée de son café au lait, ce café au lait qu'elle aimait tant, n'avait-elle pas coutume de dire autrefois : Je ne puis rien faire le matin avant d'avoir pris mon café au lait; avec quelles précautions André apporta dans la salle à manger la casserole pleine jusqu'aux bords, craignant d'en répandre une goutte, le poêle continuait à ronfler et commençait à rougir; je trouvais qu'il avait trop bon appétit, hélas ! il avait déjà dévoré presque la moitié de ma petite provision, mais une douce chaleur commençait à se répandre dans le logement, assis à côté de mon frère, tout près du poêle, je commençais enfin à me réchauffer de ma course matinale par douze degrés de froid, mais cependant j'avais encore l'onglée.

Le jour se levait, lentement, un jour gris et terne, peu à peu les objets tout à l'heure vagues devenaient de plus en plus distincts, mon frère avait placé sur le poêle la casserole pleine de lait et surveillait le précieux liquide; j'avais approché la table auprès du feu et sans bruit je mis le couvert; lorsque nos apprêts furent terminés je poussai un soupir de satisfaction, tout était prêt, mon père et ma mère pouvaient venir.

Je les entendis bientôt se lever, mon cœur battait de joie à la pensée de l'heureuse surprise que nous leur avions ménagée pour ce premier jour de l'année et je regardais mon frère dont les yeux souriaient ; mon père disait :

— Le temps a changé, il fait moins froid !

— Cependant les carreaux sont encore gelés, faisait observer ma mère.

— Oui, mais il fait moins froid, cela se sent bien, insistait mon père.

En retirant la casserole, car le lait qui bouillait déjà était sur le point de se répandre, mon frère en laissa tomber quelques gouttes sur le poêle, une minute après ma mère disait :

— Il y a une odeur de lait répandu dans le feu.

— Du lait, s'écria mon père, tu n'y penses pas, quant au feu je ne sais trop comment nous en aurions, puisque hier soir... Il n'acheva pas sa pensée et se mit à dire : mais oui, on dirait vraiment une odeur de lait brûlé, à ce moment il ouvrit la porte de sa chambre et d'un coup d'œil vit le poêle déjà rouge qui ronflait joyeusement, la table auprès du poêle, le couvert mis et le lait fumant et odorant que mon frère venait de retirer du feu et il nous tendit les bras, tout ému, en s'écriant ah! les chers enfants! Ma mère venait derrière lui et je m'élançai vers eux en criant : bonne année, bonne année, pendant qu'André dont les yeux souriaient montrait son ardoise qu'il tenait levée des deux mains et sur laquelle il avait écrit : Bonne année! bonne année!

Pour la première fois depuis la mort de Juliette ma mère eut un vague et fugitif sourire, elle était heureuse en pensant que cette surprise elle la devait à notre affection, elle se sentait consolée par notre amour. Voilà une année bien commencée, dit mon père, et ce que vous avez fait pour vos parents vous portera bonheur.

Au loin les détonations se succédaient sans discontinuer, le vent qui continuait à souffler du Nord-Est apportait jusqu'aux quartiers de l'ouest de la ville le bruit affaibli par la distance de la grande lutte d'artillerie qui se poursuivait à l'Est entre les batteries allemandes de Gagny et les forts de Rosny et de Nogent car le plateau d'Avron a dû être évacué. Comme je versais le café dans les tasses ma mère exprima le désir qu'Angèle et Mme Rousseau qui avaient été si bonnes pour elle, surtout dans les jours d'épreuve, vinssent prendre leur part de café, je vis bien dans les yeux d'André que cette proposition le comblait de joie et ce fut d'un pied léger que j'allai frapper à la porte de nos voisines, quand Angèle m'eût ouvert, je lui sautai au cou en lui souhaitant la bonne année et je lui fis part de mon message.

— Comme maman sera contente, s'écria-t-elle, du café au lait! Dans cinq minutes nous serons chez toi.

Nous attendîmes l'arrivée de nos voisines qui ne tarda pas, on se souhaita mutuellement la bonne année, après avoir embrassé ma mère, Angèle qui, en entrant, tenait ses deux mains derrière le dos, plaça devant elle, sur la table, une belle pomme de terre en disant : Voilà pour vos étrennes, maman Marcel, et en voici une autre pour vous, papa Marcel, ensuite voilà une gibecière pour mon petit Louis, la sienne est toute déchirée.

— Merci, Angèle, répondirent mes parents, vous nous faites bien plaisir...

— Et André, dis-je, André qui n'a rien du tout...

— Puisque maman est là, dit Angèle, je lui demanderai la permission de l'embrasser, il aura un baiser pour ses étrennes, je n'ai pas autre chose à lui donner.

Oh! comme les yeux d'André souriaient! comme il était heureux. Il ouvrit les bras et serra Angèle sur son cœur, elle se dégagea doucement et dit, les yeux humides : quelle souffrance qu'il ne puisse parler!

Mais André prit aussitôt son ardoise et écrivit : je t'aime bien!

— Oh moi aussi, dit Angèle, et de tout mon cœur...

— Quand marierons-nous ces enfants-là, demanda Mme Rousseau.

— Nous attendrons, dit mon père, que la tourmente soit passée et qu'André soit complètement guéri, il faut qu'il puisse répondre oui à M. le Maire.

— Fixons une date, dit Mme Rousseau.

— Eh bien soit, pour leurs étrennes à tous deux nous fixerons la date, ce sera pour le 1er mars, et à votre santé, chers enfants, à votre bonheur, à votre prospérité.

On trinqua avec les tasses pleines de café au lait; l'année s'annonçait sous d'heureux auspices, ma pauvre mère, encore toute meurtrie par sa douleur, se sentait renaître, cela se voyait bien sur son visage qui réflétait un peu de joie, l'affection dont elle était entourée était pour elle une douce consolation et ce mariage comblait ses vœux les plus chers. Mon père qui voyait les jours s'écouler sans amener de résultats et nos vivres diminuer (il semblait maintenant qu'ils devaient être bientôt épuisés et la crise du combustible venait encore compliquer notre situation), sentait sa robuste confiance fortement ébranlée et abandonnant le présent à son triste destin portait maintenant ses regards vers l'avenir. M. Risler n'avait pas peu contribué à dissiper ses illusions. André immobile sur sa chaise, tenant dans ses mains la petite main d'Angèle, nous regardait de ses yeux émus et souriants, ce lait qu'il nous avait apporté de l'ambulance c'était son déjeuner et son dîner de la veille, il n'avait rien pris. Je le sus depuis, mais j'étais si heureux, disait-il alors, que je ne pensais pas à la nourriture.

— Puisque nous avons fixé le jour du mariage, dit mon père, nous allons annoncer à Angèle que mon neveu Étienne Dubois lui a légué pour son entrée en ménage une somme de dix mille francs...

— Étienne Dubois, s'écria Angèle avec étonnement.

— Oui, continua mon père, il avait pris ses dispositions à cet effet avant la visite que vous lui avez faite à l'hôpital.

Angèle qui comprenait bien tout ce que le pauvre Étienne avait dû souffrir, ne put retenir ses larmes ; le cœur d'une jeune fille est toujours doux et compatissant pour tous ceux qui souffrent.

— C'était un noble cœur, dit-elle, et elle ajouta, après un moment de réflexion, mais à ma place, M. Marcel, est-ce que vous accepteriez cet argent.

— Ce serait méconnaître les intentions d'Étienne et agir contre ses dernières volontés dit mon père, si tu le refusais, accepte-le comme je l'accepterai moi-même, et garde pieusement son souvenir, c'est là ce qu'il désire, je le sais ; cet argent vous appartient à tous deux, j'en suis le dépositaire, et je dois vous le remettre le jour de votre mariage.

— C'est bien, dit Angèle très émue, puisque c'est votre opinion...

Nous restâmes silencieux, pensant à Étienne, Mme Rousseau nous tira de nos réflexions en disant : je serais curieuse de savoir comment vous avez pu vous procurer du charbon de terre.

Alors je racontai ma sortie matinale et la complaisance du vieux zouave, j'espère, dis-je, que nous aurons maintenant de quoi nous chauffer surtout si André veut bien s'en occuper.

M. Risler vint vers onze heures, porteur d'un volumineux paquet qu'il déposa sur la table d'un air content, je vous apporte vos étrennes, dit-il en souriant, et après avoir échangé avec cordialité les compliments d'usage il se mit à défaire son paquet, il contenait plusieurs boîtes de conserve, des lentilles, des haricots, et un morceau de morue, c'était l'abondance pour plusieurs jours car les boucheries municipales ne distribuaient plus que *trente* grammes de viande de cheval par jour et par personne et elle était parfois tellement dure qu'on ne pouvait la manger même bouillie, si nous n'avions pas eu la ressource de la soupe au vin nous serions morts de faim.

Aussi je laisse à penser avec quelle reconnaissance furent accueillies les étrennes de ce bon M. Risler ; il nous expliqua que la Ville, à l'occasion du jour de l'an, faisait distribuer des vivres dans les mairies à des prix très modérés et que sachant bien que nous n'irions pas à la distribution il avait réussi à se procurer ces provisions, que nous n'aurions pu jamais avoir en aussi grande quantité. Les lentilles et les haricots surtout méritaient d'être appréciés, avec un peu de graisse achetée chez M. Lauverjat, (ce qu'il appelle du saindoux), nous pourrions cette fois manger à notre faim, car notre situation sous le rapport de la nourriture devient de plus en plus critique, un chou-fleur vaut 7 francs, un chou 8 francs le beurre vaut maintenant 40 francs la livre, et j'ai vu hier acheter un corbeau pour le prix de 2 fr. 50.

Avant le déjeuner je suis allé souhaiter la bonne année, en compagnie de Charlot, à M. Bardoux ainsi qu'à Mlle Célina, et je leur ai apporté pour leurs étrennes une boîte de conserve prélevée sur nos provisions. Mlle Célina est devenue d'une maigreur effrayante, cela n'est pas étonnant puisqu'elle ne mange rien si ce n'est un peu de chocolat cuit à l'eau, elle est toujours inconsolable de la perte de Mustapha.

Enfin Charlot est venu, je suis allé chez Mme Benoît, nous avons échangé les souhaits et les étrennes. Mme Benoît nous a donné un fagot de bois sec et nous lui avons remis, ne voulant pas être en reste de politesse, un morceau de notre morue, nous avons eu aussi la visite de M. Benoît qui souffle moins en montant l'escalier car il a maigri de 15 livres, il nous a dit que déjà depuis longtemps leurs provisions étaient épuisées, et comme ils ont trop de dignité pour rien demander au bureau de bienfaisance ou aux fourneaux alimentaires, ils supportent comme nous de dures privations ; du reste, Mme Benoît prétend que son mari pourrait vivre « des années et des années » sans rien manger, se nourrissant de sa propre graisse, ce qui est exagéré. « Il est si gros qu'il se nourrirait lui-même », dit-elle, d'un ton convaincu.

Nous avons fait un bon déjeuner : de la morue et des lentilles accommodées avec de la graisse ; ma mère a voulu partager les deux pommes de terre données par Angèle, elles ont été trouvées délicieuses, cela se comprend : si nous avions eu des pommes de terre à profusion comme autrefois, nous les aurions trouvées moins bonnes.

Dans l'après-midi notre concierge, Mme Brunet, a remis à Mme Rousseau une lettre de « son » Léon. Il raconte que le 6e bataillon des mobiles de la Seine a évacué le plateau d'Avron et se trouve maintenant cantonné à Charenton, et il manifeste l'intention de s'échapper quand il en trouvera l'occasion pour venir embrasser « maman et petite sœur », il a beaucoup de choses à nous raconter paraît-il, et semble n'avoir rien perdu de sa gaieté. Angèle lui a écrit pour lui annoncer la mort de Juliette.

M. Risler a de bonnes nouvelles de son fils Jean.

JEUDI, 5 JANVIER

Comment on se procure des nouvelles. — La mortalité augmente encore. — Les petits enfants n'ont plus de lait ! — Le premier obus. — Il marchait dans le sang ! — Indignation bien justifiée de Mme Benoît. — Charlot rapporte un éclat d'obus.

Hier soir, le général Ducrot, faisant sa tournée d'inspection aux avant-postes, disait devant le commandant Poulizac, du 1er bataillon des éclaireurs de la Seine : Comme les pigeons ne nous arrivent plus, nous manquons de nouvelles, MM. les Prussiens seuls pourraient nous en donner, il serait bien utile de faire quelques prisonniers ; mais on dit que c'est impossible.

— « Impossible, mon général ! s'écria M. Poulizac ; combien en voulez-vous ?

— « Ce que vous pourrez.

— « C'est bien. »

Ce matin, à quatre heures, le commandant, avec cinquante hommes, se lançait sur les barricades qui protègent les avant-postes prussiens du côté du Bourget.

L'ennemi fut étourdi de cette attaque imprévue : la sentinelle fut tuée d'un coup de baïonnette, et nos hommes pénétrèrent dans une maison formant corps de garde. Le combat fut vif, mais on réussit à faire six prisonniers.

La petite colonne rentrait au jour dans nos lignes, à huit heures le général Ducrot avait ses six prisonniers et, espérons-le, au moins un journal de fraîche date.

Car nous commençons à nous inquiéter de cette absence de nouvelles ; que se passe-t-il en province ? L'armée de la Loire se rapproche-t-elle de Paris ? Voilà ce que chacun se demande avec anxiété, on comprend enfin que nos efforts seuls ne suffiront pas à briser le cercle de fer qui nous étreint, pour comble de malheur, le froid empêche les pigeons de nous apporter ces nouvelles si impatiemment attendues. Nous sommes isolés, perdus dans la neige. Cette nuit le thermomètre marquait 12 degrés au-dessous de zéro !

Le froid dont nous ne pouvons nous garantir faute de combustible, le manque de nourriture et aussi toutes les tortures morales que nous éprouvons ont pour funeste conséquence d'augmenter la mortalité dans des proportions effrayantes, le chiffre des décès pendant la dernière semaine de la désastreuse année 1870 a encore augmenté ; le bulletin hebdomadaire pour la semaine finissant le 31 décembre accuse 3200 morts, c'est-à-dire 552 de plus que la semaine précédente. Quel navrant spectacle de voir ces enterrements se succéder sans discontinuer, un pauvre cheval étique traînant le corbillard et les deux porteurs de chaque côté, hâtant la marche afin de gagner du temps car on ne peut suffire à enterrer les morts. Que de deuils ! que de larmes ! Voilà des choses qu'il ne faut jamais oublier.

C'est à quoi je pensais en descendant vers deux heures et demie les dernières marches de notre escalier lorsque la porte de M. Benoît s'ouvrit, et Charlot qui

Batterie prussienne de Châtillon.

sans doute m'avait entendu descendre, s'élança vers moi avec sa pétulance habituelle en me demandant : où vas-tu ?

— Rue de Rennes, chez la mercière, répondis-je.

Il enfonça ses mains dans ses poches, releva le col de sa veste et me dit : je vais avec toi.

Alors, tous les deux, nous montons la rue des Missions en tapant du pied pour nous réchauffer pendant que Charlot me disait : je m'ennuie à la maison, je ne sais que faire et je craignais de te déranger en allant te voir, je sais que ta mère est si triste, et puis, à chaque instant nous l'entendons tousser.

— Oui, répondis-je, c'est aussi bien triste chez nous, depuis la mort de Juliette ma pauvre maman ne fait que pleurer, et puis elle a dû prendre froid quand elle l'a soignée, mon père est très inquiet et il a peine à cacher son chagrin.

— Charlot ne disait plus rien, mais il s'écria tout à coup : Ah ! ces Prussiens ! ces Prussiens !

Et, après un instant de réflexion il ajouta : « Nous sommes battus, mainte- « nant, ça c'est sûr, papa ne cesse de le répéter, mais à la prochaine guerre je « serai soldat et je leur ferai payer tout ça. »

Voilà cependant, pensais-je, comment les haines de races se perpétuent. Et les hommes qui doivent s'aimer entre eux, se considérer comme des frères !

— Elle était bien gentille, ta petite sœur, disait Charlot et quand elle est morte cela m'a fait beaucoup de chagrin ; ma mère en parle souvent, elle dit que dans des calamités pareilles il ne faut pas avoir de petits enfants à élever « ils meurent comme des mouches » ; le petit de M. Jolivet est mort hier soir, il avait près de six mois, l'autre jour c'était la petite Ernestine, tu sais la petite fille de la marchande de journaux, elle avait deux ans ; au boulevard du Montparnasse on ne voit défiler que des enterrements d'enfants, le cercueil recouvert d'un drap blanc, c'est comme une procession...

Je ne répondis pas, j'étais trop attristé, je revoyais par la pensée tous ces petits enfants qui étaient nos voisins et qui, les uns après les autres étaient emportés par la mort impitoyable, l'expression brutale et tout à fait déplacée de Charlot ! « ils meurent comme des mouches » me serrait le cœur, pauvres petits enfants, pauvres innocents ! ils étaient eux aussi les victimes de cette terrible guerre.

— Voilà, dit Charlot qui semblait avoir compris ma pensée, c'est parce qu'il n'y a plus de lait pour eux.

— Ah ! répétai-je, machinalement, il n'y a plus de lait...

Tout à coup Charlot s'arrêta prêtant l'oreille en disant : écoute donc... on dirait que quelque chose vient de passer en sifflant au-dessus de nous...

Il n'achevait pas qu'une détonation épouvantable retentissait à quelques centaines de mètres, il nous semblait qu'un coup de canon venait d'être tiré à nos oreilles. Aussitôt, dans la rue, les fenêtres s'ouvrent brusquement, des têtes effarées apparaissent, on s'interroge du regard, quelques personnes s'écrient : qu'est-il arrivé ?

C'était le premier obus lancé par les batteries prussiennes de Châtillon qui venait d'éclater dans la rue Notre-Dame des Champs !

Le bombardement de Paris était commencé.

— Viens voir, s'écria Charlot.

Je voulus le retenir, mais il s'échappa et se mit à courir dans la direction de la rue Notre-Dame des Champs.

Une nouvelle détonation retentit, mais cette fois affaiblie par la distance, un second obus venait d'éclater plus loin, du côté du Jardin du Luxembourg.

Je m'étais réfugié sous une porte cochère ne sachant trop si je devais faire la commission dont j'étais chargé lorsque je vis, à l'extrémité de la rue des Missions qui aboutit au carrefour de Rennes (c'est à cet endroit que débouche la rue N. D. des Champs), plusieurs personnes accourir en criant et en faisant des signes d'appel au garde civique qui se tenait à la porte du poste, celui-ci y entra précipitamment; les personnes qui accouraient y entrèrent également et en ressortirent bientôt avec un brancard, un jeune homme le chargea sur son épaule et se mit à remonter la rue en pressant le pas autant que son fardeau le lui permettait, plusieurs gardes civiques sortirent du poste et se hâtèrent de le rejoindre.

Je me dis aussitôt: quelqu'un a été tué par les éclats de l'obus et le cœur oppressé, prenant mon parti en brave, je sortis de mon refuge et je courus chez la mercière, de chez elle je pourrais sans doute voir ce qui s'était passé car son magasin se trouvait juste à l'angle du carrefour.

J'entrai, tout effaré, demandant les pelotes de fil noir dont ma mère avait besoin, une jeune fille me servit à la hâte; dans le magasin où plusieurs personnes semblaient s'être réfugiées on disait: une femme a été tuée et on regardait à travers les vitres; la curiosité me poussant je m'avançai sur le seuil de la porte et je vis les gardes civiques accompagnés de plusieurs personnes qui revenaient portant un brancard sur lequel se voyait une forme humaine, pelotonnée, cela ressemblait plutôt à un paquet de chiffons, à travers la toile du brancard, le sang filtrait abondamment faisant sur le trottoir en bitume une large traînée ; un garde civique, un vieux à barbe blanche, silencieux et grave, tenait par la main un petit garçon de quatre ou cinq ans qui, de l'autre main se frottait les yeux en pleurant, et comme ils suivaient le brancard l'enfant marchait dans le sang.

— C'est épouvantable, disaient les personnes qui se trouvaient dans le magasin, une femme a été tuée.

— Et le petit garçon disait-on, voyez donc, il marche dans le sang.

— C'est sa mère, bien sûr, à ce pauvre petit, dit la mercière qui avait des larmes aux yeux.

Et saisi par l'horreur de ce spectacle dont on ne pouvait détacher ses regards plusieurs personnes répétaient, oui, sans doute c'est sa mère, oh! le pauvre enfant!

La mercière poussa un grand soupir, et dit : le malheur est sur nous...

L'idée que ma mère devait être dans une grande inquiétude me vint aussitôt à l'esprit, je m'élançai hors de la boutique et je me mis à courir, rasant les murs, ayant grande hâte de me jeter dans ses bras en lui disant: ne crains rien, me voilà !

Comme j'entrais dans notre maison, je vis plusieurs locataires réunis dans le vestibule, anxieux de savoir des nouvelles, ils s'étaient empressés de descendre mais se gardaient bien de se hasarder dans la rue, ma mère que mon absence inquiétait descendait en ce moment et je me précipitai aussitôt vers elle ; Mme Benoît, les poings sur les hanches, criait :

— Concevez-vous une abomination pareille, les voilà qui tuent des femmes maintenant...

Une détonation épouvantable et qui nous arracha un cri d'effroi lui coupa la parole, mais elle reprit aussitôt le bras tendu, montrant le poing dans la direction de l'ennemi: ah les monstres ! les brigands...

— Enfin te voilà, s'écria ma mère, je commençais à être inquiète. Mme Benoît m'aperçut alors, sa colère s'apaisa subitement et elle me demanda d'un ton anxieux après avoir regardé autour d'elle :

— Et Charlot !

— Charlot m'a quitté, répondis-je, il est « allé voir »...

— Voyez-vous, ce polisson, s'écria-t-elle, en voilà un qui n'a peur de rien, quand il va rentrer je lui réserve une bonne correction...

Charlot rentrait en ce moment, tout essoufflé, en criant : me voilà ! me voilà !.. J'ai tout vu, j'ai vu la femme tuée dans la rue Notre-Dame des Champs, elle avait reçu un éclat d'obus dans la poitrine, on l'a emportée sur un brancard, elle était déjà morte ; à l'instant un obus vient de tomber sur une maison de la rue de Rennes ; jai vu le balcon du 5e étage dégringoler, l'obus a rasé le mur de la maison, il a aussi emporté le balcon du 1er étage il ne reste plus que les rampes qui sont tordues...

Mme Benoît interrompit son fils en lui demandant :

— Qu'est-ce que tu tiens donc dans ta main.

— C'est un éclat d'obus, répondit Charlot, il était encore tout chaud quand je l'ai ramassé !

Comme nous nous approchions curieusement de Charlot pour voir cet éclat d'obus Mme Benoît empoigna son fils par le bras, le fit pirouetter et le poussa jusqu'à sa porte qu'elle referma sur lui en donnant deux tours de clef.

— Comme cela, dit-elle, je serai plus tranquille, il ne sortira plus et elle ajouta avec une nuance de fierté dans le regard :

— En voilà un qui n'a peur de rien, ce n'est pas son père qui se risquerait dans la rue par des temps pareils !...

Le bon M. Benoît n'aurait eu, en effet, aucune raison de s'exposer inutilement au danger, si dans certaines circonstances il faut savoir être courageux, du moins n'est-il jamais nécessaire d'être imprudent et téméraire.

Les détonations se succédaient à intervalles réguliers, plus ou moins violentes, selon la distance ; chacun finit par remonter chez soi après avoir échangé ses appréciations sur le procédé que les Prussiens mettaient en œuvre pour nous obliger à capituler ; il faut bien reconnaître qu'après le premier moment d'effarement ce procédé cruel eut pour seul résultat de soulever l'indignation de tous les Parisiens et d'exalter leur courage.

Vers cinq heures le bombardement a cessé ; mon père est arrivé peu après et sa présence a mis fin à nos angoisses, nous sommes maintenant tous réunis et il semble ainsi que nous soyons plus forts contre l'adversité.

Notre journal contient ce soir la proclamation suivante :

« *Jeudi soir*, 5 *janvier*. — Le bombardement de Paris est commencé.

« L'ennemi ne se contente pas de tirer sur nos forts, il lance ses projectiles sur nos maisons ; il menace nos foyers et nos familles.

« Sa violence redoublera la résolution de la cité qui veut combattre et vaincre.

« Les défenseurs des forts, couverts de feux incessants, ne perdent rien de leur calme, et sauront infliger à l'assaillant de terribles représailles.

« La population de Paris accepte vaillamment cette nouvelle épreuve. L'ennemi croit l'intimider, il ne fera que rendre son élan plus vigoureux. Elle se montrera digne de l'armée de la Loire, qui a fait reculer l'ennemi, de l'armée du Nord, qui marche à notre secours.

« *Vive la France ! Vive la République !*

LUNDI, 9 JANVIER

Protestation du Gouvernement contre le bombardement. — La misère augmente. — Le commerce et le prix des objets d'alimentation. — Continuation du bombardement. — Trois œufs pour cinq francs ! — Notre installation à la cave. — Arrivée inopinée de Léon. — Une dépêche de Gambetta. — Bonnes nouvelles. — Le bombardement du plateau d'Avron. — Dans la tranchée. — L'histoire de Louchard. — Nos artilleurs cessent le feu. — Cinq officiers tués par un obus. — Influence de l'estomac sur le moral. — Visite du général Trochu. — Évacuation du plateau d'Avron. — Un obus dans un dortoir de collège.

Le Gouvernement avait le devoir de protester contre ce bombardement accompli sans sommations et au mépris de tous les usages de la guerre. Cette protestation insérée ce matin au « *Journal Officiel* » est conçue en ces termes :

« Après un investissement de plus de trois mois, l'ennemi a commencé le bombardement de nos forts le 30 décembre, et six jours après celui de la ville.

Positions ennemies.

1. Route d'Orléans. — 2. Batterie Prussienne. — 3. Bagneux. — 4. Fontenay-aux-Roses. 5. Batterie prussienne. — 6. Châtillon. — Fort de Montrouge.

« Une pluie de projectiles, dont quelques uns pesant 94 kilogrammes, apparaissant pour la première fois dans l'histoire des sièges, a été lancée sur la partie de Paris qui s'étend depuis les Invalides jusqu'au Muséum. Le feu a continué jour et nuit, sans interruption, avec une telle violence, que, dans la nuit du 8 au 9 janvier, la partie de la ville située entre Saint-Sulpice et l'Odéon recevait un obus par chaque intervalle de deux minutes.

« Tout a été atteint : nos hôpitaux regorgeant de blessés, nos ambulances, nos écoles, les musées et les bibliothèques, les prisons, l'église de Saint-Sulpice, celles de la Sorbonne et du Val-de-Grâce, un certain nombre de maisons particulières.

« Des femmes ont été tuées dans la rue, d'autres dans leur lit ; des enfants ont été saisis par des boulets dans les bras de leur mère. Une école de la rue de Vaugirard a eu quatre enfants tués et cinq blessés par un seul projectile.

« Le musée du Luxembourg, qui contient les chefs-d'œuvre de l'art moderne, et le jardin, où se trouvait une ambulance qu'il a fallu faire évacuer à la hâte, ont reçu vingt obus dans l'espace de quelques heures. Les fameuses serres du Muséum, qui n'avaient point de rivales dans le monde, sont détruites. Au Val-de-Grâce, pendant la nuit, deux blessés, dont un garde national, ont été tués dans leur lit. Cet hôpital, reconnaissable à la distance de plusieurs lieues par son dôme que tout le monde connaît, porte les traces du bombardement dans ses cours, dans ses salles de malades, dans son église dont la corniche a été enlevée.

« Aucun avertissement n'a précédé cette furieuse attaque. Paris s'est trouvé tout à coup transformé en champ de bataille, et nous déclarons avec orgueil que les femmes s'y sont montrées aussi intrépides que les citoyens. Tout le monde a été envahi par la colère, mais personne n'a senti la peur.

« Tels sont les actes de l'armée prussienne et de son roi, présent au milieu d'elle. Le Gouvernement les constate pour la France, pour l'Europe et pour l'histoire. »

— Voilà, disait mon père, une protestation très digne, très mesurée, mais ce n'est pas la crainte de savoir que l'histoire enregistrera leurs actes de cruauté, qui empêchera nos ennemis implacables de mettre en œuvre tous les moyens susceptibles de leur faire atteindre le but qu'ils poursuivent avec une aussi farouche énergie.

Le froid persiste, cependant moins rigoureux, la neige couvre encore la terre, la petite provision de charbon, que nous devions a l'obligeance du vieux zouave, devenu gardien de chantier et que mon frère ne manquait jamais de saluer et aussi de remercier chaque fois qu'il allait se faire panser à l'hôpital du Gros-Caillou, est épuisée depuis plusieurs jours, nous avons été réduits à brûler deux chaises et une vieille table qui cependant nous rendaient encore des services, il nous faudrait maintenant pour combattre le froid brûler les meubles qui nous sont indispensables.

Ma mère continue à tousser et s'affaiblit de jour en jour, mon père l'oblige à rester couchée la plus grande partie de la journée, et c'est Angèle qui, toujours heureuse de se rendre utile, prend soin de nous avec son dévouement habituel.

— Et encore, disait mon père, un peu découragé, si nous avions une bonne nourriture on supporterait plus aisément le froid, ta mère se remettrait sans doute promptement.

Et à part moi je pensais que c'était bien dur, en effet, d'avoir froid et d'avoir faim, cependant il faut reconnaître que nous avions encore du vin et du pain à volonté, avec cela on peut vivre, mais je ne sais pourquoi nous avions faim tout de même, et la privation de viande, de légumes, d'œufs, de lait, se faisait de jour en jour ; plus durement sentir, si nous regrettions toutes ces bonnes choses c'était surtout parce que nous ne pouvions les procurer à notre chère malade.

Les prix des objets d'alimentation ont encore augmenté depuis huit jours, pour 30 fr. on a un pâté de veau et jambon gros comme le poing. Chevet vend des haricots blancs à 8 fr. le litre, le beurre vaut 35 fr. la livre ; un œuf frais

2 fr. 50 ; une dinde 120 fr. ; un lapin 45 fr. ; une poule 40 fr. ; beurre salé la livre 28 fr. ; mauviettes, la pièce 2 fr. on paie 15 fr. un beau chat et on raconte qu'un paysan, heureux possesseur de trois pigeons, les a vendus pour la somme de 80 francs.

— Quand on a le moyen de payer des prix aussi exhorbitants, dit mon père, on ne saurait être à plaindre, si le père Buteau a réussi à garder ses porcs il a dû les vendre au poids de l'or.

— J'irai le voir avec Charlot, dis-je, je suis curieux de savoir comment il s'est tiré d'affaire avec ses « enfants »,

Mon père ne répondit pas et continua la lecture de son journal, nous étions tous réunis dans notre salle à manger et nous avions laissé ouverte la porte de la chambre de ma mère afin de pouvoir nous rendre à son premier appel, Mme Rousseau tricotait avec acharnement auprès de la fenêtre. Angèle cousait, mon frère qui se tenait auprès d'elle, un livre à la main, interrompait souvent sa lecture pour contempler le visage doux et pensif de la jeune fille, parfois mon père les considérait tous deux avec un bon sourire, il était heureux car il savait qu'ils étaient dignes l'un de l'autre.

Il reprit son journal et nous lut ce qui suit :

Le commerce étant complètement arrêté, tout le monde se fait marchand de comestibles. Ainsi un bijoutier, sur la place de la Trinité, vend d'un côté des bijoux, quand il trouve acheteur, et de l'autre des conserves, des volailles vivantes et du poisson. Un cordonnier de la rue Saint-Honoré vend des pâtés, une lingère de la rue de la Victoire des légumes, un coiffeur de la rue Notre-Dame-de-Lorette a sa devanture de boutique garnie moitié de cheveux, moitié de chocolat.

Chez Martin, rue des Filles-Saint-Thomas, n° 5, on vend : saucisses d'ours, 1 fr. ; un cuisseau d'ours, 14 fr. ; la livre d'éléphant, 20 fr. ; (il y a 30 fr. de baisse sur cet article) ; porc-épic, la livre 8 fr. ; on vend aussi des pâtés de langue et de foie d'éléphant. Que ne mange-t-on pas ! la livre de cerf vaut 12 fr.

Voici un tableau curieux des prix comparés des objets d'alimentation entre les mois de décembre des années 1869 et 1870.

	1869		1870	
Pommes de terre (le décalitre)	1 fr.	»	20 fr.	»
Céleri (le pied).........................		25	2	»
Huile d'olive (le kilog).................	4	»	10	»
Lait (le litre)..........................		30	2	»
Beurre frais (le kilog.).................	6	»	70	»
Œuf frais................................		15	2	»
Graisse de bœuf (le kilog.).............	1	30	4	»
— de cheval —	1	»	6	»
Lapin....................................	3	»	30	»
Pigeon...................................	1	50	25	»
Poulet...................................	6	»	45	»
Oie......................................	7	»	85	»
Dinde....................................	10	»	120	»

— Voilà des prix qui passeront à la postérité, fit observer mon père, ils montrent bien la détresse à laquelle nous sommes réduits, puis se levant il me fit un signe et entra dans ma chambre, alors comme personne ne pouvait nous entendre il me dit : Voici une pièce de cinq francs, essaie de te procurer deux ou trois œufs frais pour ta mère.

C'était pour nous une grosse dépense, car nos économies diminuaient tous les jours; je compris bien que mon père était allé à la Caisse d'épargne retirer le reste de l'argent qui s'y trouvait déposé, et qu'il avait résolu, coûte que coûte, de procurer à ma mère une bonne nourriture afin de lui donner des forces pour lutter contre la maladie.

Je fus bientôt de retour, rapportant trois œufs que j'avais dû payer cinq francs et encore ne les devais-je qu'à la bonne volonté du propriétaire de la vacherie bretonne qui, depuis plus de dix ans, nous fournissait le lait chaque matin, il avait encore quelques poules dont les œufs étaient toujours retenus à l'avance; c'étaient véritablement des poules aux œufs d'or!

Mon père plaça notre lampe à esprit de vin sur le poêle que nous n'avions pas allumé de la journée et Angèle s'occupa aussitôt à faire cuire les œufs, nous regardions silencieusement l'eau qui commençait à bouillir lorsque mon père, prêtant l'oreille, dit en regardant la pendule:

— Il est trois heures, le bombardement recommence.

Il faut rendre cette justice aux Prussiens c'est qu'ils nous bombardaient méthodiquement, à heure fixe; depuis le 5 janvier ils semaient çà et là dans la matinée, à intervalles réguliers, quelques obus dans les différents quartiers de la rive gauche qui se trouvaient à portée de leurs pièces, à midi c'est à peine si quelques lointaines décharges se faisaient entendre, de trois à six heures le bombardement recommençait un peu plus violent, et enfin à partir de 9 heures très précises du soir un véritable ouragan de fer passait, en sifflant, au dessus de nos maisons, les détonations lointaines des grosses pièces de siège se succédaient de seconde en seconde, les obus éclataient çà et là, le moment psychologique était arrivé!

Angèle retirait les œufs cuits à point, lorsqu'une violente détonation, suivie d'un fracas épouvantable, fit trembler nos vitres; un obus venait d'éclater non loin de notre maison.

— Il est temps de descendre, dit mon père en se levant, et s'adressant à ma mère il demanda: Viens-tu, Louise.

Nous nous étions tous approchés de son lit, Angèle toujours calme, car son courage était au-dessus de tous les périls, apportait les œufs, ma mère en les voyant eut un sourire de contentement, mais elle ne put s'empêcher de faire observer que sans doute ils avaient coûté bien cher et qu'il fallait ménager l'argent.

— L'argent n'est rien, répondit mon père, ce sont surtout les privations qui t'ont mise en cet état et je veux que tu guérisses.

Elle prit les œufs et mon père lui dit: habille-toi, il est temps de descendre.

— Mais ma mère secoua la tête et répondit: Non, je ne descendrai pas aujourd'hui, je suis trop souffrante, l'air de la cave est humide et malsain, advienne que pourra.

— Eh bien, dit mon père, je resterai avec toi.

En un instant, il fut résolu, d'un commun accord, que nous resterions tous auprès de ma mère, sauf Mme Rousseau qui était toujours très effrayée; à ce moment de la journée, d'ailleurs, le danger était bien moindre que pendant la nuit, aussi pendant la journée rentrions-nous parfois dans notre logement, mais chaque soir, vers neuf heures, nous allions toujours nous réfugier dans notre cave et tous les locataires de la maison en faisaient autant; nous y avions transporté le poêle de Mme Rousseau qui, pendant la journée restait auprès de nous ainsi qu'Angèle. Il est vrai qu'il ne fait jamais bien froid dans une cave, mais l'air y était humide et ce poêle placé auprès du lit de sangle de ma mère lui était d'un précieux secours; c'était André qui l'avait installé, le tuyau pour gagner le soupirail par lequel s'échappait la fumée traversait la cave de Mme Rousseau, séparée de la nôtre par une mince cloison, de sorte que nos voisines avaient aussi leur part de chaleur.

Nous avions donc repris nos places dans la salle à manger lorsque notre porte s'ouvrit brusquement, c'était Léon qui arrivait, tout essoufflé, tombait dans les bras d'Angèle et demandait aussitôt, déjà inquiet : Et maman ?

— Elle vient de se réfugier à la cave, répondit Angèle.

Et après nous avoir tous salué et serré la main, Léon reprit, toujours essoufflé : J'arrive de Charenton, où nous sommes cantonnés, j'ai pu m'échapper pour quelques heures, j'étais trop inquiet de vous tous, je n'ai pu y tenir...... Je voulais vous dire aussi que je suis bien attristé de la mort de Juliette, c'est pendant le bombardement du plateau d'Avron, dans la tranchée, que j'ai reçu la lettre qui m'annonçait cette triste nouvelle.

Un sanglot étouffé se fit entendre dans la chambre voisine, ma mère pleurait.

— Mme Marcel est donc malade, demanda Léon à voix basse et très ému.

— Oui, répondit mon père, et depuis que nous n'avons plus de combustible je l'oblige à rester couchée.

Léon se rendit auprès d'elle et essaya de la consoler, mais sans y réussir, car le souvenir de Juliette lui revenait parfois plus poignant, c'était alors une crise de larmes qu'elle ne pouvait surmonter malgré tout son courage et les consolations que nous ne cessions tous de lui prodiguer.

Des détonations plus ou moins distinctes, selon la distance, se faisaient entendre, voilà un obus qui doit avoir éclaté dans le jardin du Luxembourg, disait mon père, celui-là doit être tombé près de Saint-Sulpice, cet autre dans la rue de Vaugirard...

Léon avait hâte de changer de linge et de faire sa toilette, pendant le bombardement d'Avron il n'avait pu sortir des tranchées qui mettaient les défenseurs à l'abri des coups de l'ennemi ; d'ailleurs l'eau faisait entièrement défaut sur le plateau et personne ne se risquait à en aller chercher à Villemonble, de sorte qu'il était impossible de faire la soupe et à plus forte raison de se débarbouiller ; heureusement que les distributions de vin avaient été largement et régulièrement faites, de sorte que nos mobiles n'avaient pas eu à souffrir de la soif.

Il se rendit donc dans son logement accompagné d'Angèle qui devait lui donner le linge nécessaire, et en sortant il remit à mon père un journal qu'il venait d'acheter et qui contenait les dernières nouvelles.

Mon père ne l'eut pas plutôt parcouru des yeux qu'il s'écria : Il est arrivé hier un pigeon à onze heures et demie du soir, voici l'avis de la mairie :

« Un pigeon vient d'arriver à l'instant, il porte le n° 43. Le dernier arrivant « portait le n° 36. Il est parti de Lyon. On déchiffre les dépêches qui sont nom« breuses ; ce travail est très long et on ne pourra connaître le contenu de ces « dépêches que demain matin. »

« Le Gouvernement est en séance. »

Le journal mettait sur le compte des rigueurs exceptionnelles de la température la perte de ces six pigeons et racontait que des essais de départ avaient dû être tentés à plusieurs reprises mais que le froid et la neige étaient pour nos oi-

Vue de Belfort pendant le siège.

seaux un fléau terrible, on les voyait tournoyer pendant quelque temps quand on les avait lâchés, puis s'arrêter tout-à-coup comme paralysés et rentrer au colombier du départ. Quand les pigeons-voyageurs arrivent à Paris, ils ne regagnent pas toujours immédiatement leur colombier ; ils s'arrêtent parfois sur un toit d'où ils s'orientent, tout en se reposant un peu, souvent aussi pour chercher dans les gouttières un peu d'eau pour se désaltérer, la soif, après un long vol étant un de leurs plus impérieux besoins. Dès qu'ils se sentent en état de reprendre leur vol, ils repartent à la recherche de leur pigeonnier.

Aux « dernières nouvelles », le journal avait inséré les deux importantes dépêches suivantes :

Gambetta à Trochu.

« J'ai reçu le 21 décembre au matin, par M. d'Alméida, votre dépêche écrite le 16 décembre. L'appréciation que vous avez faite de l'armée de la Loire et des éléments qui la composent est parfaitement juste et trouve dans les faits qui s'accomplissent tous les jours une nouvelle confirmation.

« Les Prussiens, sans avoir éprouvé rien qui ressemble à une défaite, paraissent cependant démoralisés. Ils commencent à éprouver une grande lassitude et on leur tue beaucoup de monde de tous les côtés. Sur divers points du cercle qu'ils occupent, ils rencontrent de vigoureuses résistances. Belfort est approvisionné pour huit mois. Toute la ligne, de Montbéliard à Dôle, est bien gardée par les forces de Besançon ; de Dôle à Autun, par les forces de Garibaldi et du général Bressolles, il en est de même du Morvan et du Nivernais jusqu'à Bourges.

« D'un autre côté l'armée de Bourbaki est dans une excellente situation. Elle effectue en ce moment une manœuvre dont on attend les meilleurs résultats.

« Chanzy, grâce à son admirable ténacité, a fait lâcher prise aux Prussiens et, depuis le 16, il s'occupe à refaire ses troupes fatiguées par tant et de si honorables combats. Aussitôt remises, ce qui ne demande que quelques jours, rééquipées et munitionnées, vous pouvez être assuré que Chanzy reprendra l'offensive.

« Le Havre est tout à fait dégagé ; les Prussiens ont même abandonné Rouen après l'avoir pillé et dirigé leur butin sur Amiens, direction que paraissent avoir prise les forces de Manteuffel pour barrer le passage aux troupes de Faidherbe. Nous augmentons tous les jours notre effectif.

« A mesure que les forces s'accroissent, les gardes nationaux mobilisés qui ont déjà vu le feu s'en tirent à merveille, et en peu de temps ce seront d'excellents soldats. Le pays est comme nous résolu à la lutte à outrance. Il sent tous les jours davantage que les Prussiens s'épuisent par leur occupation même, et qu'en résistant jusqu'au bout, la France sortira plus grande et plus glorieuse de cette guerre maudite.

« Salut fraternel. LÉON GAMBETTA. »

Le pigeon qui portait les dépêches reçues par le Gouvernement était aussi porteur des nouvelles suivantes, adressées à l'Agence Havas :

« Faidherbe a remporté une victoire à Pont-Noyelle. Son armée augmente chaque jour en nombre et en solidité. Chanzy, changeant sa base d'opérations, a effectué un mouvement jusqu'au Mans, tenant continuellement tête à l'ennemi, lui faisant subir pendant huit jours des pertes considérables.

« L'armée de Bourbaki est dans une excellente situation ; ses mouvements sont ignorés.

« Les Prussiens se montrent inquiets du mouvement des deux armées qui sont sur leurs flancs et n'osent pas avancer dans le centre : ils ont évacué Nogent-le-Rotrou, remontant dans la direction de Paris.

« A Nuits, il y a eu un brillant combat livré par 25000 Allemands contre 10000 Français. Nous avons perdu 1200 hommes environ ; les Prussiens en ont perdu 7000, dont le prince Guillaume de Bade.

Les correspondants du *Times*, à Versailles et dans les autres quartiers généraux prussiens, constatent eux-mêmes combien la situation est changée au désavantage des Allemands.

Depuis quelque temps, mon père, constamment préoccupé et songeur, avait pris l'habitude de penser tout haut, aussi, tout en pliant son journal, il dit, après avoir réfléchi un instant :

— Voilà de bonnes nouvelles, nous avons encore de l'espoir, si le général Chanzy occupe Le Mans avec une armée solide, cela pourrait bien changer la face des choses... Je suis curieux de savoir ce que dira M. Risler.

Puis, se levant, il se rendit dans la chambre de ma mère. Nous avons de bonnes nouvelles, lui dit-il, espérons,... encore un peu de patience... cela finira... et finira bien.

— Tant mieux, répondit ma mère, d'un ton résigné, ce n'est pas la patience qui me manque, ce sont les forces, cependant je me sens beaucoup mieux.

Léon et Angèle revinrent bientôt, accompagnés de Mme Rousseau, qu'ils étaient allé chercher à la cave, la présence de son fils semblait l'avoir complètement rassurée, le bombardement avait, d'ailleurs, diminué d'intensité, et le bruit des détonations ne nous parvenait plus qu'à de rares intervalles.

La confiance que mon père paraissait avoir dans la fin prochaine de nos malheurs et aussi la présence de Léon parmi nous, avait ranimé notre courage, et Léon, autant pour essayer de dissiper notre tristesse que pour nous mettre au courant des événements dont il avait été le témoin, se mit à causer avec son entrain accoutumé.

— Vous parlez de votre bombardement, disait-il, mais ce n'est rien à côté de celui du plateau d'Avron. Figurez-vous que le matin du 27 décembre, à la première heure, nous sommes réveillés par une forte détonation. Comme nous avions de l'artillerie sur le plateau et que de temps à autre on envoyait un obus sur les positions de l'ennemi ou bien sur un convoi qui passait à bonne portée, je pensais aussitôt que nos marins, qui servaient nos pièces, avaient eu l'occasion de tirer, lorsque tout à coup nous entendons au-dessus de nos têtes le bruissement strident d'un obus qui éclate à peu de distance, nous nous précipitons hors de la tente, le ciel était sombre, il avait neigé pendant la nuit, nous étions tous très... comment dirais-je...

— Très émus, dit mon père en souriant.

— C'est cela, et je vous assure qu'il y avait de quoi, si encore nous avions été prévenus... mais être surpris ainsi, brutalement... décidément ces Prussiens ne connaissent pas les convenances... Les obus arrivaient comme une avalanche, éclatant autour de nous, nos officiers accourent en criant : aux tranchées... nous n'avons pas flâné en route, je vous assure, quelques instants après tout le bataillon se trouvait dans la tranchée que le génie civil avait creusée, quelques jours auparavant, sur le pourtour du plateau. Là, nous étions à peu près à l'abri des projectiles, nous étions accroupis, serrés les uns contre les autres, personne n'avait envie de rire, vous comprenez, quand on n'est pas habitué à ces choses-là !

Les projectiles passaient au-dessus de nos têtes en mugissant, en sifflant, en ronflant, avec un bruit d'enfer, parfois quelques-uns écrétaient notre talus, nous couvraient de terre et rebondissaient de l'autre côté, sans éclater heureusement.

— Voilà un adverbe que je comprends, fit observer mon père.

— Sans doute, M. Marcel, continua Léon, songez donc un peu au triste sort qui nous était réservé si ces obus avaient éclaté dans la tranchée, nous aurions été tous réduits en marmelade, plus d'une fois, je l'avoue, j'ai fermé les yeux en me disant : cette fois, mon pauvre Léon, c'est fini, et je pensais à maman, à petite sœur et à vous autres.

Mme Rousseau, très émue, retira ses lunettes brouillées par les larmes et se mit à les essuyer furieusement avec un coin de son mouchoir.

— Ne te désole pas, maman, fit observer Léon, puisque me voilà ici présent et au complet... donc le premier moment de stupeur passé, je regarde autour de moi, cherchant à reconnaître mes voisins de tranchée, car toutes les compagnies se trouvaient confondues lorsque j'aperçois, à mes côtés devinez qui ?...

— Comment veux-tu que nous le sachions, répondit mon père.

— Eh bien, continua Léon, c'était Louchart, le fameux Louchart, il était pâle, pâle (moi aussi du reste), il me reconnaît et se met à fondre en larmes en balbutiant je ne sais trop quoi. Toi, mon bonhomme, me dis-je, je suis heureux de te revoir, cela ne me déplaît pas de te trouver en compagnie des camarades, ce n'est pas le moment de faire le fricoteur et de gratter du papier chez le médecin major, jusqu'à présent tu as esquivé toutes les corvées, toutes les prises d'armes, tu as eu le plus grand soin de ne pas risquer ta précieuse peau et tu t'en es vanté, eh bien maintenant tu es logé à la même enseigne que nous ! Je lui aurais bien dit tout cela car cet hypocrite personnage ne m'a jamais inspiré que le contraire de la sympathie, mais il m'eût fallu crier trop fort à cause des détonations assourdissantes des obus, je me contentais donc de le penser lorsque, tout à coup, un obus arrive, s'enfonce dans le talus... rassurez-vous, femmes timides, il n'éclate pas, mais il nous couvre de terre, aussitôt j'entends pousser des cris, c'était Louchart, je voyais sa bouche s'ouvrir dans une contorsion qui, à tout autre moment, m'eût fait rire... il criait : « Je suis blessé ! Je suis mort ! » il montre ses mains, elles étaient rougies, son pantalon était mouillé...

— Tu racontes ces choses-là avec une bonne humeur tout à fait déplacée, fit observer Angèle, d'un ton de reproche...

— C'est la pitié qui perd les femmes, riposta sentencieusement Léon... mais si vous m'interrompez à chaque instant je ne dirai plus rien du tout.

— Nous t'écoutons, dit mon père, en souriant...

— Alors je continue... Louchart poussait des cris à fendre l'âme, je le relève, très ému moi-même je le reconnais et ne pensant plus, cette fois, qu'à lui venir en aide, lorsque je vois à côté de lui un bidon renversé, un bidon qui contenait du vin, de ce gros vin coloré du midi qu'un sergent de la 4e, notre voisin de tranchée, avait encore eu la présence d'esprit d'apporter, se souvenant sans doute que le vin réjouit le cœur de l'homme et qu'en la circonstance c'était le cas ou jamais de se remonter un peu le moral à l'aide de ce précieux liquide ; quand Louchart eût compris il consentit enfin à se taire, mais le sergent était furieux, le bidon était plein de terre et le peu de vin qu'il contenait encore avait joliment besoin d'être filtré ; inutile de vous dire que nous n'avions pas de filtre !

Un quart d'heure après l'arrivée des premiers obus nous étions déjà familiarisés avec ces projectiles, ils nous avaient fait jusqu'à présent d'ailleurs plus de peur que de mal et nous nous sentions en sécurité dans la tranchée, quelques-uns d'entre nous se risquèrent à regarder par dessus le talus et nous crièrent que l'ennemi avait installé ses batteries sur les hauteurs du Raincy, elles formaient une ligne formidable qui s'étendait presque jusqu'à Chelles, c'étaient des pièces à longue portée qui nous envoyaient des obus de respectable grosseur, beaucoup trop respectable à mon avis; aussitôt la pensée me vint que nous avions aussi des pièces à longue portée en batterie sur le plateau, et que si nos marins voulaient bien s'en donner la peine ils auraient bientôt fait d'éteindre le feu des canons Krupp; ils essayèrent, en effet, avec une énergie admirable, de lutter contre l'ouragan de fer qui se déchaînait sur eux, mais la plupart de leurs pièces furent bientôt démontées, les servants et pointeurs mis hors de combat, et j'appris dans la suite que vers deux heures il avait fallu cesser le feu, les munitions ne pouvant plus arriver sur le plateau à cause de la gelée qui rendait les chemins impraticables. Comme nous craignions une attaque il était du reste nécessaire de conserver quelques gargousses pour les pièces encore en état de tirer.

Pour l'instant ce qu'il y avait de mieux à faire c'était de prendre son mal en patience et je me mis à manger une tablette de chocolat que mon excellente mère m'avait fait parvenir quelques jours auparavant, tout en contemplant le spectacle que j'avais sous les yeux; de tous côtés les quelques maisons qui se trouvaient sur le plateau s'étaient effondrées sous les obus, les parois étaient éventrées, les murs qui servaient d'abri à nos troupes étaient crevassés en maints endroits, les arbres étaient fauchés, on eût dit que la grêle avait passé par là, coupant et broyant sur son passage tous les obstacles. Dans la terre d'énormes trous noirs, semblables à des sillons, marquaient les endroits où le projectile était tombé lançant autour de lui des éclats et des pierres.

Le sergent qui était à côté de moi me cria dans les oreilles : En voilà une averse, mais ça ne durera pas longtemps, les Saxons auront bientôt épuisé leurs munitions; je lui criai à mon tour que s'ils voulaient bien cesser cette mauvaise plaisanterie cela me ferait beaucoup de plaisir ; en moins d'une demi heure plus de 600 obus étaient tombés sur le plateau et je remarquais avec une certaine... inquiétude que l'ennemi rectifiait son tir, ses obus se rapprochaient peu à peu de la tranchée et je maudis l'inventeur des lunettes d'approche, à chaque instant, à quelques mètres de nous à peine, un projectile s'enfonçait en mugissant dans la terre qu'il soulevait en éclatant, nous étions assourdis par les détonations et aveuglés par la poussière ; je puis vous assurer que nous n'étions pas à la noce.

Le bruit courut bientôt dans la tranchée que notre commandant et cinq officiers du bataillon venaient d'être tués, ils occupaient une petite maison située presque à la lisière du bois et précisément en face des batteries de Gagny ; on avait pu remarquer que l'ennemi, probablement bien renseigné, avait dirigé son tir sur cette habitation, et les projectiles qui tombaient sans relâche auraient dû avertir le commandant et ses officiers qu'elle servait de cible à l'ennemi, mais ils ne s'étaient pas soucié de cet avertissement et avaient tenu à déjeuner avant de se réfugier dans la tranchée; le caporal Delahaye que rien n'effrayait et qui faisait preuve, en toute circonstance, d'un calme extraordinaire, était « allé voir » et il nous raconta, d'après ce qu'il avait entendu dire pendant que l'on retirait des décombres les corps broyés de ces malheureux officiers, qu'ils s'étaient mis à table pour déjeûner lorsqu'un obus était arrivé sur l'angle du mur, avait traversé la paroi et était venu éclater sous la table ; notre commandant de compagnie, le capitaine Dufouc se trouvait parmi les morts.

Vers midi le feu cessa tout-à-coup ; je profitai de cet instant de répit pour sauter hors de la tranchée et courir à ma tente afin de reprendre mon sac et ma couverture que j'y avais laissés, on nous prévint alors que nos cuisiniers s'étaient installés sur le versant opposé du plateau à l'abri d'un petit mur et que la soupe était prête ; ils avaient dépecé quelques chevaux d'artillerie tués par les obus ennemis et le bouillon était excellent, mais les retardataires n'eurent pas le temps de vider leur gamelle, le cri : aux tranchées se fit entendre, les obus recommençaient à pleuvoir. Nous avions à ce moment 150 hommes tués ou blessés et on s'occupait en toute hâte de les transporter à Rosny.

Et voyez un peu, M. Marcel, combien est grande l'influence de l'estomac sur le moral de l'homme, ce bouillon bien chaud qui nous avait réconforté eut pour résultat de nous faire envisager notre périlleuse situation avec plus de sang froid, nous reprîmes confiance, et pendant que les obus tombaient autour de nous un loustic s'écria ; « demandez le programme du spectacle, orgeat, limonade, bière, » et ce cri fit plusieurs fois le tour du plateau en provoquant une gaieté presque générale. Enfin, à la tombée du jour, les batteries saxonnes, après quelques décharges isolées, se turent tout à fait.

La nuit était claire et le froid vif, quelques camarades s'enroulèrent dans leurs couvertures et se mirent consciencieusement à ronfler ; il nous était défendu de faire du feu, et nous n'avions pour nous dégeler qu'une marche rapide et la vue des grands brasiers que les Saxons avaient allumés, contrairement à leur habitude, sur les hauteurs du Raincy ; j'essayai de dormir dans la tranchée, mais je me sentis bientôt pénétré par le froid et je pris le sage parti de me promener en compagnie de quelques camarades, cela était de beaucoup préférable car tous ceux qui ne purent résister au sommeil furent congelés. Vers dix heures du soir on nous fit une distribution de thé et les heures s'écoulèrent lentement au milieu du grand silence qui avait succédé au vacarme épouvantable d'un bombardement de dix heures.

Aux premières lueurs du jour, le feu de l'ennemi recommença avec une nouvelle intensité, le bruit se répandit que l'ordre d'évacuer le plateau était arrivé, les marins et les artilleurs avaient réussi malgré la gelée et après des efforts surhumains à enlever leurs pièces démontées, il n'en restait pas une seule au pouvoir de l'ennemi, celui-ci a du reste allongé son tir et ses obus passaient maintenant au-dessus de nos têtes à destination du fort de Rosny. Dans l'après-midi, le général Trochu est venu nous rendre visite, il a fait le tour des tranchées et nous a encouragés avec une bienveillance toute paternelle, c'est un petit homme qui n'a pas froid aux yeux, les Saxons, dont les longues vues étaient bonnes, s'étaient bien aperçus qu'il se passait chez nous quelque chose d'extraordinaire et qu'un plus gros gibier s'était offert à leurs coups, une salve d'obus accueillait et suivait le général et son escorte chaque fois que son képi galonné se montrait au-dessus du talus. Il était accompagné de son chef d'état major et du général Vinoy, sa visite avait pour but d'examiner les positions et de décider si l'on pourrait tenir encore sous le feu plongeant des batteries saxonnes. Vers trois heures il donna l'ordre d'évacuer définitivement la tranchée. On devait attendre la nuit pour descendre du plateau sur lequel six mille obus étaient tombés pendant un bombardement de vingt heures.

Et Léon ajouta, en clignant de l'œil : Qu'est-ce que vous dites de ça, M. Marcel?

— Eh bien, répondit mon père, je pense que tu n'étais pas fâché de t'en aller.

— C'était aussi l'opinion générale, dit Léon, en baissant modestement les yeux. Et maintenant nous sommes cantonnés à Charenton et nous passons nos journées à faire des promenades militaires du côté de Créteil afin d'« inquiéter » l'ennemi.

Mon père sourit en disant : heureusement pour lui que tu es en ce moment auprès de nous, mais le temps passe vite, et si tu veux être rentré à Charenton avant la nuit...

— Mais je reste ici, s'écria Léon, je suis venu avec l'intention de coucher dans mon lit, songez donc depuis trois mois ! Et comme mon père le regardait en fronçant le sourcil il se hâta d'ajouter : soyez tranquille, M. Marcel, j'ai la permission... pas tout à fait cependant... enfin... pour une fois c'est toléré !

Léon partagea notre soupe au vin qui, à elle seule, composait notre souper, nous attendions M. Risler, mais il ne vint pas ; le bombardement semblait moins violent que de coutume et nous prîmes le parti de ne pas descendre à la cave.

Vers cinq heures du matin (j'étais réveillé déjà depuis longtemps et ne cessais de prêter l'oreille à la musique des obus qui passaient au-dessus de notre maison) un bruit épouvantable, un effondrement, accompagné aussitôt d'une détonation violente qui fit voler en éclat les vitres de notre cuisine, se fit entendre à 50 mètres de nous à peine ; un obus venait de tomber dans le dortoir du collège Saint-Nicolas, quatre enfants étaient tués dans leur lit, trois autres grièvement blessés.

DIMANCHE, 15 JANVIER

M. Bardoux continue à faire sa classe. — La composition actuelle du pain. — Une joyeuse surprise. — Continuation du bombardement. — Les établissements hospitaliers sont atteints par les projectiles. — Protestation du Gouvernement. — Comment se passent nos journées.

Mon père vient de nous faire remarquer que nous n'avions pas eu depuis plusieurs jours la visite de Mlle Célina Bardoux qui ne manquait jamais, à son retour de la boucherie municipale, de venir nous montrer, en gémissant sur « les malheurs des temps » le petit morceau de viande qui représentait, pour trois jours, la ration de deux personnes, et il m'a aussitôt envoyé prendre de ses nouvelles. Mlle Célina est malade et j'ai trouvé M. Bardoux installé à son chevet; il y avait longtemps que je n'avais vu M. Bardoux et je l'ai trouvé bien changé, ses cheveux ont blanchi, et lui qui était autrefois sociable et affable est devenu sombre, préoccupé, silencieux, il aime à rester seul; il m'a cependant chargé de ses compliments pour mon père et ma mère et a paru content de me voir.

Depuis la mort de ma petite sœur Juliette, je ne vais plus à l'école et cependant M. Bardoux continue à faire sa classe comme de coutume, malgré les obus et la maladie de sa sœur ; il n'a plus maintenant que quelques élèves qui habitent les maisons voisines de l'école et que leurs parents peuvent y envoyer sans danger; en huit jours le bombardement a fait dans Paris 189 victimes, femmes et enfants, l'obus tombé dans le dortoir du collège qui touche à notre maison a causé dans tout le quartier une profonde impression à cause du nombre des victimes et aussi de leur âge; quelques-uns de nos voisins se sont hâtés de déménager, tous les logements vacants de la rive droite de la Seine à l'abri du bombardement ont été réquisitionnés et la mairie de Paris délivre des billets de logement aux habitants de la rive gauche qui ne se sentent pas en sûreté.

En lisant cet avis dans le journal, mon père a eu un instant la pensée de déménager, mais ma mère lui a fait observer qu'il valait encore mieux rester dans notre logement parce que la résistance touchait à sa fin; les bonnes nouvelles reçues de la province ces jours derniers n'avaient en rien modifié la situation qui restait toujours des plus critiques, le pain, cet aliment indispensable, n'était plus composé que d'un huitième de farine de blé, de 4 huitièmes d'un mélange de fécule de pomme de terre, de riz, de lentilles, de pois cassés, d'avoine et de seigle, de 2 huitièmes d'eau et de 1 huitième de paille. Dans ces conditions, nous ne pouvions résister encore longtemps ; c'était la fin, et M. Risler qui est venu ce soir passer quelques heures auprès de nous n'a pas eu beaucoup de peine à dissiper les dernières espérances de mon père.

Ces jours derniers le froid a cessé d'être rigoureux, mais l'air était saturé d'une humidité glaciale, et il neigeait par intervalles. Cette température, ainsi que les privations, ont naturellement une grande influence sur la santé générale, le nombre des décès augmente, nous comptons pour la première semaine de janvier 3680 morts!

J'allais oublier de raconter que nous avions éprouvé hier une joyeuse surprise;

mon frère André était allé comme de coutume, dans la matinée, se faire panser à l'hôpital du Gros-Caillou, l'heure à laquelle il rentrait d'habitude était passée depuis longtemps et nous étions dans une grande inquiétude lorsque notre porte s'ouvrit brusquement et André apparut, la figure débarrassée du bandage qui la recouvrait depuis cinq semaines, dans chaque joue se voyait une large cicatrice d'une teinte déjà rosée, ce qui était signe d'une guérison entière et prochaine, mon frère essayait de sourire et il nous dit bonjour d'une voix assez distincte ; Angèle qui se trouvait là joignit les mains et, toute heureuse, le contempla longuement, ma mère eut un éclair de joie dans le regard.

Nous ne comptions ni les uns ni les autres sur une aussi prompte guérison, et comme je faisais observer dans la soirée devant M. Risler, que peut-être il ne resterait bientôt plus aucune trace de cette blessure, André se récria en s'efforçant de dire que cela lui était bien égal, et M. Risler ajouta que c'étaient de glorieuses cicatrices, que tout le monde ne pouvait en montrer autant et qu'André avait le droit d'en être fier; j'étais du reste absolument du même avis que M. Risler.

Ensuite M. Risler nous a donné des détails sur le bombardement ; malgré le drapeau blanc à croix rouge qui flotte sur l'hôpital de la Pitié et qui devrait cependant constituer une sauvegarde pour les blessés et les malades qui y sont entassés, les projectiles continuent à tomber sur cet hôpital, on en compte jusqu'à présent 32. La prison de Sainte-Pélagie a aussi beaucoup souffert. Dans la rue Monge un obus a traversé les cinq étages d'une maison et a éclaté au rez-de-chaussée. Les rues Gracieuse, des Abattoirs, du Puits-de-l'Ermite, qui se trouvent dans le 5e arrondissement, sont entièrement abandonnées par les habitants. Deux obus sont tombés sur le théâtre de l'Odéon, un sur la toiture de l'église Saint-Sulpice qui a été traversée. Un obus est tombé aussi sur le ministère du commerce, rue de Varennes; celui qui a pénétré le plus avant dans Paris a éclaté rue Hautefeuille près la place Saint-André-des-Arts.

Les Prussiens ne nous ménagent plus, pendant la nuit le bombardement est d'une violence extrême, on voit bien qu'ils ont hâte d'en finir, mais nous supportons notre malheureux sort avec beaucoup de patience et la cruauté de nos ennemis ne fait qu'augmenter en nous le désir de leur tenir tête jusqu'à la dernière extrémité. Tous les soirs nous descendons à la cave et mon père emporte dans ses bras robustes ma mère entourée de châles et de couvertures, nous remontons à notre logement vers 8 heures du matin. Quant à moi j'ai toujours soin de m'y trouver une demi-heure auparavant afin d'allumer le poêle pour que ma mère ne rentre pas dans une chambre glaciale.

Le gouverneur a protesté contre le bombardement des établissements hospitaliers protégés par le drapeau de la Convention de Genève, voici la déclaration faite à ce sujet:

« Depuis que l'armée allemande a ouvert le feu de ses batteries au sud de Paris, un grand nombre d'obus sont venus atteindre des établissements hospitaliers consacrés de tout temps à l'assistance publique, tels que la Salpêtrière, le Val-de-Grâce, l'hôpital de la Pitié, l'hospice de Bicêtre et l'hôpital des Enfants-Malades.

« La précision du tir de l'artillerie et la persistance avec laquelle les projectiles arrivent dans une direction et sous une inclinaison constantes, ne permettent plus d'attribuer au hasard les coups qui viennent frapper, dans les hôpitaux, les femmes, les enfants, les incurables, les blessés ou les malades qui s'y trouvent enfermés.

« Le gouverneur de Paris déclare ici solennellement à M. le général comte de Moltke, chef d'état-major général des armées allemandes, qu'aucun des hôpitaux de Paris n'a été distrait de sa destination ancienne. Il est donc convaincu que conformément au texte des conventions internationales et aux lois de la morale et de l'humanité, des ordres seront donnés par l'autorité militaire prussienne pour assurer à ces asiles le respect que réclament pour eux les pavillons qui flottent sur leurs dômes.

« Général Trochu.

Souhaitons que nos ennemis tiennent compte de cette protestation ; il est juste de reconnaître que pendant la journée, le bombardement est beaucoup moins violent, il y a souvent des intervalles de calme complet et je voudrais pouvoir attribuer ce fait à quelque sentiment d'humanité, peut-être aussi, en déchaînant pendant la nuit avec une violence extrême le feu de leurs batteries, les assiégeants espèrent-ils produire un plus grand effet moral.

Les journées s'écoulent lentement, tristes et monotones. Mme Benoît est bien embarrassée de Charlot qu'elle tient soigneusement sous clef afin de l'empêcher de courir à la recherche des éclats d'obus. En ne restant pas oisif le temps passe beaucoup plus vite, aussi je me suis mis à faire des problèmes d'arithmétique, j'apprends ma grammaire et je relis tous mes livres que j'ai cependant déjà lus tant de fois ; j'ai réussi à convaincre Charlot d'en faire autant, nous travaillons souvent ensemble, mais alors je descends chez lui car, après une heure de travail il a besoin de courir et de crier, et sa turbulence gênerait ma mère malade. Mme Benoît nous a installé une petite table près de la fenêtre.

Aujourd'hui ma mère aura un bon bouillon ; j'ai réussi à me procurer, au poids de l'or, une livre de bœuf, à la boucherie anglaise de l'Avenue de Wagram ; mon père ne ménage pas l'argent, il ne veut rien négliger pour assurer la guérison de sa chère malade. Le médecin qui est venu cet après-midi avait l'air soucieux et, en partant, il a jeté à mon père un regard qui voulait dire bien des choses... et de bien tristes choses.

SAMEDI, 21 JANVIER

La situation devient critique. — Nous portons déjà dans nos cœurs le deuil de la Patrie. — La sortie torrentielle; Buzenval. — Récit de Léon Rousseau. — Le départ de Charenton. — Proclamation du Gouvernement. — L'avenue de Neuilly. — Le défilé des brancardiers, fossoyeurs et ambulanciers! — Une marche intermittente. — Arrivée sur le champ de bataille. — Les phases diverses du combat. — Retard de la colonne de droite. — Le mur du parc de Buzenval. — Motifs de la retraite.

Les évènements se précipitent, l'ennemi redouble d'efforts, et la résistance est aussi opiniâtre et acharnée que l'attaque; de nouvelles batteries sont opposées aux batteries de l'assiégeant, une lutte formidable d'artillerie est engagée jour et nuit, l'enceinte et les forts luttent héroïquement contre les batteries prussiennes dont le feu est continu, on ne distingue plus les détonations des pièces, c'est un roule-

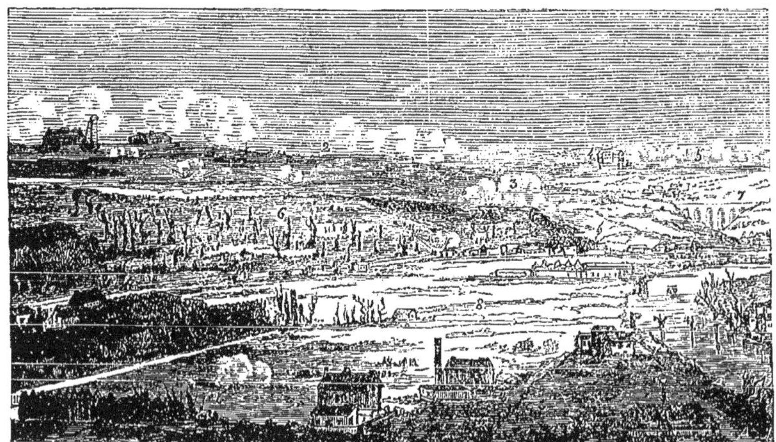

Positions ennemies.
2. Cimetière d'Issy. — 3. Bastion du parc de l'Épine. — 4. Château de Meudon. — 5. Batterie prussienne. 6. Parc de l'Epine. — 7. Les Moulineaux. — 8. Plaine d'Issy.

ment sourd, un grondement ininterrompu, les forts d'Issy, de Montrouge et de Vanves tiennent tête aux batteries de Châtillon qui bombardent Paris, les bastions de l'enceinte, au Point du Jour et à Auteuil répondent aux batteries de Meudon et de Saint-Cloud, le mont Valérien fait feu de toutes ses pièces, Saint-Denis est bombardé, mais si nous avons encore des projectiles nous n'avons plus de pain, depuis le 17 janvier, les boulangers ne doivent en distribuer qu'aux porteurs d'une carte d'alimentation de boucherie, et de boulangerie, la ration est fixée à 300 grammes pour les adultes et à 150 grammes pour les enfants au-dessous de cinq ans.

L'état de ma mère s'aggrave de jour en jour et le peu d'argent qui nous reste est uniquement employé à procurer tout ce qui lui est nécessaire. Nous ne pouvons plus maintenant transporter notre malade à la cave, le médecin lui a défendu de quitter son lit, et nous restons tous auprès d'elle, malgré ses prières. Elle voudrait nous voir en sûreté car le bombardement a redoublé de violence, mais notre désespoir est tel que la mort qui nous menace à chaque instant nous laisse indifférents, nous n'avons plus aucun souci de notre sécurité personnelle, il faut avoir subi une situation pareille pour en comprendre toutes les angoisses.

La grande sortie « torrentielle », le dernier et immense effort qui était réclamé par tous les journaux, d'accord en cela, cette fois, avec l'opinion publique, a échoué, la garde nationale et les troupes de ligne ont courageusement mais inutilement combattu à Buzenval ; nous savons maintenant que nos armées de province sont en pleine retraite, le général Chanzy a dû évacuer le Mans après une défaite, nous n'avons plus d'espoir et nous portons déjà dans nos cœurs le deuil de la Patrie.

Léon Rousseau est venu cet après-midi, sa présence a été pour nous une distraction, nous nous sommes installés dans la chambre de ma mère qui a manifesté le désir de le voir et de l'entendre causer, il nous a raconté la bataille de Buzenval. Je complète son récit par les renseignements et les documents officiels que je me suis procuré depuis afin que l'on puisse se faire une idée exacte de cette bataille qui fut la dernière de celles livrées sous les murs de Paris.

Le 17 janvier, nous raconte Léon, nous recevons l'ordre de quitter Charenton pour une destination inconnue ; après les mauvais jours du plateau d'Avron, Charenton nous semblait un lieu de délices mais il n'est si bon gîte qu'il ne faille quitter ; les préparatifs de départ furent faits rapidement et à quatre heures du soir le régiment était réuni à la gare du chemin de fer de ceinture, là nous apprenons que nous sommes dirigés sur Neuilly que nous abandonnions trois mois auparavant, enfin après deux grandes heures de route nous arrivons à la station de Courcelles, de là nous gagnons l'avenue de Neuilly où nous attendons, assis sur des tas de cailloux, que l'on veuille bien nous désigner un gîte pour la nuit.

Nous avons passé toute la nuit du 18 à regarder défiler les troupes, gardes-nationaux de marche et troupes de ligne qui descendaient l'avenue de Neuilly, nous ne soupçonnions pas encore quel devait être le théâtre de la grande sortie qu'on annonçait pour le lendemain, cette fois aucune indiscrétion ne nous avait révélé les plans du général en chef, nous savions seulement que l'action devait s'engager sous le feu du Mont-Valérien.

Vers six heures nous avons connaissance de la proclamation suivante adressée par les membres du Gouvernement à la population de Paris :

« Citoyens, l'ennemi tue nos femmes et nos enfants, il nous bombarde jour et nuit ; il couvre d'obus nos hôpitaux. Un cri : Aux armes ! est sorti de toutes les poitrines.

« Ceux d'entre nous qui peuvent donner leur vie sur le champ de bataille marcheront à l'ennemi ; ceux qui restent, jaloux de se montrer dignes de l'héroïsme de leurs frères, accepteront au besoin les plus durs sacrifices comme un autre moyen de se dévouer pour la patrie.

« Souffrir et mourir, s'il le faut ; mais vaincre. Vive la République ! »

Nous allons donc tenter un grand effort et notre capitaine raconte devant nous que notre brigade doit servir de réserve à l'armée du centre, elle se mettra en marche à quatre heures du matin.

A quatre heures, les compagnies sortent de leurs cantonnements et après avoir pris le café nous nous rangeons en bataille sur le trottoir de l'avenue; on distingue vaguement sur la chaussée boueuse des masses noires qui avancent et s'écoulent toujours dans la même direction, on entend le grincement plaintif des affûts qui passent; ce mouvement avait duré toute la nuit.

Nous attendons, l'arme au pied pendant plus d'une heure, bientôt lassés de cette attente, nous rompons les rangs et nous nous formons en groupe, causant à voix basse et regardant. Le défilé continue toujours, deux heures déjà se sont écoulées, le jour commence à poindre, sa lueur est terne et maussade. Enfin les troupes de ligne ont passé et se trouvent en avant de nous; déjà nous distinguons dans le lointain des détonations sourdes qui, se succédant par intervalles, nous apprennent que l'action est engagée. Sans doute, nous allons partir, nous mettons sac au dos, et le bataillon commençait déjà à s'ébranler pour prendre la suite du défilé, lorsque nous sommes arrêtés après quelques pas; nous devons céder le passage à des masses compactes que nous voyons s'avancer sur l'avenue, ce sont les brancardiers, les fossoyeurs, les ambulanciers, qui défilent à leur tour.

Il me sera bien difficile de vous donner une faible idée de l'étrange spectacle que nous eûmes alors sous les yeux; on eût dit, à voir ces hommes, des corporations qui passaient en rang, ils avaient été enrégimentés et marchaient dans le plus grand ordre. Les uns étaient habillés de noir avec de grands chapeaux bretons, c'étaient des Américains suivis de mulets chargés et de voitures où des lits étaient préparés, les autres étaient revêtus de blouses grises, ils portaient des pelles et des pioches; à ceux-là était réservé le soin d'enterrer les victimes. L'étrangeté du coup d'œil écarta de nos esprits les pensées lugubres qu'un pareil cortège aurait dû y faire naître, des rires partis de nos rangs accueillirent ce cortège bizarre. Les fossoyeurs passés, arrivèrent les brancardiers, cette fois le costume n'était plus soumis aux règles tyranniques de l'uniformité, mais tous avaient des casquettes ornées d'une croix rouge sur fond blanc et portaient des machines à l'usage des blessés; ils escortaient les cacolets et les voitures du train. Et le défilé s'allongait devant nous à perte de vue, la marche était fermée par un corps d'ambulanciers, gardes nationaux désarmés, portant au bras le brassard à croix rouge.

Mais après les ambulanciers, voici encore un autre cortège, ce sont les voitures qui prennent leur rang, ce n'est plus une revue au théâtre car le spectacle du défilé des brancardiers, fossoyeurs et ambulanciers, avait fait surgir en moi cette idée bouffonne, c'est un retour de courses aux Champs-Élysées, tous les équipages sont là, confondus dans la foule, coupés, landaus, omnibus de toutes couleurs, breaks, attelages à quatre chevaux avec postillons, ces équipages élégants, jadis carosses du plaisir menés à grandes guides sont aujourd'hui les chars de la souffrance et reviendront à pas lents rapporter des blessés et des morts.

Enfin, après quatre heures d'attente, il nous est permis de nous mettre à notre tour en marche. Mais le pont de Neuilly, exutoire insuffisant pour une si grande armée, est encombré par l'artillerie; nous faisons dix pas dans la boue, puis il faut attendre un quart d'heure. La tête de colonne repart encore, une éclaircie s'est produite devant elle, voilà cinquante mètres de gagnés et l'on s'arrête de nouveau, de telle sorte qu'il nous fallut bien trois quarts d'heure pour atteindre le pont dont cinquante mètres à peine nous séparaient. Il est neuf heures et nous sommes déjà harassés par cette marche intermittente, plus pénible que la course la plus rapide, nous n'avançons encore que péniblement, le chemin est coupé de barricades qui ne laissent qu'un étroit passage, et c'est par là que dix mille hommes doivent s'engouffrer ; de là des haltes encore fréquentes mais moins longues.

Déjà d'ailleurs les blessés reviennent, nous sommes sur leur passage et nous nous pressons avidement autour d'eux pour recueillir quelques renseignements, un vieux zouave descend, le bras en écharpe, cassé par une balle : « Tout va bien, répond-il à nos questions, nous avons enlevé les murs à la baïonnette mais il y en a déjà beaucoup par terre. » D'autres le suivent, de divers corps, ceux-ci soutenus par un camarade moins blessé, ceux-là portés sur des brancards. Nous sommes arrivés au rond point des Bergères ; la fusillade est toute proche, mais le Mont-Valérien nous masque le champ de bataille, nous nous engageons bientôt dans les champs glaiseux qui sont au-dessus de Nanterre, le dégel en a fait un épais bourbier, piétiné par toute l'armée depuis la veille, le sol est gras et détrempé, quelques-uns d'entre nous y laissent leurs chaussures et nous avons une peine extrême à avancer.

Déjà les blessés reviennent.

Nous sommes enfin en face du théâtre de l'action ; devant nous et à nos pieds c'est la ferme modèle de la Fouilleuse et le parc de Buzenval sur lequel l'attaque avait été vive ; à notre gauche c'est Garches et Montretout, là le général Vinoy a refoulé l'ennemi et la mousqueterie a presque cessé ; à droite sur la Malmaison, la Jonchère, Bougival, le feu a atteint une grande intensité, les bois où la lutte est engagée sont voilés par d'épais nuages de fumée blanche, d'où jaillit par intervalle un éclair rouge ; les mitrailleuses crépitent sans interruption.

Nous avançons encore et l'ordre est donné de nous former en colonne serrée, le front de chacune de nos trois colonnes est composé d'une compagnie, nous formions ainsi une masse imposante, dix mille hommes serrés en trois colonnes offrent un imposant coup d'œil ; les gardes nationaux qui étaient avec nous et dont les quatre bataillons constituaient le troisième groupe avaient fort bonne façon, tous demandaient à marcher en avant ; le bruit de la fusillade, l'odeur de la poudre que le vent nous apportait, avaient excité les moins belliqueux. Nous aurions fait alors très bonne figure devant l'ennemi mais nous étions arrivés trop tard pour jouer un rôle actif dans cette journée, notre brigade devait servir de réserve à l'armée du centre, et quand nous arrivâmes sur le champ de bataille, l'espace resté libre entre Buzenval et nous était envahi par des troupes éparses ; il n'était plus temps de nous faire avancer, cependant le colonel de Vernou-Bonneuil demanda au sort de désigner quel serait celui des trois bataillons de son régiment qui aurait l'honneur de marcher le premier à l'ennemi, ce fut le bataillon du 8e arrondissement qui fut désigné.

Il était alors 10 heures et le général Trochu qui se trouvait au mont Valérien envoyait au ministre de la guerre et au général Schmitz la dépêche suivante :

Henri Regnault.

« Concentration très difficile et laborieuse pendant une nuit obscure. Retard de deux heures de la colonne de droite. Sa tête arrive en ligne en ce moment. Maisons Béarn, Armengaud et Pozzo di Borgo occupées immédiatement.

« Long et vif combat autour de la redoute de Montretout; nous en sommes maîtres. La colonne Bellemare a occupé la maison du curé et a pénétré par brèche dans le parc de Buzenval.

« Elle tient le point 112, le plateau 115, le château et les hauteurs de Buzenval. Elle va attaquer la maison Craon. La colonne de droite (général Ducrot) soutient vers les hauteurs de la Jonchère un fier combat de mousqueterie. Tout va bien jusqu'à présent ».

L'armée était donc partagée en trois groupes; le corps du général Vinoy étant arrivé de bonne heure par Suresnes, avait surpris l'armée prussienne, aussi avait-il enlevé la redoute de Montretout, occupée par un poste ennemi et pris les huit canons qui la défendaient; le commandant, blessé au bras, était tombé entre ses mains. La redoute enlevée, il s'empara encore des maisons de Béarn, Pozzo di Borgo, Armengaud et Zimmermann. Son mouvement était dès lors exécuté, il pouvait prendre en flanc l'armée prussienne et attaquer la Bergerie par la gauche.

Au centre le mouvement avait été plus lent, mais il avait eu cependant un succès relatif. Dès le matin les zouaves avaient enlevé le premier mur du parc de Buzenval, le château, les premières tranchées ouvertes dans le parc et la maison du curé; mais il avait fallu s'arrêter devant le second mur du parc. Crénelé et défendu par des troupes solides, ce mur devait être un obstacle infranchissable pour nos colonnes. En vain essaya-t-on d'employer la dynamite qui avait produit si bon effet sur le premier mur ; en vain avait-on tenté de l'abattre avec de l'artillerie amenée à grand peine sur le plateau, aucun moyen ne réussit; les gardes nationaux qui composaient en majeure partie le corps du général de Bellemare durent passer toute la journée couchés à quelques mètres de ce mur, foudroyés dès qu'ils se trouvaient à découvert par le feu terrible de l'ennemi qui tirait à l'abri et à coup sûr. C'est là que furent tués Henri Regnault et tant d'autres que la France a pleurés.

D'ailleurs le général de Bellemare qui avait, dès le matin, envoyé presque toutes ses forces en avant, voyant que sa droite n'était pas appuyée par le troisième corps qui n'arrivait pas, dut développer ses troupes de manière à éviter toute surprise, ce qui paralysait tout mouvement offensif; et sa réserve, dont il eût pu à ce moment tirer un si bon parti, n'était pas encore arrivée.

L'attaque avait donc été commencée au centre et à gauche, avant que l'armée du général Ducrot entrât en ligne. Voici quelle était la cause de ce fatal retard : les troupes avaient été concentrées, dès la veille, dans la presqu'île de Gennevilliers, mais elles devaient exécuter un mouvement considérable avant d'arriver sur le front de bataille, douze kilomètres environ les séparaient du point d'attaque, la réunion de différents corps appelés de toutes parts avait eu lieu pendant la nuit, mais la voie était encombrée et la route était obstruée par une colonne d'artillerie égarée. Deux heures d'un temps précieux furent perdues devant ces obstacles que la mauvaise fortune semblait avoir multipliés; ce n'était pas encore tout, à peine la tête de colonne s'était-elle engagée sur la route de Nanterre à Rueil qu'elle fût assaillie par une grêle d'obus qui la fit hésiter et reculer ; les Prussiens avaient établi à Carrières-Saint-Denis, auprès de la Seine, une formidable batterie qui leur permettait de battre la route et ils en usaient; il fallut éteindre le feu de ces batteries avec des pièces de campagne auxquelles le Mont-Valérien vint encore en aide.

Enfin arrivées sur le lieu de l'action, les troupes du général Ducrot s'engagent dans les bois de la Malmaison, pénètrent par les brèches dans le parc et montent vers la crête du plateau. Mais à la porte de Longboyau, elles s'arrêtent, le mur est crénelé, la maison du garde, transformée en une véritable forteresse, permet à l'ennemi une résistance acharnée qui paralyse entièrement leur élan; l'artillerie ne peut avancer sur ce terrain détrempé, les roues des affûts entrent jusqu'au moyeu dans la boue, il faut monter les pièces à bras et ce ne fut que plus tard que l'on parvint à battre le mur en brèche; enfin, il ne fut pas possible d'enlever cet obstacle, plusieurs fois le général Ducrot s'élança à la tête des troupes de ligne et de garde nationale, mais tous les efforts échouèrent, il était trop tard, l'ennemi qui aurait dû être surpris dès l'aube et furieusement attaqué avec ensemble, avait eu le temps d'amener de Versailles des renforts considérables, et comme nous n'opposions pas d'artillerie à ses batteries déjà en position il était bien certain que nos efforts étaient désespérés. Cependant le feu continuait toujours dans les bois avec une grande vigueur, on tirait dans les taillis. Nous voyions les lignes de fumée flottant au-dessus des arbres ; les nôtres, hélas ! n'avançaient plus.

Il était quatre heures, le jour allait bientôt finir, cependant le feu ne cessait pas ; les réserves prussiennes se renforçaient sans cesse, et bientôt un mouvement d'oscillation se produisit dans les groupes qui couronnaient les hauteurs en face de nous ; il était provoqué par un retour offensif de l'ennemi contre la gauche et le centre de nos lignes.

Cette attaque, exécutée avec une grande violence par des troupes fraîches contre des hommes épuisés par la fatigue du combat et les marches de la nuit, pouvait compromettre toute l'armée ; alors le général Henrion, sous les ordres duquel nous étions placés, reçut l'ordre de se porter en avant avec les réserves pour soutenir l'effort des troupes prussiennes. En un instant tout le monde fut prêt, les faisceaux rompus, les sacs replacés et le mouvement commença. Il ne devait pas se poursuivre et s'arrêta à la ferme de la Fouilleuse. Dans ce dernier élan, les troupes en contact avec l'ennemi avaient reconquis les crêtes boisées de Buzenval, mais il devenait impossible de se maintenir plus longtemps dans une position où les bataillons n'avaient pas pied, où l'artillerie n'avait pu monter pour appuyer les opérations, le sol défoncé ne lui permettant aucune manœuvre.

Sur tous les points la retraite générale commence. Le rapport militaire indiquait en ces termes les motifs qui l'avaient déterminée !

« Dans cette situation, il devenait dangereux d'attendre, sur ces positions si chèrement acquises, une attaque de l'ennemi qui, amenant des forces de toutes parts, ne devait pas manquer de se produire dès le lendemain matin. Les troupes étaient harassées par douze heures de combat et par les marches des nuits précédentes employées à dérober les mouvements de concentration ; on se retira alors en arrière, dans les tranchées, entre les maisons Crochard et le Mont-Valérien ».

Le rapport militaire se terminait ainsi :

« Nos pertes sont sérieuses ; mais, d'après le récit des prisonniers prussiens, l'ennemi en a subi de considérables. Il ne pouvait en être autrement après une lutte acharnée, qui, commencée au point du jour, n'était pas encore terminée à la nuit close.

« C'est la première fois que l'on a pu voir, réunis sur un même champ de bataille, en rase campagne, des groupes de citoyens unis à des troupes de ligne, marchant contre un ennemi retranché dans des positions aussi difficiles ; la garde nationale de Paris partage avec l'armée l'honneur de les avoir abordées avec courage aux prix de sacrifices dont le pays leur sera profondément reconnaissant.

« Si la bataille du 19 janvier n'a pas donné les résultats que Paris en pouvait attendre, elle est l'un des évènements les plus considérables du siège, l'un de ceux qui témoignent le plus hautement de la virilité des défenseurs de la capitale. »

VENDREDI, 27 JANVIER

Une visite de M. Risler. — Les inquiétudes. — Les indiscrétions de Mme Benoît. — Des négociations sont entamées entre le gouvernement de la Défense nationale et le quartier général allemand. — Cessez le feu !

Nous n'avions pas eu depuis plusieurs jours la visite de M. Risler qui venait autrefois, assez fréquemment, passer ses soirées auprès de nous; mon père qui le tenait en grande estime commençait à être inquiet; dans une ville bombardée et où il meurt plus de 4500 personnes par semaine on peut être, à juste titre, inquiet du sort de ses amis. Mon frère venait de manifester l'intention d'aller le lendemain à la mairie afin de prendre de ses nouvelles, lorsqu'on frappa à notre porte; c'était M. Risler, et j'eus tout d'abord peine à le reconnaître, il me parut beaucoup vieilli et avait l'air profondément attristé.

Il nous souhaita le bonsoir et s'informa aussitôt de la santé de ma mère.

Celle-ci qui avait reconnu sa voix lui répondit de son lit qu'elle allait beaucoup mieux et qu'elle pensait pouvoir se lever dans quelques jours.

Nous étions tous bien heureux de cette réponse à laquelle nous étions loin de nous attendre car depuis quelque temps les forces de ma mère déclinaient visiblement.

— Et votre fils, demanda mon père.

— Je n'en ai pas de nouvelles, répondit M. Risler.

— Il a toujours été paresseux pour écrire, fit remarquer mon frère; il ne faut pas que cela vous inquiète, vous savez que je lui ai souvent servi de secrétaire et comme je ne suis plus là...

Mais M. Risler secoua tristement la tête.

— Ce sont les zouaves qui ont attaqué les premiers à Buzenval, continua mon frère, il aurait cependant dû vous rassurer.

— En vous répondant que je n'avais pas de ses nouvelles, dit M. Risler, ce n'est pas tout à fait exact, je veux dire que je ne sais ce qu'il est devenu.

— Avez-vous vu quelques zouaves de sa compagnie, demanda mon père.

— Oui, et c'est à mes démarches que vous devez attribuer le retard que j'ai mis à venir vous voir comme d'habitude, mais je n'ai pu être exactement renseigné... Et, d'une voix toute changée et que cependant le vieux Risler s'efforçait d'affermir il ajouta : il a été tué sans doute et enterré quelque part, du côté de Garches ou de la Bergerie.

— Mais non, interrompit mon père, ne croyez pas cela, il a pu être blessé et fait prisonnier.

— Lui prisonnier, s'écria M. Risler, vous ne le connaissez pas.

— Vous devez toujours l'espérer, dit mon père, puisque personne ne vous a affirmé qu'il était mort, pour moi il est prisonnier, j'en ai le pressentiment, vous le reverrez, M. Risler, croyez-moi.

Malgré nos bonnes paroles M. Risler ne paraissait pas convaincu, mais il s'efforçait de ne rien laisser paraître de son chagrin; mon frère André, pour qui Jean

Risler avait toujours été un bon camarade, était très affecté, la conversation devint bientôt languissante car nous étions dominés les uns et les autres par nos tristes pensées et puis tout allait mal depuis quelques semaines, il n'y avait plus à douter maintenant de l'échec subi par les armées de province, Chanzy, Faidherbe et Bourbaki avaient été battus et opéraient des retraites qui ne laissaient plus aucun espoir à la capitale assiégée.

— Du moins, dit mon père en serrant la main de M. Risler qui s'était levé pour se retirer après avoir souhaité à ma mère une prompte guérison, du moins, *nous avons la conscience d'avoir fait notre devoir*, c'est là notre consolation.

En reconduisant M. Risler j'entendis un bruit de voix dans l'escalier. Je prêtai l'oreille, Mme Benoît disait à une de nos voisines :

— Elle s'en va de la poitrine, ce sont les privations, voyez-vous, c'est une femme qui s'est retiré le pain de la bouche pour le donner à son mari et à ses enfants..

— Et puis, ajoutait la voisine, la mort de sa petite fille lui a donné un coup...

— Bien sûr, continuait Mme Benoît, c'est en la soignant qu'elle a pris froid, heureusement qu'elle ne se rend pas compte de son état, et puis faut dire aussi que M. Marcel n'a rien négligé pour sa guérison, j'ai souvent rencontré le petit Louis qui apportait des choses qu'il se procurait je ne sais où et qui devaient coûter les yeux de la tête...

— Alors vous croyez comme ça qu'il n'y a plus d'espoir, demandait la voisine.

— Oh ! elle est bien bas... J'ai questionné habilement le médecin l'autre jour... il paraît qu'elle ne passera pas le mois...

Je ne pus en entendre davantage et je rentrai précipitamment chez nous, j'essayais de cacher mon trouble, mais je ne fus bientôt plus maître de ma douleur et je me mis à éclater en sanglots.

— Qu'as-tu donc, petit Louis, s'écria mon père, pendant que mon frère André me regardait tout étonné.

— Rien, répondis-je, je n'ai rien... je pensais seulement à Juliette... et puis maman est si malade.

— Mais elle va mieux, dit mon père, ne te désoles pas ainsi, mon pauvre enfant. Que veux-tu, nous sommes durement éprouvés... et il ajouta, cette fois bien découragé : puisqu'il ne nous reste plus d'espoir il est temps que tout cela ait une fin...

— Nous pourrons bientôt, dit André, lui donner une bonne nourriture, alors ses forces reviendront rapidement.

— Je crois, en effet, dit mon père, que nous touchons aux derniers jours du siège, puisque nous n'avons plus de pain et puisqu'il faut traiter avec l'ennemi il vaut mieux ne pas perdre de temps afin de sauver nos malades ; quand nous aurons des vivres ta mère se remettra promptement car ce sont surtout les privations qui l'ont mise dans cet état.

Je repris alors un peu d'espoir et je parvins à surmonter ma douleur.

. . . .

Le bruit court dans Paris, que des négociations sont entamées entre le Gouvernement de la Défense nationale et le quartier général allemand. Il paraît que les boulevards sont très animés encore à minuit, beaucoup de rassemblements se forment, on discute la situation, si nous en croyons les journaux les négociations engagées ont provoqué le mécontentement d'une partie de la population, on fait observer que le général Trochu disait, dans une de ses proclamations : « j'ai mon plan, et je ne céderai à aucune impatience ; » et comme nous sommes toujours portés à accabler sans ménagements, ceux qui ne réussissent pas, le « plan de

Trochu » qui a abouti à un aussi triste résultat est l'objet de toutes les récriminations et aussi de toutes les plaisanteries.

Mon père reconnaissait la nécessité de traiter puisqu'il n'y avait plus rien à espérer, mais il ne pouvait s'empêcher de dire, d'un ton attristé : quel dommage que tant de souffrances, tant de bonnes volontés n'aient pu sauver la Patrie, il fallait agir avec plus d'énergie, avec plus de foi dans le succès.

Les bruits de négociation sont confirmés par le *Journal Officiel* qui publie la note suivante :

« Tant que le Gouvernement a pu compter sur l'arrivée d'une armée de secours, il était de son devoir de ne rien négliger pour prolonger la défense de Paris.

« En ce moment, quoique nos armées soient encore debout, les chances de la guerre les ont refoulées, l'une sous les murs de Lille, l'autre au-delà de Laval ; la troisième opère sur les frontières de l'Est. Nous avons dès lors perdu tout espoir qu'elles puissent se rapprocher de nous, et l'état de nos substances ne nous permet plus d'attendre.

« Dans cette situation, le Gouvernement avait le devoir absolu de négocier. Les négociations ont lieu en ce moment. Tout le monde comprendra que nous ne pouvons en indiquer les détails sans de graves inconvénients. Nous espérons pouvoir les publier demain. Nous pouvons cependant dire dès aujourd'hui que le principe de la souveraineté nationale sera sauvegardé par la réunion immédiate d'une assemblée ; que l'armistice a pour but la convocation de cette assemblée ; que pendant cet armistice, l'armée allemande occupera les forts, mais n'entrera pas dans l'enceinte de Paris ; que nous conserverons notre garde nationale intacte et une division de l'armée, et qu'aucun de nos soldats ne sera emmené hors du territoire. »

Le Gouvernement de la Défense nationale était donc entré en pourparlers avec l'ennemi, la reddition de Paris était imminente, inévitable, et nous pensions que nous n'avions plus à redouter les obus des canons Krupp, l'ordre suivant avait même été envoyé, dans la soirée, à tous les avant-postes :

« Par ordre du général Vinoy, suspension d'armes à minuit. Cesser le feu sur toute la ligne. Exécuter rigoureusement cet ordre ».

Cependant de dix heures à minuit, les artilleurs prussiens, avides de nous porter les derniers coups, mettent à profit les heures qui leur restent, le bombardement est d'une violence extrême ; treize personnes sont tuées. A minuit le feu cesse et il règne un grand et solennel silence !

LUNDI, 30 JANVIER

Proclamation du Gouvernement de la Défense nationale. — La convention qui met fin à la résistance est signée. — Des principaux articles. — Autour des affiches. — On peut sortir de Paris. — Notre voyage à Sèvres. — Mort de ma mère.

Le *Journal Officiel* du 28 janvier contenait la proclamation suivante :

Citoyens,

« La Convention qui met fin à la résistance de Paris, n'est pas encore signée, mais ce n'est qu'un retard de quelques heures.

« Les bases en demeurent fixées telles que nous les avons annoncées hier :

« L'ennemi n'entrera pas dans l'enceinte de Paris ;

« La garde nationale conservera son organisation et ses armes :

« Une division de douze mille hommes demeure intacte ; quant aux autres troupes, elles resteront dans Paris, au milieu de nous, au lieu d'être, comme on l'avait d'abord proposé, cantonnées dans la banlieue. Les officiers garderont leur épée.

« Nous publierons les articles de la convention aussitôt que les signatures auront été échangées, et nous ferons en même temps connaître l'état exact de nos substances.

« Paris veut être sûr que la résistance a duré jusqu'aux dernières limites du possible. Les chiffres que nous donnerons en seront la preuve irréfragable, et nous mettrons qui que ce soit au défi de les contester.

« Nous montrerons qu'il nous reste tout juste assez de pain pour attendre le ravitaillement, et que nous ne pouvions prolonger la lutte sans condamner à une mort certaine deux millions d'hommes, de femmes et d'enfants.

« Le siège de Paris a duré quatre mois et douze jours, le bombardement un mois entier. Depuis le 15 janvier la ration de pain est réduite à 300 grammes ; la ration de viande de cheval, depuis le 15 décembre, n'est que de 30 grammes. La mortalité a plus que triplé. Au milieu de tant de désastres, il n'y a pas eu un seul jour de découragement.

« L'ennemi est le premier à rendre hommage à l'énergie morale et au courage dont la population parisienne tout entière vient de donner l'exemple. Paris a beaucoup souffert ; mais la République profitera de ses longues souffrances, si noblement supportées. Nous sortirons de la lutte qui finit, retrempés pour la lutte à venir. Nous en sortons avec tout notre honneur, avec toutes nos espérances, malgré les douleurs de l'heure présente ; plus que jamais nous avons foi dans les destinées de la patrie.

« Paris, le 28 janvier 1871.

« *Les membres du Gouvernement* :

« Général TROCHU, JULES FAVRE, EMMANUEL ARAGO, JULES FERRY, GARNIER-PAGÈS, EUGÈNE PELLETAN, ERNEST PICARD, JULES SIMON.

« *Les ministres :* Général LE FLÔ, DORIAN, MAGNIN. »

Le dimanche 29 janvier nous avons eu enfin connaissance de la convention qui mettait fin à la résistance de Paris.

« C'est le cœur brisé de douleur, disaient les membres du Gouvernement de la Défense nationale, que nous déposons les armes. Ni les souffrances, ni la mort dans le combat n'auraient pu contraindre Paris à ce cruel sacrifice. Il ne cède qu'à la faim. Il s'arrête quand il n'a plus de pain. Dans cette cruelle situation, le Gouvernement a fait tous ses efforts pour adoucir l'amertume d'un sacrifice imposé par la nécessité. Depuis lundi soir il négocie ; ce soir a été signé un traité qui garantit à la garde nationale son organisation et ses armes ; l'armée, déclarée prisonnière de guerre, ne quittera point Paris. Les officiers garderont leur épée. Une assemblée nationale est convoquée. La France est malheureuse mais elle n'est pas abattue. Elle a fait son devoir, elle reste maîtresse d'elle-même. »

L'article premier de cette convention délimitait les positions respectives des armées belligérantes, les articles suivants énuméraient les conditions de la reddition de Paris : l'occupation des forts par l'armée allemande, le désarmement de l'enceinte, la garnison (armée de ligne, garde mobile et marins) était déclarée prisonnière de guerre, la garde nationale conservait ses armes et devait être chargée, de même que la gendarmerie et la garde de Paris du maintien de l'ordre, toutes facilités étaient données pour le ravitaillement, enfin la ville de Paris était frappée d'une contribution municipale de guerre de deux cents millions de francs, ce paiement devait être effectué avant le quinzième jour de l'armistice.

Ce n'est qu'une convention, dit mon père en froissant le journal et en le jetant sur la table d'un geste découragé, les Prussiens prennent leurs garanties, ils nous tiennent à la gorge et ne nous épargnerons pas, attendons maintenant le traité de paix.

Dans Paris, malgré le mauvais temps, la foule s'empressait autour des affiches qui annonçaient la cessation des hostilités, quelques personnes blâmaient le Gouvernement en des termes très violents, certains esprits étaient surexcités et prêchaient encore la résistance à outrance, mais la majorité était attristée et silencieuse.

Après un premier sentiment de révolte contre cette convention que toutes les souffrances si courageusement supportées auraient dû nous éviter, mon père comprenant enfin que notre défaite était irrémédiable, s'efforça de nous faire entrevoir des jours meilleurs où la France reconstituée reprendrait à force de patience et de persévérance, le rang qu'elle doit occuper parmi les nations, puis rappelé à ses devoirs de chef de famille par la maladie de ma mère et la situation presque misérable dans laquelle nous nous trouvions, car nos économies étaient épuisées et nous étions sur le point de manquer d'argent, il se rendit à son imprimerie. Lorsqu'il revint, vers quatre heures, je remarquai aussitôt qu'il avait l'air moins soucieux et préoccupé, et il nous dit en étalant sur la table quelques pièces d'or : Le patron s'est conduit en homme de bien, il m'a tenu compte de mon mois absolument comme si j'avais travaillé.

En ce moment, Charlot arrivait, tout essoufflé, il était sur le point de crier comme il en avait l'habitude, lorsqu'il se souvint fort à propos que ma mère était malade et ce fut d'une voix basse et entrecoupée qu'il nous annonça que les portes de Paris étaient ouvertes et qu'à Sèvres les Prussiens laissaient passer tout le monde, puis il me demanda si malgré l'heure avancée de la journée je consentirais à l'accompagner « pour voir » ; le bon Charlot était toujours tourmenté par la curiosité.

Discussion de la convention d'armistice.

Aussitôt l'idée me vint que, du côté des Prussiens, il y avait des vivres en abondance, je pensai à ma mère, il était temps qu'elle reprît des forces, grâce à une bonne nourriture, et je m'écriai en m'adressant à mon père : Je t'en prie, laisse-moi aller avec Charlot, je prendrai un panier et je saurai bien rapporter des provisions. Angèle, de joie, m'embrassa et mon frère André qui avait depuis plusieurs jours quitté son uniforme de zouave nous dit qu'il nous accompagnerait parce que nous n'aurions pas la force de faire un aussi long trajet avec un fardeau.

— Allez, mes enfants, nous dit mon père, et puissiez-vous réussir, rapportez à votre mère des œufs, de la viande et même du lait si vous pouvez vous en procurer.

Nous fûmes aussitôt prêts, avant de partir j'allai embrasser ma mère, je la trouvai pâle, respirant avec difficulté, elle eut à peine la force de lever le bras et posa sa main sur ma tête, mon père vint s'installer auprès d'elle, lui parlant doucement, lui disant que toutes nos misères étaient finies, et ma pauvre mère essaya de sourire.

La course était longue, mais soutenu par mon énergie, je marchais aussi vite que mes deux compagnons. Enfin nous arrivons au pont de Sèvres, et comme au début du siège on avait fait sauter une des arches de ce pont afin d'interrompre toute communication sur les deux rives, on installait en ce moment sur la Seine un pont de bateaux, il était à peine terminé, nous réussissons cependant à passer, du côté de Sèvres des soldats prussiens fumant tranquillement leurs longues pipes de porcelaine se promenaient sur la berge, une sentinelle, le fusil sur l'épaule, gardait la tête du pont, à la vue des uniformes ennemis je vis André pâlir et serrer les dents de rage mais il reprit aussitôt un visage impassible. Nous nous hâtons de monter la grande rue de Sèvres, auprès de la manufacture un poste prussien nous arrête, et j'explique les larmes dans les yeux que nous allons chercher des provisions pour ma mère malade, on nous laisse passer. Dans Sèvres quelques boutiques étaient déjà ouvertes, un boucher disposait quelques morceaux de viande sur son étal, je lui achète un bon morceau de bœuf, je le supplie de nous dire où nous pourrions nous procurer des œufs, il nous répond que nous en trouverons difficilement dans le pays, et consent fort heureusement à nous en céder quelques-uns qu'il avait achetés à Versailles pour sa consommation personnelle.

La nuit était venue depuis longtemps ; dans les rues obscures des soldats allemands allaient et venaient, par petits groupes, des officiers passaient le sabre traînant sur les pavés. Ce fut après de longues recherches et avec la plus grande difficulté que nous réussîmes à nous procurer du pain, quant au lait il n'y fallait pas songer.

Nous étions de retour à neuf heures du soir ; j'étais à bout de forces, mes jambes refusaient de me porter, cependant rassemblant toute mon énergie, je m'élançai dans l'escalier voulant être le premier à annoncer à mon père l'heureux résultat de notre voyage. Ce fut lui qui vint m'ouvrir la porte, je le regardai et je fus effrayé : de grosses larmes coulaient sur ses joues, il me prit dans ses bras et me dit : ta mère est morte !

Alors une angoisse indéfinissable me serra le cœur, je crus que j'allais aussi mourir, et ce fut comme dans un rêve que je vis André qui venait d'entrer, son panier de provision à la main, s'arrêter pâle, les sourcils froncés à la vue des larmes de mon père, je vis celui-ci lui tendre les deux mains en disant d'une voix étouffée par un sanglot ! Elle est morte ! et André s'appuya contre le mur pour ne pas tomber et resta là, un instant, terrassé par l'affreuse nouvelle; puis mon père nous prit tous deux par la main et nous entrâmes, tout tremblants, dans la chambre mortuaire. Je me précipitai vers la pauvre morte, je la couvris de baisers, criant dans mon désespoir comme si elle pouvait encore m'entendre : Maman! Maman! il me sembla un instant que ma vie passait en elle, qu'elle revenait et qu'elle répondait : Petit Louis! petit Louis!

J'ignore ce qui se passa dans la suite; car une grave maladie me tint pendant longtemps entre la vie et la mort, et mon père eut à craindre qu'une nouvelle victime ne vînt s'ajouter à celles qu'il pleurait déjà. Et lorsque je cherche à me souvenir, je n'entrevois que le doux visage d'Angèle. Assise auprès de mon chevet, elle veillait sur moi.

ÉPILOGUE

1er janvier 1893.

— Bonjour, oncle Louis !

Et en me voyant encombré de paquets le petit garçon aux joues roses et aux boucles blondes qui m'ouvre la porte me regarde d'un air malicieux.

Puis, quand nous sommes parvenus dans le petit salon, bien modeste il est vrai, mais où la propreté, le goût qui préside à l'arrangement de toutes choses sont un charme pour les yeux, une fillette de douze ans se jette dans mes bras en me disant d'un air joyeux : bonne année, oncle Louis !

— Enfin te voilà ! s'écrie mon frère André en me tendant la main, tu es le premier arrivé, une bonne année je te souhaite, petit Louis.

— Et Angèle?

— Angèle termine les préparatifs du festin. Elle ne sait pas que tu es là ; je vais la prévenir.

Mais une porte s'ouvre et Angèle s'avance vers moi, souriante, toujours gracieuse, ce n'est plus la frêle et délicate jeune fille d'autrefois, elle est épouse et mère, elle m'embrasse joyeusement pendant que je lui présente mes vœux et mes souhaits pour l'année qui vient de naître, puis elle me dit, dans un sourire, en voyant déposés sur un fauteuil mes innombrables et volumineux paquets : tu as encore fait des folies, petit Louis, je vais bien te gronder...

— Étienne est en retard, fait observer mon frère, il nous a envoyé un télégramme nous annonçant son arrivée pour 7 heures, il devait prendre à Versailles le train de 6 heures.

— On sonne, et Angèle s'écrie : c'est lui, le voilà !

Et un beau jeune homme, portant dignement l'uniforme du Génie, l'épée au côté, car il est déjà sous-officier, s'élance vers nous encore tout essoufflé de sa course et en le voyant je pense à mon père, il a ses façons franches et cordiales, son clair et franc regard et jusqu'au son de sa voix. Bonne année à vous tous, s'écrie-t-il, pendant que nous lui serrons les mains. Angèle le contemple longuement, avec amour, elle aime tant son premier-né et c'est bien à juste titre qu'elle en est fière.

Bientôt arrivent Jean Risler, qui avait été blessé et fait prisonnier à Buzenval, et dont le père est mort quelques années après la guerre en exprimant le désir de reposer un jour dans la terre d'Alsace redevenue française, puis mon beau-frère Léon Rousseau, tous deux ils n'ont pas oublié non plus les enfants de leur vieil ami Marcel et leurs poches recèlent bien des surprises; Léon est un célibataire endurci, il prétend avoir épousé Mlle l'architecture et l'art est le seul objet de son culte ; Jean Risler est marié, et Mme Risler, a amené ses deux enfants, et nous causons joyeusement en attendant le dîner, heureux de nous retrouver et de resserrer encore les liens de notre vieille amitié.

Et, au milieu de toute cette joie, j'envoie un souvenir aux êtres chers qui ne sont plus, je me transporte par la pensée auprès de leur tombe pieusement entretenue, car mon père n'a pas tardé à rejoindre ma mère, malgré le dévouement d'Angèle qui, après son mariage, n'a jamais voulu consentir, de même qu'André, à une séparation ; vous resterez avec nous, papa, avait dit Angèle, vous tiendrez compagnie à ma mère, et les deux jeunes époux avaient entouré de soins leurs grands parents et les avaient comblés de délicates attentions. Ils avaient fait leur devoir. Mme Rousseau vivait encore et était très alerte malgré ses 75 ans.

Mon frère a compris ma pensée et je vois son regard s'attrister, Angèle se penche vers moi et me dit, avec émotion. Ah ! petit Louis, s'ils étaient encore auprès de nous, combien ils seraient heureux de notre bonheur !

Mais voici « grand'maman », la mère d'Angèle, qui entre appuyée sur le bras d'Étienne, on s'empresse respectueusement autour d'elle et elle s'excuse de s'être fait attendre, c'est que je ne suis plus jeune, dit-elle en souriant.

Le dîner est servi, nous prenons place à table, nous parlons de Charlot, qui poussé par son humeur aventureuse, a quitté la France après la mort de son père et de sa mère, et a fondé au Sénégal des comptoirs qui sont actuellement en pleine prospérité ; le joyeux Léon donne bientôt un libre cours à sa verve intarissable et engage avec Jean Risler une discussion qui se terminera certainement par une plaisanterie ; Étienne qui, par caractère, est silencieux et réservé, écoute impassible ; les enfants babillent entre eux, joyeusement, pendant qu'Angèle s'acquitte avec une grâce souriante de ses devoirs de maîtresse de maison ; André est devenu tout à coup pensif et me demande :

— Te souviens-tu, petit Louis, du 1er janvier 1871 ?

Opressé par les souvenirs que rappelle en moi cette date néfaste je ne réponds rien et André s'empresse d'ajouter en s'adressant à Étienne :

— C'est à toi de prévenir le retour de ces jours de deuil et de misère, nous levons nos verres à ta santé, mon grand garçon, car c'est sur toi que reposent nos plus chères espérances.

TABLE DES MATIÈRES

LUNDI, 12 SEPTEMBRE

JEUDI, 15 SEPTEMBRE

DIMANCHE, 18 SEPTEMBRE

LUNDI, 19 SEPTEMBRE

MARDI, 20 SEPTEMBRE

JEUDI, 22 SEPTEMBRE

DIMANCHE, 25 SEPTEMBRE

VENDREDI, 30 SEPTEMBRE

DIMANCHE, 2 OCTOBRE

DIMANCHE, 9 OCTOBRE

JEUDI, 13 OCTOBRE

MARDI, 18 OCTOBRE

SAMEDI, 22 OCTOBRE

DIMANCHE, 23 OCTOBRE

LUNDI, 24 OCTOBRE

LUNDI, 31 OCTOBRE

JEUDI, 3 NOVEMBRE

SAMEDI, 12 NOVEMBRE

LUNDI, 14 NOVEMBRE

LUNDI, 21 NOVEMBRE

MARDI, 22 NOVEMBRE

JEUDI, 24 NOVEMBRE

MARDI, 29 NOVEMBRE

JEUDI, 1er DÉCEMBRE

SAMEDI, 3 DÉCEMBRE

DIMANCHE, 4 DÉCEMBRE

MERCREDI, 7 DECEMBRE

VENDREDI, 9 DÉCEMBRE

DIMANCHE, 11 DÉCEMBRE

VENDREDI, 16 DÉCEMBRE

DIMANCHE, 18 DÉCEMBRE

JEUDI, 22 DÉCEMBRE

DIMANCHE, 25 DÉCEMBBE, NOEL !

MARDI, 27 DÉCEMRRE

1er JANVIER 1871

JEUDI, 5 JANVIER

LUNDI, 9 JANVIER

DIMANCHE, 15 JANVIER

SAMEDI, 21 JANVIER

VENDREDI, 27 JANVIER

LUNDI, 30 JANVIER

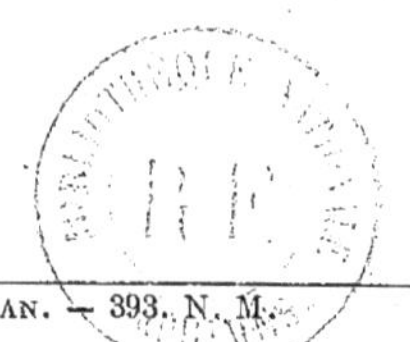

Paris. — Imp. Alcide PICARD et KAAN. — 393. N. M.

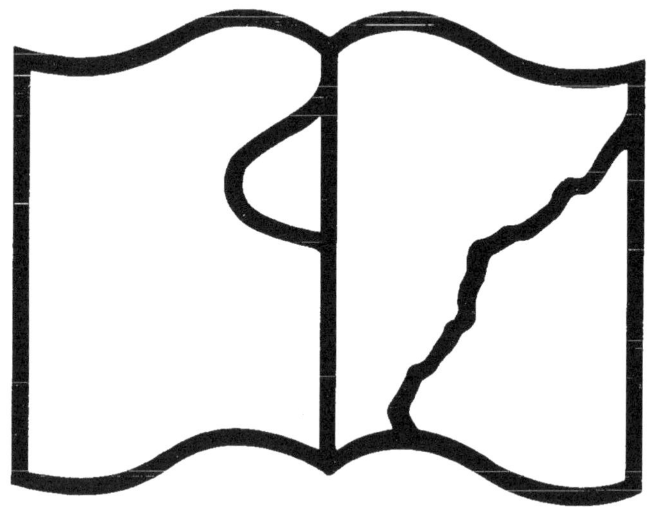

Texte détérioré — reliure défectueuse

NF Z 43-120-11

www.ingramcontent.com/pod-product-compliance
Ingram Content Group UK Ltd.
Pitfield, Milton Keynes, MK11 3LW, UK
UKHW020429200726
13857UKWH00002B/353